마태복음

마태복음

초판 1쇄 인쇄 2018년 8월 23일
초판 1쇄 발행 2018년 8월 31일

지은이 스탠리 하우어워스
옮긴이 김성근, 김유진
펴낸이 이의현
펴낸곳 SFC출판부
등록 제 114-90-97178
주소 (137-803) 서울특별시 서초구 고무래로 10-5 2층 SFC출판부
Tel (02)596-8493
Fax 0505-300-5437
홈페이지 www.sfcbooks.com
이메일 sfcbooks@sfcbooks.com

기획 · 편집 SFC출판부
디자인편집 최건호
영업마케팅 이정은

ISBN 979-11-87942-28-3 (03230)

값 27,000원

마태복음

스탠리 하우어워스

김성근 · 김유진 옮김

SFC

저자

스탠리 하우어워스Stanley Hauerwas

9.11 테러가 나던 2001년 9월 시사주간지 「타임Time」은 기독교 평화주의자 하우어워스를 '미국 최고의 신학자'라고 부르며 커버스토리로 다루었다. 물론 하우어워스 본인은 '최고'라는 찬사는 신학 용어가 아니라면서 기피했지만, 그의 영향력은 미국을 넘어 유럽, 특히 영국을 압도하여 1997년 「스코티쉬 신학저널Scottish Journal of Theology」 강좌에 이어 2000-2001년 인문학계의 노벨상이라 불리는 기포드 강연자Gifford Lecture로 선정되었다. 하우어워스는 존 하워드 요더John H. Yoder를 만난 후, 13년을 교수한 노트르담 대학교University of Notre Dame에서 듀크 대학교Duke University로 옮겼고, 이곳에서 30년을 재직한 후 한때 그의 사상만을 주로 다루는 윤리학부가 있었던 애버딘 대학교University of Aberdeen의 석좌를 지냈다.

그리스도와 교회를 축으로 하여 주요 인문학, 법학, 의학 개념을 아우르는 50여권의 저술 가운데 학술적으로 가장 중요한 저서는 「크리스채너티 투데이Christianity Today」에 의해 '20세기 종교관련 100대 명저' 가운데 하나로 꼽힌 *A Community of Character: Toward a Constructive Christian Social Ethic* 『교회됨』, 북코리아, 2010을 들 수 있으며, 가장 대중적인 저서는 듀크 대학교 동료인 윌리암 윌러몬William Willimon 교수와 함께 저술한 *Resident Aliens: Life in the Christian Colony* 『하나님의 나그네 된 백성』, 복있는사람, 2014을 꼽을 수 있다.

역자

김성근
캐나다장로교 소속 미시사가우리교회를 2001년 개척하여 담임으로 섬기고 있으며 서울 대학교와 총신 대학교를 거쳐 미국의 에모리 대학교Emory University와 영국의 애버딘 대학교University of Aberdeen에서 공부했다. 다수의 하우어워스 관련 논문을 발표했으며 『성서실패학』 등 12권을 저술했다.

김유진
캐나다 온타리오 주 홀튼 교육청 소속 정교사로 영어, 불어, 캐나다 역사를 가르치고 있으며 토론토 대학교University of Toronto에서 공부했다.

목차

시리즈 서문

이레니우스Irenaeus는 영지주의 성경해석에 반대하는 그의 논문인 「이단논박Adversus the Haereses」에서[1] 성경을 잘 생긴 왕을 그린 훌륭한 모자이크에 빗댄다. 만일 우리가 고대 고울Gaul 지방의 한 빌라에 살면서 로마에 모자이크 하나를 주문했다고 가정해 보자. 재료가 도착하면 우리는 먼저 아름다운 색상의 타일을 감싼 포장을 풀고, 도안에 따라 적절하게 작업할 것이다. 하지만 성경의 경우에는 각각의 조각들을 얻을 수는 있어도, 그 다양한 조각들을 어떻게 배열하고 맞추어야 할지 분명하지가 않다는 데 어려움이 있다. 잘생긴 왕을 표현하는 조각들을 모으기 위해서는 전체적인 그림을 따라야 하는데, 성경은 해석자들에게 시, 에피소드, 이미지, 비유 등을 순서대로 배열할 수 있는 지침을 제공하지 않는다. 모자이크는 짜 맞추어야 한다. 성경 해석은 이와 똑같은 작업이다.

오리게네스Origenes 역시 성경을 읽는 적절한 방법을 발견하는 것이 굉장히 어렵다고 말한다. 시편 주석의 서문에서 그는 자신의 히브리인 교사

1. 원문에는 다음 내용이 '논문 서두'에 있다고 하지만, 왕의 이미지와 아티스트에 대한 내용은 「이단논박」, 제8장에 기술되어 있다—역주.

에게 배운 전통에 관해 이렇게 기술한다.

> 히브리인들은 신의 영감을 받은 성경 전체는 그것이 지닌 모호함 때문에, 마치 집안에 잠겨 있는 방들이 많은 것과 같다고 말했다. 각 방마다 열쇠가 놓여 있기는 하지만, 그 방에 맞는 열쇠가 아니다. 즉 열쇠들이 방들 옆에 흩어져 있기는 하지만, 정작 어떤 열쇠도 그것이 놓여 있는 방에는 맞지 않는다는 것이다. 그런 가운데서 방에 맞는 열쇠를 찾고 그것으로 열 수 있는 방을 맞추는 일은 힘든 일이다. 마찬가지로 어떤 성경을 이해하기 위한 출발점들을 다른 성경에서 가져올 때에야, 우리는 모호한 성경을 이해하게 된다. 왜냐하면 성경을 해석하는 원리가 그것들 사이에 흩어져 있기 때문이다.[2]

이레니우스의 주장대로, 성경 해석은 해당 본문에 국한되는 것이 아니다. 창세기에서 찾은 열쇠가 이사야서를 여는 데 가장 잘 맞을 수 있다. 또는 그것이 마태복음의 뜻을 분명하게 해 줄 수도 있다. 모자이크는 전체 그림에 따라 맞춰야 한다.

이레니우스나 오리게네스를 비롯해 근대 이전의 수많은 해석자들은 성경의 모자이크를 푸는 일이 공동의 프로젝트여야 한다고 생각했다. 성경은 방대하고 이질적이고 갈피를 잡을 수 없는 문장과 모호한 말들로 가득해서 이해하기가 쉽지 않다. 어리석은 사람만이 혼자서 해결할 수 있다고 상상할 뿐이다. 이레니우스에 따르면, 성경 해석이 지향해야 할 길은

---

2. 『필로칼리아Philokalia』 (조셉 W. 트릭 옮김, London: Routledge, 1998), 70-71쪽에 남아 있는 『시편주석 1-25Commentary on Psalms 1-25』의 서문의 일부 내용.

신앙고백으로 기능하는 진리의 규칙이나 법규로 전수되어 온 읽기 전통을 의지하는 것이다. 그는 "세례를 받을 때 알게 된 불변하는 진리의 규칙을 자기 안에 간직한 자라면 누구든지 성경에 나오는 이름과 격언, 비유들을 알게 된다."라고 말한다.[3] 현대의 학자들은 이레니우스가 의지하고 추천하는 규칙의 내용들에 대해서 논쟁한다. 왜냐하면 그 자신이 사용하는 용어나 공식들은 조금도 변하지 않기 때문이다. 그럼에도 불구하고 이레니우스는 교회의 전통적인 가르침으로 지탱되는 사도적인 교리의 몸체가 있다고 가정한다. 이 교리는 하나의 통합된 증언으로서 성경을 일관되고 전체적으로 읽고 주석하도록 이끄는 명확한 원칙을 제공한다. 교리는 독자로 하여금 방대하며 이질적인 말과 이미지와 이야기들을, 읽기 쉽고 일관된 전체로 조직할 수 있도록 해 주는 대략적인 그림이다. 교리는 우리로 하여금 열쇠들과 문들을 제대로 짝짓도록 안내하는 규칙이다.

인간의 의식을 형성하는 데 기여하는 역사의 역할에 관한 자각이 역사 비평 연구를 비평적으로 만들었다면, 성경에 관한 근대의 연구를 근대적으로 만든 것은 고전적인 기독교 교리가 성경의 해석과 이해를 왜곡시킨다는 합의다. 19세기 영국의 유력한 고전학자인 벤자민 자웨트Benjamin Jowett가 대표적이다. 그가 계획적으로 쓴 에세이인 「성서 해석에 대하여On the Interpretation of Scripture」에서 자웨트는, 성경을 읽을 때 독자는 해석학적인 상상력을 고착화시키는 교리에서 빠져나와 그 연결고리를 잘라야 한다고 단언한다. 근대의 독자로서 그는 "독자는 그 책성경의 단순한 언어들을 후대의 세분되거나 구별된 언어들로부터 절대적으로 순수하게 보존하려고 노력해야 한다."라고 쓴다. 근대의 해석자는 성경의 언어들

---

3. 「이단논박」, 9.4.

에서 "교의들과 제도들, 논쟁들로부터 아로새겨진 잔여물을 깨끗이 씻어내기"를 바란다. 연관된 문헌학의 분석 훈련들이 "우리 시대에 성경의 의미를 파악하는 데 거추장스러운 교리와 전통의 요소를 분리할 수 있도록 해 줄 것이다."[4] 이해하기 위해 필요한 렌즈는 뿌옇고 왜곡되게 만드는 교리라는 가림막이 제거되도록 말끔하게 닦여야 한다.

그러나 우리는 탈근대성Postmodernity으로 그런 비평가들을 비판할 수 있게 되었다. 자웨트는 교리를 닦아내면 순수해진 성경본문과 만나 '저자의 원래 사상과 의도'라고 부른 내용을 발견할 수 있다고 생각했다.[5] 그러나 이제 우리는 그런 낙관적인 태도를 취하지 않는다. 탈근대의 정신은 해석의 틀이 불가피하다고 말한다. 그럼에도 불구하고 우리는 적어도 한 가지 의미에서는 근대에 남으려는 경향이 있다. 우리는 아타나시우스Athanasius를 읽을 때, 그가 아리우스파들Arians에 반대하는 자신의 입장을 주장하기 위해서 마치 무대감독처럼 성경의 다양성을 조정한 것으로 생각한다. 끌레르보Clairvaux의 버나드Bernard를 읽을 때는 그의 수도원적인 이상들이 그의 아가서 읽기를 체계화했다고 가정한다. 종교개혁 이후로 우리는 시대에 따른 교리적인 분파들이 성경 해석을 어떻게 형성했는지 알 수 있다. 잘 알려진 대로, 루터는 야고보서를 '복음의 본성과 아무런 상관이 없는 지푸라기 서신'이라고 했다.[6] 이 외에도 많은 예들이 종종 교회의 논쟁의 열기 속에서, 또는 금욕적인 헌신의 열정에서 기록되기도 했는데, 이런 것들에서 우리는 자웨트가 옳았다고 생각하고는 한다. 즉 교

---

4. Benjamin Jowett, "On the Interpretation of Scripture," in *Essays and Reviews* (London: Parker, 1860), 338-39.

5. 위의 책, 340쪽.

6. *Luther's Works*, vol. 35 (ed. E. Theodore Bachmann; Philadelphia: Fortres, 1959), 362.

리는 이해를 위해 필요한 렌즈를 덮어 왜곡하는 가림막이라는 것이다.

그러나 우리가 일반적으로 생각하는 것이 실제로도 그러할까? 독자들은 당연히 통찰력이 뛰어날까? 우리에게 신적인 것을 다룰 만큼 흠없고 신뢰할 만한 소질이 있을까? 보는 눈vision을 단련하는 것이 필요하지는 않을까? 특히 성경을 하나님의 살아 있는 말씀으로 읽으려 할 때, 우리의 주의력과 판단력을 훈련해야 하지 않을까? 아우구스티누스Augustinus에 따르면, 우리는 모두 우리의 안식과 평화가 되시는 하나님을 향한 여정에 전념한다. 그러나 우리의 눈은 어두워졌고, 우리의 판단은 세속적인 습관에 족쇄가 채워져 부패되었다. 우리는 하나님을 향한 우리의 길을 발견하기 위해서 우리의 마음을 깨끗하게 해 주는 훈련과 지침을 필요로 한다.[7] 이를 위해 "우리의 구원을 위한 신적인 섭리로서 모든 세속적인 경륜temporal dispensation[8]이 주어졌다."[9] 이스라엘과의 언약, 그리스도의 강림, 열방의 교회로의 회집 등과 같은 것들이 모여 신앙의 규칙이 되었고, 그것들이 하나님과의 교제라는 목적을 향해 영혼의 시각과 형식을 안내하게 된다. 아우구스티누스의 입장에서, 성경 읽기는 이런 신적인 교육방식에 기여할 뿐만 아니라 그것으로부터 유익도 얻는다. 해석학의 결과물들과 신학적인 체계들에 무수한 차이들이 있는데도, 똑같은 성경 읽기를 교리적으로 통제하는 교육 방식이 그레고리우스 대제Gregorius the

7. *On Christian Doctrine*, 1. 10.

8. 세속적 경륜Temporal dispensation은 아우구스티누스의 성경관을 설명하는 용어다. 그는 영원하신 말씀은 그리스도 자신일 뿐이고, 성경은 인류를 구원하여 바른 이성에로 돌려 놓으려는 하나님의 엄청난 프로그램의 일부라고 본다. 이 프로그램을 가리켜 '세속적 경륜'이라고 부른다. Michael Cameron, "Augustine and Scripture," in *A Companion to Augustine*, Mark Vessey ed. (Oxford: Blackwell, 2012), 209—역주.

9. *On Christian Doctrine*, 1. 35.

Great로부터 버나드와 보나벤투라Bonaventura를 거쳐, 깔뱅John Calvin, 라피드Cornelius Lapide, 헨리Patrick Henry, 보쉬에Bossuet 주교 등의 종교개혁 분파들은 물론, 보다 최근의 바르트Karl Barth와 발타사르Hans Urs von Balthasar 같은 인물들에게서까지 계속되었다.

그렇다면 교리는 고리타분한 편견으로서 성경을 모호하게 만드는 변질된 막이 아니라, 오히려 일종의 정화제이자 성경의 생생한 목소리를 증폭시키는 신학적인 판단의 오랜 전통이 아닐까? 그렇다면 자웨트가 주장한 학문적인 공평함이란 무엇일까? 입장을 내세우지 않는 읽기, 편견에 사로잡히지 않은 해석, 객관성을 지향하는 방법이라는 것이 있기는 하는 것일까? 아니면 그것은 단지 뻔한 잘못된 말과 시대가 요청하는 손쉬운 대답을 제공할 자리를 만들기 위해 한쪽으로 비켜서는 지루한 지성적 무관심을 요구하는 것일까?

이 성경 주석 시리즈는 교의가 모호하지 않고 명확하다는 신념 아래에서 태어났다. 브라조스 성경 신학 주석Brazos Theological Commentary on the Bible은 니케아Nicaea 전통이 그것의 모든 다양성과 논쟁 안에서 성경을 기독교 경전으로서 해석하기 위한 적절한 기초를 제공한다는 가정 아래 제작되고 있다. 전능하신 하나님 아버지께서는 우리와 우리의 구원을 위해 죽임 당하신 독생자를 보내시고, 십자가에 못박히신 아들을 성령님의 능력으로 살리심으로써 세례 받은 이들이 한 몸이 되도록 하신 분이다. 세상을 사랑하는 **이러한** 소명으로 **이러하신** 하나님을 믿는 것이 성경의 본문들에 있는 이질성과 특수성을 통과하여 볼 수 있게 하는 렌즈다. 그럴 경우 교리는 더 이상 성경의 의미를 모호하게 만드는 고리타분한 편견이라는 썩어 가는 가림막이 되지 않는다. 오히려 그것은 신적인 교육법의 중요한 측면이자, 동시에 자기기만으로 흐려진 우리의 마음의 정화제요, 우리의 지루한 지적 무관심에 대한 도전이다. 우리는 성경에 있는 많은 문들에 맞는 (흩어져 있는) 열쇠들을 보다 깊고 넓게 찾으려고 하기보다, 너무나 자주 잘못된 뻔한 말과 현시대의 영적 처방에 쉽게 안주하려고 한다.

이러한 이유로 이 시리즈의 주석가들을 선정하는 기준은 그가 역사적이고 문헌학적인 전문가인지의 여부에 있지 않다. 그들은 근대적인 의미에서 말하는 관습적인 성경학자들이 아니다. 그보다 이 주석가들은 전통적인 기독교 교리에 대한 지식과 전문성 때문에 선택되었다. 그들의 지적 습관이 교리에 의해 형성되었다는 점에서 그들에게 자격이 있는 것이다. 니케아 전통 안에서의 신학적 훈련이 성경 해석을 준비시킨다는 것이 이 성경 주석 시리즈의 자부심이고, 그래서 우리가 지향하는 사람들은 성경학자가 아니라 신학자들이다. 잘 알려진 대로 "전쟁은 너무 중요해서 장군들에게만 맡겨 놓을 수 없다."

그러나 독자들이 잘못된 인상을 갖지 않기를 바란다. 니케아 전통은 해석의 문제들을 해결하기 위한 일련의 공식을 제공하지는 않는다. 기독교 교리의 위대한 전통은 필사되지도, 폴리오folio 2절판의 대형 책—역주로 묶이지도, 공식판과 교정판으로 발행되지도 않았다. 우리는 니케아-콘스탄티노플 신경을 가지고 수세기 동안 여러 전통의 기독교 예배를 드려 왔다. 고대로부터 내려오는 세례를 위한 신앙고백도 가지고 있다. 교회의 공식 문서에는 칼케도니안 신경을 비롯한 여러 신경들과 다른 공의회들의 신조들이 있다. 그러나 신앙의 규칙은 특정한 단어와 문장, 신조에 국한될 수 없다. 오히려 그것은 널리 퍼진 생각의 습관이자 지적인 측면에서 교회의 생동감 있는 문화다. 아우구스티누스가 예레미야 31장 33절을 언급하면서 말하듯이, "신조는 들음으로 습득되기에 돌판이나 다른 물질적인 것이 아니라 마음에 기록되어 있다."[10] 이런 점이 이레니우스가 첫 번째 공교회적 공의회가 열리기 한 세기도 훨씬 전에 신앙의 규칙에 호소할 수 있었던 이유이자, 해석의 작업에서 니케아 전통이 어떠한 효능과 역할을 하는지 그 내용을 일일이 열거할 필요가 없는 이유이다.

왜냐하면 교리는 본질적으로 경계가 유동적이며, 명제의 나열보다는 마음의 습관으로서 가장 강력한 힘을 발휘하기 때문이다. 그러므로 이 주석 시리즈는 애초에 체계와 내용에 관한 어려운 문제들을 해결하려는 것이 아니다. 이 시리즈의 편집자들은 어떤 특별한 방법의 교리적인 해석으로 제한하지 않는다. 우리는 독자가 성경의 모자이크를 조립하는 데 교리로부터 어떠한 도움을 받을지 미리 말할 수 없다. 우리는 교리의 안내를 받은 주석이 이제는 옛것이 되어 버린 근대적 역사비평 연구와 대조적인지 아니면 호환적인지에 대한 명확한 답이 있지도 않다. 역사적이건, 수학적이건, 교리적이건 간에 진리에 모순이란 없다. 그러나 연구 방법은 시각과 판단력의 훈련에 따른 것인데, 우리는 역사비평 연구의 어떤 측면들이 기독교인을 단련하는 데 어울리지 않는 영혼을 형성하는 근대주의적 기능을 하는지 미리 알 수 없다. 더군다나 편집자들은 성경의 분명한 의미를 규정하는 방법을 명시하는 특수한 해석 이론이나 또는 그러한 분명한 의미가 해석에서 담당하는 역할에 주석가들을 붙잡아 두지 않는다. 이런 점에서 이 시리즈는 시험적이고 탐색적이다.

우리가 다른 어떤 방법으로 전진할 수 있을까? 유럽과 북미의 지적인 문화는 탈기독교화되었다. 그 결과로 기독교 사역이 중단된 것은 아니다. 신학적인 작업은 여전히 계속되며, 설교가 행해지며, 성경학자들은 논문

10. *Sermon* 212. 2.

을 내며, 교회 지도자들은 모임을 한다. 그러나 이전에는 통일되어 진행되던 기독교적 실천의 각 측면들이 이제는 각자 독립적으로 기능하는 경향이 있다. 마치 취약해진 군대가 파편화되어 흩어진 것 같고, 다양한 부대들이 각자 생존을 위해 고립된 요새로 후퇴한 것 같다. 신학은 해석에서 그 능력을 잃었다. 성경학자들은 최소한의 신학만을 가지고 일한다. 주석이 없는 신학과 신학이 없는 주석을 제공하는 신학교 교육의 민낯을 덮어 주기 위해서 매 십 년마다 새로운 설교 이론이 등장한다.

기독교의 지적인 실천이 파편화된 원인으로는 교회 분열을 꼽을 수 있다. 종교개혁 이후 성경을 해석하는 일에서 신앙 규칙이 하는 역할은, 오직 성경*Sola Scriptura*과 권위 있는 교육 권한의 필요성에 관하여 격렬히 옹호하고 반론하는 논쟁들로 말미암아 모호해졌다. 브라조스 성경 신학 주석 시리즈는 공교회적인 범위를 의도했다. 왜냐하면 편집자들은 교회의 교리가 제한된 인식론적인 권위의 경륜 내에서 성경과 충돌하지 않는다고 하는 초대 교부들이 옳다고 확신하기 때문이다. 우리는 당당히 교리에 입각해 성경을 해석하도록 격려하고자 한다. 왜냐하면 그러한 읽기의 구체적인 결과들이, 오래된 신학의 논쟁들에 다시 불을 붙이거나 충돌하는 신학적인 입장들을 어느 정도 조정해 주는 일종의 순수한 주석의 이상을 쫓기보다는, 커다란 분열을 초래한 종교개혁의 질문들에 훨씬 더 밝은 빛을 제공할 것이라고 확신하기 때문이다. 당신은 교리로 해석한 열매들을 통해 교리의 진실됨을 알게 될 것이다. 그렇기 때문에 우리는 교회의 연합에 기여할 수 있다는 희망에서 의도적으로 광범위한 전공의 신학자들을 선정했는데, 그들은 독자들이 신학적인 개념들을 가지고 혼자 씨름하게 하기보다 해석의 현실적인 결과들을 볼 수 있도록 하려고 헌신하는 사람들이다.

브라조스 성경 신학 주석은 특정 번역본을 지지하지 않는다. 우리는 우리가 속한 다양한 교회의 배경에 따라 성경의 본문도 공교회적으로 사용한다. 우리는 새 개정 표준역NRSV이 어휘를 남녀 혼성적으로 사용하려고 약간 시도한 고마운 작업을 부담스럽게 여기지 않는다. 그렇다고 흠정역 성경의 영광을 주장하지도 않으며, 주석가들에게 새로운 번역을 해 달라고 요구하지도 않는다. 우리는 모두 공동예배에서든, 개인성경공부에서든, 신학적인 연구에서든 다양한 성경 번역본을 사용한다. 정확히 말하면, 성경은 현재의 신앙생활에서 살아서 기능하는 텍스트인 만큼 의미론적으로 고정되어 있는 것이 아니다. 다만 근대주의자들과 문자주의자들만이 성경의 해석에 대해 이러한 온화하고 유연한 입장에 책임을 지라고 주장할 뿐이다. 철학적인 정확성과 안정성은 주석의 토대가 아니라 결과에 있다. 본문의 의미를 판단하는 것은 그것의 문자적인 의미를 고정시키는 것이지 그 반대가 아니다. 결과적으로 독자들은 시리즈의 책들마다, 나아가 같은 책 안에서도 다양한 성경 번역본이 사용되고 있음을 기대해야 할 것이다.

우리가 현대의 성경 학자들을 대변할 수는 없다. 신학자들로서 우리는 신학적인 개념들과 형식들을 단단히 보호하기 위해 오랫동안 훈련받아 왔다는 것을 안다. 그래서 우리는 해석의 기술을 잊어버렸다. 마치 뇌졸중 환자가 그래야 하는 것처럼, 우리는 해석의 상상력을 회복해야만 한다. 이를 위해 여러 가지 전략이 있을 수 있다. 독자들은 이와 같은 재건하는 (반발이 아닌) 시리즈가 그들에게, 잘 기능하는 전통의 확립된 원리에 따라 쓰여진 주석서들이 아니라, 탈비판적인 교리적 해석 안에서 실험되는 것들을 제공하고 있음을 기대해야 할 것이다. 어떤 주석가들은 전근대 전통의 고전적인 예표론적이고 우화적인 읽기를 따르기도 할 것이고,

어떤 주석가들은 현대의 역사 비평 연구를 끌어오기도 할 것이다. 또한 어떤 이들은 한 절 한 절 주석해 가는 반면, 어떤 이들은 성경의 신학적인 분석을 야기시키는 본문, 심지어 한 단어들을 강조할 것이다. 특정한 읽기도 없고 금기시되는 해석의 방법도 없다. 이 주석 시리즈의 핵심 전제는 교리가 성경을 해석하는 구조와 타당성을 제공한다는 것이다. 이런 전제 아래 우리는 니케아 전통이 우리를, 비록 불완전하며 가지각색이고 또 머뭇거리기도 하겠지만, 결국 바른 열쇠로 바른 문을 여는 성경 읽기로 인도할 것이라는 희망을 신뢰한다.

R. R, 리노Reno

저자 서문

때가 무르익은 아주 좋은 아이디어였다. 러스티 리노Rusty Reno는 신학자들이 성경 주석을 써야 한다고 생각하고 있었다. 지금까지 내가 해 온 일을 감안하여 그가 마태복음 주석을 써 달라고 부탁했을 때 좋은 아이디어라고 생각했다. 그래서 러스티가 연락했을 때 "정말 좋은 생각이고, 요청해 주어서 감사합니다."라고 했다. 이제 그가 부탁했던 것을 나름 끝냈으니, 그의 '좋은 아이디어'에 고마움을 넘어 하나님께서 그를 통해 나를 이 작업에 이끄신 것에 감사한다. 이 주석 초안에 대해 비판적인 의견을 제시해 준 러스티와 이프리엄 래드너Ephraim Radner에게 고마움을 표하지 않을 수 없다. 더군다나 그들은 이 책을 훨씬 좋게 만들어 주었다.

이 주석 시리즈를 출판한 브라조스 출판사의 로드니 클랩Rodney Clapp과 그의 동료들에 대한 감사의 말도 빠뜨릴 수 없다. 그들이 하고 있는 일이 무엇인지 그들 스스로 알고 있는지는 하나님께서만 아실 것이다. 그러나 우리는 그들이 하고 있는 일이 무엇인지 그들 스스로 모를 때조차 기꺼이 그들이 일하는 것에 진심으로 기뻐해야만 한다. 그들은 기꺼이 놀랄 준비가 된 것처럼 사는 듯 보이는데, 이런 그들의 모습은, 만일 내가 마태를 바르게 해석했다면, 적어도 묵시적으로 사는 것이 무엇인지를 보여 주는 것이기도 하다.

아마도 나는 두 번에 걸쳐 진행한 나의 마태복음 세미나를 수강한 학생들에게 가장 크게 빚졌을 것이다. 그때 내가 학생들이 내게 배우는 것보다 내가 그들에게서 배우는 것이 더 많다고 말한 적은 거의 없지만, 이 지면을 빌어 당시 마태복음을 함께 읽으며 나를 참아 준 이들에게 많은 것을 배웠음을 밝혀 두는 바다. 특히 두 번째 세미나를 함께 이끌어 준 더글러스 캠벨Douglas Campbell에게 감사한다. 그는 신약학을 대표하는 역사비평 문학을 잘 아는 것만큼 신학도 잘 아는 보기 드문 사람이다. 그는 그가 아는 것보다 더 많이 내게 가르침을 주었다.

새라 머서Sarah Musser, 조너선 트랜Jonathan Tran, 쉴라 맥카시Sheila McCarthy는 원고 작성뿐만 아니라 내가 집필한 것에 관해 예리한 비판과 제안을 해 주었다. 캐롤 베이커Carole Baker는 엉성한 문장을 잘 읽히도록 만드는 능력이 있는데, 이에 특별히 고마움을 표한다. 그녀는 임신 끝 무렵 몇 개월 동안 재능을 발휘한 뒤 이 주석을 마무리할 즈음 소피아를 출산했다. 하나님께서 무엇에 더 기뻐하셨을지는 두말할 필요가 없다. 원고의 최종 작성은 캐롤이 출산 휴가를 떠났기 때문에 은퇴한 새라 프리드먼Sarah Freedman이 맡아 주었다. 이 주석이 그녀의 손으로 마무리된 것은 내게 큰 의미가 있다.

늘 그렇듯이 아내인 폴라 길버트Paula Gilbert로부터 많은 것을 배웠다. 그녀는 지난 17년 동안 매주 목요일 듀크Duke대학교에 있는 웨슬리 펠로우쉽Wesley Fellowship에서 성찬을 집례하며 설교했다. 나는 종종 그녀가 하는 마태복음 설교를 들었다. 의심할 여지없이 이 주석에서 발전시킨 여러 주제들은 그녀의 설교에서 배운 것이다.

끝으로 이 책을 데이비드 에이얼스David Aers, 엘렌 데이비스Ellen Davis,

그리고 리차드 헤이스Richard Hays에게 기쁨으로 바친다. 그들은 그들의 삶을 통해 내게 많은 것을 가르쳐 준 독자들로서, 놀라우리만치 성경과 가까운 사람들이다. 이 주석을 읽다 보면 분명히 내가 그들로부터 충분히 배우지 않았다고 생각할 것이다. 그러나 나는 노력하고 있다. 그들은 나의 읽기 습관을 놀랍도록 참아 줄 뿐만 아니라, 영예롭게도 나를 그들의 절친한 친구로 삼아 주었다. 적어도 이 주석 곳곳에서 내가 더 좋은 읽기를 할 수 있도록 그들이 가르쳐 준 내용들이 조금씩이나마 드러나기를 바란다. 무엇보다 내가 그리스도의 제자로 살아가는 데 그들의 우정이 얼마나 큰 의미가 되는지 제대로 드러나기 바란다.

들어가는 글

마태복음의 신학 주석을 쓰는 것은 명예이자 짐이고 벅찬 과업이다. 요즘과 같은 시대에 이런 주석을 쓰는 방법을 알려 주는 예는 거의 없다. 더욱이 근대에 들어와서는 신학자가 되도록 하는 습관들 대부분이 우리가 신학 주석을 쓰는 데 아무런 도움이 되지 않는다. 신학자들은 주석이 아니라 논문과 책을 쓰도록 훈련을 받는다. 우리 역시 성경 내의 어떤 구절이나 책을 사용하고 언급하기도 하지만, 성경과 관련해 진행 중인 주석으로서 신학을 쓰지는 않는다. 따라서 이런 작업을 하기에 나처럼 준비되지 않은 사람도 없을 것이다.

그럼에도 불구하고 내게 주어진 일을 해 나가는 유일한 방법은 그냥 무턱대고 그것을 해 가는 것뿐이라고 생각했다. 나는 마태복음을 두 번 강의했다. 수강생은 주석 한 권을 택해서 읽고 그것으로 무엇을 얻었는지 제출하는 것이었다. 나는 학생들과 내가 읽은 주석들에서 많은 것을 배웠다. 지난 두 세기를 지나면서 마태복음에 관해 쓰인 역사적인 연구들에서 많은 것을 배웠다. 종교개혁자들뿐만 아니라 초대교회의 교부들이 쓴 주석에서도 많은 것을 배웠다. 그러나 결국 나는 단순하게 우리의 시대에서 그리고 우리의 시대를 위해서 말해야만 하는 것을 써야겠다고 생각했다.

따라서 나는 마태에 관해서 쓰려고 하지 않았다. 대신에 복음이 우리를 위해 기록되었다고 가정하면서 마태와 함께 쓰려고 노력했다.

마태와 '함께' 썼다는 것은, 래드너Ephraim Radner에 따르면, 심사숙고하여 덧씌우기ruminative overlay를 함으로써 마태가 한 이야기를 내가 다시 말해 보려고 했다는 뜻이다. 결과적으로 이 주석은 중세 시대와 종교개혁 사이에서 공통으로 사용된 주석 형식인 도덕적인 풍자를 모방하는 것이라고 생각하고 싶다. 독자들은 헤롯이 죽음의 정치를 대표하는 '헤롯들'이 되고, 서기관율법학자들과 바리새인들이 그런 정치에 '고용된 지식인들'이 되고, 아기 예수님을 만난 후 동방박사들이 겪는 여행이 헤롯의 정치에서 벗어나기 위해 우리가 택해야만 하는 길임을 발견하게 될 것이다. 그런 '방법'—나는 분명히 내가 하고 있는 일이 무엇인지 안다고 주장하고 싶은 마음은 없다—이 서투른 것이 될 위험을 안고 있을 수도 있다. 그러나 나는 독자들이 그것을 따름으로써, 마태가 해 주는 이야기가 우리를 어떻게 읽는지 알 수 있음을 발견하게 되기를 희망한다.

정말로 나는 이 주석을 읽는 사람들이, 내가 쓴 것을 읽는 일은 그저 마태를 다시 읽고자 하는 열망을 주는 일일 뿐임을 알기를 바란다. 나는 마태보다 더 똑똑해 보이려고 노력하지 않았다. 오히려 마태의 제자도에 복종하려고 노력했다. 정말로, 독자들도 발견하겠지만, 나는 마태가 우리로 하여금 그리스도의 제자가 되게 하려고 복음서를 기록했다고 믿는다. 나는 내가 쓴 방식, 즉 마태가 말한 이야기를 다시 말하는 방식에서 마태의 기획을 이룰 수 있는 '방법'을 보여 주고자 노력했다.

이 주석이 잘 짜인 구조를 이루도록 하기 위해, 나는 마태복음의 각 장에 해당하는 각 장의 주석을 썼다(이야기의 연속성을 유지하기 위해 때로 두 장을 함께 묶은 경우도 있다). 마태복음의 구성 방식에 관한 흥미로운 제안이 많지만, 나는 그것들을 그다지 중시하지 않았다. 그 대신 각 장의 구분을 읽기에 유용한 도구로 받아들이는 것이 가장 좋다고 생각했다. 그러므로 마태복음의 각각의 장을 먼저 읽은 다음 그에 해당하는 주석을 읽는 것이 좋을 것이다. 나는 독자가 마태복음을 다시 읽을 때 이 주석이 그 읽기를 조명해 주게 되기를 바란다.

나는 주석은 복음을 대체할 수 있는 작업이 아니라고 강하게 확신하면서 집필했다. 그러므로 마태가 말한 것을 강조하는 것 외에는 아무것도 하지 않기를 바라면서 썼다. 다만 내가 쓴 본문의 문법을 통해 마태가 쓴 본문의 문법을 조명하고자 노력했을 뿐이다. 이것이 주석이 해야 할 일, 즉 주석이 언급하는 본문이 더 잘 읽히도록 독자를 돕는 것이라고 생각한다. 마태복음은 우리를 예수님의 제자가 되도록 훈련시키기 위한 것이다. 내가 작성한 이 주석을 통해 마태복음의 읽기를 배움으로써 독자들이 마태복음이 기록된 목적대로 예수님의 제자가 되는 데 작은 도움을 받을 수 있으리라 생각하고 싶다.

또한 나는 독자들이 이 주석을 한 권의 책으로 읽고 싶어 하기를 바라는 마음으로 집필하려고 노력했다. 다시 말해 나는 독자들이 소설을 읽듯이 이 주석을 읽기를 바란다. 마태복음의 이야기에는 설득력이 있다. 그것이 어떻게 끝날지 알고 있지만, 결말을 안다고 복음의 이야기가 지닌 매력이 감소되지는 않는다. 나는 마태복음이 기술하는 특징인 이야기의 극적인 긴박함을 유지하면서 글을 쓰려고 노력했다. 독자는 이런 저런 구절의 내용에 대해 내가 말해야 하는 바를 읽고 싶어 할지 모르지만, 주석의 명료함은 순서대로 읽어 내려가면서 드러날 것이다.

나는 마태복음의 모든 문단을 주석하려고 노력했지만, 본문의 각 구절을 인용해야 한다는 부담을 갖지는 않으려고 했다. 사실 독자들은 읽다가 간혹 지금 자신이 본문의 어디에 있는지 잘 모를 수도 있을 것이다. 그러나 나는 그것이 오히려 독자들에게 읽기의 재미를 더해 줄 수 있기를 바란다. 이 책을 신학적인 주석이게끔 하는 것은, 독자들이 무엇인가 연결점을 발견하고 만들어 가도록 독려하는 방식으로 글을 쓰려고 노력한 데 있다. 그런 연결점이 만들어질 때, 때로 "아, 이제 알겠네!"라는 반응이 나올 것이다. 최소한 나 자신이 그런 반응을 종종 경험했기 때문에 독자들 가운데 몇몇도 나와 같이 그런 반응을 공유하게 되기를 바란다.

나는 여유 있는 태도로 집필하려고 노력했다. 간혹 일찌감치 모든 것을 말해 버리고 싶은 유혹이 생긴다. 복음서의 첫 부분에서는 모든 것을 말하지만, 그렇다고 주석의 첫 장에서도 복음서가 말해야만 하는 모든 것을 말하는 것은 그다지 지혜롭게 보이지 않는다. 그래서 독자들이 내가 일찌감치 발전시켰으면 더 좋았겠다고 생각할 수 있는 부분들도 인내심을 갖고, 내가 서서히 그것들을 드러내고 있는지를 기다리면서 읽어 내려가기 바란다. 예를 들면, 나는 첫 장에서 기독론의 모든 특성에 대해 말하지 않는다(사실 '모든 특성을 갖춘' 기독론이라는 것이 무엇인지 잘 모르겠다). 하지만 나는 마태복음의 인도에 따라 예수님의 사역을 통해 그분을 따르는 동안 기독론적인 사고가 발전되도록 하고자 한다.

또한 나는 본문의 다양한 내용들을 일목요연하게 정리하기 위해 어떤 큰 논점이나 모티프에 집중하는 것을 피하려고 했다. 마태복음은 몇 가지 중요한 관심사를 갖고 있다. 곧 교회와 이스라엘, 율법 효력의 지속 여부, 성전의 중요성, 이스라엘의 엘리트들에 대한 예수님의 도전이 갖는 정치적 특성, 그리고 로마의 의미 등이다. 나아가 마태복음의 모든 본문이 한 가지의 집필 의제를 따르도록 쓰려고 하지도 않았다. 나는 예수님의 사역에서 비폭력의 역할을 포함해 마태복음의 정치학을 강조한다. 하지만 마태복음의 정치적 특성이 '마태복음이 말하는 모든 것'이라고 주장하지는 않는다. 하나님의 아들이신 예수님이 마태복음이 말하는 전부다. 이를 통해 마태복음의 주제는 무궁무진하다. 따라서 아무리 중요하더라도 어떤 한 가지 주제에 맞춰 마태복음의 이야기를 재구성하려는 시도는 신뢰할 수 없다.

주석을 쓰다 보니 단언들assertions에 탐닉하게 될 수 있다는 점을 발견했다. 나는 진리로 알고 있는 것을 기꺼이 단언하려고 했다. 그러나 단언했다고 대화가 끝나는 것은 아니다. 오히려 단언들은, 왜 하나님의 실체에 직면해서 우리가 할 수 있는 것이라고는 우리에게 주어진 것을 선언하는 것뿐인지를 충분하게 밝혀 주는 방식으로 상호간에 얽혀 있다. 단언들은 주어진 이야기가 필요로 하는 문법이지만, 주어진 이야기는 우리가 말한 것이 사실이라고 여겨지는 경우 왜 단언들이 필요한지를 밝혀 주어야만 한다. 요약하자면, 단언들은 판단들이 더 많은 조사를 필요로 함을 보고하는 것일 뿐이다. 백문이 불여일견이다.

나는 마태복음을 과묵하고 금욕적이라고 여기게 하는 내용들을 존중하려고 노력했다. 때로는 마태복음이 조금 더 말해주었으면 좋겠다는 생각이 들기도 한다. 세례 요한의 제자는 누구며, 그들은 어떻게 예수님의 제자로 자리매김했을까? 소년 시절의 예수님은 어떠했을까? 마태복음은 우리에게 예수님의 제자로 변화되기 위해서 알아야 할 것들을 일러 주었다. 나는 우리가 알 필요가 있는 것 이상을 전하려 하지 않는 마태복음의 입장을 존중하려고 했다. 바로 이런 점이 이 주석을 신학적으로 만드는 측면들 가운데 하나라고 생각했다.

또한 독자들은 내가 대체로 생각을 보장하는 말을 전적으로 피하려고 노력했음을 발견할 것이다. 예를 들어, 나는 "마태는 그 이야기를 이런 식으로 말하기로 결정했음에 틀림없다." 혹은 "예수님께서는 분명히 이러저러하게 생각하셨음에 틀림없다."와 같은 말투를 피하려고 노력했다. 우리가 아는 것은 본문이 말하는 것뿐이다. 그 본문 뒤에는 마태나 예수님께서 생각하셨을 것이 틀림없다는 식의 어떤 '이면'도 없고, '실제로 일어났을 법한' 것에 관한 어떤 결정적이고 역사적인 설명도 없다. 정말로 일어나고 있었던 것은 메시아이신 예수님께서 하나님 나라를 일으키셨다는 것이다.

따라서 이 주석에서는 이른바 공관복음의 문제에 관해서 생각하지 않는다. 또한 주후 70년의 성전파괴가 마태복음의 읽기에 중요하다고도 생각하지 않는다. 그 대신 나는 요한복음, 바울 서신들, 그리고 히브리서가 마태복음에 관한 좋은 주석들을 제공한다고 생각한다. 이런 입장이 나를 본문 내적인intertextual 해석가로 만드는지 본문 외적인extratextual 해석가로 만드는지 확신할 수 없지만, 나는 어떤 본문들로 다른 본문들을 읽으려고 노력했다.

전체 주석을 통해 나는 우리의 삶을 마태가 말하는 이야기 안에서 읽으려고 노력한다. 예를 들어, 나는 미국식의 전제들에 교회가 순응하는 것이 어떻게 마태복음에 관한 우리의 읽기를 왜곡할 수밖에 없는지를 주장하기를 주저하지 않는다. 또한 나는 쇼아Shoah[홀로코스트를 가리키는 히브리어 단어—역주] 이후에는 마태복음을 읽는 것이 거북스러워지는 도전을 피할 수 없으리라는 가정에 아무런 유감이 없다. 이스라엘이 지닌 지속적인 중요성은 마태복음의 관심사 중 하나인데, 그것은 교회와 이스라엘 백성의 관계를 성찰할 수 있는 기회를 준다.

어떤 사람들은 내가 제공한 마태복음의 읽기의 몇몇 측면들이 내가 이전의 저술에서 보여준 지점들을 그대로 드러내 주는 것에서 불편함을 느낄 수도 있을 것이다. 비록 간혹 성경을 충분히 진지하게 다루지 않는다고 비난을 받기도 하지만, 나는 항상 성경에 충실하려고 노력했다. 불충분하게 성경을 해석한다고 나를 비판하던 사람들은 이 주석에서도 내가 본문에 충분히 주의를 기울이지 않는다고 생각할지 모른다. 비록 나의 읽기가 종종 마태복음에 더욱 밀접히 관여하기에 앞서 내려진 판단들을 확정해 준다는 점을 부인할 수는 없지만, 그런 지적들이 사실이 아니기를 바란다. 나는 본문을 통해 내가 말하고자 하는 바가 드러나게끔 밀어붙이려고 하지 않았지만, 그렇다고 해서 아무런 해석이 가해지지 않는 본문이 존재한다고 생각하지도 않는다. 내가 『성경을 풀어놓기Unleashing the Scripture』(1993)에서 제기한 대로, 나는 비폭력주의에 헌신하는 교회야말로 마태복음을 읽기 위한 신실한 독자라고 여전히 생각한다.

이 주석을 집필하는 것은 내게 어려운 일이었다. 하나님의 말씀을 논하는 것은 벅찬 일이다. 이런 작업보다 더 무거운 일은 없다. 내가 쓴 것은 **나의** 신학이 될 수 없다. 내가 쓴 것이 교회의 신학으로 읽히기를 바란다. 진심으로 **나의** 신학을 쓴 것이 아니길 바라지만, 성경에 관해 주석을 쓰는 것은 분명히 이런 저런 신학적인 이슈에 관해 쓰는 것보다 어려운 작업임에 틀림없다. 이 주석은 힘든 작업이었지만, 나는 독자들 가운데서 이 주석을 읽고 복음의 기쁨을 발견하는 사람들이 있기를 바란다.

마태복음 1장

태초에

'예수 그리스도의 족보The book of genesis'는 소소한 시작이 아니다. 마태는 이 사람 예수님의 족보가 하나님의 창조 행위의 바로 그 시작을 다시 생각하도록 요구한다고 제안하면서 출발한다. "태초에 하나님이 천지를 창조하시니라"(창 1:1) 마태에게서 이 구절은 이 사람 예수님의 이야기를 바르게 이해하기 위한 것이다. 이 사람은 하나님의 메시아시기 때문에 하나님께서 시작해야만 한다. 그러므로 창세기가 하늘과 땅의 계보generation를 제공하듯이(창 2:4), 마태는 예수님의 족보를 제공하고 있는 것이다. 물론 마태에게는 그 역도 참되다. 곧 우리가 "태초에 하나님이 천지를 창조하셨을 때"를 이해하고자 한다면, 예수님의 족보를 이해해야만 한다는 것이다. 이제 우리는 예수님 안에서 태초를 바르게 이해하게 되었다. 왜냐하면 이제 우리는 그 종말을 알 수 있기 때문이다.

어떤 시대—종종 근대로 정의되는 시대—에는 기독교인이나 비기독교인을 무론하고, 하나님에 대한 믿음이 기본적으로 세상에 시작이 있다고 생각하는지의 여부에 달려 있다고 생각해 왔다. "무엇인가가 이 모든 것들을 시작해야만 했다." 그래서 하나님은, 왜 세상에 아무것도 없는 대신 무엇인가가 존재하는가에 대한 설명이 된다. 그렇다고 해도 우리의 환상 때문에, 존재하는 것에는 시작이 있다는 것을 보여 주기 위해서 존재해야만 하는 신은 대체로 예수 그리스도 안에서 우리에게 오신 신이 아니다. 우리가 시작이 있었음을 알 수 있다는 것이 기독교의 신념, 곧 마태복음의 첫 구절의 문법에 의해 형성된 신념이다. 왜냐하면 우리는 예수 그리스도의 삶과 죽음, 부활에서 그 마지막을 보았기 때문이다.

종말론Eschatology은 기독교인들이 사물이 존재하는 방식에 관한 이런 식의 이해를 묘사하기 위해서 사용하는 말이다. 종말론은 우리 자신을 포함해서 세상이 이야기로 구성되어 있음을 보여 준다. 복음서들, 특히 마태복음은 존재를 이해하는 방식에서 성경에서 발견되는 이야기로 말미암는 것보다 더 결정적인 것은 없다고 가정한다. 창조는 이스라엘의 선택, 왕정, 죄, 추방, 그리고 구속—마태복음에서 이것들에 관한 상세한 설명을 보게 될 것이다—을 포함하는 그 이야기의 첫 운동이다. 정말로 마태복음은 물론 모든 복음서에서 예수님께서는 이스라엘 역사의 '요약summing-up'이 되시고, 그로 말미암아 유대인과 이방인이 이제는 똑같이 하나님의 백성으로 살 수 있게 된다.

이는 또한 세상의 기원 이래 감추어져 왔던 것들이 드러나게 하는 묵시의 이야기이기도 하다. 결국 창조는 소소한 일이 아니다. 마태복음은 예수님의 이야기가 새로운 창조의 이야기라고 믿는다. 묵시적인 언어는 마태복음이 말하는 이야기를 번져 나가게 한다. 왜냐하면 그런 극적인 언어야말로 기독교인들이 그리스도의 주권 아래에서 세상을 어떻게 보고 또 살아가야 하는지를 배울 수 있도록 돕기 위해 마태복음이 착수한 어려운 과업임을 알려 주기 때문이다.

묵시는 시간이 구속되도록 하기 위해서 하나님의 시간으로 시간을 분열disruption시킨 것이다. 묵시는 우리가 살고 있는 세상과는 다른 세상, 다른 시간이 있음을 의미한다. 하지만 한편으로 그것은 우리가 사는 곳이 같은 세상임을 드러낸다. 릴케Rainer Maria Rilke는 그것을 이렇게 표현한다. "다른 세상이 있네, 이 세상과 같은." 우리는 단지 우리가 살고 있는 세상을 아버지께서 아들을 통해 창조하시고 구속하시는 세상으로 보는 것을 배워야만 한다. 더군다나 그렇게 보는 것은 사물이 존재하는 방식에 관한 우리의 가장 근본적인 가정에 도전하는 정략을 수반한다. 그러므로 마태복음은 우리가 그리스도를 통해 세상을 보도록 돕는 계속 진행 중인 훈련인 것이다.[1]

『한 분 하나님을 믿은 세가지 방식Believing Three Ways in One God』에서 래쉬Nicholas Lash는 한 겨울이 아니라 봄 축제의 때가 새해의 첫날이었던 적이 있었다고 말한다. 래쉬는 히에로니무스Hieronymus의 순교록으로 알려진 5세기의 일정표에 주의를 환기시킨다. 그는 3월 25일로 지정된 날에 대해 다음과 같이 기록한다.

> "우리 주 예수 그리스도께서 십자가에 달리셨고, 잉태되셨고, 세상이 만들어졌다." 이날에 하나님께서는 아무것도 없는 것*ex nihilo*에서 만

---

1. 하트Hart는 2005년에 그의 저서 60-61쪽에서 이렇게 적고 있다. "마땅히 보여야 하는 대로 세상을 보기 위해서는, 그리고 그 안에 반영된 하나님의 참된 영광을 보기 위해서는 자애의 함양, 사랑으로 맑아진 눈의 함양을 요구한다.……기독교인들은 한 번에 두 가지 실재를 봐야 하는데, (말하자면) 우리가 아는 또 다른 세상 안에 있는 한 가지 세상은, 모든 것 안에 아름다움과 공포, 장엄함과 황량함, 기쁨과 분노를 지니고 있다. 그리고 나머지 다른 세상은 그것의 처음과 궁극적인 진리 안에서 단순히 '자연'이 아니라 '창조', 곧 사방에 미치는 하나님의 아름다우심으로 인한, 모든 폭력과는 무관한 끝없는 바다다. 이런 방식으로 보는 것은 동시에 기뻐하는 것과 애통하는 것이다. 세상을 무한한 아름다움의 거울로 간주하지만, 죽음의 장막을 통해 힐끗 보이는 것으로도 간주한다. 사슬에 묶여 있는 창조를 보지만, 태초의 날 그대로 아름답다고 보는 것이다."

> 물로 하여금 생동하게 하셨다. 그분께서는 무로부터 말씀으로 하나의 가정과 하나의 세상을 만드셨다. 동정녀의 태에서 그리스도께서 잉태되셨다. 갈보리에서 세상을 위협하는 죽음으로부터, 생명은 빈 무덤에서 새로 태어났다. 그리스도의 두려움은 하나님의 말씀의 사람의 연약함이다. 하지만 이 연약함, 이 복종, 절대적인 관계가 바로 흑암으로부터 완성된 생명, 죄 용서를 꺼내는 것이다. (래쉬, 1993, 118.)

히에로니무스의 순교록이 보여 주는 주장의 대담함은 요한복음의 서문에 필적한다. 실제로 요한복음의 서문은 마태복음의 첫 구절에 적합한 주석을 제공한다. "태초에 말씀이 계시니라 이 말씀이 하나님과 함께 계셨으니 이 말씀은 곧 하나님이시니라 그가 태초에 하나님과 함께 계셨고 만물이 그로 말미암아 지은 바 되었으니 지은 것이 하나도 그가 없이는 된 것이 없느니라 그 안에 생명이 있었으니 이 생명은 사람들의 빛이라 빛이 어둠에 비치되 어둠이 깨닫지 못하더라"(요 1:1-5). 이 말씀에는 이름이 있다. 곧 예수 그리스도, 삼위일체의 제2위시며, 세상이 창조될 때 성부와 성령과 함께 계셨던 분이시다. 이것은 마태복음의 한 구절 한 구절에 생기를 불어넣는 웅장한 주장이다. 또한 우리로 하여금 이 마태란 사람이 누구기에 그런 이야기를 할 수 있었는지 궁금증을 가지게 하는 주장이다.

역사가들은 마태가 1세기가 저물어 갈 무렵 안디옥에 살면서 헬라어를 사용하던 그리스도인 유대인이었다고 추정한다. 마태복음의 저자가 누구였는지를 결정하는 역사적인 기획은 유용하고도 흥미롭다. 의심할 여지없이 그 학문은 이 주석에서 내려진 판단들의 많은 부분에 영향을 미칠 것이다. 하지만 이 주석의 목적을 고려하여 마태복음의 저자에 관한 참조들은, 「말이 되는 방식the way the words run」(2004, 32.)에서 에어스 Lewis Ayres가 말한 대로, 마태는 익히 알고 있는 사람을 가리킨다고 간주할 것이다.[2] 이것은 자신의 과업은 예수 그리스도의 생애를 통해 모든 창조물을 구원하시려는 하나님의 바람을 증언하는 것일 뿐이라는 마태복음의 전제와도 일치한다. 마태는 우리로 하여금 이 사람 예수님의 제자가 되게 하려고 복음서를 썼는데, 이는 구속받은 세계라는 새로운 현실에 순복하면서 살려면 우리 자신이 변화되어야만 함을 뜻한다. 예수님 이후에는 그 어떤 것도 '정상적'인 것이 없다. 또는, 달리 말해 보자면, 예수님 이후로 우리는 오직 그분의 비범한 사역 때문에만 '정상적으로' 살 수 있다.

마태에게 예수님께서는 세상을 변화시키신 분이요, 우리가 새로운 창조의 백성으로 살려면 우리의 삶을 변화시켜야 한다고 요구하시는 분이다. 따라서 복음은 무엇을 취하고 버릴지 결정하라고 초청하는 정보가 아니다. 우리의 임무는 세상을 이해하는 방식으로 마태가 전해 주는 이야기를 이해하는 것이 아니다. 오히려 마태는 우리로 하여금 그의 복음서를 다 읽은 결과, 세상에 대한 우리의 이해를 완전히 바꾸도록 할 것이다. 마태는 우리로 하여금 예수님을 따르는 사람들, 곧 그분의 제자가 되게 하기 위해서 이 복음서를 썼다. 기독교인이 된다는 것은 우리가 세상을 변화시키는 것이 아니라, 그보다 하나님께서 변화시켜 오신 세상에 증인으로서 사는 것이다. 그러므로 우리는 우리가 살아가는 방식이 그런 변화를

---

2. 에어스는 「말이 되는 방식」은 본문의 명시적인 의미, 즉 한 공동체가 본문의 논증을 따라가기 위해 사용한 기법들을 반영한다고 말한다. 그는 초기 기독교 독자들은 명시적인 의미와 저자의 의도를 같게 보고는 했지만, 그런 입장은 본문의 궁극적인 저자가 하나님이시라고 주장할 때 성립하게 된다고 적는다. 이는 하나님께서 본문의 단어들이 여러 명시적인 의미들을 지니도록 의도하셨을 수 있다고 가정한 것이다.

눈에 보일 수 있게 하더라도 놀라서는 안 된다.

미니어Paul Minear는 마태복음을 제자들과 선지자들을 위한 훈련 매뉴얼이라고 제안한다.

> 예수님의 전체 이야기는 세상의 기초로부터 감추어진 하나님의 목적이 드러날 때에만, 그리고 선지자의 학교를 통해서 계속될 수 있는 사명을 착수하게 하는 도구로 사용될 때에만 납득되고 강력한 힘을 발휘한다. 이 문서의 정보에서 예수님의 천상의 뿌리와 이후의 열매들로부터 분리된 그분의 지상에서의 삶을 추출해 내고자 하는 시도는 마태와의 대화 가능성을 파괴할 수밖에 없다. 불행하게도 복음에 관한 최근의 많은 연구의 결과들이 그렇다. 훗날 예수님의 제자들의 사명에 대한 연구를 예수님의 소명으로 말미암아 중재된 하나님의 계획 안에 있는 그 기초로부터 분리할 때도 이와 똑같은 왜곡이 일어난다. (미니어, 2000, 6.)

그러므로 이 책에서 다루는 마태복음의 주석은 마태가 그렇게 잘해 놓은 일, 즉 독자들을 예수님을 따르는 사람들이 되도록 주의를 환기시키는 일에 의미를 둔다. 마태는 그의 독자들 중 많은 사람들이, 그가 아는 대로, 예수님께서 살해당하시고 죽은 자들 가운데서 다시 살아나신 것을 알고 있다고 적었다. 문제는 예수님께서 제자들을 훈련시키신 방식대로 마태의 독자들이 훈련되지 않는다면, 곧 복음서를 읽고 예수님을 따르는 사람이 되지 않는다면, 그런 지식이 그들에게 아무런 쓸모가 없다는 것이다. 마태는 우리들 대부분이 복음서에 묘사된 항상 존재하는 무리 중 하나가 되도록 유혹을 받을 것이라고 생각한다. 그 무리는 종종 예수님의 가르침과 기적에 감탄하기도 했지만, 막상 압박이 가해지자 예수님을 십자가에 처형하라고 소리친 자들이다. 예수님의 제자들 역시 마지막에 그분을 버렸다. 하지만 예수님께서는 그들을 부르셔서 자신을 따르라고 하셨고, 그들로 하여금 그 이야기를 계속 이어 가도록 하셨다. 당연히 마태는 우리 역시 복음서를 읽고 그와 같이 되기를 소망한다.

물론 그 이야기는 많은 등장인물과 구도, 패배, 승리 등으로 구성된 복합적인 구조다. 마태는 복음서의 처음 열일곱 절에서는 예수님의 이야기를 이해하기 위해서 필수적인 배경에 관한 이야기들을 많이 다룬다. 하지만 우리가 초반의 몇 부분을 놓쳤다고 걱정할 필요는 없다. 마태는 반복하는 것을 겁내지 않기 때문이다. 실제로 그는 자신이 말하려는 기이한 이야기를 생각해 볼 때, 우리에게 많은 반복이 필요하다는 것을 이해하고 있는 것처럼 보인다. 하지만 매번 반복될 때마다 우리는 예수님의 이야기의 다른 측면을 배우게 된다. 그래서 마태복음의 한 구절 한 구절이 모두 소중하다.

창조는 마태복음의 첫 문장의 주제로서, 하나님의 창조의 운명이 메시아이신 이 사람 예수님의 삶에 달려 있다고 제안한다. 그러나 만일 이것이 새로운 창조에 의한 하나님의 창조의 갱신이라면, 왜 메시아이신 예수님께서 '다윗의 자손, 아브라함의 자손'으로 규정되셔야 하는가 하는 질문이 가능하다. 마태도 누가처럼 아담에게까지 올라가는 족보를 제시하는 것이 현명해 보인다. 하지만 예수님을 '다윗의 자손, 아브라함의 자손'이라고 함으로써 마태는 이스라엘의 신앙을 증언하고, 아브라함에게 신실하신 하나님께서 그분을 통해 모든 백성이 복을 받게 하심을 강조한다. 창세기의 처음 열한 장에 걸쳐 묘사된 대로, 죄 많은 인간의 역사에 대한 하나님의 반응은 아브라함을 그의 고향에서 불러내셔서 새로운 백성의 조상이 되게 하신 것이었다.

자신들의 하늘을 만들어 하나님을 의존하는 것을 대체하고자 했던 인간들의 반역에 대해서, 우연히 일어날 수 있는 만일의 사태들을 극복하고자 했던 백성들의 시도에 대해서, 하나님께서는 자비를 베푸시어 세상의 백성들을 흩으셔서 그들로 하여금 상대방을 존중하는 것과 겸손함을 배우도록 하셨다. 요더John Howard Yoder는 창세기 11장에 있는 바벨의 '혼란'은 오직 제국적으로 강제로 획일화하는 단순성에 견주어 평가될 때에만 그렇게 볼 수 있는 것이라고 말한다. "그래서 '언어의 혼잡'은 형벌이나 비극이 아니라, 새로운 시작의 선물이자 가망이 없는 일로부터의 해방이다."(1994 a, 63). 하지만 다양함이라는 선물조차, 다른 모든 선물과 같이, 우리에 의해서 왜곡될 수 있었다. 우리와 같지만 우리와 다른 타자others를 아는 데 요구되는 겸손은 끝임없는 두려움을 낳았고, 이는 결국 끝임없는 폭력과 전쟁을 이끌었다. 하지만 여기에 하나님께서 응답하셨다. 즉 하나님께서 아브라함을 부르셔서 이스라엘의 조상이 되게 하신 것이다. 그리고 열방 가운데서 사는 것을 배우면서 그들의 안전을 위해 오직 하나님만 신뢰하도록 이 이스라엘에게 하나님의 율법이 주어질 것이었다. 이와 같이 한 백성이 거룩하고 성별되도록 부름을 받았고, 나아가 그들의 존재 자체로 하여금, 만일 그들을 불러내어 열방의 빛으로 삼으신 하나님께서 계시지 않으신다면 이해될 수 없도록 하셨다.

예수님께서 '다윗의 자손, 아브라함의 자손'으로 규정되시는 것은 바로 그분께서 이스라엘의 삶을 요약하여 보여 주시는 분이시기 때문이다. 마태는 성경이 실현되도록 하기 위해서 "이 일이 예수님께 일어났다"라든지, 예수님께서 이렇게나 저렇게 행하시거나 말씀하셨다고 반복함으로써 이것을 우리에게 상기시켜 준다. 예컨대, 요셉은 "이것은 주께서 선지자를 통해서 말씀하신 바 애굽으로부터 내 아들을 불렀다"(호 11:1을 인용한 마 2:15)라는 말씀을 이루기 위해서 이집트로 도피해 있다가 헤롯이 죽은 다음에야 돌아오라는 하나님의 지시를 받았다. 헤이스Richard Hays는 "마태는 예수님께서 이루신 것에 대한 구약의 증거 본문을 임의로 찾아낸 것이 아니라, 그보다 이스라엘의 이야기의 형태shape를 생각하면서 자기 백성을 향하신 하나님의 끊을 수 없는 구속적인 사랑을 약속하는 핵심 구절들과 예수님의 생애를 연결시키는 것이다."라고 본다(2005, 176).

그 이야기의 형태는 예수님을 '다윗의 자손, 아브라함의 자손'으로 규정하면서 시작하는 족보로 제시된다. 마태가 예수님을 아브라함의 자손이라고 하기 전에 먼저 다윗의 자손이라고 부른 이유를 묻는 것은 흥미로운 일이다. 물론 단순히 마태가 아브라함을 두 번째로 거명하는 것은 이삭으로 시작하는 후손들의 목록으로 전환하는 데 유용하다고 생각했기 때문이라고 대답할 수도 있다. 하지만 성경의 어떤 단어들이나 단어들의 순서마다 의미가 없는 것이 없다. 마태는 자신이 왕으로 태어나셨지만 희생되실 왕의 이야기를 하고 있음을 잘 안다. 하나님께서는 아브라함에게 이삭을 바치라고 하심으로써 그를 시험하신 적이 있으시다. '다윗의 자손'으로 시작하면서 마태는 이분께서 십자가에서 생애를 마치시게 될 왕이심을 알아 두라고 우리를 준비시키는 것이다.

그렇게 복음서를 시작하면서 마태는 앞으로 그가 하려는 이야기에 활기를 불어넣어 주는 핵심적인 질문을 우리에게 소개한다. 어떻게 그토록 오랫동안 기다려 왔던 분께서, 메시아시요 이스라엘이 정치적인 노예 상황에서 자신들을 건져 주실 것이라고 믿는 분께서, 다른 왕들이 자신의 군대를 동원해서 하는 것처럼 승리하지 않으실 수가 있는가? 제자로서 훈련을 받는다는 것은 이분 예수님, 다윗의 자손이요 유일하게 참되신 왕께서 왜 십자가에서 고통을 받으셔야만 했는지를 배우는 것이다. 마태복음은 우리들, 곧 마태의 독자들을 예수님께서 그분의 제자들을 훈련시키셔야만 했던 것처럼 훈련시키고자 한다. 즉, 십자가에서 초래된 구원은 하나님 아버지께서 세상이 구원에 관하여 이해하는 방식—곧 구원은 나의 적들보다 더 큰 힘을 가지는 것에 달려 있다는 것—을 따라서 우리를 구원하시기를 거절하신 것임을 깨닫도록 하는 것이다.

마태복음에서 중대한 전환점은 가이사랴 빌립보에서 베드로가 한 고백이다. 자신의 정체성에 대해 묻는 예수님의 질문에 베드로는 "주는 그리스도시요 살아계신 하나님의 아들"이시라고 바르게 고백한다. 하지만 예수님께서 예루살렘으로 올라가 "죽임을 당하고 제삼일에 살아나야" 한다는 것을 제자들에게 "나타내기" 시작하시자, 베드로는 바로 예수님을 꾸짖는다(마 16:13-23). 베드로는 이스라엘을 구원하실 분이요 다윗의 계승자가 십자가에서 처형을 당하셔야만 한다는 것을 상상할 수 없다. 예수님께서 자신이 부활할 것이라고 예언하시는 것도 베드로가 예수님을 꾸짖는 것을 막지는 못한다. 왜냐하면 일단 실패를 예언하셨다고 생각한 다음에는 베드로는 어떤 말도 들을 수 없기 때문이다. 다른 제자들은 물론이고 베드로조차 아직은 하나님께서 어떻게 십자가를 통해 이스라엘만이 아니라 모든 창조물을 구원하실지 이해할 수 있도록 준비되어 있지 않았다.

또한 메시아신 예수님의 십자가 처형은 '아브라함의 자손'이라는 그분의 정체성을 설명해 준다. 아브라함은 하나님께로부터 그의 외아들인 이삭, 곧 그를 열방의 조상으로 만드시겠다는 하나님의 약속의 실현 그 자체라고 할 수 있는 이삭을 바치라는 말씀을 듣는다. 베드로처럼 우리 또한 이삭의 이야기가 우리를 아주 불쾌하게 만든다고 고백해야 한다. 왜냐하면 현대인으로서 우리에게 희생제사라는 것이 도대체 납득이 되지 않기 때문이다. 이스라엘은 백성들의 죄를 속하기 위해 성전의 제단에서 동물제사를 계속해서 드릴지도 모르지만, 우리는 하나님께서 요구하시는 것은 "희생제사보다는 변함없는 사랑/번제보다는 하나님을 아는 지식" 이라고 제안하는 선지자들(호 6:6)이나 예수님(마 12:7)의 편에 선다.

하지만 우리가 예수님의 재판과 십자가 처형뿐만 아니라 겟네마네에서 몸부림치신 이야기(마 26:36-46)를 제대로 읽는다면, 우리의 삶을 지배하고 있는 희생제물을 바치는 체제로부터 자유롭게 되기 위해서는 어떤 희생이 반드시 필요한 것처럼 생각할 수 있다. 왜냐하면 우리가 인정하든 안하든 우리의 삶은 계속해서 희생제사의 어법, 특히 전쟁의 희생에 지배를 받고 있기 때문이다. 실제로 희생제사는 하나님께로 돌아가려는 우리의 바른 열망을 표현하는 탁월한 행동이다. 그러나 우리는 아무리 좋은 선물일지라도 왜곡시킬 수 있는 교묘한 존재다. 이스라엘이 그랬던 것처럼, 우리 역시 우리의 희생제사를 하나님의 좋은 선물을 통제하는 하나의 수단으로 사용해 왔다. 심지어 우리는 히브리서에서 백성이 "예수 그리스도의 몸을 단번에 드리심으로 말미암아 거룩하게 되"(히 10:10)는 것이 아버지의 뜻이므로 예수님께서 영원히 번제와 속죄제를 폐지하셨다고 한 것을 들으면서도, 계속해서 그렇게 한다.

하나님께서는 이스라엘에게 율법을 수여하심으로써 그들이 희생제사를 드릴 수 있는 거룩한 백성이 되는 수단을 주셨다. 하지만 이스라엘은 우리가 하나님의 율법을 얼마든지 우리 자신의 마음의 도구와 욕망을 섬기는 수단으로 만들 수 있음을 입증해 주는 전형이 되었다. 그래서 하나님 아버지께서는 사람의 모양으로 겸손해지시고, 죽음—심지어 십자가에서의 죽음—까지도 순종하시는 아들을 보내셔서, 그분의 십자가로 말미암지 않은 모든 희생제사에 영원한 종지부를 찍으셨다. 우리의 아버지께서는 아브라함을 제지하시고, 이삭 대신에 숫양을 준비하셨다. 하지만 그러하신 아버지께서는 그분의 독생자를, 우리가 우리 방식으로 스스로의 구원을 확보하려고 끊임없이 시도하는 것에서 자유롭게 되는 데 필수적인 희생물이 되게 하셨다.

더군다나 우리는 이분 왕께서 감당하신 희생의 정치적인 특성을 감히 놓치지 않도록 주의해야만 한다. 이 사람 예수님, 곧 하나님의 아들(빌라도의 주장과 같은)께서는 이 세상의 지도자들이 자신의 통치에 신성함이라는 외양을 입히기 위해 사용하는 모든 희생제사들에 종지부를 찍으신 왕이시다. 그리스도의 희생은 요구되는 모든 희생제사들에 하찮은 대의명분들과 하찮은 신들을 대신해 도전하는 단 하나의 참된 희생제사다.[3] 그것이 이 세상의 통치자들—십자가에 대항해 싸우거나 이 싸움에 세상을 끌어들이려는 자들—이 마침내 십자가 앞에서 두려워 떨어야만 하는 이유다. 그리스도의 십자가는 자신들을 대신해서 희생하라고 요구하는 그들의 권리에 도전한다. 그래서 아우구스티누스는 이렇게 말할 수 있었다.

> 우리 자신—그분의 도성인 우리들—이 그분의 가장 최선의, 가장 영광스러운 희생제물이다. 우리는 이런 희생제사의 신비한 상징을 신실한

---

3. 하트Hart는 2005년의 저서 52, 53쪽에서 이렇게 적고 있다. 냉정하게 말해서, 자연 자체는 희생의 순환이고 종교는 종종 "우리가 계속 반복되는 사물의 질서 속으로 다시 연합되는 것처럼 보이게 해서 소원해진 관계의 고통을 완화시키도록 고안된 희생적인 의식들과 신화들을" 통해 이런 실재와 우리를 화해시키려는 시도였다. 반면에 우리가 기독교인으로서 예배하는 하나님, 아들의 아버지이신 분께서는 그러한 희생적인 책략들이 우상숭배임을 드러내시는 분이다. 두말할 필요 없이, 정치와 종교의 연합은 그러한 우상숭배를 포함하고 있다.

> 자들에게 친숙한 우리의 봉헌에서 기념한다.……결과적으로 정의는, 하나님, 곧 가장 높으신 한 분 하나님께서 그분의 은혜에 따라 순종하는 도성을 통치하시고 하나님 외에 다른 어떤 존재에게도 희생제사를 드리는 것을 금지하시는 곳에서, 그리고 그 결과 이 도성에 속해 하나님께 순종하는 모든 사람들에게서, 영혼이 그 몸을 다스리고 합법적인 복종의 체계 안에서 이성이 신실하게 악들을 다스리는 곳에서 발견된다. 그래서 개별적으로 의로운 사람들이 동일한 신앙의 근거 위에서 살며, 사랑 안에서 행동하는 것처럼, 연합하여 백성으로 모인 의로운 사람들도 동일한 신앙의 근거 위에서 사랑, 곧 하나님께서 마땅히 받으셔야만 하는 사랑으로 하나님을 사랑하고, 자신과 같이 이웃을 사랑하는 사람의 사랑으로 행동한다. 그러나 이런 정의가 존재하지 않는 곳에서는 확실히 '권리에 관한 상식과 이해에 관한 일치로 하나가 된 사람들의 연합'이 도무지 있을 수 없다. 그러므로 어떠한 공통의 복지도 없다. 왜냐하면 '사람들'이 없는 곳에 '사람들의 복리'가 있을 리 만무하기 때문이다. (아우구스티누스, 1977, 889-90.)

아우구스티누스가 정치를 희생제사의 문제와 동일시한 것은 매우 옳다. 그러나 또한 아우구스티누스는 권력이 정치의 구성요소라는 점도 잘 알고 있다. 실제로 우리는 곧이어 '동방에서 온 현자들'로부터 '유대인의 왕'으로 규정되시는 분께서 태어나신다는 소식을 들었을 때 헤롯의 반응에서 표출되는 정치권력을 보게 될 것이다. 헤롯은 자신의 권력을 유지하기 위해 살인을 저지르기를 주저하지 않는다. 그래서 마태복음은 세상의 권력의 정치에 대해 대안을 제시하는 '예수님의 정치'에 관한 것이기도 하다.[4] 더욱이 예수님의 정치는 복음서**에** 나타난 정치만이 아니라 복음서 읽기에 관한 정치도 수반한다. 복음서를 바르게 읽기 위해서는 "신실한 자들에게 친숙한 봉헌"으로 형성된 백성, 즉 제단에 희생제물을 드리는 것을 그 기본적인 정치적 행위—헤롯왕의 권력의 정치에 대한 대안alternative—으로 삼는 공동체가 필요하다.

그러므로 신학적으로 마태를 읽는 것은 교회야말로 세상의 정치에 대한 대안적 정치임을 재확인하는 것이다. 내가 마태복음에 관해 제안하려고 하는 읽기는, 비록 수많은 '누구나'가 그런 식의 제공된 읽기로 말미암아 마태에게 매력을 느끼기를 바라지만, 그렇다고 '누구나'를 위한 것은 아니다. 오히려 이 주석은 교회가 마태를 읽는 방법을 결정하는 정치라는 전제에서 출발한다. 더욱이 그 정치란, 마태복음이 전제하는 대로, 예수님의 삶 전체가 교회의 삶을 결정짓는 것으로 이해되어야 한다는 것을 전제하는 정치다.

신학적으로 좀 더 엄밀히 말하자면, '다윗의 자손, 아브라함의 자손'이신 예수님의 정치적인 특성은 그리스도의 인격과 사역이 분리될 수 없음을 의미한다. 어떤 이들이 구원이라고 이해했던 것과 예수님의 가르침이 분리되어 왔다는 것은 기독교인들이 세상에 순응해 왔음을 반영한다. 불행하게도 성육신의 교리는 세상에 순응한 교회에 의해, 교회가 신실한 것은 바른 교리를 믿기 때문이라는 환상을 심어 주는 데 이용되어 왔다. 그러나 바르게 이해된 성육신이란 예수님의 인격과 사역이 분리될 수 없음

4. '예수님의 정치'는 요더Yoder의 저서를 떠올리게 한다. 요더는 예수님께서 종종 정치적인 인물로 드러나신다고 하는 입장은 정치 구호 같은 성격이 농후해서 "예수님께서 성육신하셔서 어떤 종류의 정치를 하셨는지에 관해 실질적인 관심"을 연계시키는 데 실패한다고 말한다(1994b, 3). 나는 요더가 말하는 예수님의 정치에 동의하고 있음을 분명하게 하고 싶다.

을 의미한다. 왜냐하면 예수님께서는 우리로 하여금 생명의 새로운 길에 참여하도록 하심으로써 구원하시기 때문이다. 그 생명의 길의 이름이 교회다.

성육신에 대한 강조는 너무나 자주 어떤 이들을 예수님의 생애를 규정하는 사건으로 그분의 탄생이나 십자가와 부활에만 초점을 맞추도록 인도한다. 예수님의 삶의 중심적인 사건으로 탄생을 강조하는 것은 동방 기독교와 관련되는 반면, 서방 기독교는 죽음과 부활에 초점을 맞춘다고 자주 생각한다.[5] 동방과 서방의 신학에 관한 이러한 정의가 어디까지 진실이든 간에, 마태복음의 시각으로 볼 때 분명한 사실은 어느 쪽을 강조하든 그것은 복음을 공평히 다루는 데 실패한다는 것이다. 예수님의 의미를 강조하는 두 가지 방식 모두가 예수님께서 제자를 부르시고, 가르치시고, 기적을 행하시고, 이스라엘의 지도자들과 논쟁을 벌이시고, 율법과 선지자들에게 순종하라고 하시는 의미를 제대로 설명하지 못한다. 예수님의 탄생과 죽음에만 너무 편협하게 초점을 맞추는 것은 예수님께로부터 정치색을 빼는 길 가운데 하나가 될 수 있다. 성육신은 예수님께서 참으로 하나님이시자 참으로 사람이심을 바르게 상기시키지만, 그렇다고 우리가 예수님의 삶 전체에 참여할 필요가 없다는 뜻은 아니다.

예수님 안에서 초래된 구원에 관해 마태가 서술하는 것은 그분의 탄생, 제자들과의 관계, 가르침과 논쟁, 기적, 십자가 처형과 부활을 포함하는 예수님의 삶을 완전히 공개하기를 요구한다. 복음의 형태, 곧 이런 삶의 이야기는 예수님께서 선포하신 나라를 위해 요구되는 정치가 어떤 종

5. 에어스Ayres는 2004년의 저서에서, 동방과 서방의 신학에 차이가 있다는 근거없는 주장은 아우구스티누스 같은 인물에게는 제대로 적용되지 않는다고 훌륭하게 논증한다.

류인지를 암시해 준다. 예컨대 성육신에 관한 정통주의 신학을 대표하는 기독교의 전통에 있는 사람들은, 기독교인들이 전쟁에 참여하는 것을 정당화하기 위해 너무나 자주 산상설교를 무시하거나 아니면 그것의 극단적인 읽기를 제공한다. 하지만 분명히 참으로 하나님이시고 참으로 사람이신 그분께서는, 마태복음에서 명확하게 말씀하시는 대로, 치유하시고, 가르치시고, 제자들을 부르시고, 그리고 십자가에 달리시고 부활하신 분이시다. 고기독론high Christology은 적들을 용서한다는 것의 의미를 배운 공동체와만 상관이 있을 따름이다.

더욱이 예수님의 전생애에 주목할 경우, 하나님께서 그분의 백성인 이스라엘을 통해 제정해 오신 정치에 관한 마태의 이해를 무시할 수 없게 된다. 마태는 하나님께서 이스라엘을 통해 존재하는 모든 것의 구속을 시작하셨다는 것과, 그 구속은 거룩하도록 부름받은 백성의 창조를 수반한다고 믿는다. 따라서 마태는 이 사람 예수님의 이야기는 이스라엘의 이야기가 어떻게 이방인을 포함하는 데 열려 있는지를 우리로 하여금 알게 하려고 한다는 것을 보여주고자 한다. 이것이 마태복음의 첫 구절에서 이 사람 예수님, 곧 아주 오랫동안 기다려온 메시아시자 '다윗의 자손, 아브라함의 자손'이신 분 안에서 시작된 새로운 시대의 창조에 관한 이야기를 말하고자 하는 마태의 의도가 선언되는 이유다.

마태가 제공하는 아브라함에서부터 예수님에 이르는 족보는 우리가 예수님과 더불어 새롭게 시작한다는 기이한 주장에 관한 주석일 뿐이다. 족보는 세 단락으로 나뉘는데, 처음 두 단락은 열 네 대로 구성되어 있고, 마지막 단락은 열 세 대로 되어 있다. 마지막 단락이 열 세 대인 것은 예수님께서 창조하신 교회가 바로 열 네 번째 세대를 구성하기 때문이다. 마태가 '14'를 의미있게 생각한 이유는 불분명하다. 그러나 중요한 점은 마태가 족보를 통해 말하고자 하는 이스라엘의 이야기다.

첫 번째 족보의 역사는 국가로서 이스라엘의 승리에 관한 이야기를 말하는 데 의미가 있다. 왜냐하면 마태가 분명하게 이스라엘의 역사의 절정을 대표한다고 생각한 다윗왕으로 끝내고 있기 때문이다. 다윗은 강력한 왕이자, 정의를 사랑한 왕으로서 모세에게 주어진 율법(시 99편)을 실현하는 가운데서 이스라엘을 통치했다. 하지만 마태가 족보에서 말하고자 하는 역사는 또한 상실의 역사이기도 하다. 왜냐하면 두 번째 단락이 바벨론 포로, 심지어 팔레스타인에 돌아와서까지 이스라엘의 삶을 맴도는 추방에서 절정에 이르기 때문이다. 마태는 구약의 기자들처럼 이스라엘이 하나님을 신뢰하는 데 실패한 것이나 추방을 통해 이스라엘의 신실하지 못함에 대해 하나님께서 심판하신 것을 감추려 들지 않는다. 이스라엘이 그들의 실패담을 계속해서 말하는 것은 그들의 존재를 이해할 수 있게 하시는 하나님께 대한 공동체의 확신, 곧 선지자적인 삶이라는 험난한 훈련과 말해야만 하는 이야기를 단호하게 말함으로써 배우게 되는 확신에 대한 증거다. 마태는 그 증거의 일부분이 되고, 이로써 그는 예수님의 오심을 통해 이스라엘에게 여전히 신실하신 하나님을 증언하는 것이다.

따라서 족보의 마지막 단락은 예수님의 탄생을 통한 이스라엘의 회복에 관한 것이다. 이스라엘의 메시아라는 것은 예수님께서 단지 이스라엘을 대표하신다는 것이 아니라, 그분께서 율법의 갱신이시며, 그분께서 약속의 땅이시며, 그분께서 성전이시라는 의미다. 예수님께서는 오랫동안 고대해 오던 왕이시다. 그분께서는 이스라엘을 약속된 백성으로 만드는 모든 것의 회복이시다. 요셉이 입양함으로써 예수님께서는 다윗의 족보에 들게 되었고, 이스라엘을 위해 세상의 왕들과는 다른 왕이 되신다. 예수님께서는 과거의 이스라엘에 관해 말하는 마태의 족보 이야기의 절정으로서, 이스라엘의 존재의 범주를 심오하게 변화시키심으로써 단번에 이스라엘의 이야기를 대표하신다.

또한 마태의 족보에는 다말(창 38장), 라합(호 2장), 룻, 그리고 우리야의 아내 밧세바(삼하 11-12장; 왕상 1장) 등 네 명의 여성의 이름들이 포함된다. 마태가 이 여성의 이름들을 거명한 것은 흔치 않은 일이다. 왜냐하면 이스라엘의 족보(예컨대, 창 5, 10, 11장)는 오직 남자의 이름만으로 구성되기 때문이다. 그러므로 마태가 여성의 이름을 거명한 것은 의미심장하지 않을 수 없다. 어떤 이들은 이 여성들이 성적으로 의구심을 살만한 행위에 연루된 사람들이었고, 그래서 변칙적인 예수님의 수태에 대해 독자들을 준비시키는 것이라고 제안한다. 하지만 그런 읽기는 룻과 보아스와의 관계를 정당하게 다루지 않는 것으로 보인다.[6] 그보다는, 마태복음 곳곳에 나타나는 이방인들의 역할을 고려해볼 때, 마태는 다른 방식에서 이스라엘에서 배제된 외부자들인 여성들을 거명함으로써 하나님께서 약속받은 백성을 유지시켜 가시기 위해서 이들을 어떻게 사용하셨는지를 나타내는 것으로 보인다. 이 여성들은 분명히 이스라엘 백성이 아니었지만, 글자 그대로 다윗의 왕가가 이어지도록 함으로써 이스라엘을 위한 하나님의 섭리적인 돌보심을 제공한다. 그들의 완전한 포함을 불가능하게 만드는 것처럼 보이는 옹호할 수 없는 상황에 직면해서, 이 여성들은 기지를 발휘하여 이스라엘의 남성들로 하여금 자신들을 하나님의 약속의 구성원으로 받아들이도록 압박한다. 그들은 귀신이 들려 고통당하는 딸

---

6. 예를 들어, 데이비스Davis의 룻에 대한 논지를 보라. 그는 룻기 3장 9-10절에서 성적 접촉이 있었는지에 대해 논란이 있어 왔지만, 본문은 침묵하고 있어 알 길이 없다고 적는다. 따라서 데이비스는 "우리는 화자의 관점에서 합리적인 의심을 넘어서는 문제를 해결하는 것은 단지 핵심이 아니라고 결론내려야만 한다."라고 제안한다.

을 고쳐달라고 예수님을 큰 소리로 부른 가나안 여인(마 15:21-28)을 예시한다. 처음에 예수님께서는 그녀에게 대꾸하기를 거절하시면서 자신은 "이스라엘 집의 잃어버린 양"에게로만 보내심을 받았다고 반응하신다. 그러나 그녀는 마치 우리가 기도드릴 때 겸손한 자세로 나아가듯이 예수님 앞에 무릎을 꿇고는, 이스라엘 사람들이 자신과 같은 이방인을 묘사하는 대로 개처럼 주인의 상에서 떨어진 부스러기라도 받아 먹을 준비가 되어 있다고 고백한다. 예수님께서는 그녀의 믿음을 칭찬하시고 그녀의 딸을 고쳐주신다.

이 여성들은(그들이 여성이라는 것은 우연이 아니다) 이스라엘에게 주신 하나님의 약속이 이방인에게로 퍼져나가는 부인할 수 없는 실재reality를 대표한다. 마태복음은 예수님의 사명을 이해하기 위해 그것이 대변하는 이러한 실재와 긴장과 관련해 계속 진행 중에 있는 주석이다. 마태는 예수님께서 이스라엘이 아닌 사람들에게 인정받았다는 외면할 수 없는 사실로 말미암아 발생하는 이러한 긴장을 해결하려 들지 않는다. 따라서 이천 년이 지난 우리의 입장에서 이방인들을 포함한 이스라엘의 약속이 만들어내는 이러한 긴장을 어떻게 풀 수 있는지 알고 있다고 추정할 수 없다. 다만 우리가 아는 것은—마태가 우리에게 꼭 보여주고자 하기 때문에—이방인들이 예수님을 알아봤다는 것이다. 그러므로 중요한 것은 우리가 가나안 여인의 믿음과 같은 믿음을 가지고 마태복음을 읽는 것을 불가능하게 만드는 해결책을 찾지 않는 것이다. 그녀처럼 우리는 비록 상에서 떨어진 부스러기로 하나님의 선물을 받게 될지라도, 우리를 생명으로 회복하실 능력이 예수님께 있음을 인식해야만 한다.

"그리스도의 족보"라는 놀라운 설교에서 맥케이브Herbert McCabe는 마태가 족보를 통해 예수님께서는 우리의 정치에서뿐만 아니라 우리의 성적인 생활에서도 전형적으로 나타나는 인간의 추잡한 삶에 관련되심을 상기시켜 준다고 제안한다. 맥케이브는 족보를 구성하고 있는 인물들을 따라 살피면서, 그들은 결코 존경받을만한 사람들이 아니라고 적는다. 부도덕하면서 재미있어 보이는 야곱은 자신의 눈먼 아버지를 거짓말로 속여서 그리스도께로 인도하는 반열에서 자신의 위치를 따냈다. 인정사정없이 높이 성공한 노상강도 출신의 다윗은 음모와 살인을 통해 이스라엘 부족을 통일했다. 솔로몬의 아들 르호보암은 오만과 탐욕으로 다윗이 차지한 땅의 대부분을 잃었다. 아합의 아들 아하시야는 가학적인 살육자로서 그의 아버지의 길을 계속 갔다. 맥케이브는 상대적으로나마 이스라엘의 추방이 차라리 잘된 일이라고 말하는데, 왜냐하면 왕들의 명단이 끝나거나 적어도 우리가 그들의 이름을 모르기 때문이라고 적고 있다.

그러므로 마태의 족보는 하나님의 계획이 항상 경건한 사람들에 의해서만이 아니라 '격정적이면서 전적으로 평판이 좋지 않은 사람들'을 통해서도 수행된다는 점을 극명하게 드러낸다. 맥케이브에 따르면, 도덕이란 대부분 너무나 분명해서 장황하게 논할 수가 없다. 예수님께서는 멋지고 깨끗한 중산층의 점잖은 세상에 속하신 것이 아니라, 오히려 "살인자들, 사기꾼들, 겁쟁이들, 간음한 사람들, 그리고 거짓말장이들의 가족에 속하셨다—그분께서는 **우리**에게 속했고, **우리**를 돕기 위해 오셨고, 놀랄 것도 없이 그분께서는 비참한 결말을 맞으셨고, 그래서 **우리**에게 약간의 희망을 주셨다."(1987, 246-49).

그래서 마태의 족보는 부활하신 예수님께서 제자들에게 "모든 민족을 제자로 삼아 아버지와 아들과 성령님의 이름으로 세례를 베풀고 내가 너희에게 분부한 모든 것을 가르쳐 지키게 하라"(마 28:19-20)라고 임무를 부여하심으로써 실현가능해진다. 복음은 이방인에게 갔으나, 이것으로 이스라엘 백성의 특별한 성격이 부인되는 것은 아니다. 왜냐하면 율법을 통해 이스라엘을 구원하시겠다는 하나님의 약속은, 족보에 거명된 여성들이 드러내듯이, 결코 이스라엘에게만 한정된 것이 아니었기 때문이다.

예수님의 탄생 이야기는 우리를 위해서 하나님께서 행하시는 것에 관해 마태가 말해야만 하는 기이한 이야기를 명료하게 해준다. 요셉과 정혼한 마리아는 '성령으로' 한 아기를 임신하게 된다. 이것은 결코 평범한 임신이 아니다. 오히려 이것은 완전히 우리 중 하나가 되심으로써 우리를 위해서 하나님께서 행하시는 것이다. 그러므로 우리는 교회가 성육신의 신비로 묘사하기 위해서 배워야 할 것 앞에 서게 된다. 시간에 제약을 받지 않으시는 분께서 시간에 맞추어 삼위일체의 제3위이신 성령님의 사역을 통해 잉태되셨다. 흔히들 나중에 근대신학에 와서야 성령님에 관한 연구가 이루어졌다고 하지만, 마태복음에서 성령님은 처음부터 확실히 계신다(Rogers 2005, 117). 마태에게 성령님의 사역은 그리스도의 인성을 가리키는 것이다. 그래서 예수님께서 세례를 받으실 때 하늘이 열리면서 "하나님의 성령님이 비둘기 같이 내려 자기 위에 임하심을 보"셨다(마 3:16). "우리가 모든 겸손을 다하여 당신께 간구하노니, 오 자비로우신 아버지시여, 우리를 들으소서, 당신의 말씀과 성령으로 우리에게 복주셔서 이 빵과 포도주를 성별되게 하시어 이것이 우리를 위한 당신의 사랑하시는 아들, 예수 그리스도의 몸과 피가 되게 하소서"라며 기도할 때 우리가 구하는 것은 똑같은 성령님의 사역이다(『공동기도서Book of Common Prayer』 1979, 342).

하나님께서 우리 중 하나가 되시는 것은 확실히 불가능하다고 가정할 때, 우리가 예수님을 하나님의 아들로 인식하기 위해서는 성령님이 반드시 필요하다는 것은 놀라운 것이 아니다. 우리는 만일 하나님께서 하나님이시라면 주변에서 가장 크신 분이 되셔야 한다고 믿도록 유혹을 받는다. 그래서 우리는 하나님을 최상의 것들로 끝없이 나열된 목록으로 묘사하곤 한다—전능하심, 전지하심, 무소부재하심. 하나님께서는 모든 능력이 있으시고, 모든 것을 아시고, 모든 곳에 계신다. 하지만 이런 식의 묘사는 하나님께서 어떻게 성령님으로 인해 마리아에게 수태될 수 있는지를 이해하는 데 다소 어렵게 만든다. 그런 묘사는 하나님께서 마리아의 태에서 발견되시기에 앞서, 하나님께서는 전능하시고, 전지하시고, 무소부재하신다는 뜻이 무엇인지 우리가 안다고 전제하는 것이다. 명백히 성육신은 우리가 예수님을 알기에 앞서 하나님께서 어떤 분이셔야 하는지 알 수 있다고 가정하는 우리의 전제에 도전한다. 그런 전제는 죄를 일컫는 또 다른 말일 뿐이다. 성령님을 통해 마리아가 잉태됨으로써, 우리의 용어로 하나님을 알 수 있다는 우리의 교만한 가정이 도전을 받게 된다. 나중에 예수님께서 주장하시는 대로, 그분의 잉태에 내재된 주장은 이렇다. "내 아버지께서 모든 것을 내게 주셨으니 아버지 외에는 아들을 아는 자가 없고 아들과 또 아들의 소원대로 계시를 받는 자 외에는 아버지를 아는 자가 없느니라"(마 11:27).

너무나 자주 우리가 동정녀의 탄생을 믿도록 요구받고 있는지에 관해 염려하는 사람들은 그들이 아무런 증거도 없는 것을 믿으라고 요구받는 것이라고 가정하기 때문에 그렇게 한다. 그러나 마태는 우리를 내버리시기를 거절하신—심지어 우리를 구속하시려고 우리 가운데 하나가 되신—하나님의 이야기를 하고 있다. 동정녀의 탄생은 이분께서 우리 없이 우리를 창조하신 하나님이시지만, (아우구스티누스가 관찰한 대로) 우리 없이 우리를 구원하시지 않을 하나님이시기도 하다는 점을 고려하면 놀랄 일도 아니다. 성부 하나님께서 성령님을 통해 마리아의 아기를 수태하게 하신 것은 하나님께서 창조를 통해 행하신 것과 다른 일이 아니다. 하나님께서는 창조에 개입하실 필요가 없다. 왜냐하면 하나님께서는 한시도 창조에 부재하신 적이 없기 때문이다.[7] 창조는 "저기 뒤쪽에back there" 있는 것이 아니라, 모든 것이 존재하도록 뜻하셨고, 계속해서 뜻하시는 하나님의 지속적인 사랑이다.

우리를 깜짝 놀라게 하고 큰 감동을 주는 것은 마리아가 처녀였다는 사실이 아니라 하나님께서 우리를 내버리시기를 거절하셨다는 점이다. 아래는 바르트Karl Barth가 마리아의 임신 성명에 담긴 하나님의 인성을 설명한 글이다.

> 예수 그리스도 안에서 발견되는 하나님의 고귀한 자유는 **사랑**을 위한 자유다. 그 자체로 저 우월함과 복종 안에서 운행하시고 전시하시는 신적 능력은 또한 명백하게 자신을 또 다른 자에게, 그리고 이 다른 자를 자신에게 붙이시고, 그래서 자신과 더불어 함께 있도록 하시기 위해서 아래로 굽히시는 하나님의 능력이다. 이는 그 불가역적인 과정에서 발생하지만, 그 안에서 그것은 완전히 실제적이다. 그 과정에서 예수 그리스도 안에서 하나님께서 사람과 나누는 가장 고귀한 연합이 일어나고 계속된다. 그러므로 하나님의 신성은 그분 홀로, 그

---

7. 버렐Burrell은 2000년도 그의 저서 103쪽에서 이를 적시한다. "우리가 하나님께서 창조하신 것들을 존재케 하시는 보호하심에 관해 적은 대로, 모든 신적인 행위는 **창조하는** 지시문 아래에서 이루어진다. 그러므로 창조에서 하나님의 '개입하심'에 관해 말하는 어떤 것이든지 즉각적으로 오해의 소지가 있으며 적합하지도 않다." 개입에 관해 말하는 것은 오해의 소지가 있는데, 왜냐하면 그것은 하나님을 마치 형이상학적인 존재물의 목록의 일부인 듯 기대하기 때문이다. 따라서 그것은 하나님께서 창조하신다가 의미하는 것은 하나님과 존재하는 모든 것들 사이에 있는 근본적인 차이를 포함한다는 것을 저버리는 것이다.

분만을 위해 존재하는 감옥이 아니다. 오히려 그것은 그분 홀로, 그분을 위한 것일뿐 아니라 우리와 함께, 우리를 위한 것이며, 그분의 권리를 내세우기 위한 것일 뿐 아니라 그분을 희생시키시기 위한 것이며, 온전히 높임을 받으시기 위한 것일 뿐 아니라 온전히 낮아지시기 위한 것이며, 전능하실 뿐 아니라 전능하게 자비하시며, 주인이실 뿐 아니라 종이시며, 스스로 심판하실 뿐 아니라 심판받으시며, 사람들의 영원한 왕이실 뿐 아니라 시간 안에서 사람들의 형제가 되시는 그분의 자유다. 그리고 이 모든 것에서 그분께서는 신성은 조금도 박탈되지 않는다! 오히려 그분의 신성을 가장 고귀하게 증거하며 선언한다! 그 모든 것을 **행하시고** 분명하게 **행하실 수 있는** 그분께서는 다른 분이 아니라 살아계신 하나님이시다. 그분의 신성, 아브라함과 이삭, 야곱의 하나님의 신성은 그렇게 구성된다. 예수 그리스도 안에서 작동되고 인식되는 것은 이런 방식이다. 만일 그분께서 진리의 말씀이시라면, **하나님**의 진리는 정확히 이것이지 다른 어떤 것이 아니다. [바르트, 1960, 48-49(원문대로 강조).]

하나님의 실재actuality는 동정녀의 탄생을 사실주의적인 용어로 설명하려 하고, 말이 되게 하려는 어떠한 시도도 잘못임을 의미한다. 우리가 창조를 설명할 수 없듯이, 예수님께서 온전히 하나님이시고 동시에 온전히 사람이실 수 있음을 설명하려고 시도할 수 없고, 시도해서도 안 된다. 니케아Nicea 공의회와 칼케돈Chalcedon 공의회에서는 삼위일체와 성육신을 설명하지 않고, 대신 설명없이 하나님의 신비를 어떻게 말해야 하는지 가르쳐 준다. 따라서 니케아와 칼케돈은 복음서들의 특성을 재생산할 뿐이다. 다시 말해 하나님께서 예수 그리스도 안에서 우리를 위해 하신 일에 대해 말하는 유일한 길은 이야기, 즉 요셉과 마리아가 "서로를 알지" 못했는 데도, 마리아가 아기를 가진 것을 알게 되었다는 이야기를 말하는 것이다. 그것이 마태가 족보 이야기를 하다가 마리아의 임신 이야기로 전환함으로써 우리에게 마리아의 이야기를 듣게 하지 않는 이유다. 오히려 그는 우리에게, 직설적은 아니더라도, 곧바로 "예수 그리스도의 나심은 이러하니라"라고 말한다. 다시금 마태는 우리가 하나님의 일을 이해할 수 있도록 하는 것이 그의 임무라고 생각하지 않고, 오히려 우리가 예수님의 수태와 탄생의 빛 안에서 어떻게 살 수 있는지를 우리에게 보여주는 것이 그의 임무라고 생각했음을 알 수 있다.

"그리스도께서 죽으셨고, 그리스도께서 부활하셨고, 그리스도께서 다시 오실 것이다."라고 우리는 매번 성찬식에서 정확하게 단언한다. 그러나 이러한 단언들이 우리에게서 "그리스도께서 탄생하셨다."를 잊도록 만들게 해서는 안 된다. 삼위일체의 제2위이신 하나님께서 수태되셨고, 어머니의 돌봄을 필요로 하는 가운데 탄생하셨다.[8] 사람이 된다는 것은 연약해진다는 것이다. 그러나 아기가 된다는 것은 일평생을 부인하면서 사시는 방식으로 연약해진다는 것이다. 실제로 예수님께서는 십자가 처형에서 절정에 이르렀을 그 연약해짐조차 피하기를 거부하는 아기셨다. 그리고 그렇게 예수님께서는 마리아와 요셉의 돌봄 아래 맡겨지셨다. 그들은 십자가에서 그분을 구해낼 수는 없었으나, 그분의 생애가 가능하기 위해서는 없어서는 안 되는 사람들이었다. 그러므로 우리는 마땅히 거룩한 가정Holy Family을 축하한다.

---

8. 나는 예수님께서 우리처럼 태어나셔야만 했다는 중요한 암시에 대해 웻즐James Wetzel에게 빚지고 있다.

마태가 전하는 마리아의 임신 이야기는 누가의 설명이 갖는 매력이나 세부사항에 비해 부족한 점이 있지만, 그 나름의 가치는 충분하다. 복음의 강력한 적들 가운데 하나는 감상주의다. 그리고 예수님의 탄생을 둘러싼 이야기들은 정서적으로 넋두리하기에도 좋은 소재들로 잘 준비되어 있음이 증명되어 왔다. 그런데 예수님의 수태와 탄생에 대한 마태의 설명은 미안한 기색이 하나도 없이 지극히 현실적이다. 마리아가 아니라 요셉이 주연이다. 크리소스톰John Chrysostom은 요셉이 남자로서 가장 강압적인 열정과 시기심에서 자유했기 때문에 예외적으로 자기 절제가 잘 되는 인물로 칭송한다. 마리아에게 정신적인 고통을 주고 싶지 않아서, 공개적으로 그녀에게 불명예를 안기기 싫어서, 그는 가만히 정혼을 끊고자 계획했다. 그러므로 요셉은 율법에 따라 행동하기를 거부했고, 오히려 나중에 예수님께서 죄인으로 알려진 사람들을 향해 보이신 태도가 예시해주는 방식(마 9:10-13)으로 행동하기를 선택했다.

하지만 요셉은 마리아의 임신의 성격을 알기 위해서 여전히 계시를 요구했다. 그는 또한 자신의 백성을 그들의 죄에서 구해줄 수 있는 새로운 여호수아라는 뜻에서 아기에게 예수라는 이름을 지어주는 영예를 안았다. 옛적의 여호수아는 약속의 땅을 정복할 임무를 부여받았으나, 새로운 여호수아는 자신의 백성을 그들의 죄에서 구해내도록 보냄받아, 그들이 약속의 백성으로 살 수 있도록 하실 것이다. 요셉은 지시받은 대로 했다. 마리아를 그의 아내로 데려오고 그의 아들을 예수라고 이름지었다.

더군다나 마태는 우리에게 이 모든 일이 이사야 7장 14절의 예언을 성취하기 위해서 이루어진 것이라고 말한다. 여기서 처음으로 마태는 "이 모든 일이 된 것은 주께서 선지자로 하신 말씀을 이루려 하심"이라는 공식적인 표현을 사용한다. 그러나 앞으로도 그는 어떻게 예수님께서 구약의 예언들을 이루시는지 보여주기 위해 종종 이 공식을 사용할 것이다. 마태가 앞선 견본이 사실임을 확증해 주기 위해 자신의 자료를 억지로 끼워 맞춘 것이라고 제안하고 싶을 수 있지만, 그것은 마리아가 실제로 처녀여야만 했을 때, 그녀가 실제로는 처녀가 아니었다고 가정하는 것이 된다. 우리는 이제 이사야 7장 14절을 어떻게 읽을지 꽤 바르게 알고 있다. 왜냐하면 마리아는 젊은 여성이고 또한 처녀이기 때문이다.

마리아는 처녀였어야만 했다. 왜냐하면 예수님께서는 하나님의 아들이시기 때문이다. 마리아의 순결을 빼고 이 이야기가 전해질 수 없다고 말하는 것 말고는 마리아의 순결을 증명할 다른 방도가 없다. 그런데 마리아의 순결은 단지 이야기의 전개를 위해서 요구될 뿐이다. 그녀가 낳은 사람은 다른 사람도 아니고 임마누엘, 즉 "하나님께서 우리와 함께 계시"는 분이다. 그런 사람에게는 삼위일체의 제1위이신 성부 외에 다른 아버지께서 있을 수 없다. 이사야 7장 14절이 실현된 것은 중요하지만, 처녀가 성자를 낳아야만 하는 것은 우리가 성부의 특성을 이해하기 위해서라도 중요한 핵심이다.

누가복음에서 마리아가 그러듯이, 마태복음에는 "나는 주의 여종입니다"라는 말이 없다. 그러나 그렇다고 해서 그녀의 의의가 감소되는 것은 아니다. 마리아의 순종이 없었다면, 즉 성령님을 받으려는 그녀의 자발성이 없었다면, 우리의 구원은 의심스러워졌을 것이다. 그러므로 캔탈라메사Raniero Cantalamessa는 1992년에 쓴 자신의 저서, 『마리아: 교회의 거울Mary: Mirror of the Church』의 제목을 적절하게 잘 지었다. 어느 정도 정당성을 가지고 마리아를 종종 두번째 하와라고 규정하기도 한다. 그러나 또한 마리아는 우리의 아브라함이기도 하다. 마치 아브라함이 자기의 고향을 떠나 이방의 행선지로 가라는 하나님의 부르심에 순종했듯이, 그녀의 자발성으로 하나님의 어머니가 된 마리아는 교회의 시작이기도 하다. 그녀는 새로운 백성이 되도록 부르시는 성자께 신실하게 응답한 새로운 창조의 첫 열매다. 아브라함이 이스라엘의 아버지인 것처럼, 마리아는 교회의 어머니다.

이 모든 것은 기독교인들이 구원의 경륜 가운데서 마리아의 의의를 잃는다면, 우리 역시 이스라엘 백성과의 관계를 상실하게 될 위험이 있다는 것을 의미한다. 예수님께서는 유대인 어머니에게서 태어나신다. 그분의 몸은 유대인의 몸이었다. 확실히 유대인의 몸은 사람의 몸이다. 기독교인들은 '참으로 사람'이신 그 몸이 특별히 마리아의 몸이었음을 결코 잊지 않을 것이다. 마태는 우리로 하여금 마리아에게서 나신 분께서 죄로부터 이스라엘을 자유케 하시려고 오신 분임을 잊지 않도록 한다. 예수님께서는 참으로 하나님이시고 참으로 사람이시다. 그러나 이 공식이 우리로 하여금 하나님이시고, 사람이신 분께서는 이스라엘 백성에게 항상 신실하시겠다고 약속하신 하나님과 같은 분이시라는 사실을 잊을 수도 있음을 의미하는 것은 아니다.

마태복음 2장
테러와 피신

“헤롯 왕 때에”라는 어구는 현실로 돌아가는 것처럼 보일 수 있다. 반면 묵시의 시간, 창조의 시간, 예수님의 수태의 시간은—우리가 세상이 움직이는 방식으로 가정하는 것에 비추어 볼 때—비현실적인 것처럼 보일 수 있다. 그러나 묵시의 시간은 일상의 시간, 헤롯의 시간을 가로지르며 정치적인 위기를 조성한다. 예수님, 성부의 영원하신 아들께서는 헤롯의 시간으로 탄생하신다. 예수님의 수태와 탄생의 이야기는 신화의 이야기가 아니라, 오히려 우리가 살고 있는 시간을 형성해가는 이야기다. 그 시간은 통치자들이 통치하는 시간으로, 그들이 그 시간을 구성하는 이야기를 결정한다고 생각한다—왜냐하면 통치하는 자들은 시간이 권력에 의해 결정된다고 생각하기 때문이다. 예컨대, 최근에 우리는 미국의 세기에 살고 있다고 종종 말한다. 헤롯과 같이, 미국인들은 자신들이 시간을 통제하고 있다고 믿는다. 왜냐하면 모든 사람들이 미국의 이야기와 관련해서 자신들의 시간을, 자신들의 이야기를 말해야 하기 때문이다.

그러나 헤롯들은 그들이 생각하는 것만큼 그다지 강력하지 않다. 헤롯이 왕인 이유는 단지 문제 많은 유대인들이 사는 이 골치 아픈 지역을 그로 하여금 다스리도록 하는 것이 로마인들에게 좋았기 때문이다. 헤롯은 로마에게 유용하게 질서를 유지하도록 로마에 의해 이용당하는 노리개일 뿐이다. 예수님께서는 점령당한 땅, 변방의 소읍, 강력한 제국의 끝자락에서 태어나신다. 그분께서는 필연적으로 로마의 권위 아래에서 죽임을 당할 수밖에 없을 뿐 아니라, 그 순간 그분의 죽음은 로마에게 아무런 의미도 없다. 이 사람이 자기들이 마주했던 그 어떤 도전보다 더 결정적인 정치적인 도전이 되리라고 로마가 어떻게 상상할 수 있었겠는가? 로마는 적들을 어떻게 다루는지 잘 알았다. 그들을 죽이든지 아니면 그들을 가담시켜야만 한다. 그러나 그 시민들이 폭력이 역사의 의미를 결정할 수 있다고 믿기를 거부하는 나라를, 또는 그 운동을 어떻게 다루어야 하겠는가? 예수님께서 시작하신 운동은, 하나님께서 인내하시기 때문에 존재할 수 있는 세상 안에서, 세상이 행하는 불인내의 폭력을 십자가와 부활로 항상 도전해야 한다고 믿는 사람들로 구성된다.

예수님의 탄생이 지닌 정치적인 의의, 헤롯이 그렇게 잘 이해했던 의의가 너무나 자주 상실되는데, 이는 교회가, 특히 미국의 교회가 종교는 정치라는 보다 큰 체제framework 안에 속한다고 가정하는 입장을 확인하는 것으로 그분의 탄생을 읽기 때문이다. 즉 예수님의 탄생을 왕좌와 제국에 대한 도전으로 보지 않는 것인데, 이는 종교는 사적인 영역에만 관심을 갖는 것이라고 생각하기 때문이다. 물론 그런 견해가 의도적으로 복음의 중요성을 경시하지는 않는다. 왜냐하면 사적인 영역은 우리의 삶에서 가장 중요한 부분, 즉 종종 '도덕'이라고 통칭되는 것을 다룬다고 가정하기 때문이다. 그렇지만 마태복음은 공적인(정치적인) 것과 사적인 것의 구분을 알지 못한다. 예수님께서는 시간 속으로 태어나셔서, 헤롯과 로마의 시간을 위협하신다. 예수님께서는, 계보가 분명하게 밝히듯이, 다윗 계열의 왕이시다. 그러나 그분께서는 이전의 추방exile 상태에 있던 왕권을 구속하실 왕이시기도 하다. 그러므로 카터Warren Carter는 다음과 같이 당연하게 주장한다.

> 신적인 현존은 예수님(마 1:23; 28:20)과 그분께 헌신된 공동체(마 18:20) 안에 명시된다. 예수님의 수태와 탄생(마 1:18-25) 안에서 드러난 하나님의 현존의 계시는 제국의 한 속국의 왕에게서 폭력적인 반응을 이끌어 냈다(마 2장). 그 장면에서 드러난 주제와 단어들은 바로가 하나님의 백성을 이집트의 노예상태에서 자유롭게 하는 모세에게 대적한 것을 연상시키며, 또한 종교와 정치의 엘리트들에 의한 예수님의 십자가 처형을 연상시킨다.……복음은 제국이 그분께 가할 수 있는 가장 최악의 것, 즉 십자가 처형을 당한 선지자적인 인물의 이야기를 말한다. 그러나 그분의 부활과 이후에 일어날 권능 가운데 오심은 로마의 권력의 한계를 드러낸다. 복음은 대안 세계를 건설한다. 그것은 제국의 주장들에 저항한다. 그것은 세상이 이런 식으로 질서 잡혀 있음을 인정하기를 거부한다. 그것은 예수님 안에서 명시된 하나님 중심의 대안적인 세계와 인간 존재에 관한 이해를 제시한다. 그것은 대안 공동체를 창조하고, 반제국적인 실천강령을 형성한다. (카터, 2003, 42-3.)

"회개하라. 천국이 가까이 왔느니라"(마 3:2)는 세례 요한의 설교인데, 예수님 역시 이것을 선포하실 것이다(4:17). 그 나라는 사람의 마음속에 있는 어떤 내적인 성소가 아니다. 오히려 그 나라는 대안 세계, 대안 시민, 대안 정치다. 이것이 예수님께서 묵시가 되신다는 말이 의미하는 바다. 예수님께서는 그분의 인격과 사역 속에서 하나님 나라의 전형이 되신다. 근대적인 기독교인들은 그 나라를, 우리가 최상의 인간적인 노력을 대표한다고 가정하는 이상들, 곧 자유, 평등, 정의, 개인의 존엄성 존중 등과 동일시하려는 유혹을 받는다. 이 모든 것은 기독교인들이 지지할 만한 가치가 충분하지만, 그 자체로는 그 나라가 아닌 목표들일 뿐이다. 이러한 이상들과 그 나라를 동일시하는 것은 그 나라를 선포하신 분에게서 그 나라를 분리시키는 것이다. "예수님께서는 그분 스스로가 설립된 하나님의 나라다."(바르트, 1936-77, 2.2.177). 또는 오리겐Origen의 고전적인 말로, 예수님께서는 아우토바실레이아*Autobasileia*—그 자신이 왕국—이시다(1926, 498).

그래서 헤롯은 '동방의 박사들'이 예루살렘에 와서 "유대인의 왕으로 나신" 한 아기에 대해 묻고 있다는 소식을 듣고, 당연히 관심을 기울였다. 그 아기에 대한 헤롯의 공포는 그의 연약함의 깊이를 드러낸다. 헤롯들은 그들의 지위가 끊임없는 경계를 필요로 한다는 것을 잘 안다. 왜냐하면 어떤 변화라도 그것은 그들의 불안한 지위를 더 불안하게 만들기 때문이다. 헤롯들은 권력을 안정되게 하기 위한 수단으로 공포를 조장함으로써 공포 정치를 시행한다. 즉 "만일 당신들이 나의 통치를 좋아하지 않는다면, 만일 당신들이 내게 복종하지 않는다면, 당신들은 훨씬 더 나쁜 로마의 직접적인 통치를 받게 될 것이다."라고 위협한다. 그래서 "그와 함께 한 온 예루살렘 사람들"이 두려워하는 것에서 헤롯의 통치가 가능함을 볼 수 있다. 왜냐하면 그가 통치하는 자들이 느끼는 공포가 헤롯의 통치를 필요한 것으로 보이게끔 만들기 때문이다. 그리고 공포로 통치하는 모든 사람들과 마찬가지로, 헤롯이나 그의 통치를 받는 사람들이 가장 바라지 않는 것은 그들을 놀라게 하는 어떤 것이다. 그러므로 한 왕이 태어나셨다고 믿는 낯선 사람들이 나타난 것은 결코 좋은 소식일 수 없다. 더군다나 그들이 새로운 왕을 찾는 이유는 그분께 경배하기 위해서다.

헤롯은 교활한 것으로 평판이 자자하다. 그는 능숙한 통치자다. 그는 동방에서 온 낯선 사람들에게 그들이 분명 혼동하고 있는 것이라고 말할 수 있었다. 유대인의 왕은 헤롯이다. 그런데 음모야말로 헤롯들이 지향하는 삶의 방식이다. 비록 그의 권력을 향한 새로운 위협에 겁이 났을지라도, 헤롯은 자신이 무엇을 해야 할 지 잘 안다. 그는 (늘 자연스런 동맹관계에 있지는 않은) 대제사장들과 서기관들을 불러 어디서 메시아가 태어날 지 물어본다. 그들은 당대의 지식인들이다. 그런데 교육받은 지식인들은 대개 권력자들을 섬긴다. 그들은 그들의 성경을 알고 있을 뿐만 아니라, 우리 시대에 성경을 아는 많은 사람들처럼 통치자의 구미에 맞게 성경을 어떻게 읽어야 하는지도 잘 안다.

그들은 미가 5장 2절, 즉 이스라엘의 통치자요 온 백성의 목자가 될 사람은 예루살렘이 아니라 베들레헴에서 태어날 것이라고 말하는 예언으로 헤롯의 관심을 돌린다. 헤롯의 통치와 베들레헴에서 태어나실 분의 차이는 이보다 더 극명해질 수 없을 것이다. 오실 분께서는 과거의 정치 정권과 연관된 권력이란 수단에 의존하시지 않는다. 그분께서는 때가 되었을 때 당나귀를 타고 예루살렘에 입성하실 것이다(마 21:1-2). 그분께서는 베들레헴에서 나실 것인데, 그곳은 한 번도 유다의 권력의 중심에 있었던 적이 없다. 더욱이 그분의 통치는 목자의 통치다. 그분께는 이스라엘의 길 잃은 양을 사랑하는 데서 나오는 힘 외에는 어떠한 권력도 없다.

이렇게 비천한 곳에서 태어나신 사랑love이 해와 달을 운행하시는 바로 그 사랑love임을 생각할 때, 이러한 탄생을 알리기 위해 우주적인 징조가 있다고 해서 놀랄 필요는 없다. 이는 나중에 예수님께서 바람과 바다를 잔잔하게 하시기 위해서 사용하시는 사랑과 같은 것이다. 당시 두려움에 떨던 제자들은 이것을 보고 놀라워했다(마 8:21-27). 그런데 비록 그 왕께서는 이스라엘의 길 잃은 양을 돌보시기 위해 오시지만, 이 사랑은 확실히 이스라엘에만 국한되지는 않는다. 왕의 탄생을 알리는 별을 관측한 사람들은 이스라엘 사람들이 아닌 박사들이었다.

박사들은 하나님의 존재하심이 원칙적으로 합리적인 설명에 열려 있음을 믿어야 한다는 바티칸 제1공의회에서 분명히 표현된 교회의 확신을 확인해준다. 고린도전서 14장 22절에서 바울은 방언을 말하는 자들은 불신자들, 즉 이스라엘에게 주신 예언을 모르는 자들을 위한 표적이라고 말한다. 그러므로 동방에서 온 박사들이 한 별의 표징을 따라 예수님께 가는 길을 찾는 것은 놀랄 일이 아니다. 그러나 이러한 '자연 지식'은 성경에서 우리에게 주어진 이야기들을 통해 해설되어야 한다는 것 또한 사실이다. 희망에 의해 인도된 박사들은 그 별을 따라 가지만, 그것만으로 그들이 예수님께서 탄생하시는 곳에 도달하기는 충분치 않다. 그들은 유대인의 왕께서는 수도인 예루살렘에서 나셨으리라고 가정한다. 하지만 그들에게는 도움이 필요하다. 그 도움은 가장 예상치 못한 인물, 곧 그 아기를 찾을 수 있는 성경을 알고 있는 조언자들에게서 가르침을 받아야 했던 헤롯에게서 비롯된다.

그의 조언자들에게서 정보를 들은 헤롯은 동방에서 온 박사들을 은밀히 불러 언제 별이 나타났는지 자세히 알아보고 그들을 베들레헴으로 보낸다. 그가 그들을 은밀히 부른 것은 한 왕이 태어났다는 전제를 기정사실화하기를 원하지 않기 때문이다. 그러나 그는 박사들에게 자기도 가서 왕으로 나신 사람에게 경의를 표하고 싶다고 말한다. 이 이야기에서 헤롯의 역할이 간과되어서는 안 되는데, 왜냐하면 헤롯이 없었다면 박사들은 그들이 찾던 아기를 찾지 못할 수도 있었기 때문이다. 그 나라의 대적들이 종종 예수님 안에서 시작된 운동을 섬기기도 한다.

박사들은 헤롯의 조언을 주의 깊게 듣고 자기들 앞서 가는 별을 계속해서 따라 간다. 별이 예수님께서 탄생하신 곳에 멈추자, 박사들은 아기께 경배하고 주체할 수 없는 기쁨을 나타낸다. 이 박사들은 세상의 복잡함을 인식하도록 훈련 받은 사람들인데도, 모친과 아기를 보고는 아기에게 경배한다. 만일 이 아기가 메시아가 아니시라면, 만일 이 아기가 왕으로 태어난 것이 아니시라면, 만일 이 아기가 하나님의 아들이 아니시라면, 박사들이 한 행동은 우상숭배가 된다. 그들이 홀로 경배받으실 수 있는 이 사람의 진가를 알아볼 수 있었던 것은 확실히 성부에게서 비롯된 선물이었다. 똑같은 선물이 모든 이방인들에게 희망을 준다. 왜냐하면 이 아기를 통해 우리는 그분의 탄생에 의해 암시되는 대안적인 세계에 참여하도록 부름을 받기 때문이다. 더군다나 그것은, 박사들과 마찬가지로, 하나님께서는 세상으로 하여금 헤롯에 대한 대안이 있음을 알게 하기 위해서 바쳐진 빵과 포도주라는 선물을 우리에게 주신 것임을 분명하게 한다.

박사들은 꿈을 통해 헤롯에게 돌아가지 말고 다른 경로로 그들의 나라로 돌아가라고 경고받는다. 박사들이 그들의 나라로 돌아갔다는 사실은 아주 의미심장하다. 이는 하나님께서 그들이 이스라엘에 머무는 것을 바라지 않으셨음을 보여 준다. 그들이 경험한 기쁨을 생각할 때, 그들은 분명 이스라엘에 머물기를 바랐을 것이다. 하지만 그들은 그들의 나라로 돌아가서 그들이 경험한 기쁨을 전하는 증인이요 전초기지가 되도록 요구받는다. 그들이 수행한 여정은 우리에게 기쁨을 가져다 주는 그 이야기에 참여하도록 한다. 그 여정은 우리 역시 가야만 하는 '또 다른 길'이라 불릴 수도 있다. 그 나라는 예수님을 따르는 사람들이 그들이 '집에' 있을 때조차 낯선 사람들임을 발견할 수 있는 하나의 여정이요 또 다른 길이다.

실제로 요셉은 곧 또 다른 꿈을 통해 마리아와 아기를 데리고 헤롯의 진노를 피해 이집트로 피신하는 여정을 해야만 한다는 것을 발견한다. 같은 이름의 요셉은 이집트 사람들의 꿈을 해석해 줄 수 있었으나, 여기서의 요셉은 자기가 꾼 꿈을 신뢰하도록 선물을 받는다. 그래서 예수님께서는 이집트로 가고, 이것은 하나님께서 호세아 선지자를 통해 예언하신 이스라엘, 곧 자기 아들을 이집트에서 부르실 것이라는 말씀을 성취한다. '다윗의 자손, 아브라함의 자손'께서는 또한 자기 백성을 신실함의 땅으로 인도하도록 부름 받은 새로운 모세시다.

새로운 모세신 예수님께서는, 모세와 같이 자기 백성의 불성실함을 담당하실 것이다. 호세아 11장 1-2절에서 하나님께서는 그분께서 이스라엘을 사랑하실수록, 심지어 이집트에서 그들을 불러내실 때조차, 이스라엘은 바알과 우상들에게 더 많이 희생을 바쳤다고 말씀하신다. 예수님의 제자들은 이스라엘의 불성실함과 우상숭배를 따르도록 유혹을 받을 것이다. 모세처럼 예수님께서는 우리 자신의 신들을 만들고자 하는 유혹에 저항하고 우리를 지키도록 돕는 율법을 우리에게 주실 것이다. 그러나 그 율법이 이제 예수님의 몸에서 구체화되는 데도 불구하고, 우리는 여전히 우리가 받은 것들을 왜곡시키는 방법을 찾고 있다.

박사들은 헤롯에게 돌아가지 않는다. 하지만 헤롯은 바보가 아니다. 그는 자기가 들은 말을 신뢰한다. 그를 위협하는 것이 베들레헴에서 발견될 것이다. 우리는 헤롯이 유대인의 왕이 탄생했다는 소식에 무서워했다는 것을 기억해야 한다. 권력이 결코 안전할 수 없음을 알기 때문에, 헤롯들은 그들이 미약하게 장악하고 있는 권력이 위협에 처했을 때 하지 못할 일이 아무것도 없다. 그러한 공포—권력에서 나오는 공포—는 그 힘이 죽음에서부터 기인하기 때문에 모든 것을 할 수 있다. 따라서 헤롯은 박사들이 이스라엘에 도착할 때까지 걸린 시간을 계산하여 베들레헴과 그 근방에서 태어난 두 살 아래의 모든 아기들을 죽이라고 명령한다.

아마도 복음서에 기록된 사건들 가운데 이러한 아기들의 죽음보다 성탄절을 감성적으로 표현하는 것에 도전하는 사건은 없을 것이다. 예수님께서는 폭군의 권력을 보호하기 위해서 아기들을 죽이고 계속해서 죽이는 세상으로 태어나신다. 기독교인들은 베들레헴에서 일어난 아기들의 죽음이 예수님의 탄생과 죽음, 부활에 의해 '구속될 수 있다'고 믿게끔 유혹 받을 수 있다. 그러나 맥키논Donald MacKinnon은 복음서, 특히 베들레헴에서 일어난 무고한 자들의 살해당함에 대해 성경을 그렇게 읽는 것은 왜곡이라고 주장한다. 맥키논에게 부활의 승리는 이 아기들이 그보다는 적게 죽었다거나, 그 부모들이 그보다는 적게 사별했다는 의미가 아니다. 오히려 부활은 예수님을 따르는 사람들이 우리가 구속되었다고 믿는 세상에 대해 거짓말하지 않도록 해 주는 것이다(1979, 182-95).

베들레헴에서 일어난 아기들의 죽음에 대한 마태의 설명은 생생하다. 마태는 이러한 경악스러움에 대해 어떠한 설명이나 정당화도 제시하지 않는다. 오히려 그는 예레미야 선지자가 우리에게 그런 경악스러움에 대해 준비하라고 했음을, 즉 라마에서 들려오는 큰 슬픔에 관해 경고했음을 상기시킨다. 거기서 라헬은 그녀의 아기들 때문에 울 것이며, 위로 받기를 거절할 것이다(렘 31:15). 라헬은 정확하게 위로 받기를 거절한다. 복음, 곧 예수님의 십자가 처형과 부활은 아기들이 살해당한 부모들을 위로하는 말이 아니다. 오히려 예수님을 따르고 경배하는 사람들은 아기들을 살해하려는 사람들에게 도전한다. 이 세상의 헤롯들은 그 아기를, 곧 예수님을 미워하는 데서 시작하지만, 데일 브루너Frederick Dale Bruner가 말한 대로, 아기들을 다치게 하고 살해하는 것으로 끝난다(2004, 68). 교회는 이러한 정치, 살해의 정치에 대한 대안이 되라고 부름을 받는다.

헤롯들은 마땅히 저항을 받아야 한다. 그러나 우리는 헤롯의 삶을 사로잡았던 두려움이 우리의 삶에도 존재한다는 사실을 잊어서는 안 된다. "온 예루살렘의 사람들" 역시 이 아기의 탄생 소식을 무서워하기는 마찬가지였다. 그리고 그와 똑같은 두려움이 계속해서 아기들을 위해 쓸 시간과 에너지가 없다고 믿는 문화들—곧 우리의 문화들—을 사로잡고 있다. 낙태는 아기들이 실재가 되는 시간에 대한 두려움을 다르게 부르는 한 가지 이름이다. 아기들은 정확히 우리를 두렵게 한다. 그들은 우리를 그들이 미지의 미래 속에서 하게 될 일로 끌어 당긴다. 그러나 그런 끌어 당김은 태양과 별들을 움직이는 사랑의 매력이다. 그와 똑같은 사랑으로 박사들은 기쁨에 겨워 어쩔 줄 몰라 했다. 교회를 그 아기를 두려워하는 세상에 대해 대안이 되도록 만드는 것은 바로 그 사랑이다.

헤롯이 죽었다는 좋은 소식이 들린다. 교활한 사람이었지만 죽음마저 교활하게 피할 수는 없었다. 왕들은 왔다 가지만, 하나님의 백성은 영원하다. 그들이 영원할 수 있는 것은 하나님께서 예수님 안에서 시작된 그 나라를 통해 영원할 수 있도록 하셨기 때문이다. 그래서 다시 요셉이 이집트에 있는 동안, 천사가 나타나 그에게 헤롯이 죽었음을 알리고 이스라엘로 돌아가야만 한다고 말한다. 요셉은 조금도 지체하지 않는다. 마리아와 예수님, 그리고 요셉은 돌아온다. 하지만 돌아왔다고 위험하지 않은 것은 아니다. 이제는 헤롯의 아들 아켈라오가 유대를 통치한다. 요셉은 다시 꿈에서 유대를 피하라고 경고를 받고, 그 대신 갈릴리의 나사렛으로 간다. 그럼으로써, 마태에 따르면, 예수님께서는 나사렛 사람이라 일컬음을 받으리라는 예언이 성취된다(마 2:23).

비록 구약에 예수님께서 나사렛 사람이라 일컬어지리라는 본문은 없지만, 우리는 마태복음에서 지명이 갖는 의의를 금방 알아차릴 수 있다. 갈릴리는 사마리아인, 유대인, 이방인들이 더불어 사는 팔레스타인에서 악명 높은 지역이다. 그분의 사역 내내 예수님께서는 갈릴리를 오고 가며 이동하실 것이고, 그럼으로써 그분께서는 필연적으로 이스라엘 사람들만큼 다양한 이방인들을 만나시게 될 것이다. 이방인들 가운데 어떤 사람들은 그분을 메시아로 알아보게 될 것이다. 이스라엘을 회개하게 하시려고, 그 나라의 도래를 알리시려고 오신 분께서는 이방인들이 듣고 반응하는 것을 발견하실 것이다. 마태복음은 그러한 위대한 놀라움의 이야기다.

마태복음 3장

세례자

“그 때에 세례 요한이 이르러 유대 광야에서……”. 막연한 시작이다. 그 때가 언제인가? 요셉이 가족들을 데리고 나사렛에 간 지 얼마 만이란 말인가? 예수님께서는 어떻게 자라나셨는가? 그분의 어머니와 아버지와의 관계는 어떠했을까? 그분께서는 어떤 종류의 교육을 받으셨을까? 그분께서는 왜 유대에 가셨는가? 왜 요한에게 세례를 받으시려고 하셨는가? 모두가 좋은 질문이지만, 마태에게는 별로 관심이 없는 내용들이다. 이것은 예수님의 어린 시절에 대해 조금 더 말하고 있는 누가복음은 물론이거니와 어떤 복음서도 예수님의 전기가 아니란 점을 상기시킨다. 오히려 이것은 우리와 함께 하시는 하나님의 이야기다. 예수님께서 나사렛 사람이라 불려질 것이라는 내용에서 요한이 갑자기 등장하는 장면으로 갑작스럽게 전환하는 것은 “그 때”가 하나님의 시간인 것을 우리에게 상기시킨다.

복음서가 입을 닫으면 당황스럽지만, 그러한 당황스러움은 우리가 그분의 좋은 독자, 좋은 제자들이 되도록 훈련받기 위해서라면 필요한 것이다. 요한복음은 예수님께서 “이 책에 기록되지 않은” 많은 표적을 행하셨지만, “너희로 예수님께서 하나님의 아들 그리스도이심을 믿게 하려 함이요 또 너희로 믿고 그 이름을 힘입어 생명을 얻게”(요 20:30-31) 하기 위해서 우리가 가진 것들을 공유한다고 말한다. 마태와 요한은 우리가 결정할 수 있는 것에 대한 정보를 제공하기 위해서 기록한 것이 아니다. 오히려 그들은 우리가 하나님 나라에 이끌려 들어가기 위해서 알 필요가 있는 것을 우리에게 말해준다. 하지만 우리의 상상력은 그 이야기 사이 사이의 빈 틈을 메울 수 있는 것으로 생각되는 것들로 활발히 작동한다. 근대적인 상상력이 취한 형식들 가운데 하나는 예수님의 '메시아 의식'에 관한 추측이다. 예수님께서는 자신이 메시아라는 사실을 아셨을까, 그리고 그분께서는 자신이 어떤 메시아라고 생각하셨을까? 이런 부적격한 질문에 답하려는 시도 중에는 종종 예수님께서 어떻게 사유하셨는지 혹은 그분의 생애 동안에 시작되어 발전해가던 유대주의와 어떻게 다른지를 보여주려는 노력이 포함되어 있다. 지금 우리가 유대주의라고 부르는 것은 예루살렘 성전이 파괴된 이후에 현실화 되었다는 점을 기억하는 것이 중요하다. 예수님과 유대주의와의 관계에 대한 연구는 '유대인'이었던 예수님께서 어떠하셨는지 우리에게 가르쳐주었다. 물론 여기에는 좋은 점도 있지만, '복음서의 진의를 찾기' 위한 많은 시도들은 예수님을 조작하려는 교만한 시도를 드러내곤 한다. 마태는 예수님의 주체성에 대해 하등의 관심을 보이지 않는다. 그리고 우리 역시 그래야 한다.

마태는 세례 요한의 출현에 대비해 우리를 준비시키기 위해서 연결되는 이야기를 전혀 제공하지 않는다. 그러나 예수님께서 나사렛 출신이라는 것이 요한의 의미를 이해하는 데 도움을 줄 수 있다. 나사렛 사람 Nazarene은 이스라엘에서 전적으로 하나님께 헌신된 사람들이었다.[1] 그래

1. 마태는 예수님께서 "나사렛 사람이라 칭하리라 하심을 이"룬다고 말한다(마 2:23). 이에 대해 한글 성경 난외주는 이사야 11장 1절 등을 연결짓지만, 구체적으로 나사렛이란 지명과는 관계없어 보인다. 미국 신학자인 하우어워스는 영어에서 나사렛 사람이라는 뜻을 가진 두

서 삼손은 자신을 모태에서부터 나실인Nazirite(삿 16:17)이라고 기술한다. 나실인은 "내 머리 위에는 삭도를 대지 아니하였나니"라는 징표로 표시된다. 나사렛 사람Nazarene은 기독교에서 수도사들의 역할과 같이 거룩하게 살도록 부름 받은 사람들이었다. 요한은 나사렛 사람이라고 명확하게 기술되지는 않는다. 하지만 그는 과거 이스라엘에서 그렇게 지명된 사람들과 많은 것들을 공유했던 것으로 보인다.

여하튼 우리는 요한이 예수님을 제일 먼저 알아볼 수 있는 사람으로 수태되고 태어났음을 안다(눅 1:5-25). 심지어 엘리사벳의 태중에 있을 때 요한은 마리아의 태, 곧 생명이 충만한 태 앞에서 "기뻐서 뛰놀았다"(눅 1:44). 그리고 그의 할례일에 아버지였던 사가랴는 성령님이 충만하여 하나님께서 다윗의 집에 강력한 구원자를 세우셨다고 예언하며 선포한다(눅 1:68-69). 잠시 동안 어떤 사람들은 그 구원자가 요한이라고 생각했을 지도 모른다. 그러나 하나님께서는 요한에게 오랫동안 기다렸던 메시아께서 예수님 안에 오셨음을 알아보는 능력을 선물로 주셨다.

요한은 분명히 매우 이상한 인물로 보였을 것이다. 그는 유대 광야에

단어에 착안한다. 'Nazarene'과 'Nazirite'이다. 전자는 명사로 '나사렛 사람', '예수 그리스도', '기독교인'의 뜻으로 쓰이고, 형용사로 '나사렛의', '나사렛 사람의' 뜻을 지닌다. 후자는 명사로서 '나실인'의 뜻으로 쓰인다. 이에 하우어워스는 삼손으로 대표되는 나실인, 즉 고행하며 하나님께 전적으로 헌신하는 신앙의 전통을 잇는 사람들의 이미지를 나사렛 사람과 연동시켜 세례 요한이 등장하는 마태복음 3장 첫 절을 2장 마지막 절과 매끄럽게 연결하는 동시에 나사렛 사람이란 명칭을 우리가 흔히 알고 있듯이 지역명보다 구약의 나실인 전통으로 보는 것이 좋을지 모른다는 암시를 내비친다. 물론 그렇다 해도 예수님께서 나사렛이란 동네에서 자라신 사실에는 변함이 없다. 한 가지 덧붙이자면 현재 고고학적 발굴의 성과로는 고대 나사렛 지역에는 나무보다 돌이 많았고, 마태복음 13장 55절에서 '목수'로 번역된 단어를 역대상 22장 15절에 나오는 '장인'으로 제대로 번역한다면, 예수님께서는 어린 시절 요셉이 능숙하게 집을 건축하는 모습을 보고 도우시며 장인과 도제의 헌신을 통해 하나님 나라의 건설을 꿈꾸셨다고 추정할 수 있다—역주.

나타났다. 그는 낙타 털옷을 입고 허리에는 가죽띠를 띠었다. 그는 메뚜기와 야생꿀을 먹으며 살았다. 그가 입은 옷은 열왕기하 1장 8절에서 "털이 많은 사람인데 허리에 가죽띠를 띠었더이다"라고 묘사된 엘리야를 기억나게 한다. 엘리야, 곧 죽지 않고 병거에 실려 하늘로 올려진 선지자는 새로운 시대를 시작할 뿐만 아니라 심판을 선포하기 위해서 다시 올 사람으로 오랫동안 기대되었다. 구약성경은 다음과 같은 경고로 끝맺는다.

> 너희는 내가 호렙에서 온 이스라엘을 위하여 내 종 모세에게 명령한 법 곧 율례와 법도를 기억하라 보라 여호와의 크고 두려운 날이 이르기 전에 내가 선지자 엘리야를 너희에게 보내리니 그가 아버지의 마음을 자녀에게로 돌이키게 하고 자녀들의 마음을 그들의 아버지에게로 돌이키게 하리라 돌이키지 아니하면 두렵건대 내가 와서 저주로 그 땅을 칠까 하노라 (말 4:4-6)

세례 요한이 이 엘리야인 것이 분명하다. 예수님께서는 마태복음 11장 14절에서 요한이 엘리야라고 명확하게 규정하신다. 더욱이 예수님께서 오실 그분이신지 의심하는 요한에 대해 예수님께서는 이렇게 대답하신다. "너희가 가서 듣고 보는 것을 요한에게 알리되 맹인이 보며 못 걷는 사람이 걸으며 나병환자가 깨끗함을 받으며 못 듣는 자가 들으며 죽은 자가 살아나며 가난한 자에게 복음이 전파된다 하라 누구든지 나로 말미암아 실족하지 아니하는 자는 복이 있도다"(마 11:4-6). 희년, 곧 레위기 25장에서 윤곽이 드러나고 이사야 61장에서 해석되는 땅과 사람들의 회복이자 요한이 오고 있다고 말한 오랫동안 기대했던 불의에 대한 전복—예

수님께서는 이 모든 것이 그분의 사역에서 성취된다고 주장하신다.[2]

요한은 주워 모을 수밖에 없는 음식만 먹는 광야에서 발견된다. 이러한 요한은 엘리야로서 출애굽 후 이스라엘이 경험한 광야의 유랑을 설명해준다. 이스라엘의 광야 경험은 그들이 형성된 장소일 뿐만 아니라 그들이 배반했을 때 즉시 처벌받은 곳이기도 했다. 대개가 그렇듯이, 하나님께서 이스라엘을 벌하신 것은 또 한편으론 하나님에 의해 선택되는 것이 얼마나 놀라운 일인지를 배울 수 있게 하는 선물이기도 했다. 광야에서 이스라엘은 오직 선물로 왔던 음식에 의지해서 살아가는 것뿐만 아니라 하나님의 불 같은 구름에 의해 인도받는 것을 배울 수 있기 위해서 소유물을 빼앗기는 것도 배워야만 했다. 그래서 아모스 2장 10-11절에서 하나님께서 그분의 백성에게 이렇게 상기시키신다.

> 내가 너희를 애굽 땅에서 이끌어 내어 사십 년 동안 광야에서 인도하고 아모리 사람의 땅을 너희가 차지하게 하였고 또 너희 아들 중에서 선지자를, 너희 청년 중에서 나실인을 일으켰나니 이스라엘 자손들아 과연 그렇지 아니하냐

그러므로 "회개하라 천국이 가까이 왔느니라"라는 요한의 설교는 얼핏 모호해 보일 수도 있지만, 사실 모호한 것이 아니다. 요한은 이스라엘이 회개하는 것이 무엇을 의미하는지를 몸소 구체화한다. 그가 곧 이사야 40장 3절, 즉 이스라엘이 주의 길을 예비하기 위해 광야에서 외치는 자의

---

2. 나는 요더가 1994년에 출간한 『예수님의 정치학The Politics of Jesus』, 21-60쪽에서 소개한 희년에 관한 설명을 끌어다 쓰고 있다.

소리로 기대할 수 있는 것의 성취다. 그러므로 요단강의 전 지역을 넘어 예루살렘과 온 유대에서 사람들이 그에게 나아온 것은 놀랄 일이 아니다. 그는 오랫동안 기대되어 온 사람이었다. 나아가 그들은 자신들의 죄를 고백하고 요단강에서 세례를 받았다.

그런데 요한이 회개를 요청하는 것은 무엇을 의미했을까? 우리는 자꾸만 회개를 개인적인 차원에서만 생각하도록 유혹받는다. 하지만 요한은 이스라엘의 선지자다. 요한은 하나님의 백성으로 사는 데 실패한 것에서 이스라엘을 구하시기 위해서 이스라엘을 대신해 하나님께서 결정적으로 행동하시는 것을 뜻한다. 요한이 요단에서 세례를 베푸는 것은 출애굽 때 모세가 물을 가름으로써 이스라엘이 받은 세례를 상기시킨다. 이스라엘은 물로 된 벽들 사이로 마른 땅을 가로질러 걷는 것처럼 죽음에 직면해야만 했다. 요한의 세례는 이스라엘이 그래야만 살 수 있는 죽음에 다시금 직면하도록 요청하는 것이다. 회개는 이스라엘 백성의 삶과 죽음에 대한 것이다.

요한이 요청한 회개, 즉 예수님께서 마태복음 4장 17절에서 선언한 똑같은 회개는 이스라엘이 다시 하나님의 거룩한 백성으로, 율법에 구체화된 거룩함으로 살도록 요청하는 것이다. 이는 곧 이스라엘이 선물에 의해 살도록 요구하는 것이며, 정의가 회복되게 하는 것이다. 이러한 회개로의 부르심은 언제나 도전이 된다. 요더는 이렇게 말한다.

> "하나님의 나라가 가까이 왔다. 회개하고 복음을 믿으라!" 회개한다는 것은 기분이 상하는 일이 아니라 다르게 생각하는 것이다. 개신교, 아마도 특히 복음주의 개신교는 모든 개인이 온전한 자의식과 성실함으로 자기만의 선택을 할 수 있도록 돕는 데 관심을 두기에, 그 나라와

그 나라가 주는 혜택을 혼동할 위험에 늘 놓여 있다. 만일 누군가 회개한다면, 만일 누군가 그의 새로운 생명, 새로운 길로 예수님을 따르기 위해서 돌이킨다면, 이것은 목적 없는 그의 삶을 위해 무엇인가 하도록 할 것이다. 동료애를 갖게 함으로써 그의 외로움을 위해 무엇인가 하도록 할 것이다. 선한 양심을 갖게 함으로써 그의 불안과 죄책감을 위해 무엇인가 하도록 할 것이다. 그래서 '복음주의'는 회복된 자아의 제공을, 불안과 죄책감으로부터의 해방을 선언하는 것이라는 불트만파the Bultmanns와 그레이엄파the Grahams는 틀린 것이 아니다. 만일 누군가 회개한다면, 그것은 소화해야 할 교리, 가치를 인정해야 할 유산, 그리고 모든 것을 있는 그대로 말할 양심을 갖게 함으로써 그의 지적인 혼란을 위해 무엇인가 하도록 할 것이다. 그래서 신성한 진리와 논리정연한 의사소통에 관심을 두는 '복음주의'는 틀린 것이 아니다. 그것이 맞다. 만일 한 사람이 회개한다면, 그것은 총체적인 자기훈련에 집중하게 함으로써 그의 도덕적인 약함을 위해 무엇인가 하도록 할 것이다. 그것은 그를 부도덕으로부터 지키고 제 때에 일하게 할 것이다. 그래서 하나님께서는 팍팍한 삶의 현장에서 간신히 빠져나올 수 있도록 나를 도우신다고 약속하는 필파the Peales와 로버츠파Robertses는 틀린 것이 아니다. 그들에겐 그들의 장소가 있다. **그러나 이것은 모두 복음이 아니다.** 이것들은 단지 보너스, 당신이 고기를 살 때 던져진 포장지, 그것에 관해 생각하지 않더라도 추가될 '모든 것'이다. 만일 우리가 하나님의 나라와 그의 의를 구하기만 하면 말이다! (요더, 1971, 31-32.)

"그러나 이것은 모두 복음이 아니다."라는 말이 충격적이다. 우리는 회개가 무엇인지 알아야만 한다고 생각한다. 하지만 요더는, 세례 요한의 말을 들었던 사람들이 그랬듯이, 하나님께서 회개의 성격을 결정하시는 것임을 우리에게 상기시킨다. 설령 그가 가까이 왔다고 선포한 하나님 나라에 의해 더 나은 삶의 길이 야기된다 할지라도, 요한은 그런 삶의 길을 제공하지 않았다. 그보다 요한의 사역을 절박하게 만드는 것은 '하늘 나라천국'에 관한 선포다. 그런 나라는 우리가 더 나은 사람들이 되려고 노력한다고 해서 오는 것이 아니다. 그보다 그 나라가 임하여서 우리의 회개를 임박하게 만든다. 요한이 이스라엘에게 회개하도록 요청한 것은 회개하는 사람들에게 세상을 변화시키라는 선지자적인 요청이 아니다. 오히려 그가 회개를 요청하는 것은 그가 곧 임할 것이라고 알고 있는 것에 의해 세상이 변하고 있고, 또한 변하게 될 것이기 때문이다. 나아가 다르게 산다는 것은 현재의 상황이 도전 받을 수 있음을 의미한다. 왜냐하면 이제 한 백성이 다름이 되기 때문이다.

이것이 요한이 바리새인들과 사두개인들에게 세례를 베푸는 것을 거절한 이유다. 어떤 점에서 요한이 바리새인들과 사두개인들을 정죄한 것은 이상하게 보인다. 바리새인들과 사두개인들은 로마의 점령하에서 이스라엘이 율법을 수호할 수 있도록 타협한 여러 가지 대안들을 대표하는 사람들이었다. 이들 백성의 지도자들에게 세례 베푸는 것을 요한이 거절한 것은 이같은 소위 권력자들이 그들이 변호하던 하나님의 율법과 일치하는 삶으로 인도하는 데 어떻게 실패하는지에 관해 예수님께서 행하신 통렬한 비판을 미리 내다보게 해준다. 우리가 앞으로 보겠지만, 예수님께서는 그들이 이스라엘에게 주신 하나님의 선물을 과업이 아니라 소유가 되도록 만들려 했다고 고소하신다. 요한은 그들이 아브라함의 자손이라는 것만으로 그들의 신분을 보장하는 데 충분한 것으로 생각한다고 말한다. 결과적으로 그들은 오고 있는 그 나라에 의해서 가능하게 되는 회개에 합당한 열매를 맺지 못한다. 예수님께서는 돌들로부터도 약속의 자녀를 일으키실 수 있는 아브라함의 자손이시다.

바리새인들과 사두개인들을 향한 요한의 정죄는 예수님의 가르침과 치유 사역을 통해 확대될 것이다. 마태복음은 결국 예수님을 죽음으로 몰아 넣는 음모로 귀결되는, 예수님의 사역에 의해서 발생되는 일련의 논쟁들을 보고한다. 따라서 마태복음에서는 이스라엘의 지도자들이 좀처럼 호감가는 구석이 보이지 않으며, 이것은 우리로 하여금 유대인들이 결국 예수님을 배척했다고 가정하도록 만든다. 하지만 예수님과 그분을 따르는 사람들은 모두 유대인들이다. 실제로 율법에 의해 요구되는 의로움에 관한 예수님의 이해는, 매우 적대적인 맥락에서 율법의 준수를 유지하고자 했던 바리새인들의 이해와 매우 비슷한 것이었을 수 있다. 요한과 예수님께서 정죄하신 것은 바리새인들과 사두개인들이 말한 내용이 아니라, 오히려 그들의 삶과 가르침 사이의 불일치다.

요한에 따르면, 모든 나무는 선한 열매를 맺어야지, 그렇지 않으면 불에 던져진다. 이스라엘이 하나님을 신뢰하기를 거부한 것에 대해 선지자들이 정죄한 것을 끌어오면서, 요한은 이제 도끼가 나무 뿌리에 놓여 있다고 말한다. 이스라엘은 종종 하나님에 의해 가지가 잘렸는데, 이렇게 가지가 잘리는 것은 추방을 의미했다. 하지만 하나님께서는 한번도 이스라엘에 대한 그분의 사랑을 포기하신 적이 없고, 오히려 고난을 통해 그들을 새롭게 하시고자 했다. 이스라엘에 대해 요한이 행한 선지자적인 정죄는 하나님께서 이스라엘을 돌보시는 형식인데, 하나님께서는 돌들로부터, 실제로 돌같은 마음에서부터(겔 11:19) 그분의 백성을 다시 일으키실 것이다. 우리가 나중에 알게 되지만, 그 돌들 가운데 일부는, 로마서 9-11

장에 따르면, 이스라엘의 삶으로 접붙여진 이방인들이다.

종교개혁 이후로 이스라엘 백성의 지속되는 신분에 대한 바울의 이해는 물론 율법과 복음의 관계에 대한 바울의 설명도 마태복음과는 맞지 않다는 혐의가 종종 제기되곤 했다. 하지만 바울은, 마태가 그러하듯이, 예수님께서는 이스라엘의 구속에 관계된다고 주장한다. 그래서 바울은 로마서 9장 30-33절에서 하나님께서 돌들로도 자기 백성을 일으키실 수 있는 것은 그 돌들이 바로 예수님인 것으로 판명되기 때문이라는 요한의 호소를 자세히 설명한다.

> 그런즉 우리가 무슨 말을 하리요 의를 따르지 아니한 이방인들이 의를 얻었으니 곧 믿음에서 난 의요 의의 법을 따라간 이스라엘은 율법에 이르지 못하였으니 어찌 그러하냐 이는 그들이 믿음을 의지하지 않고 행위를 의지함이라 부딪칠 돌에 부딪쳤느니라 기록된 바 보라 내가 걸림돌과 거치는 바위를 시온에 두노니 그를 믿는 자는 부끄러움을 당하지 아니하리라 함과 같으니라

마태에게나 바울에게나 그것은 율법이냐 복음이냐의 문제가 아니라 오히려 예수님께서냐 아니냐의 문제다. 예수님께서는 우리를 약속으로, 이스라엘의 이야기 속으로 끌어들이시기 위해서 오셨다. 기독교인들이 우리는 이스라엘 사람들보다 우월하다고 전제할 때, 역설적으로 우리는 바리새인들과 사두개인들처럼, 부르심보다 신분을 주장하게 된다. 요한이 바리새인들과 사두개인들에게 세례 베푸는 것을 거절한 것은 그들이 "회개에 합당한 열매"를 맺지 못했기 때문이다. 확실히 그것은 기독교인들로 하여금 유대인을 핍박하도록 이끈 똑같은 신분에 대한 전제다. 의심

할 여지 없이, 쇼아 기념관Shoah의 한 쪽에서 기독교인들은 "도끼가…… 나무 뿌리에 놓였으니"라고 적힌 글귀를 정확히 우려와 죄책감을 가지고 읽으며 듣는다. 그러나 죄책감은 하나님의 말씀에 대한 신실한 반응이라고 생각하는 데 그다지 유용한 자리가 아니다. 그보다 훨씬 중요한 것은, 요한이 요청하고 있듯이, 성령과 불로 세례를 주시기 위해 오신 분께 우리가 반응하는 것이다.

요한은 마지막 선지자다. 그는 하나님의 정련하시는 불이신 분의 길을 예비하러 세상에 왔다. 요한의 세례는 예수님께서 제자들에게 나가 열방에 베풀라고 맡기시게 될 세례가 아니다. 그 세례, 곧 예수님의 생애와 죽음에의 세례는 십자가에서 죽으실 예수님의 운명을 기다린다. 요한은 오실 분께서 "더 능력이 많으신" 것을 안다. 왜냐하면, 우리가 나중에 배우겠지만, 그분께서는 죄를 용서하는 권세를 가지셨기 때문이다. 오로지 하나님의 아들께서만 그러한 권세를 갖고 계신다. 요한의 겸손은 꾸며진 것이 아니다. 그는 이스라엘에게 예수님에 의해서만 가능하고 필수적이게 된 회개를 요청하는 선구자다.

예수님의 과업에 관한 요한의 설명은 세상을 그대로 놔두는 방식으로 예수님의 사역을 특징 지우려는 모든 시도들에 도전한다. 요한의 설교는 마태복음 24장에 나오는 하나님의 심판을 수반하는 파멸에 관한 예수님의 설명을 예상케 하는 묵시적인 선언이다. 이 사람에게서 시작된 새로운 시대에는 쭉정이같은 우리 인생들이 불태워 없어질 것이 요구된다. 그 불, 곧 성령님의 불은 너무 강렬하여 우리가 잡기를 두려워하는 사랑의 불이다. 하지만 그것은 예수님의 생애, 즉 우리가 그 안으로 세례를 받는 생애로부터 촉발된 사랑이며, 바울이 로마서 6장에서 말하듯이, 율법—그러나 그 자체로는 우리를 죄에서 구원할 수 없다—을 통해 드러나는 죄에서 우리를 자유롭게 하는 사랑이다. 그 사랑—예수님께서 곧 사랑이시다—으로 말미암아 자유롭게 된 사람들은 더 이상 죽음의 공포에 종속되지 않는 기쁨으로 살 수 있다.

요한에게 세례를 받으시기 위해 예수님께서는 상대적으로 안전한 곳인 갈릴리에서 요단강에 있는 요한에게로 오신다. 죄에서 자유하신 분이, 자신의 모든 사명이 오직 이 분을 알리는 데 있었던 그분께서 요한에게 세례를 받으러 오신다. 우리는 요한이 예수님께 세례를 받아야 할 사람은 자신임을 안 것에 놀라서는 안 된다. 하지만 예수님께서는 마태복음에서 처음으로 말씀하시면서 요한에게 "모든 의를 이루기" 위해서 그가 세례를 행해야만 한다고 하신다. 예수님, 곧 정의와 율법의 전형이신 분께서 우리로 하여금 정의가 실현되는 것을 볼 수 있게 하시기 위해서 율법을 따르신다. 이것은 우리로 하여금 죽음이 단번에 완전히 정복될 수 있게 하시기 위해서 생명 그 자체이신 예수님께서 죽음에 굴복하시는 것을 미리 맛보게 한다.

요한은 동의하고 예수님께 세례를 베푼다. 하늘이 열리고, 예수님께서는, 바다를 통과해 오는 이스라엘처럼, 성령님께서 비둘기같이 내려오시는 것을 보고, 또 이렇게 선언하시는 음성을 듣는다. "이는 내 사랑하는 아들이요 내 기뻐하는 자라" 이것은 예수님의 대관식이다. 아버지께서는 아들에게 나라들을 통치하도록 기름을 부으신다. 예수님께서는 시편 2편 7-9절에서 선언한 그 아들이시다.

> 여호와께서 내게 이르시되 너는 내 아들이라
> 오늘 내가 너를 낳았도다
> 내게 구하라 내가 이방 나라를 네 유업으로 주리니

네 소유가 땅 끝까지 이르리로다
네가 철장으로 그들을 깨뜨림이여
질그릇 같이 부수리라
하시도다

예수님께서 세상 안으로 뚫고 나오신다. 그분의 사명은 쉽지 않을 것이다. 왜냐하면 그분의 삶과 죽음에 의해서 시작된 그 나라는 세상의 용어로는 인식될 수 없는 것이기 때문이다. 그분께서는 사랑하는 아들로 우리가 우리 자신의 창조주라는 전제에 의해서 생산되는 테러를 당하셔야만 하시는 분이다. 우리로 하여금 하나님께서 세상을 어떻게 통치하시는지 알 수 있게 하시기 위해서 십자가 처형에 굴복하실 것처럼, 그분께서는 요한의 세례에 굴복하신다. 그분의 여정이 시작된다. 마태는 우리에게 따르도록 한다.

마태복음 4장

사명

"그 때에 예수님께서 성령님에게 이끌리어 마귀에게 시험을 받으러 광야로 가사". 우리는 "그 때에"에 함축된 불길한 느낌을 감히 간과할 수 없다. "그 때에"라고 전하면서 마태는 성육신의 신비에 다가간다. 아버지께서는 아들을 시간에 종속되도록, 육신에 종속되도록, 마귀에게 종속되도록 하신다. 하나님의 아들이신 예수님께서 성령님에 이끌려 광야로 가셔서 "시험하는 자"에게 던져지신다. 그러므로 "그 때에"는 십자가상의 고뇌와 "나의 하나님, 나의 하나님, 어찌하여 나를 버리셨습니까"(마 27:46)라는 외침을 내다보게 한다.

예수님께서는 광야에서 이스라엘의 시험, 즉 하나님의 좋은 선물에도 불구하고 이스라엘로서는 신실하게 살아갈 수 없음이 증명되었던 시험을 받기로 하셨다. 아들께서는 순종하실 것이다. 그러나 우리는 그분의 순종의 대가를 간과할 수 없다. 그분의 순종은 성경을 통해 드러난 이스라엘에 대한 아버지의 신실하심을 신뢰하는 것에 달려 있다. 예수님께서는 마귀에게 저항하실 수 있다. 마귀는 성경을 인용할 수 있지만, 예수님께서는 자신을 시험하기 위한 말씀에 대해 더 탁월하게 해석하심으로써 저항하실 수 있다. 예수님, 곧 이스라엘의 성경을 신실하게 해석하시는 분께서는 우리에게 성경을 읽는 방법을 가르치시고 그럼으로써 우리로 하여금 마귀에게 저항하는 방법을 알 수 있게 하신다.

그러나 예수님께서는 먼저 사십 주야를 금식하셔야 했다. 그리하여 그분께서는 하나님께서 광야에서 이스라엘이 겸손을 배울 수 있기를 바라시면서 그들에게 주셨던 굶주림을 되풀이하신다. 겸손의 전형이신 예수님께서 우리의 굴욕을 당하시며 우리를 위해 금식을 겪으신다. 그분의 금식은 열왕기상 19장 4-9절에 나와 있는 엘리야의 금식과 다르지 않다. 엘리야는 이세벨에게 도전했고, 그로 인해 그의 생명이 위험에 빠진다. 그는 광야로 도피하고, 거기서 한 천사에 의해서 섬김을 받는데, 그 천사는 엘리야에게 호렙산에 이르는 사십 일의 여정 동안 그를 지탱해줄 수 있는 음식을 내어준다. 예수님께서는 "이는 내 사랑하는 아들이요 내 기뻐하는 자라"라는 성부의 축복을 한껏 받으셨다. 그러나 이스라엘과 엘리야처럼 그분께서는 이제 하나님의 좋은 선물들에 의해서 살아갈 수 있는 우리의 능력을 항상 위협하려는 마귀와 직면하셔야만 했다.

타락한 천사인 마귀는 불순종의 신비를 보여주는 전형이다. 하나님께서는 우리의 존재를 낳았던 똑같은 사랑으로 우리가 그분을 사랑하게 하시고자 하신다. 하나님의 사랑은 우리를 향한 그분의 사랑에 우리가 자유로이 보답하기를 바라시면서 우리의 불순종을 기꺼이 무릅쓰신다. 하나님께서는 삼위일체의 상호의존하시는 사랑에 우리를 참여케 하시려고 강제하시지 않는다. 하지만 우리는 이상하게도 평화를 가능케 하는 하나님의 사랑을 거부하고, 우리가 고안한 장치들을 동원해 우리의 삶을 안전케 하는 것을 더 좋아한다. 그러나 그 장치들은 우리 자신에게는 물론이거니와 서로서로를 대항해 가차없이 폭력을 행사하도록 인도하는 것들이다. 우리의 죄가 우리를 미치도록 만드는 것은 창조주에 대항해 반역할 수 있는 우리의 능력이 다름 아니라 우리가 그분께로부터 받았던 선물들에 달려 있기 때문이다.

이것이 마귀가 한편으로는 교활하지만 동시에 자기파괴적으로 미치게 되는 이유다. 왜냐하면 마귀는 그가 존재하지 않는다는 것이 틀림없음을 알고서 화가 날 수밖에 없기 때문이다. 아우구스티누스는 선이 없는 곳에는 악도 있을 수 없음을 발견하고서 죄와 악에 대한 이러한 이해의 고전적인 신학적 표현을 제공했다. 그는 다음과 같이 놀라운 결론에 이른다.

> 만일, 존재하는 한, 모든 존재가 선하다면, 우리가 결함이 있는 것은 나쁘다고 주장할 때도 사실은 악이 선이라고 말하는 것처럼 보일 것이다. 왜냐하면 어떤 결함이든 그것은 항상 앞서 있는 선함에 의존하게 되는데, 그러므로 선한 것과 따로 분리된 악은 존재할 수 없기 때문이다. 다른 말로 하면, 악한 것은 **그 자체로** 존재하지 않고, 다만 어떤 실재의 악한 측면으로서만 존재할 뿐이다. 왜냐하면 모든 실재는 선하기 때문이다[옴니아 나투라 보눔 에스트*omnia natura bunum est*]. 이것이 우스꽝스럽게 들릴 수 있지만, 그럼에도 불구하고 그 주장의 논리적인 연결이 우리를 그것의 필연으로 몰아간다. (1955a, 344.)

그러므로 마귀가 실행할 수 있는 유일한 방식은 '유혹하는' 것뿐임을 깨닫는 것이 중요하다. 마귀는 오직 기생할 수 있을 뿐이다. 그리고 이것은 마귀는 그가 유혹하는 사람만큼만 강하다는 뜻이다. 그렇다고 이 말이 마귀의 유혹이 우리에게 파괴적이지 않다고 말하는 것은 아니다. 그러나 이것은 예수님께서 견디신 유혹과 우리가 견디는 유혹이 다르다는 것을 의미한다. 왜냐하면 마귀도 예수님께서 하나님의 아들, 즉 에덴 동산에서 아담과 하와의 죄로 시작되었고, 하나님께서 자신의 소유로 사랑하신 백성, 곧 이스라엘에 의한 반역의 역사에서 계속된 역사를 되돌려놓기 위해서 오신 분임을 알기 때문이다.

그러나 이번에는 마귀가 질 것이다. 힐러리Hilary는 마귀가 그로 말미암아 죽고 불행하게 된 인간에 의해 패배하게 되는 것이 적합하다고 본다. "아담을 유혹하기 전에 인간에게 주신 하나님의 선물을 시기한 자가 마귀였다. 그는 인간 존재 안에 있는 하나님의 존재를 이해할 수 없었다. 그러므로 주님께서는 세례를 받으시자마자 바로 유혹을 받으셨다. 그분께서 유혹을 받으심은 마귀의 시도가, 특히 성결하게 된 사람들에 대해, 얼마나 사악한지를 잘 나타내 준다. 왜냐하면 마귀는 성도들에 대항해 간절히 승리하고자 하기 때문이다."(Manlio 2001에서 인용, 57).

그러므로 마귀는, 예수님의 금식이 아마도 그분을 약해지게 했으리라 생각하고 이전에 하와에게 그랬듯이 예수님께 접근한다. 먹는 것이 마귀의 일차적인 공격라인이다. 왜냐하면 먹는 것은 우리의 의존, 곧 우리가 부인하고자 하는 의존의 핵심을 찌르는 것이기 때문이다. 하와에게 그랬던 것처럼, 마귀가 먼저 예수님께 아주 순수하게 보이지만 의심이 생기도록 하는 발언을 하면서 말을 걸어온다. "하나님께서 참으로 너희에게 동산 모든 나무의 열매를 먹지 말라 하시더냐"(창 3:1). "네가 만일 하나님의 아들이어든 명하여 이 돌들로 떡덩이가 되게 하라"(마 4:3). 물론 하와가 알아채지 못한 속임수는, 마귀에게 마귀의 용어로 대답하고자 시도하는 것이다. 본회퍼는 하와의 불순종이 하와 자신이 뱀의 질문에 대해 하나님을 대신해 대답할 수 있다고 가정하자마자 시작된 것이라고 보는데, 그 이유는 뱀의 질문이 하와와 아담으로 하여금 하나님의 말씀의 진상을 캐서 그들 스스로 그 말씀이 수반하는 것을 규명할 수 있다고 생각하도록 고안되었기 때문이다. 요약하자면, 마귀의 질문은 그들로 하여금 그들이 하나님과 동등하다고 가정하도록 초대하는 것이었다. 그러므로 본회퍼는 뱀이 종교의 대표라고 본다. 왜냐하면 뱀의 질문은 질문자가 하나님에 대해 피조물에게 알려질 수 있는 것보다 더 많이 안다고 가정한다는 점에서 '종교적'이기 때문이다(1962, 66-69).

마귀는 분노로 존재한다. 그러나 그의 분노는 그의 영리함을 흐리게 하지 않는다. 그는 교활하다. 그러므로 그는 만일 예수님께서 이스라엘의 구원자시라면 하나님께서 광야에서 이스라엘을 위해 하신 일, 즉 음식을 공급하시는 일을 하셔야만 한다고 제안한다. 빵 몇 조각과 물고기 몇 마리로 수천명을 먹이실 예수님께서는 돌을 가지고 빵을 만드실 수 있었다. 그러나 예수님께서는 이를 거절하시면서 신명기 8장 3절을 인용하신다. 이 구절은 하나님께서 만나를 내리시기 전에 이스라엘을 굶주리게 하심으로써 그들을 어떻게 겸손하게 하셨는지를 이야기한다. 하나님께서는 "너도 알지 못하며 네 조상들도 알지 못하던 만나를 네게 먹이신 것은 사람이 떡으로만 사는 것이 아니요 여호와의 입에서 나오는 모든 말씀으로 사는 줄을 네가 알게 하"기 위해서라고 말씀하신다. 하나님께서는 실제로 음식을 공급하신다. 그러나 사탄은 음식과 하나님의 말씀이 분리될 수 있다고 우리를 믿도록 할 것이기 때문에, 예수님께서는 사탄의 제안을 거절하신다.

기독교인들은 예수님께서 우리가 성찬에서 먹는, 그분의 살과 피 안에서 먹게 되는 말씀이라고 믿는다. 그러나 이스라엘에게 주신 만나의 선물과 같이 그 선물들은 우리를 마귀가 이스라엘로 하여금 하나님의 율법을 버리도록 용기를 북돋고, 예수님을 유혹하고, 교회를 신실치 못하게 했던 것과 똑같은 유혹들에 취약하게 만든다. 하나님께서 모든 백성들을 위해 증인으로 살게 하기 위해서 자신의 몸을 선물하신 바로 그 백성이 계속해서 그들에게 주어진 것을 배반하도록 유혹받는다. 우리는, 바리새인들과 서기관들, 사두개인들과 같이, 우리의 과업은 복음의 요구들로부터 '그 백성'을 보호하는 것이라고 가정하는 지도자들이다. 우리는 하나님의 말씀, 하나님의 사랑이 우리를 지탱할 수 있다고 단순하게 믿지 않는다.

「대심문관」에서 도스토예프스키는 대심문관 추기경과 예수님께서 심문과정에서 대면하는 장면을 묘사한다. 예수님께서는 분명하게 현존으로 나타나셨고, 사랑과 능력이 그분께로부터 흘러나오는 길로 인식되었다. 추기경은 군중들을 두려워하여 그분을 체포하도록 명령한다. 추기경이 감옥에 있는 그분께 와서 그들—교회를 의미하는—이 마침내 예수님의 이름으로 행해진 일을 마무리했다는 소식을 전한다. 교회는 사람들이 욕망하는 지상의 빵을 제공함으로써 예수님 안에서 시작된 자유의 욕망을 가까스로 통제해 왔다. 추기경은 예수님께서 선언하신 자유의 약속은 사람들에게 너무 과분한 것이라고 생각한다. 사람들은 너무나 단순하고 무법적이어서 죽음의 공포에서 자유롭게 산다는 것이 무엇을 의미하는지 이해할 수 없다. 침묵하고 있는 예수님께 추기경이 말한다.

> (아무것도) 사람에게나 인간 사회에서나 자유보다 더 견디기 힘든 것은 없었소! 그러나 이 메마르고 타는 듯이 더운 광야에 있는 돌들을 보시오? 그것들을 빵으로 변화시키시오, 그러면 인류는 양같이 당신을 따를 것이오. 비록 당신이 손을 거두어 그들을 위한 빵 덩어리가 중단되는 일이 일어나면 어쩌나 하고 영원히 불안에 떨지라도, 그들은 감사하면서 순종할 것이오. 그러나 당신은 인간에게서 자유를 빼

기를 원치 않고 그 제안을 거절했소. 왜냐하면 빵 덩어리로 순종을 산다면 그게 무슨 자유인가 하고 생각했기 때문이오. 당신은 사람이 빵으로만은 살 수 없다며 반대했지만, 바로 그 지상의 빵의 이름으로 이 지상의 영이 당신을 반대하며 일어나 당신과 싸워 당신을 물리치리란 것을, 그리고 모든 사람이 그를 따르며 이렇게 외칠 줄을 몰랐단 말이오? "누가 이 짐승과 비교되겠는가, 그는 우리에게 하늘로부터 내리는 불을 주었도다!" 수세기를 지내며 인류는 그 지혜와 과학의 입으로, 아무런 범죄도 없으며 그래서 아무런 죄도 없고 오직 배고픈 사람들만 있을 뿐이라고 선언하는 것을 알기나 하오? "먼저 그들을 먹이라, 그리고 그들에게 덕을 요구하라!" 이것이 그들이 당신을 대적하여 일어날 때 현수막에 기록할, 그래서 그로 인해 당신의 성전이 무너지게 될 바로 그 내용이오. (도스토예프스키, 2001, 44-45.)

추기경은 인류를 사랑했기에 예수님을 체포하게 했다. 도스토예프스키에 따르면, 추기경은 안전의 산물이라고 가정되는 행복뿐만 아니라 안전의 환상을 가지기 위해서 자신의 행복을 위태롭게 한다. 추기경과 그가 섬기는 교회는 사람들이 선과 악 사이에서 선택하는 것에 직면하는 것보다 평화와 심지어 죽음을 더 소중하게 여긴다는 것을 알고 있다. 예컨대, 추기경이 우리를 사랑하는 데 실패했다고 예수님을 고소하는 것은 예수님께서, 그렇게 하라고 요구받은 대로, 십자가에서 내려와 우리로 하여금 그분의 능력을 보고 그분을 믿도록 하기를 거절했기 때문이다. 예수님께서는 기적을 통해 우리를 노예로 만들기를 거부하시는데, 이는 그분께서 사랑이시기 때문에 우리가 그분을 사랑하기를 원하신다는 것을 뜻한다. 그러나 추기경은 주장하기를, 그것은 우리에게 너무 많은 것을 요구하는 것이다. 그래서 교회는 그들이 섬기는 사람들에게 빵을 주어왔다. "그러면 모든 사람들이 행복할 것이오, 수백만의 모든 피조물들이 말이오, 그들을 지배하는 수십만의 사람들은 제외하고. 오직 우리, 곧 이 신비를 지키는 우리, 오직 우리만 불행할 것이오."(2001, 51).

도스토예프스키가 잘 알았듯이, 마귀는 자원이 전혀 없는 것이 아니다. 예수님으로 하여금 돌을 빵으로 변하게 하는 유혹에는 실패했지만, 마귀는 예수님을 다시 유혹한다. 성령님이 아니라 마귀가 예수님을 이끌어 거룩한 도성, 성전의 첨탑으로 데리고 가서 뛰어내리게 함으로써 성부를 시험하도록 유혹한다. 더군다나 마귀는 성경을 인용한다. 시편 91편 11-12절에 "기록하기를" 하나님께서는 "너를 위하여 그의 천사들을 명령하사 / ……너를 붙들어 발이 돌에 부딪히지 아니하게" 하실 것이다. 예수님께서는 신명기 6장 16절을 인용하면서 맞서신다. 곧 주님께서는 이스라엘이 맛사에서 주님을 시험했던 것같이 시험받지 않으신다고 말씀하신다. 다시금 예수님께서는 하나님께서 '정말로 의미하셨음'에 틀림없는 것을 발견하기 위해서 '본문의 진의를 파악하는 것'을 거부하심으로써 우리에게 성경을 어떻게 읽어야 하는지를 가르치신다. 당신이 마귀와 씨름하고 있을 때, 그 본문의 '의미'를 찾는 것은 현명한 것이 아니다.

이 두 번째 유혹으로 마귀는 하나님의 손을 억지로라도 쓰게 하여 하나님께서 우리가 통치받기 원하는 대로 통치하시게 하려고 한다. 예수님께서는 예루살렘에 오실 것이고, 성전을 청결하게 하실 것이다. 그러나 그분께서는 나귀를 타고 오시는 겸손한 자로 그렇게 하실 것이다(마 21:4-5). 그러나 마귀는 예수님께서 힘으로 성전을 차지하기를 원한다. 마귀는 예수님을 성전 꼭대기로 데리고 가서 제사장들의 제사장으로서 행동하라고 유혹한다. 예수님께서는 영웅적인 역할, 즉 자신의 목숨을 자신의 수중에 넣고, 자신의 운명을 통제하고, 하나님께서 거절하실 수 없는 희생을 만듦으로써 하나님의 나라가 실현되도록 강제하는 역할을 하라고 요청받는다. 그러나 그러한 역할은 다른 사람들의 의지에 따라 십자가에서 죽으시게 될 사람과 극명하게 대조된다. 자기 스스로 행동하기를 거절하신 예수님 안에서 우리는 예수님의 생애와 죽음을 통해 이루어진 것이 예수님의 뜻이 아니라 성부의 뜻임을 본다. 그러므로 부활은 예수님의 신실하심이 불필요하다고 제시하는 사건이 아니라, 오히려 권력에 관한 마귀의 제안을 거부하시는 것에서 분명해진 성부의 사랑에 대한 그분의 순종을 확증하는 것이다.

마귀에 대한 예수님의 대응, 성경에 관한 예수님의 사용은 예수님께서 선자자시며, 제사장이시며, 왕이심을 분명히 보여 준다. 이스라엘의 왕이 되는 것, 이스라엘의 참된 재판관이 되는 것은 왕의 삶의 일상에서 율법을 읽음으로써 얻게 되는 율법의 지식을 요구한다(신 17:19). 헤롯과 대조적으로 예수님께서는 정의로 다스리신다. 그래서 그분께서는 이스라엘이 고대하던 왕이 되신다.

그러므로 마귀의 세 번째 시험이 처음의 두 가지 시험들에서 위태롭게 된 것, 즉 예배와 정치 사이의 연결을 노골적으로 드러내는 것은 놀라운 일이 아니다. 마귀는 예수님을 높은 산으로 데려가서는 만일 자신을 경배만 한다면 그에게 세상의 모든 왕국들을 주겠노라고 제안한다. 십계명의 첫째와 둘째 계명이 위기에 봉착한다. "너는 나 외에는 다른 신들을 네게 두지 말라 너를 위하여 새긴 우상을 만들지 말고 또 위로 하늘에 있는 것이나 아래로 땅에 있는 것이나 땅 아래 물 속에 있는 것의 어떤 형상도 만들지 말며 그것들에게 절하지 말며 그것들을 섬기지 말라"(출 20:3-5). 마귀에 관해 인정할 것은 인정하자. 마귀는, 특히 우리 시대에는 거의 인식하지 못하고 있는데, 정치란 예배와 희생에 관한 것임을 이해한다.

예수님께서는 마귀를 경배하기를 거절하시고, 그럼으로써 거짓 신들에게 드리는 희생에 기초하고 있는 세상의 정치들에 대해 대안이 되신다. 다시금 그분께서는 신명기를 인용하심으로써 마귀에게 저항하신다. "주 너의 하나님께 경배하고 / 다만 그를 섬기라"(마 4:10; 신 6:13에서 인용). 예수님께서 대표하시는 정치는 항상 첫 번째와 두 번째 계명에 자리한다. 예수님께서는 성부에 관한 바른 경배 그 자체를 신실하게 보여주신다. 마귀를 거절하심으로써 예수님께서 세상으로 부르신 백성은, 아우구스티누스가 제안하는 대로, 성자의 희생 안에서 발견되는 정의와 대조되는 세상이 대안으로 제공하는 정의에 결코 순종할 수 없다, 하지만 너무나 자주 예수님에 의해 그렇게 부름받은 백성들인 교회는, 마귀가 예수님께 제안했던 권력의 수단들을 사용해서 통치하려고 함으로써 예수님의 희생을 배신해 왔다.

그래서 대심문관인 추기경은 예수님께 아주 오랫동안, 거의 8백 년 동안, "교회는 당신이 아닌 그와, 즉 마귀와 함께해 왔소."라고 말한다. 교회는 8백년 동안 예수님께서 거절하신 것을 수용해 왔다. 즉 "우리는 로마와 시저의 칼을 그[마귀]에게서 취해 우리 스스로를 단 하나의 통치자, 유일한 지상의 통치자들로 선포했소. 비록 아직 우리의 이유에 대해 충분히 결론내리는 데 성공하지 못했을 지라도 말이오."(도스토예프스키, 2001, 49). 그러나 그 마지막 선물을 거절한 것은 예수님의 실수다. 예수님께서 만일 그 강력한 영의 세 번째 조언을 받아들였더라면, 그분께서는 모든 사람들이 지상에서 구하는 것을 제공하실 수 있었을 것이다. 즉

> 누군가 꿇어 경배할 사람, 그의 양심을 맡길 사람, 그리고 모든 사람을

결국 하나의 공통되고 조화된, 이론의 여지가 없는 개미탑으로 묶어 줄 수단—왜냐하면 보편적인 연대를 위한 필요는 사람들의 세 번째이자 마지막 고뇌이기 때문이오……위대한 정복자들, 타메를란Tamerlane과 징기스칸은 회오리바람처럼 지상을 휩쓸고 다니면서 우주를 정복하기를 염원했으나, 그들 또한 무의식적으로라도 보편적이고 일반적인 연대를 위한 사람들의 똑같은 위대한 필요를 표현했소. 만일 당신이 세상과 시저의 자주색 망또를 받아들였더라면, 당신은 우주적인 왕국을 세우고 우주의 평화를 선포했을 것이오. 만일 인류의 양심을 소유하고 그들에게 빵을 주지 않는다면, 어느 누가 그들을 소유할 수 있겠소? 그래서 우리는 시저의 칼을 받아들였고, 그럼으로써 당연히 당신을 거절하고 **그를** 따랐던 거요. (도스토예프스키, 2001, 49.)

추기경은 마침내 입을 다문다. 그가 잡아온 사람은 자기 변호를 전혀 하지 않는다. 골똘히 조용히 듣기만 할 뿐, 아무런 반론도 제기하지 않는다. 추기경은 그가 무슨 말을 하기를 바랐으나 그는 침묵할 뿐이었다. 그러다 갑자기 그가 조용히 나이 먹은 추기경에게 다가와 부드럽게 그의 '핏기 없고 구십년 된 입술'에 입을 맞춘다. 그것이 예수님께서 늙은 추기경에게 하신 유일한 반응이었지만, 추기경은 몸을 떤다. 추기경은 문으로 걸어가 문을 열면서 말한다. "가서 다시는 돌아오지 마시오……아주 돌아오지 말란 말이오……아주, 아주! 그리고 그는 그분을 도시의 어두운 광장으로 내보낸다. 죄수는 가버린다."(2001, 54).

마귀의 또 다른 이름은 우리의 조급함impatience이다. 우리는 빵을 원하고, 우리는 억지로라도 하나님의 손이 우리를 구해주기를 원하고, 우리는 평화를 원한다. 그리고 우리는 이 모든 것이 지금 이루어지기를 원한다.

그러나 예수님께서는 우리의 빵이시고, 그분께서는 우리의 구원이시고, 그분께서는 우리의 평화시다. 그분께서 그와 같으시다는 것은 우리로 하여금 하나님의 인내인 그 나라의 증인이 되기 위해 배고픔, 우상숭배, 그리고 전쟁 가운데 있는 세상에서 그분과 더불어 기다리기를 배울 것을 요구한다. 아버지께서는 그 나라가 한번에 하나의 작은 행동으로 드러나도록 하실 것이다. 그것이 우리가 묵시적인 백성이 된다는 것이 의미하는 바로서, 묵시적인 백성이란 세상의 구원과 관련된 마귀의 용어들을 예수님께서 거부하심으로써 그들이 정의롭게 될 시간이 없다고 믿는 세상에게 대안적인 시간을 제공하기 위해 존재할 수 있게 되었음을 믿는 백성이다.

마귀의 유혹은 예수님으로 하여금 우리의 세상은 죽음에 의해 결정된다는 것을 인정하게 하려는 것이다. 죽음은 결핍된 세상, 즉 음식, 힘, 생명 자체가 충분하지 않은 세상을 만들어낸다. 그러나 예수님께서는 하나님의 풍성함이시기 때문에 마귀에게 저항하신다. 예수님께서는 제로섬게임참가자의 이득과 손실의 합이 제로가 되는 게임—역주이 되지 않는 나라를 가져오신다. 충분한 음식과 힘, 생명이 있다. 왜냐하면 그 나라가 임하여서 각자의 이웃을 먹이기 위해 시간을 내는 백성이 존재하게 할 것이기 때문이다. 두려움은 결핍을 만들어 낸다. 하지만 예수님께서는 우리가 신뢰 안에 사는 것을 가능하도록 하셨다. "무서워하지 말라". 천사는 무덤에서 막달라 마리아와 다른 마리아에게 말한다(마 28:4). 예수님께서는 마귀의 유혹에 저항하심으로써 우리로 하여금 두려움없이 살 수 있도록 하셨다.

"이에Then 마귀는 예수를 떠나고". "이에Then"가 불길한 채 남아 있지만, 최소한 우리는 이제 그 싸움이 수반하는 것을 보았다. 마귀는 예수님을 떠나고, 예수님께서는 천사들의 수종을 받으신다. 그러나 마귀가 확실히 가버린 것은 아니다. 곧 이어 세례 요한이 체포된다. 싸움은 이제 시작되었을 뿐이다. 어떤 사람은 세례 요한의 체포에 대한 예수님의 반응을 보고 이상하게 생각할 수도 있다—그분께서는 갈릴리로 물러나셨다. 그분께서는 유대와 아켈라오의 권력을 피하신다. 예수님께서는 권력들과 직접적으로 맞닥뜨리려 하지 않으신다. 오히려 그분께서는 요한이 천명했던 것처럼, "회개하라, 천국이 가까이 왔느니라"라고 전파하시기 시작한다. 하지만 요한과 달리 예수님께서는 '이방인들의 지역인 갈릴리'에서 그 나라의 가까움을 선포하신다. 예수님께서는 갈릴리로 가셔서 스불론과 납달리 땅에 빛이 비추리라는 이사야의 예언(사 9:1)을 이루신다. 이사야는 그 빛을 자신의 어깨에 모든 권세를 지닌 아기와 동일시한다. 그 아기는 다음과 같이 일컬어질 것이다.

> 기묘자라, 모사라, 전능하신 하나님이라,
> 영존하시는 아버지라, 평강의 왕이라 할 것임이라
> 그 정사와 평강의 더함이 무궁하며
> 또 다윗의 왕좌와 그의 나라에 군림하여
> 그 나라를 굳게 세우고
> 지금 이후로 영원히 정의와 공의로
> 그것을 보존하실 것이라
> 만군의 여호와의 열심이 이를 이루시리라 (사 9:6-7)

다윗의 나라는 이제 예수님 안에 현존한다. 예수님께서는 이제 갈릴리에서 그 나라의 도래를 이방인들에게 선포하신다—놀라운 발전이지만, 이는, 선지자 이사야에게서 본 것처럼, 이스라엘 자신이 기대했던 바이기도 하다. 그것은 회개를 요구하는 나라다. 더욱이 회개는 제자도라 불리는 훈련을 요구한다. 따라서 우리는 예수님께서 그분의 첫 제자들을 부르시는 것에 놀라서는 안 된다. 그분께서는 제자들을 권세있는 자들이나 엘리트 가운데서 부르시는 것이 아니라 오히려 어부들을 부르시고 그들로 하여금 사람들을 낚게 하겠다고 약속하신다.

예수님께서 시몬과 안드레, 야고보와 요한을 부르실 때, 그들은 일하고 있었다. 하지만 두 경우 모두에서 그들은 즉시 그물을 버려 두고 예수님을 좇는다. 심지어 야고보와 요한은 부친도 남겨 두었다고 말하는데, 이 남겨둠은 제자들이 자신들이 따르는 사람이 누구신지 깨닫기 위해 감당해야 할 희생을 보여 준다. 왜냐하면 이 사람에게서 태어난 나라, 즉 다윗의 나라는 모든 제자들에게 그들이 겪어야만 할 변화를 요구하기 때문이다. 새로운 다윗은 그분의 자주색의 용포를 금새 드러내는 사람이 아니라, 오히려 그분의 권력이 그분의 십자가 처형에서만 발견되게 하시는 분이다. 새로운 눈과 귀를 가진 사람만이 십자가를 통해 선포되는 진리를 보고 듣게 될 것이다.

복음서 전체에서 마태는 제자들이 얼마나 깨닫지 못했는지 빠짐없이 묘사한다. 그런데도 그들은 예수님을 좇는다. 이런 점에서 마태는 제자들을 예수님께 매료된 무리와 대조시킨다. 예수님께서는 갈릴리 지역을 다니시면서 회당에서 가르치시고, 복음을 선포하시고, 병들고, 귀신들리고, 간질들고, 중풍걸린 사람들을 고쳐 주신다. 우리는 많은 무리가 데가볼리, 예루살렘, 유대, 심지어 요단 건너편에서도 예수님께 나아와 그분을 따랐다고 듣는다. 무리 중에서는 종종 예수님께 경외심을 갖는 사람들도 있었고, 그분의 가르침에 놀라움을 표현하는 사람들도 있었을 것이다. 그러나 마지막 날에 그들은 “그를 십자가에 못 박으시오”라며 소리칠 것이다(마 27:22-23).

우리는 아직 마태의 이야기의 초반부에 있다. 하지만 우리는 이미 예수님을 존경하는 자들이 아니라 예수님을 따르는 자들이 되려면 무엇이 요구되는지를 보기 시작한다. 맥클렌던James McClendon이 조지아주에 있는 다인종 농장인 코이노니아koinonia 공동체의 설립자인 클라렌스Clarence Jordan에 관해 들려주는 이야기는 제자가 되는 것과 단지 예수님을 존경하는 사람의 차이가 무엇인지 아주 잘 보여 준다. 1950년대 초반 클라렌스는 그의 형제이자 나중에 주 상원의원이 되고 조지아주 대법원 판사가 된 로버트Robert Jordan에게 코이노니아 농장의 법률 대리인이 되어 달라고 요청했다. 그의 형제는 이렇게 대답했다.

> "클라렌스, 난 그렇게 할 수 없어. 너도 알다시피 내 정치적 포부가 있잖아. 왜냐구? 만일 내가 너를 대리한다면, 난 내 직업과 집을 잃을 수도 있어. 내가 가진 모든 걸 말야."
>
> "**우린** 모든 걸 잃을 수도 있지, 밥"
>
> "그건 너와는 달라."
>
> "왜 뭐가 다르지? 기억하기론 우리가 꼬마였을 때 너와 내가 같은 주일날 교회에 등록했던 것 같은데. 우리가 앞으로 걸어 나갔을 때 목사님이 너에게 물은 질문을 내게도 물었던 것 같은데. 목사님은 내게 "예수님을 너의 주인이자 구세주로 영접하니?" 물으셨고 나는 "네"라고 대답했어. 넌 뭐라고 대답했지?"
>
> "나도 예수님을 따른다고, 클라렌스, 어느 정도는."
>
> "그 어느 정도가 십자가까지야?
>
> "맞아. 나는 예수님을 십가가까지 따라가, 하지만 십자가 **위**까지는 곤란해. 난 십자가에 못박히고 싶지 않거든."

"그러면 난 네가 제자라고 생각지 않아. 너는 예수님을 존경할 뿐, 그분의 제자는 아냐. 내 생각에 너는 네가 속한 교회로 돌아가서 '나는 예수님을 존경할 뿐 그분의 제자는 아니다'라고 말해야만 해."

"글쎄 만일 나와 같이 느끼는 사람들이 모두 그렇게 한다면, 우리에게는 단 하나의 교회도 **없을 걸**, 그렇지 않을까?"

"문제는 말야" 클라렌스가 말했다, "'네게 교회가 있느냐?'는 거야." [맥클렌던, 1990, 103(볼드는 원문 그대로).]

마태복음 5장

설교

예수님을 존경하는 사람들과 예수님의 제자가 되는 사람들의 차이점은 그분의 제자들이 자발적으로 산으로 "그에게 나아오는" 데서 드러난다. 예수님께서는 무리를 보셨다. 마태는 종종 예수님께서 동정심으로 무리를 보신다거나 그들에 대해 슬퍼하신다고 말할 것이다. 그러나 여기서는 예수님께서 설교하시기 전에 단지 "무리를 보기"만 하셨다고 한다. 예수님께서 산에 오르시자 제자들이 그분을 따른다. 제자들은 그렇게 함으로써 자신들을 위험에 빠뜨린다. 왜냐하면 그들은 예수님께로부터 직접적으로 듣는 말씀을 피할 수 없을 것이기 때문이다.

출애굽기에서 하나님께서는 모세를 불러 시내산에 오르게 하셔서 율법을 받게 하신다. 시내산은 연기에 감싸여 있었고 산 전체가 하나님의 임재와 번개같은 그분의 음성으로 떨며 진동하고 있었다. 주님께서는 모세에게 명하시어 산으로 오라고 하시는데, 아론을 제외하고는 어느 누구도 모세와 함께 산에 오르지 말라고 경고하셨다(출 19:16-25). 그러므로 제자들이 예수님의 가르침을 받기 위해 산에서 예수님께 참여하려고 용기를 내는 것은 주목할 만하다. 예수님, 곧 새로운 모세께서는 제자들에게 둘러 쌓이셨고, 그럼으로써 그들은 마치 이스라엘이 거룩함을 위해 모세에게 가르침을 받았듯이 가르침을 받는다.

마태는 예수님께서 산에서 제자들에게만 말씀하셨다고 말하지 않는다. 예수님께서 "그들을 가르치셨다"라는 것은 제자들뿐만 아니라 무리 중에 있는 사람들도 가르치셨음을 나타낼 수 있다. 하지만 산에서 예수님께 참여하는 제자들의 움직임을 볼 때, 마태복음 전체에서 발전되는 제자들과 무리들 사이의 긴장을 얼핏 알아채기 시작할 수 있다고 본회퍼는 제안한다. 예수님께서는 사람들 가운데서 제자들을 부르셨다. 제자들은 사람들에게로 보내심을 받아 회개하라고 설교하게 될 것이다. "그러나" 본회퍼는 "그것이 어떻게 끝날 것인가?"라고 묻는다.

> 예수님께서는 보신다. 그분의 제자들이 저 너머에 있다. 그들은 그분께 참여하기 위해 육안으로 식별할 수 있을 만큼 무리들에게서 떨어졌다. 그분께서는 그들 한 사람 한 사람을 부르셨다. 그들은 그분의 부르심에 응답하며 모든 것을 포기했다. 이제 그들은 포기renunciation와 결핍want 가운데 살고 있고, 그들은 가난한 자들 중에서 가장 가난한 자들이며, 유혹받는 자들 중에서 가장 유혹받는 자들이고, 굶주린 자들 중에서 가장 굶주린 자들이다. 그들은 오직 예수님만을 소유하고 있을 뿐이다. 그렇다, 그리고 그들은 예수님과 더불어 세상에서 아무것도 갖고 있지 않다. 전혀 아무 것도. 그러나 그들은 모든 것을, 하나님과 더불어 모든 것을 갖고 있다. 지금까지, 그분께서는 하나의 작은 공동체를 찾아냈을 뿐이다. 그러나, 그분께서 무리들을 보실 때, 그것은 그분께서 찾으시던 위대한 공동체다. 제자들과 무리들은 서로에게 속해 있다. 제자들은 그분의 메시지를 전하는 자들이 될 것이다. 그들은 여기 저기서 경청하는 자들과 믿는 자들을 발견할 것이다. 그럼

에도 불구하고 제자들과 무리들 사이에는 끝까지 적대감이 있을 것이다. 하나님과 그분의 말씀에 대한 사람들의 모든 분노가 제자들 위로 쏟아질 것이다. 그들은 하나님과 함께 거절당할 것이다. 십가가가 시야로 들어온다. 그리스도, 제자들, 무리들—사람들은 이미 예수님과 그분의 공동체의 고난의 전 역사를 볼 수 있다. (본회퍼, 2001, 101.)

마태복음 5-7장의 산상설교는 마태복음의 정황에서 분리되면 이해할 수 없게 된다. 산상설교는 가르쳐진 내용들이 그것을 가르치신 분에게서 분리되면 율법이나 도덕이 될 수밖에 없다. 그 설교를 홀로 의로움의 실체이신 분에게서 분리할 경우, 자연스럽게 예수님께서 가르치신 것을 모두 문자적으로 지켜야만 하느냐고 묻게 될 것이다. 예수님께서는 정말 우리가 성욕없이도 살 수 있다고 생각하실까? 어떻게 악하게 행동하는 자들에게 저항하지 않고도 우리의 세상을 바르게 운영할 수 있을까?

산상설교를 어떻게 읽어야 하는지 결정하기 위해 그런 질문들이 허용된다면, 그것을 우리의 삶에 적용해야 한다는 생각에서 벗어나도록 돕는 방향으로 전략이 전개된다. 예컨대, 어떤 사람들은 산상설교는 우리의 개인적인 생활과 관련되는 의미지, 그것을 공적인 영역에 적실한 것으로 생각해서는 안 된다고 제안한다. 그와 같은 전략이 지닌 문제점은 마태복음 어디에서도 그러한 구분이 나타나지 않는다는 데 있다. 아마도 좀 더 정직한 대안적인 읽기는 이 설교가 우리의 삶에 적용되어야 한다는 의미를 지니지만, 그런 적용은 우리로 하여금 '죄의식만 느끼게' 하는 데 유용할 뿐이라는 것을 인정하는 것이다.

종교개혁 논쟁은, 때로 산상설교는 우리로 하여금 용서의 필요를 인정하도록 하는 데 의미가 있는 율법이라고 제안하면서 이와 같은 전략을 형성한다. 그래서, 바울에게서 파생되었다고 주장되는 바, 율법과 복음 사이에 강한 구별이 만들어진다.[1] 그런 관점에서 실천하기 힘든 이 설교의 가르침들은 기껏해야 '이상들'—즉 기독교인들이 도달하려고 노력하지만, 그렇다고 그 설교가 제안하는 대로 우리가 사느냐 못 사느냐의 여부가 하나님에 대한 우리의 신앙의 성격을 결정하지는 않는다는 것—로 간주된다.

이런 식으로 산상설교를 읽는 것은 종종 유대주의는 율법의 종교인 반면 기독교는 용서의 종교라고 제안하면서, 기독교를 유대주의로부터 구별하려고 한다. 개신교가 이런 읽기를 좋아한다. 그러고선 종종 천주교를 향해 기독교 형식을 띤 유대주의, 즉 바울의 이신칭의에 대한 이해를 부인하는 율법주의라는 눈길을 보낸다. 개신교와 천주교적인 읽기 사이의 대조를 가정하는 이런 식의 산상설교 읽기는, 기껏해야 그 설교가 어떻게 공교회의 정황에서 읽히고 순종되는지에 관한 질문을 정초하는 역할을 할 뿐이다.

그러나 산상설교에서 예수님의 가르침은 따라야만 하는 것인지를 묻

---

1. 데이비스Davies는 1969년, 그의 저서 97-99쪽에서 복음서(특히 마태복음)의 예수님과 바울 사이에 쐐기를 박는 모든 시도들에 도전한다. 예컨대, 그는 바울에게서 나타나는 예수님의 가르침의 반향에 주의하기를 요청한다. "너희를 박해하는 자를 축복하라 축복하고 저주하지 말라"(롬 12:14). "(그러나) 나는 너희에게 이르노니 너희 원수를 사랑하며 너희를 박해하는 자를 위하여 기도하라"(마 5:44). 더욱이 예수님께서는 마태복음 5장 39절에서 우리로 하여금 악한 자에게 맞서지 말라고 명령하시는데, 이는 바울이 기독교인들에게 "아무에게도 악을 악으로 갚지 말고 모든 사람 앞에서 선한 일을 도모하라"(롬 12:17)라고 훈계하는 자료가 되는 것으로 보인다. 데이비스는 또한 로마서 14장 10절과 마태복음 7장 1절에서 비판을 금지하고 있음에 주의하라고 당부한다. 그는 "바울은 예수님께서 말씀하신 전통에 발을 담갔고, 예수님의 말씀이 그의 뼈 중의 뼈가 되었다. 바울이 상세한 예수님의 가르침에 관심없다고 생각하는 것은 오류다. 최소한 바울의 도덕의식은 선한 삶에 대한 예수님의 가르침에 뿌리박고 있다."라고 결론짓는다.

는 질문들을 합당하게 취급해온 공교회의 관습은 단지 그리스도의 인격과 사역을 분리시킨 기독론적인 성찰일 뿐이다. 교회가 스스로를 세상 속에서 편안하게 안주하는 모임으로 가정할 때, 즉 교회가 예수님께서 선포하신 하나님 나라가 지닌 종말론적인 특성을 상실할 때, 그리스도 안에서 초래된 구원은 너무나 자주 개인주의화되고 경건주의적인 용어들로 이해된다. 구속에 대한 충족설satisfaction theories이 그리스도의 사역에 대한 주된 설명이 되어 '구원받은' 자들로 하여금 예수님의 설교가 묘사하는 제자도의 급진적인 특성을 회피하도록 해주었다. 중요한 것은 예수님께서 '개인적인 구세주'로 영접되고 난 다음에야 산상설교의 가르침을 따르도록 시도하는 것이 가능해진다고 생각하는 것처럼 보인다는 것이다. 이런 식으로 구원을 이해할 때 문제가 되는 것은 산상설교가 더 이상 구원을 구성하지 않는 하나의 윤리로 전락하고 만다는 데 있다.

본회퍼는 그렇게 이해된 구원을 '값싼 구원'이라고 불렀다. 그가 '값싼 구원'이라는 말로 의미했던 것은, 은혜를 '교리로, 원리로, 시스템으로' 이해하는 것을 말한다. 다시 말해, "그것은 일반진리로서의 죄용서를 의미하며, 그것은 단지 하나님에 대한 기독교의 개념으로서 하나님의 사랑을 의미한다. 이를 긍정하는 사람들은 이미 죄를 용서받았다고 한다."(2001, 43). 본회퍼에 따르면, 그렇게 단언하는 것은 온 세상이 은혜로 의롭게 되었기 때문에 기독교인들은 세상과 똑같이 살아도 된다는 가정으로 이끈다. 은혜에 대한 이런 견해는, 종종 그렇지 않을 경우 서로를 향해 깊은 불일치에 있다고 생각할, 보수적인 기독교인들과 진보적인 기독교인들 양자에게 모두 공유되어 있다. 다만 보수주의자와 진보주의자들은 기독교인들이 세상에 얼마나 순응해야만 하는지 그 정도에서만 조금 다를 뿐이다.

잊어서는 안되는 것은 이 설교를 말씀하신 분께서 하나님의 아들, 즉 메시아시며 만물을 새롭게 하시는 분이라는 것이다. 그 설교는 시간 안에서 가능해진 새로운 시대의 실재reality다. 따라서 그렇게 설교하신 분에게서 설교를 분리하지 않도록 주의해야만 한다.

> 산상설교는 이방인이나, 개혁가, 광신도, 교주로서 현실에 관계하신 분이 아니라, 자신의 몸 안에서 실재reality의 본질을 들여다보고 경험하신 분으로, 이전에 이 땅에서 산 어느 누구도 해본 적이 없는 실재의 깊이를 공개적으로 밝히신 분의 말씀이다. 산상설교는 실재의 주님께서시며, 율법이신 바로 그분의 말씀이다. 산상설교는 사람이 되신 하나님의 말씀으로 이해되고 해석되어야 한다. 그것이 역사적인 행동의 문제가 제기될 때 핵심이 되는 사항이다. 그리고 여기서 그리스도와 일치하는 행동이 실재와 일치하는 행동이라는 점이 증명되어야 한다.
>
> 그리스도와 일치하는 행동은 어떤 윤리적인 원리에서가 아니라 바로 예수 그리스도의 인격에서 비롯된다. (본회퍼, 2005, 231.)

산상설교의 요구들은 예수님께서 하나님의 아들이 아니시라면 단지 이상일 뿐이다. 실제로 산상설교의 요구들은 우리로 하여금 악한 자들에게 저항하지 못하게 하는 것처럼 보이기 때문에, 누구든 심각하게 비도덕적이라고 논쟁할 수 있다. 하지만 만일 이러한 급진적인 요구들이 포기된다면, 우리는 예수님을 포기하게 된다. 데이비스W. D. Davies가 관찰하듯이, 예수님의 이 말씀들은 "그것들을 넘어 그것들의 원천으로서 그분 자신을 가리키고, 또한 그것들은 왕이신 메시아의 증인들이 되어" 주님 자신의 존재를 표현한다(1969, 148, 131). 산상설교에서 말씀들은 예수님의 삶에 대한 해석이다. 그리고 그와 같은 삶이 산상설교를 해석하기 위한 필수 조건이다.

따라서 산상설교는 개인들에게가 아니라, 예수님께서 시작하시고 제자들을 부르심으로써 그 징후로 삼으신 공동체에게 주어진 것이다. 산상설교는 영웅적인 윤리가 아니다. 그것은 한 백성의 헌법이다. 당신 스스로는 그 설교의 요구대로 살 수 없다. 그러나 그것이 핵심이다. 산상설교의 요구는 우리가 하나님과 서로를 의존하도록 고안되어 있다(하우어워스, 1993, 63-72). 리셔는Richard Lischer는 이렇게 말한다.

> 산상설교의 공동체로서 우리의 유일한 삶의 소망은, 우리가 보복, 증오, 저주, 탐욕, 이혼, 맹세, 자고, 우쭐거림, 근심 혹은 뒷험담하지 않는다는 것을, 왜냐하면 그런 것이 우리 하나님의 본질에나 그러한 백성이 되어야만 하는 우리의 운명에 있지 않기 때문임을 인식하는 데 있다. 우리가 개인적으로 위의 경우들에 실패할 때, 우리는 값싼 용서를 낚아채는 대신, 공교회적인 것들이 우리 개인들의 실패들의 총합보다 더 크다는 것을, 그리고 그것은 우리를 그 실패들로부터 멀찌감치 떼어 놓을 방향을 가리키고 있음을 기억한다. (리셔, 1987, 161-2.)

그러므로 산상설교는 요구조건의 리스트가 아니라 오히려 예수님에 의해 그 주위로 모인 백성의 삶을 묘사한 것이다. 구원받는 것은 그렇게 모이는 것이다. 그것이 바로 팔복이 전체 설교를 해석하는 열쇠가 되는 이유다—왜냐하면 그것들은 정확하게 추천항목들이 아니기 때문이다. 어느 누구에게도 나가서 마음이 가난해지거나 슬퍼지거나 온유해지라고 요구되지 않는다. 오히려 예수님께서는, 그 나라의 실재를 생각할 때, 자신을 따르는 사람들 중에서 마음이 가난한 자들, 슬퍼하는 자들, 온유한 자들을 발견하고 놀라서는 안 된다는 점을 지적하시는 것이다. 더군다나 예수님께서는 자신을 따르는 모든 사람들이 팔복 모두를 소유하게 되리라고 제안하시지 않는다. 그러나 우리는 어떤 사람들은 가난할 것이고, 어떤 사람들은 슬퍼할 것이고, 어떤 사람들은 온유할 것이라고 확신할 수 있다.

본회퍼에 따르면, 교회가 이렇게 구성되는 것은 교회의 가시성을 요구한다. 소금이 되는 것, 세상을 위해 빛이 되는 것은 교회가 가시적이 되라는 부르심이다. 예수님을 따르는 사람들에게 "비가시성invisibility으로 도망가는 것은 부르심을 부인하는 것이다. 비가시적이기를 원하는 예수 공동체는 무엇이든지 더 이상 예수님을 따르는 공동체일 수 없다."(2001, 113). 그럼에도 불구하고 기독교인들은 이웃을 섬긴다는 명목으로 주위의 문화와 자신들이 동일시되는 것을 정당화하면서 비가시적이 되려는 유혹을 받는다. 그러한 비가시성을 만든 이름들 가운데 하나가 콘스탄틴주의다. 이것은 기독교인들이 가이사와 동맹을 맺을 때 사용하는 전략을 묘사하는 용어다.

요더John H. Yoder는 콘스탄티누스 이후에 '기독교인'이라는 용어의 의미가 바뀌었다고 놀랍게 관찰했다(1984, 135-49). 즉 콘스탄티누스 이전에는 기독교인이 되기 위해 예외적인 확신이 있어야만 했다. 그러나 콘스탄티누스 이후에는 기독교인으로 간주되지 않기 위해 예외적인 용기가 필요했다. 기독교가 지배층이 되면서 이교도들을 도덕적으로 강제하는 아이러니한 결과가 초래된 것이다. 기독교인이 되는 것이 의미하는 바와 관련해 이렇게 신분이 변화된 것은, 요더에 따르면, '소위 교회의 비가

시성 교리'라는 새로운 신학이 발전하는 원인을 제공했다. 콘스탄티누스 이전에 기독교인들은 하나님께서 황제의 인격에서조차 역사를 통치하시고 있다는 것을 신앙의 문제로 가정했다. 그러나 그들은 하나님께서 교회에 임재해 계신다는 것을 알았다. 콘스탄티누스 이후 지배층이 되면서 기독교인들은 하나님께서 콘스탄티누스 안에서 세상을 통치하신다는 것을 알았지만, 그들은 그것을 명목적인 기독교인들의 군중 속에 참된 신자들의 공동체가 있을 거라는 믿음 위에서 받아들여야만 했다. 더 이상 기독교인이 된다는 것과 교회의 구성원이 된다는 것이 일치할 수 없었다. 왜냐하면 교회 안에 있는 많은 '기독교인'들이 그리스도를 따르는 것을 선택하지 않았기 때문이다. 이제 기독교인이 된다는 것은 '자기성찰'로 바뀌게 된다(1984, 136-7).[2]

---

2. '콘스탄틴주의'라는 용어는 너무 모호하고 복잡하다. 예컨대, 요더는 확실히 교회의 사라짐과 관련된 문제는 기독교를 합법화한 데서만 시작되었다고 생각하지는 않는다. 더욱이 그는 콘스탄틴주의가 미묘하게 더 이상 알아볼 수 없을 정도로 치명적이고 다양한 형태로 변형되어 왔다는 점을 아주 잘 인식한다. 이러한 발전들에 대한 요더의 수준높은 분석(1971, 148-82)은 다른 신neo-신-신-신-콘스탄틴주의에 대해 유용한 정의를 제공함으로써 우리로 하여금 콘스탄틴식의 가정들이 어떻게 세속적인 형태로 바꾸어 갈 수 있는지 알 수 있도록 돕는다. 요더에 따르면, 콘스탄틴주의를 결정하는 중요한 공리는 "참된 역사의 의미, 참된 구원의 장소는 우주 안에 있지 교회 안이 아니다. 그리고 하나님께서 실제로 하시는 일은 전체 사회의 체계 안에서지 기독교 공동체 안에서만 하시는 것이 아니다."(1971, 154)라는 것이다. 물론 참된 구원의 장소가 교회라는 믿음이, 기독교인들은 그리스도께서 하시는 일들이 우주적이 아니라고 믿는다는 뜻은 아니다. 그보다 요더에 따르면, 그것은 콘스탄틴주의와 동일시되는 많은 발전들이 기독교인 증인들의 신실한 형식이 될 수 있음을 이해하는 것이 매우 중요하다는 뜻이다. 실제로 요더는 사변적으로나 역사적인 예증을 들면서 일관되게 반 콘스탄틴 모델을 만들어 가려는 것은 잘못이라고 논증한다. 왜냐하면 "이교도화라는 비판의 근거가 되는 긍정적인 대안은 갱신된 메시지로 창조된, 구체적으로 눈으로 볼 수 있는 공동체이기 때문이다. 위계적인 정의definition에 대한 대안은 국지적인 정의다."(1994a, 253). 사실 콘스탄틴주의로의 이동은 기독교인들이 유대인 없이도 기독교인이 되는 것의 의미를 이해할 수 있다고 생각하기 시작할 때였다는 것이 요더의 견해다(요더, 2003을 보라).

그러나 본회퍼에 따르면, 산상설교와 특히 예수님의 말씀에서, 마태는 예수님을 따른다는 것의 의미를 비가시적으로 만드는 모든 시도들에 도전한다. "너희는 세상의 빛이라 산 위에 있는 동네가 숨겨지지 못할 것이요"(마 5:14). 본회퍼는 이스라엘 사람이라면 누구나 그와 같은 도시에 대한 호소에서 예루살렘을 생각할 수밖에 없고, 이제 그 도시는 제자들의 공동체에 의해 구성된다고 말한다. 따라서

> 예수님을 따르는 자들은 더 이상 어떤 결정에 직면하지 않는다. 그들을 위해 가능한 유일한 결정은 이미 내려졌다. 이제 그들은 그들이 되어야만 하는 존재가 되어야만 한다. 그렇지 않으면 예수님을 따르지 않는 것이다. 예수님을 따르는 자들은 가시적인 신앙 공동체다. 그들의 제자도는 그들을 세상과 구분지우는 가시적인 행동이다. 그렇지 않으면 제자도가 아니다. 따라서 제자도는 밤의 빛과 같이, 평지의 산과 같이 가시적이다.
>
> 비가시성으로 도망가는 것은 부르심을 부인하는 것이다. 비가시적이기를 원하는 예수 공동체는 무엇이든지 더 이상 예수님을 따르는 공동체일 수 없다. (본회퍼, 2001, 113.)[3]

이 말은 예수님을 따르는 자들은 가시적이 될 수 있기 위해서 행한다는 말이 아니다. 또한 제자들은 다르게 되기 위해서 다르게 부름을 받았다는 뜻도 아니다. 예수님께서는 분명히 제자들이 달라질 것이라고 생각

---

3. 요더와의 비교를 통해 교회의 가시성의 중요성에 대한 본회퍼의 이해에 관한 나의 확장된 논의를 위해서는 *Performing the Faith: Bonhoeffer and the Practice of Nonviolence*, 33-74쪽을 보라.

하시지만, 그 다름은 하나님의 아들이신 그분 자신 때문이다. 본회퍼는 마태복음 6장에서 예수님의 가르침은 우리로 하여금 제자들의 의로움은 제자들에게조차 감추어져 있다는 것을 알도록 해준다고 말한다. 가시성과 다름은 예수님에 의해 가능해진 삶의 방식으로 이끌린 결과다. 따라서 산상설교는 예수님을 따르는 것으로 귀결되는 새로운 시대의 한 백성의 삶의 방식에 대한 묘사다.

그것이 복이 있다는 의미다. 일상적인 가정에서 생각하면 , 우리는 일반적으로 마음이 가난한 자, 애통하는 자, 온유한 자, 의에 주리고 목마른 자, 자비한긍휼히 여기는 자, 마음이 청결한 자, 화평하게 하는 자, 의를 위하여 박해를 받은 자가 '복이 있다'고 생각하지 않는다. 하지만 예수님께서 그런 사람들이 '복이 있다'고 천명하신 것은 '천국이 가까이 왔다'라는 선포와 더불어 변화된 세상이 시작되었음을 나타낸다. 팔복들 각각은 선물의 이름이다. 그러나 예수님을 따르는 각각의 사람들이 각각의 복을 소유할 것이라고 전제되지는 않는다. 오히려 팔복에 거명된 선물들은 이렇게 다양한 선물들이 예수님의 제자도로 부르심을 들은 사람들의 공동체 안에 존재할 것임을 시사한다. 실제로 제자가 되는 것을 배우는 것은 우리가 슬퍼하거나 온유한 자들을 의존해야 하는 이유를 배우는 것이다. 비록 우리 스스로 그 선물을 소유하지 않았음에도 불구하고 말이다.

어떤 부류의 사람들이 팔복들 각각의 예증이 되는가를 추측해보는 것은 구미가 당기는 일이다. 예컨대, '마음이 가난한 자'는 종종 겸양의 미덕을 예증한다고 생각된다. 또 '애통하는 자'는 그들의 죄를 회개하고, '온유한 자'는 주님의 부드러움을 따라 보복하기보다는 모욕을 감내하고, '의에 주리고 목마른 자'는 하나님의 정의외에는 아무 것도 바라지 않고, '긍휼히 여기는자비한 자'는 가난한 사람들을 위해 동정을 베풀고, '마음이 청결한 자'는 육신의 욕망을 다 씻어내고, '화평하게 하는 자'는 도성의 평화뿐 아니라 교회의 일치를 보존하고, '박해를 받은 자'는 복음을 위하여 어려움을 감내하는 것을 예증한다. 이런 특징들 각각은 나름대로 장점이 있고 우리의 교양에도 유용하다.

그러나 팔복에 대한 모든 이해의 원천도 예수님이셔야만 한다.[4] 우리가 '마음이 가난한' 것이 무엇을 의미하는지 배우는 것은 예수님께로부터다. 그래서 바울은 빌립보 교회의 사람들에게 "이 마음……곧 그리스도 예수님의 마음"을 가지라고 권할 수 있었다.

그는 근본 하나님의 본체시나
하나님과 동등됨을 취할 것으로 여기지 아니하시고
오히려 자기를 비워
종의 형체를 가지사
사람들과 같이 되셨고
사람의 모양으로 나타나사
자기를 낮추시고
죽기까지 복종하셨으니

---

4. 오리겐은 이렇게 말한다. "예수님께서는 복음서에서 그분께서 말씀하신 모든 팔복이 사실임을 보여주시고, 그 자신이 실례가 되심으로써 자신의 가르침을 정당하게 하신다. '온유한 자는 복이 있나니'는 그분께서 자신에 대해 하신 말씀이다. '내게 와서 배우라 나는 온유하니' '평화를 이루는 자는 복이 있나니.' 우리의 평화시며 증오를 멈추게 하시고 그것을 자기 몸에서 부수신 우리 주 예수님과 같이 평화를 이루시는 분이 어디 있는가? '의를 위하여 박해를 받은 사람.' 어느 누구도 우리 죄로 인해 십자가를 지신 주 예수님보다 의를 위하여 박해당하고 견디지 않았다. 그래서 주님께서는 모든 팔복이 자신 안에서 실현됨을 제시하신다. 말씀하신 대로 따르시며 '애통하는 자는 복이 있다'라고 하신 그분께서는 스스로 예루살렘을 위해 우심으로써 이 복에 대한 기초를 놓으셨다."(앨리슨, 2005에서 인용, 150).

곧 십자가에 죽으심이라 (빌 2:5-8)

바울은 우리의 영의 가난이 예수님의 자기 비우심과 같다고 가정하는 것이 아니라, 오히려 예수님의 가난이 소유가 없어져도 살 수 있는 백성이 존재할 수 있도록 만들었다고 가정한다. 가난한 것은 그 자체로 어떤 사람을 예수님을 따르는 사람으로 만들지 않는다. 그러나 그것은 예수님을 따르는 사람들을 세상의 노예상태에서 자유케 하는 가난의 종류를 발견하는 것이 무엇을 의미하는지 그 근처에 당신을 놓아둘 수 있다. 더군다나 놓칠 수 없는 것은 그런 가난이 지닌 정치적인 의의다. 우리는 너무나 자주 세상의 권력에 우리가 순응한다는 것을 인식하지 못한다. 왜냐하면 우리는 우리의 재물부, wealth—아주 다양한 형식을 취할 수 있다—을 상실하는 것을 두려워하기 때문이다.

아마도 팔복 중에서 예수님께서 애통하는 사람들을 칭찬하시는 것보다 더 기독론적인 것은 없을 것이다. 왜냐하면 그들이 예수님처럼 세상이 행복, 심지어 평화라고 부르는 것들을 포기하고 세상을 살 준비가 되어 있기 때문이다(본회퍼, 2001, 103). 더욱이 예수님처럼 제자들은 여전히 의를 위해 굶주리고 목말라 하는 굳센 온유함으로 불의를 견딘다. 하지만 이러한 새로운 백성의 의로움은 그리스도께서 자기를 죽이려는 자들에까지 보여주신 용서에서 드러나는 자비로 인해 복이 있다. 그런 백성이 평화를 만들 수 있는 것은, 그들이 다른 어떤 목적*telos*을 가지지 않고 다만 예수님 안에서 체화되는 그 나라를 제정하고자 하는 순수함에 의해서 유지되기 때문이다. 하지만 그런 백성은 예수님께서 박해받으신 것처럼 박해받을 것이다. 왜냐하면 그들은 너무나 자주 '평화'라고 불리는 세상의 폭력에 대해 대안이 되기 때문이다.

팔복들 각각에 '상reward'이 수반된다는 것이 제자가, 예컨대, 하늘 나라를 상속받기 위해 마음이 가난해지려고 시도해야 한다는 뜻은 아니다. 내가 앞서 제안한 것처럼, 팔복을 그렇게 이해하는 것은 그것들이 선물임을 저버리는 것이다. 자비로운긍휼히 여기는 자가 자비로우심긍휼히 여기심을 받는다는 것은 예수님의 나라에서 살도록 부르심을 받은 자들에게 가능해진 삶의 종류를 가리키는 것일 뿐이다. 덕은 그 자체로 상일 수 있으나 기독교인들에게 덕—팔복에서 제안되는 종류의 덕—들은 그리스도로 말미암아 가능해진 공동의shared 삶을 칭하는 이름들일 뿐이다.

그러므로 팔복에 묘사된 방식으로 사는 사람들은 그들이 잘못 비난받고, 심지어 '예수님 때문에' 박해받아도 기뻐하고 즐거워해야 한다. 그런 박해는 그들이 선지자의 전통에 서 있음을 가리킨다. 선지자의 직임은 이제 세상의 빛과 소금이 된 이 새로운 공동체에게 주어졌다. 선지자들의 인격이 이스라엘에게 또한 이스라엘 안에서 하나님의 임재가 되었듯이, 이제 예수님을 따르는 자들이 세상을 위한 하나님의 표식sign이 된다. 따라서 제자들은 잘못된 겸손의 놀이를 할 여유가 없다. 지나친 것은 위험하다. 십자가는 제자들의 사역—이방인들에게조차(마 5:16) 하늘의 아버지께 영광을 돌리게 하는 선한 일들을 볼 수 있도록 만드는 것—을 밝히는 빛이다.

예수님께서는 자신이 율법과 선지자들의 완성이라고 주장하신다. 그러므로 그분께서는 자기를 따르는 자들에게 율법을 지키라고 요청하신다. 그럼으로써 자신을 따르는 자들의 의가 서기관들과 바리새인들보다 나아야만 한다고 제안하신다. 이것이 무슨 뜻일까? 기독교인들이 유대인처럼 먹을 수 있는 것과 없는 것에 관한 율법이나 희생제사에 관한 율법을 지켜야 한다는 뜻인가? 기독교인들은 정확히 이러한 도전들에 대답하기 위해서 싸워 왔다. 예를 들어, 토마스 아퀴나스Thomas Aquinas는 구약성경에서 도덕적, 법률적, 그리고 의식적인 율법들을 구별해야 한다고 제안한다. 그는 기독교인들은 오직 도덕적인 율법—즉 신의 법에 우리가 참여함으로써 모든 인간에게 의무로 주어진 율법—만을 지켜야 한다고 논증하기 위해 그렇게 한다(1981, I-II부 90-108문).[5] 토마스에 따르면, 그리스도께서는 그분의 삶과 죽음으로 말미암아 법률적, 의식적인 율법을 완성하셨고, 그럼으로써 더 이상 기독교인들로 하여금 율법의 그 부분들을 준수할 필요가 없도록 하셨다. 실제로 토마스의 관점에서, 기독교인들이 의식적인 율법을 지키는 것은 우상숭배일 수 있다.[6]

---

5. 토마스는 신의 법에 우리가 참여하는 것을 '자연법'이라 부른다(1981, I-II 94문). 자연법에 대한 이러한 설명은 그의 신학적인 가정에 의존하는데, 이는 그가 기독교인이든 아니든 모든 사람들에게 주어진 최소한의 의무들을 확립하려고 노력하면서 자연법의 원리들을 격리시키려고 하지 않았음을 의미한다. 그러한 발전들은 나중에 나왔다. 토마스에 따르면, 단지 새로운 법만이 의롭게 할 수 있다. 그는 아우구스티누스를 인용하는데, 아우구스티누스는 『성령과 문자The Spirit and the Letter』에서 이렇게 말한다. 구약성경에서 "**율법은 외향적인 방식으로 되어 있어 불경건한 사람들이 두려워하도록 하는데, 여기서**, 즉 신약성경에서 **율법은 내향적인 방식으로 주어져 그들이 의롭게 될 수 있도록 한다**. 복음적인 율법의 다른 요소, 즉 신앙의 가르침들과 인간의 감정과 행동을 지시하는 명령들은 부차적이다. 그리고 이것에 관해서 새로운 법은 의롭게 하지 않는다. 그래서 사도는 **율법 조문은 죽이는 것이요 영은 살리는 것이다**(고후 3: 6)라고 말한다. 그리고 아우구스티누스는 이렇게 설명한다.……문자는 사람들의 외부에 있는 모든 기록들을 의미한다. 심지어 거기에는 복음서에 내포된 도덕적인 계율들의 기록들까지도 포함된다. 그래서 문자는, 심지어 복음의 문자조차 믿음의 치유하시는 은총이 내향적으로 임재하지 않는다면, 죽이는 것이 될 수 있다."[1981, I-II 106문 2항(강조는 원문대로)]
6. 토마스는 의식법과 법률적인 법의 해석에 대해 깊은 관심을 보인다. 그럼으로써 어떻게 성령님의 법에 다름 아닌 새로운 법이 옛날의 법을 완성하는지를 적는다. "새로운 법의 성례들 중에서 일부는 옛날의 법의 그것과 비유적으로 상응하는 측면이 있다. 세례의 경우, 그것은 믿음의 성례지만 할례와 상응한다. 그래서 **그 안에서 너희가 할례를 받았으니**……우리 주 예수**그리스도의 할례니라**.……**세례로 그리스도와 함께 장사되고**(골 2:11-12)라고 기

율법의 위상에 관한 토마스의 설명은 이후 기독교인들에게서 토론을 이끌었다. 토마스의 해결책이 지닌 문제점은, 예수님께서 "모든 것이 이루어지기까지" 율법의 한 글자라도 없어지지 않을 것이라고 말씀하실 때, 그분께서는 도덕적, 법률적, 의식적인 율법에 대해 구분하시지 않는다는 점이다. 더욱이 예수님께서는 명백하게 자기를 따르는 자들은 율법을 지키게 될 것이고 그들의 의가 서기관들과 바리새인들보다 나아야 한다고 말씀하신다. 모든 것은 "모든 것"이 "이루어지다"가 무슨 뜻인지에 달려 있는 것처럼 보인다. 기독교인들은 모든 것이 예수님의 죽음과 부활, 승천으로 이루어졌다고 믿는다. 그러나 이것이 구약성경에 있는 율법의 모든 글자가 더 이상 기독교인들에게 의무로 주어지지 않는다는 것을 의미하는가?

당연히 유대인들은 율법을 준수하는 것의 의미에 관해 유대인들이 이해하는 바가 기독교인들에게 의무로 주어져서는 안 된다고 하는 기독교인들의 가정을 재고해 보라고 요청한다. 물론 유대인들 사이에서도 율법을 준수하는 것의 의미에 관해 일치하지 못한다는 것을 기억하는 것이 중요하기는 하지만, 그들의 그러한 불일치 또한 기독교인들의 순종을 위해서는 중요하다. 구약성경에서 율법이 지닌 위상에 대해 기독교적으로 성찰할 때 중요한 것은 기독교인들의 의로움이 바리새인들이나 서기관들

록되었다. 새로운 법에서 성찬은 파스칼의 어린 양pascal lamb의 잔치에 상응한다. 새로운 법에서 고해성사는 옛날의 법의 모든 정결법에 상응한다. 성품성사The sacrament of Orders는 교황과 제사장들의 서품에 상응한다. 은총의 충만함을 기념하는 견진성사에 상응하는 옛날 법의 성례는 없다. 왜냐하면 **율법은 아무 것도 온전하게 못할지라**(히 7:19)라고 한 대로, 충만함의 시간이 아직 이르지 않았기 때문이다."[1981, I-II 102문 5항 3답(강조는 원문대로)]. 레버링Levering은 2002년의 저서에서 토마스의 법 분석에 대한 가장 훌륭한 설명을 제공하고 있다.

보다 나아야 한다는 것이 무슨 의미인지를 아는 것이다. 왜냐하면 그 '나음excess'의 의미에서 우리는 예수님의 제자도에 대한 기독교인들의 이해가 어떻게 그들로 하여금 율법을 성취하도록 이끄는지를 평가하는 데 적절한 맥락을 이해하도록 도움을 얻어야 하기 때문이다. 따라서 기독교인들은 율법을 준수한다는 것이 무슨 의미인지에 관한 계속되는 도전을 기꺼이 환영해야 한다.

예수님께서는 그들의 위선 때문에(마 15:1-9), 세부적인 것들을 강조하면서 정작 더 중요한 문제들은 무시하는 것 때문에(마 23:23), 탐욕과 자기 방종 때문에(마 23:25-26) 바리새인들과 서기관들을 비판하실 것이다. 모든 비판은 율법의 목적에 관해 이스라엘이 이해하는 바대로 제기되었다. 예컨대, 선지자들은 이스라엘이 율법을 준수하지 못한 것에 대해 유사한 비판을 가했다. 하지만 예수님께서 바리새인들과 서기관들을 비판하신 것은 율법을 준수하는 것에 담긴 정치에 도전하는 것이라는 점을 간과하지 않는 것이 중요하다. 서기관들과 바리새인들의 의로움, 거룩하고자 하는 그들의 올바른 열망은, 그들이 유배상태에서나 이방인의 세력에 점령당한 때에서조차 하나님의 신실한 백성으로 남아 있으려는 시도였다. 하지만 빈번하게 이스라엘은 권력, 특히 로마의 힘에 도전하지 않으려는 방식으로 신실하기를 구했다. 당연히 바리새인들은 율법의 준수가 자기들을 지배하고 있는 자들의 체제를 전복하는 것으로 비춰지지 않게 하려고 노력했다.

하지만 정확히 이것이 이스라엘을 향한 하나님의 부르심에 신실하고자 하는 자들, 예수님의 제자이고자 하는 자들에게 예수님께서 행하도록 또는 존재하도록 요구하신 것이다. 예수님께서는 폭력적으로 로마를 전복하려고 하시지 않는다. 왜냐하면 그분의 나라는 폭력으로 로마를 전복하려는 사람들에게뿐만 아니라 로마의 폭력에도 대안이 되기 때문이다. 그럼에도 불구하고 그분의 나라는 체제전복적인 것이 되는 것을 피할 수 없다. 그 체제전복은 서기관들과 바리새인들보다 나은 의로움이며, 그로 인해 그분의 십자가로 귀결되는 체제전복이다. 왜냐하면 예수님께서는 옛 질서를 폭력적으로 전복하시지 않고 옛 질서 가운데서 새로운 질서를 따라 살아갈 수 있는 한 백성을 창조하시기 때문이다. 자신을 따르는 자들은 세상을 위해 소금과 빛이 되어야 한다는 예수님의 책망에 뒤따라 나오는 그 대립antithesis[7]은 다만 이러한 새로운 공동체의 질서에 관한 예수님의 설명이다. 요더는 하나님께서 아브라함이나 모세, 기드온, 사무엘을 부르시면서 행하셨던 것을 예수님께서 하고 계신다고 말한다(1971, 28-29). 다시 말해, 예수님께서는 세상이 이제껏 보아왔던 다른 어떤 사회와도 같지 않은 한 사회를 도래케 하기 위해서 그분의 말씀 주위로 사람들을 모으신다.

1. 이것은 자발적인 사회였다. 당신은 그 사회의 일원으로 태어나지 않았을 수도 있다. 다만 당신은 회개하고 그 왕께 자유로이 충성을 맹세할 경우에만 그 사회의 일원이 될 수 있다. 그것은 다음 세대가 없는 사회였다.
2. 그것은 앞선 모든 사회와는 반대로 구성원들이 섞여 있는 사회였다. 인종적으로 유대인과 이방인들이 함께 있었고, 종교적으로 율법을 광신적으로 지키는 사람들과 일체의 형식으로부터 자유를 옹

7. 마태복음 5장 3-10절을 '팔복'말씀이라고 하고, 마태복음 5장 21-48절을 '대립'말씀이라고 한다—역주.

호하는 사람들이 함께 있었고, 급진적인 일신론자들과 이제 막 그들의 마음이 우상숭배에서 벗어나는 과정에 있는 사람들이 함께 있었고, 경제적으로 부유한 자들과 가난한 자들이 함께 있었다.

3. 예수님께서는 그분의 사회를 소집하면서, 그 구성원들에게 그들이 살아갈 새로운 삶의 방식을 주셨다. 그분께서는 그들에게 범죄자들을 다루는 새로운 방식을 주셨는데, 그것은 그들을 용서하는 것이었다. 그분께서는 그들에게 폭력을 다루는 새로운 방식을 주셨는데, 그것은 고난을 당하는 것이었다. 그분께서는 그들에게 돈을 다루는 새로운 방식을 주셨는데, 그것은 함께 나누는 것이었다. 그분께서는 그들에게 리더십의 문제를 다루는 새로운 방식을 주셨는데, 그것은 모든 구성원들, 심지어 가장 비천한 사람의 은사를 이용하는 것이었다. 그분께서는 그들에게 부패한 사회를 다루는 새로운 방식을 주셨는데, 그것은 옛 질서를 부수지말고 새로운 질서를 세우는 것이었다. 그분께서는 그들에게 남자와 여자간의, 부모와 자녀간의, 주인과 종간의 관계에 대해 새로운 방식을 주셨는데, 그 안에서 인간이 된다는 것이 무엇인지에 대한 급진적인 새로운 비전이 구체화되었다. 그분께서는 그들에게 국가와 '적국'에 대한 새로운 태도를 주셨다.

이것이 산상설교뿐만 아니라 제자로 부르시는 예수님의 부르심에서 중심을 차지하는 가시성visibility이다. 이 가시성에 관한 세부사항들이 일련의 대조를 이루면서 뒤따라온다. "너희가 (그것에 관해) 들었으나 나는 너희에게 이르노니" 마치 팔복에서처럼 이러한 대립은 율법이 요구하는 공동체의 종류를 자세히 설명하고 묘사하기 위함이다.[8] 예수님께서는 율법은 지켜져야만 한다고 방금 우리에게 말씀하셨다. 따라서 살인과 간음, 이혼, 맹세, 보복, 적을 증오하는 것들은 금지된다. 하지만 예수님께서 만드신 공동체는 그것이 회피하는 것에 의해서 결정될 수 있는 것이 아니다. 오히려 회피되는 것은 그리스도의 삶을 예증해야 하는 그 공동체의 특성 때문에 그럴 뿐이다.

게다가 예수님의 삶은 우리로 하여금 하나님 아버지와 우리들 서로간에 화해할 수 있도록 한다. 그 화해는 화해의 공동체, 평화의 공동체를 만든다. 따라서 예수님께서 형제 자매들에게 분노를 품어서는 안 되고, 오히려 그들과 화해하려고 힘써야 한다고 우리를 책망하시는 것에 대해 놀라서는 안 된다. 예수님께서는 우리가 화를 내서는 안 된다고 말씀하시지 않고, 오히려 화를 촉발시킨 상대와 더불어 화해하지 않고 제단에 나아와서는 안 된다고 말씀하신다. 분노와 희생은 가인이 아벨을 죽일 때 결합되었다. 가인은 하나님께서 아벨의 제물을 좋게 보시는 것에 화가 나서 아벨을 죽였다(창 4:1-16). 예수님께서는 이제 회개의 나라가 가까이 왔다고 선언하신다. 따라서 누구든지 그분을 따르는 자들은 예물을 제단에 드리기 전에 화해하라고 명령하심으로써 희생으로서 살인의 악순환을

---

8. 데이븐포트Davenport는 그 대립들마 5:21-48은 기계적이거나 자기주장이 강한 의로움을 위한 규칙이나 규제가 아니라 오히려 새로운 시대가 가능하도록 하는 삶의 방식에 대한 예수님의 '묘사들'이라고 제안한다. 그러므로 그것들은 토라에 대항하는 것이 아니라 오히려 토라를 성취하는 것이다. 예수님께서는 이제 누구든지 이 방식으로 살 수 있다고 말씀하신다. 더욱이 "하나님의 다스리심의 특성과 하나님 자신의 특성 사이에 모순이 없기 때문에 예수님께서 말씀하시는 토라는 하나님 자신의 특성에 뿌리박고 있다. 그러니 제자들은, 다른 사람들이 제자들의 삶에서 선포되는 토라를 보고 하나님께 영광을 돌리도록 인도될 수 있게 하는 한에서, 토라를 지키는 데서 자유롭다."(1988, 139).

깨뜨리신다. 그분께서는 우리가 화해해야 한다고 명령하실 뿐만 아니라 우리가 어떻게 화해를 실천에 옮길 수 있는지에 대해서도 말씀하신다(마 18:15-20).[9]

예수님께서는 교회의 구성원들에게 그들에게 죄를 지었다고 생각하는 사람들과 대면할 것을 요구하신다. 그분은, 만일 우리가 잘못된 대우를 받았다고 생각한다면, 우리에게 잘못했다고 믿는 사람과 대면할 것을 생각해 보라고 말씀하시는 것이 아니다. 예수님께서는 우리가 반드시 그렇게 해야 한다고 말씀하신다. 왜냐하면 그 잘못은 우리에 대한 것이 아니라 그분의 몸에 대한 것이기 때문이다. 다시 말해 교회의 거룩함이 위태롭게 되기 때문이다. 더군다나 우리에게 잘못했다고 믿는 사람과 대면하라고 요구되는 것은, 우리가 실수한 것을 발견할 수도 있기 때문에 위험스러운 일이기도 하다.

고린도전서 6장 1-8절에서 바울은 믿지 않는 사람이 주관하는 재판정에 서로를 끌고 간 고린도의 교인들에게 경고한다. 바울은 고린도의 교인들에게, 예수님께서 명백하게 서로간에 분을 품은 채로 있어서는 안 된다고 책망하신 것과 그리스도의 몸에 대항해 행동하기보다 잘못된 일로 고통받기로 해야 한다는 것을 상기시킨다. 바울이 그들에게 이것을 상기시키는 이유는, 그렇지 않을 경우 그 무엇보다 세상에게 세상의 정의와 다른 대안을 제공하는 교회가 위태롭게 되기 때문이다. 만일 그런 공동체가 존재하지 않는다면, 믿지 않는 사람들은 하나님의 평화를 알 수 있는 방법이 없을 것이다.

---

9. 앨리슨Allison은 2005년의 저서 65-72쪽에서 이러한 대립에 대한 배경으로서 가인과 아벨의 이야기에 주목하지 않을 수 없다고 논증한다.

그러므로 교회는 성찬을 받기 위해서는 죄의 고백과 고해, 화해가 필수적이라고 당연하게 생각해 왔다. 어떻게 우리가 형제 자매들과 더불어 하나됨을 이루지 못한 채로 감히 화해의 잔치에 올 수 있겠는가? 그 하나됨에 주어진 이름이 사랑이다. 빵과 잔의 선물은 하나님과 평화를 이루고 또 서로간에 평화를 이루는 사람들에 의해 제공되어야 한다. 만일 우리가 화해하지 않는다면, 우리는 성찬을 받지 않는 편이 낫다. 우리는 감히 하나님께로부터 오는 선물의 거룩함을 더럽혀서는 안 된다.

분노와 욕망은 육신적인 열정이다. 우리는 분노와 욕망으로부터 스스로를 자유롭게 할 수 없다. 예수님께서는 우리가 분노나 욕망에서 자유롭게 될 것이라고 암시하시지 않는다. 다시 말해, 그분께서는 우리가 육신적인 존재임을 가정하신다. 오히려 그분께서는 우리의 분노와 욕망이 변화되도록 하기 위해서 우리의 몸이 하나님께 그리고 서로를 위해 섬기도록 형성된 공동체의 구성원이 되라고 제안하신다. 너무나 자주 자아의 기술들은, 비록 그것들로 인해 분노나 욕망에서 우리 자신이 자유롭게 되기도 했지만, 그런 열정들로 하여금 우리의 삶을 더욱 크게 지배하도록 만든다. 그러나 예수님께서는 우리에게 우리의 방식으로 욕망이나 분노에서 자유롭게 되라고 말씀하시지 않는다. 오히려 그분께서는 우리로 하여금 우리 자신이나 우리의 죄성에 거주하도록 초대받지 못하게끔 강제하는 한 백성의 구성원이 되라고 제안하신다.

우리는 혼자서 욕망에 대한 다른 대안을 품을 수 없다. 오히려 예수님께서는 우리에게 욕망에 집중하는 것보다 훨씬 더 좋은 일이 있음을 발견하도록 요청하는 한 나라에 참여하라고 제안하신다. 만일 우리가 전쟁하는 세상에서 평화에 헌신된 백성이라면, 만일 우리가 상호불신하는 세상에서 신실함에 헌신된 백성이라면, 그러면 우리는 분노나 욕망에 지배되는 데서 자유롭게 하는 삶의 방식에 사로잡힐 것이다.

아마도 예수님께서 만드신 예기치 않은 세상을 가장 잘 나타내는 것 가운데 그분을 따르는 사람들 중에 몇몇은 결혼하지 않을 것이라는 제안만한 것이 없을 것이다. 스스로를 이스라엘 백성의 구성원이라고 생각하던 대부분의 사람들에게, 그들이 결혼과 아기 갖는 것을 삼갈 수도 있으리라는 생각은 오직 하나님의 백성이 된다는 것이 의미하는 그 특성에 대해 도전하는 것으로만 이해될 수 있었을 것이다. 왜냐하면 유대인이 되는 것은 무엇보다도 아기, 즉 그 존재가 하나님께서 하나님의 백성을 돌보시고 있다는 표식인 아기를 갖는 것이기 때문이다. 그러나 예수님에 의해서 창조된 공동체는 생물학적인 재생산으로 자라나지 않고, 증거와 회심에 의해서 자라난다. 독신과 육체적인 순결은 이방인 선교를 구성하는 실천들이다.

간음과 이혼에 대한 예수님의 가르침—특히 이혼에 대해서는 남성의 특권에 대항해 제시된다—은 그분의 십자가에 달리신 몸으로 우리를 만들어 가시는 새로운 몸에 대한 표현으로 이해되어야만 한다. 그러므로 본회퍼는 정확하게 다음과 같이 말한다.

> 예수님께서는 결혼이나 독신을 하나의 요청되는 프로그램으로 만드시지 않는다. 그대신 그분께서는 제자들을 포르네이아πορνεια, 음행, 곧 혼내관계와 혼외관계에서의 부정에서 자유케 하시는데, 이런 부정은 자기 자신의 몸에 대해서만이 아니라 그리스도의 바로 그 몸에 대해서 죄가 된다(고전 6:13-15). 심지어 제자들의 몸조차 그리스도와 제자도에 속해 있다. 우리의 몸들은 그분의 몸의 구성원들이다. 예수님, 곧 하나님의 아들이 사람의 몸을 입으셨기 때문에, 그리고 우리가 그

분의 몸에 연합해 있기 때문에, 부정은 예수님 자신의 몸에 대해 죄가 되는 것이다.

예수님의 몸은 십자가에 못박혔다. 사도들은 그리스도께 속한 사람들에 관해 말하기를, 그들은 그 육신을 그것의 열정과 욕망들과 함께 십자가에 못 박았다고 한다(갈 5:24). 그래서 이 구약의 계명을 성취하는 것조차 오직 십자가에 못박히셔서 순교하신 예수 그리스도의 몸 안에서만 실현될 수 있는 것이다. 우리에게 주어졌던 그 몸을 보는 것이, 그리고 그것에 연합하는 것이 제자들에게 예수님께서 명하신 순결을 위한 힘을 제공한다. (본회퍼, 2001, 127.)[10]

어떤 조건에서 그리고 언제 이혼이 정당화될 수 있는지를 결정하기 위해서 마태복음 5장 32절을 사용하는 사람들, 특히 "**포르네이아스** *porneias*, 음행들라는 근거 없이음행한 이유 없이—개정개역"에 대한 의미를 결정하려는 사람들은 불행하게도 본문을 하나의 허용에서 하나의 법률적인 교환으로 변형시킨다. 중요한 점은 언제 결혼이 끝날 수 있는가라는 질문이 아니다. 그보다 질문은, 새로운 허용을 고려할 경우, 기독교인들이 결혼을 어떻게 이해해야 하는가라는 것이 되어야 한다. 비슷한 방식에서 질문은 이혼한 여성이 결혼하는 것이 허용되어야 하는가라는 것이 아니라, 어떤 교회가 그런 여성이 재혼하는 것을 필요성의 문제로 삼지 않는 공동체

10. 욕망에 압도된 사람들을 위해 반드시 행해져야만 하는 것을 묘사하기 위해 예수님께서 사용하신 신체적인 비유들은 우리의 몸들이 그분의 몸 안으로 세례받음으로써 어떻게 변화되었는지를 제안한다. 로마서 6장에 나타나는 세례에 대한 바울의 이해는, 만일 우리의 오른손이 우리로 죄를 짓게 한다면 '찍어 내버리는 것'이 낫다고 하신 예수님의 경고를 주석한 것이다.

가 될 수 있는가라는 것이다. 만일 기독교인들이 결혼할 필요가 없다면, 만일 버림받은 여성들이 재혼할 필요가 없다면, 그러면 확실히 교회는 우리 세상의 외로움에 대해 대안이 되는 우정의 공동체임에 틀림없다.

적어도 삶의 방식으로서 독신을 지지할 수 있는 공동체가 되기 위해서는 서로간에 진실을 말할 수 있도록 만드는 신뢰에 바탕을 둔 공동체여야만 한다. 본회퍼는 맹세는 우리가 거짓말의 세상에서 사는 표식이라고 본다. 만일 우리가 다른 사람들뿐만 아니라 특히 자기 자신에게 진실을 말할 수 있다고 스스로 신뢰한다면, 맹세는 필요치 않을 것이다. 맹세는 우리를 거짓말로부터 보호해 주려고 한다. 그러나 또 한편으로 맹세는 그것이 있음으로써 거짓말을 하는 어떤 권리가 당연한 것으로 인정된다는 측면에서 거짓말을 부추킬 수도 있다. 그러므로 "너희 말은 옳다 옳다, 아니라 아니라 하라"라고 하는 것은 예수님의 말하기 방식으로, 제자들이라면 우리의 말은 항상 하나님의 존전에서 이뤄져야 한다는 것이다. "예수님의 제자들이 맹세해서는 안 되는 이유는 모든 말이 하나님 앞에서 말해져야만 하기 때문이다. 그들이 하는 모든 말은 오직 진실이어야만 하고, 그래서 어떠한 것도 맹세로 확증될 필요가 없다. 맹세는 다른 여타의 증언들을 의심이라는 어두움에 놓아두는 것이다. 그것이 맹세는 '악에서부터' 왔다고 한 이유다."(본회퍼, 2001, 129-30).[11]

---

11. 그리피스Griffiths는, 아우구스티누스가 우리가 결코 거짓말을 해서는 안 되는 이유에 대해 그렇게 하는 것이 하나님의 선물로서, 말하는 것의 특성을 배반하는 것이기 때문이라는 입장을 견지했다고 본다. 그리피스가 쓴 2004년의 저서 89쪽에 따르면, 아우구스티누스는 오직 "하나님께서는 밝게 빛나시며 진실을 말씀하시는 분이다. 우리는 어둠에 둘러쌓인 거짓말장이들이다. 하나님께 가까이 가는 것은 우리의 어두움에 빛을 비추어 우리로 하여금 진실을 말하는 것이 가능하도록 한다. 하나님께서 멀어지면 우리는 어둠에 남겨져서 틀림없이 거짓말하게 된다. 거짓말장이들은 항상 그리고 단지 데 수오*de suo*, 자기 스스로로 말한

그것 때문에 기독교인들은 솔직하게 말하는 데 헌신되어 있다. 우리는 말해질 필요가 있는 것보다 더 많게든 더 적게든 말하지 않으려고 한다. 그렇게 훈련된 말하기는 쉽게 얻어지는 것이 아니다. 너무도 자주 우리는 말이라는 선물을 우리의 우월성을 확립하기 위한 무기로, 종종 아주 교묘한 무기로 사용하려고 한다. 서로 간에 진실되게 말하기를 배우기 위해서는 하나님께 진실되게 말씀드리기를 배우는 것이 필요하다. 즉 우리가 기도하기를 배워야만 한다. 이것이 시편이 교회의 가장 위대한 기도서인 이유다. 즉 그것은 우리에게 가장하지 않고 기도하기를 가르치기 때문이다. 시편은 우리가 하나님께 몹시 화내는 것을 허용한다. 그리고 그렇게 화를 내는 가운데서 하나님께서 우리를 버리기를 거절하셨다는 것을 발견하도록 한다.

게다가 시편은 우리를 진실되게 말하도록 훈련시킨다. 왜냐하면 그것은 우리로 하여금 우리의 죄를 인정하게 하거나 적어도 우리의 죄가 드러나도록 하기 때문이다. 예수님께서 하나님의 시편이신 이유는, 우리가 보게 되겠지만, 마태가 예수님의 이야기를 시편을 통해서만 전하기 때문이다. 이는 제자들의 진실함은 그들의 죄를 드러내시는 예수님을 따르는 데 기초한다고 말한 본회퍼가 확실히 옳은 이유이기도 하다. 이스라엘이 구

다.……도용해서 말하는 것은 데 수오로 말하는 것과 같다. 그것은 또한 세쿤둠 세*secundum se*, 스스로에 따라서로 말하는 것이거나 혹은 세쿤둠 호미넴*secundum hominem*, 인간성에 따라서, 인간적으로으로 말하는 것과 같다. 이 모두는 말을 선물로 사용하는 것, 즉 자아 밖으로부터—하나님으로부터—충만해지고임플레투스, *impletus*, 그 결과 다시 한 번 밝게 빛나고 유일한 진리의 원천이신 하나님 안에 참여자파르티셉스, *particeps*가 되는 것과 대조된다. 그래서 거짓말을 버리기 위해서는 말하는 것이 선물이라는 것, 즉 우리를 충만하게 하고 우리 것이 아닌 진리에 참여하도록 해주는 것이라는 사실을 인정해야만 한다. 우리는 (자기 것으로 삼으려고 도둑질함으로써) 도용하면 거짓말을 할 수밖에 없게 된다."라는 입장을 유지했다.

약에서 자기의 죄를 감추기를 거절한 것처럼, 마태는 예수님을 따르려는 사람들의 죄에 대해 정직해지는 것 말고는 다른 어떤 것도 거절한다.

> 우리에 관한 하나님의 진리로서 오직 십자가만이 우리를 진실되게 만들 수 있다. 십자가를 알게 된 자들은 더 이상 어떤 진실로부터도 부끄러워하지 않게 된다. 십자가 아래 있는 자는 진실됨을 확고히 하는 계명으로서 맹세 없이도 진실될 수 있는데, 그 이유는 그들이 하나님의 완전한 진리 안에 존재하기 때문이다. 다른 사람들을 향한 진리 없이는 예수님을 향한 진리도 있을 수 없다. 거짓말은 공동체를 파괴한다. 그러나 진리는 가짜 공동체를 찢어 발기고 참된 교제를 세운다.
>
> 하나님과 다른 사람들 앞에서 덮개가 벗겨진 진리에 거하지 않고는 예수님을 따를 수 없다. (본회퍼, 2001, 131.)

그런 진실된 공동체는 갈등을 두려워할 수 없다. 만일 우리가 죄를 지었다고 믿는다면 서로 서로 대면하라고 예수님께서 요구하신 것은, "단지 서로 잘 지내라."라는 권고사항이 아니다. 더군다나 교회를 구성하는 진리는 기독교인들이 요구받는 삶의 방식 때문에 세상의 거짓말이 드러날 수밖에 없다는 것을 의미한다. 우리가 팔복에서 들은 대로, 그런 백성은 박해받으리라고 기대할 수 있다. 그러나 '진리 가운데서 기뻐하기'를 배운 백성은 다른 어떤 삶도 바라지 않으리라는 것이 확실하다.

진리의 백성에게는 분명히 적들이 있다. 이것이 예수님을 따르려는 자들에게 그들의 적들을 사랑하라고 요청하실 뿐만 아니라 보복하지도 말라고 하시는 그분의 명령을 훨씬 더 특별하게 만든다. 그분께서는 우리가 한쪽 뺨을 돌려대면 다시 맞게 되지 않을 것이라고 약속하시지 않는다. 보복하지 않음은 다른 수단을 통해 우리가 원하는 것을 얻으려는 하나의 전략이 아니다. 오히려 예수님께서 보복하지 않기를 실천하도록 우리를 부르시는 것은, 그것이 우리를 향한 하나님의 돌보심이 십자가에서 취한 방식이기 때문이다. 마찬가지로 기독교인들은 주라고 요구받는 것보다 더 많이 주어야 한다. 우리는 간청하는 사람들에게 주어야 한다. 왜냐하면 그것이 하나님의 특성이기 때문이다. 실제로 마태복음 25장에 나오는 예수님의 비유에서 배우는 대로, "여기 내 형제 중에 지극히 작은 자 하나"에게 반응하지 않은 만큼, 우리는 예수님께 반응하지 않는다.

우리의 적들을 사랑하라는 요구뿐만 아니라 우리에게 해를 가하려는 자들에게 보복하지 말라는 예수님의 과제는 산상설교 전체가 지닌 묵시적인 특성을 명확하게 해준다. 그렇게 사는 것은 인내를 요구하는데, 그 인내는 예수님께서 오셔서 우리 가운데 하나가 되어 우리의 시간에 참여하게 되는 것을 우리의 죄가 방해하지 못하도록 하신 하나님에 의해 가능하게 되었다. 팔복에서 복이 있는 자들에게 생기를 불어넣는 것도 바로 이와 같은 인내다. 왜냐하면 그들이야말로 전혀 자비롭지 않은 세상에서 자비롭게 되기 위해 시간을 내는 사람들의 실례가 되기 때문이다. 예수님의 제자가 되는 것, 우리를 화나게 하는 자들과 화해할 준비를 하는 것, 결혼생활에 성실한 것, 진실을 말하는 데 필요한 시간을 갖는 것, 이 모든 것은 우리의 적들을 사랑할 수 있는 시공을 창조해 내는 습관이다.

팔복들마 5:3-10과 대립들마 5:21-48에 의해서 요구되는 인내는 만일, 우리가 요한계시록에서 듣는 대로, "죽임을 당하신 어린 양이 능력을 받으시기에 합당하다"면 그 의미가 분명해진다. 산상설교의 중심에는 다음과 같은 헌신이 있다.

> 검이 아니라 십자가, 난폭한 힘이 아니라 고난당함이 역사의 의미를 결정한다는 것이다. 하나님의 백성의 순종의 열쇠는 그들의 효용성이 아니라 인내다. 의인들의 승리는 의인들의 도움에서 오는 능력이 아니다—물론 모든 인간의 갈등에서 폭력과 다른 종류의 권력들을 사용하는 것이 정당화되기는 하지만 말이다. 단언하건대, 의인들의 승리는 원인들과 결과들의 모든 계산 때문이 아니라, 천부적으로 훌륭하게 태어난 사람들의 위대한 힘 때문이 아니라, 바로 부활의 능력 때문이라는 것이 확실하다. 하나님의 백성의 순종과 하나님으로 인한 승리 사이의 관계는 원인과 결과 사이의 관계가 아니라, 십자가와 부활의 관계다. (요더, 1994b, 232.)

그러므로 우리는 완전해지라고 요청받지만, 그 완전함이란 그리스도의 원수 사랑에 우리가 참여하는 것을 말한다. 완전함은 우리가 죄가 없다거나 분노나 성욕에서 자유롭다는 것을 의미하지 않는다. 오히려 완전하게 되는 것은 그들의 존재를 지탱하기 위해 폭력에 기대지 않고 살아가기 위해서 분투하는 한 백성의 일부가 되는 것을 배우는 것이다. 그렇게 사는 것은 서로 진실을 말하는 것, 서로에게 약속에 신실하는 것, 화해를 추구하는 것을 배우는 습관들을 요청한다. 그렇게 사는 것은 평화주의 그리고/혹은 비폭력이라고 불릴 수도 있지만, 그런 설명이 팔복들과 대립들에서 묘사되는 삶의 형식을 공정하게 다루는 것은 아니다. 왜냐하면 그런 삶의 형식은 오직 그리스도께서 마태가 그분이라고 말한 사람, 즉 하나님의 아들이실 때에만 진실되게 살아질 수 있기 때문이다.

이러한 윤리는 종종 사회의 질서를 위해 책임질 것을 추구하는 기독교인들에게 도전을 준다. 예컨대, 데일 브루너Frederick Dale Bruner는 맹세하지 말라는 명령에 대해 이와 같이 지적한다. "이 명령에" 순종하는 것은 "결국 제자들이 맹세가 번번하게 요구되고 시행되는 정부직에 어느 정도 참여해야 하는지에 관한 심각한 문제들을 불러 일으킬 것이다. 군복무와 거기서의 충성맹세는 어떠한가?"(2004, 235). 이러한 질문은 종종 내게 개인적으로 가해진 피해에 대응하는 방법과 공직을 맡은 자로서 내게 영향을 끼친 위해를 구분함으로써 답변되어 왔다. 전자의 경우에 나는 예수님께서 내게 명령하신 대로 행하지만, 내가 질서를 유지할 책임을 맡은 경우 나는 질서의 이름으로 폭력을 사용해야만 할 것이다. 실제로 후자의 의무는 그리스도에 의해 요구된 사랑의 표현으로 이해된다.[12]

하지만 본회퍼는 예수님께서는 이렇게 사적인 개인과 공직을 담당한 사람을 구분하는 것을 알지 못했다고 올바르게 주목한다. 예수님께서 그 분을 따르기 위해 모든 것을 버린 제자들에게 그들의 공적인 책임에서 떠나지 않아야 한다고 제안하시는 곳은 아무 데도 없다. 심지어 예수님께서는 그들에게 아들로서 짊어진 그들의 책임에서조차 떠나라고 요구하신다. 본회퍼는 어느 누구도 사적인 개인으로 존재하지 않으며, 오히려 우리는 항상 책임들로 구성되어 존재한다고 언급한다. 그래서 만일 우리가

12. 브루너는 그가 긴장이라고 여긴 이러한 두 입장 모두가 우리에게 필요하다고 제안함으로써 문제를 해결하려고 한다. "오늘날 우리는 종교개혁의 평화 교회들the Reformation Peace Churches이 그랬듯이, 평화를 만들라는 예수님의 명령 아래 대항문화적인 측면에서 정부 **밖에서** 거리를 두고 일하게 될 **평화주의** 기독교인들, **그리고** 제후들이 후원한 종교개혁의 전통이 그렇게 하기로 결심했던 것처럼, 사랑하라는 예수님의 명령 아래 평화와 정의를 추구하기 위해 정부 **안에서** 실용적으로 일하게 될 **실용적인** 기독교인들 둘 다 필요로 한다." (2004, 246). 이런 문제에 대한 브루너의 입장은 꽤나 직접적으로 종교개혁의 노선을 취했던 그의 책의 초판과는 매우 다르다. 그래서 그가 존 하워드 요더의 영향으로 자신의 입장을 수정한 것에 대해서 참 잘한 것이라고 말할 수 있다. 하지만 그가 우리에게 사랑하라고 명령하신 분에게서 끄집어낸 사랑의 명령에 호소하는 것은 설득력이 없다.

공격을 당했다면, 우리는 자녀들의 부모로서, 회중의 목회자로서, 또는 외교관으로서 당한 것이다. 예수님께서 우리에게 악한 수단들을 사용하여 악에 저항하지 말라고 명령하신 이유는 정확히 우리가 그와 같은 정황에 놓여있기 때문이다. 예수님께서는 악에 저항하도록 우리를 부르신다. 그러나 그분께서는 성령님의 무기로 우리를 무장시키심으로써 그렇게 하신다. 그 무기들은 그분의 십자가의 고난에 의해 형성되어야만 한다.

> 오직 예수님의 십자가에서 악에 승리하리라는 신앙을 발견한 사람들만이 그분의 명령에 순종할 수 있다. 그리고 이것이야말로 약속이 있는 유일한 순종이다. 무슨 약속인가? 예수님의 십자가와 함께 하는 공동체 그리고 그분의 승리와 함께 하는 공동체에 관한 약속……
>
> 고난당하는 사랑이 악에 대한 응징이요 악을 극복하는 것이라는 사실은 오직 십자가에서만 참되고 실재적이다. 십자가에 참여하는 것은 제자도로 부르심에 의해서 제자들에게 주어진다. 그들은 이러한 가시적인 공동체 안에서 복이 있다. (본회퍼, 2001, 136-7.)

마태복음 6장

기도의 실천

예수님께서 산상설교 첫 부분에서 촉구하신 가시성은 의를 과시하기 위해 실천하는 사람들에 대한 예수님의 정죄하심에 의해서 제한되는 것처럼 보인다. 우리의 빛이 다른 사람들 앞에 비추어져야만 한다고(마 5:16) 말씀하시지만, 동시에 우리의 자선이 비밀리에 베풀어져야 한다고(마 6:1) 말씀하시는 예수님을 우리는 어떻게 이해해야 할까? 본회퍼는 제자도의 가시성이 누구에게 계속해서 감추어질 것인가라는 질문을 다룰 때 그런 모순이 없게 된다고 논증한다. 본회퍼에 따르면, 제자들의 행동에서 특징이 되어야만 하는 감추어짐은 제자들에게 적용되는 것이다. 제자들은 "계속해서 예수님을 따라가면서 그들 앞서 가시는 그분을 계속 기대해야 하지, 그들 자신이나 그들이 하고 있는 것을 기대해서는 안 된다. 제자들의 의로움은 자신들로부터 감춰져 있다."(2001, 149).

그러므로 본회퍼는 예수님을 따르려는 자들은 '망각forgetfulness'으로 특징지어질 수 있다고 제안한다. 예수님을 따르는 것은 우리에게 압도적인 자아감을 상실할 것을 요구한다. 그런 상실lose은 종종 어떤 웅대한 운동에 참여하는 것을 동반하기도 하지만, 예수님을 따르는 것에 요구되는 망각은 잠깐 흥분했다가 이내 사라져버리는 그런 순간들과는 다르다. 예수님께서 제공하시는 망각은 강력한 실재와 그분의 시간—그것이 하나님의 시간이기 때문에 도저히 상실할 수 없는 시간—에 참여하는 데서 오는 아름다움에 의해서 가능해질 수 있다.

우리가 경건을 실천함으로써 우리 자신에게 주의를 환기시키지 않도록 하라는 예수님의 책망은, 우리가 예수님을 따르는 것도 중요하지만, 예수님을 어떻게 따르는지가 그분의 가시적인 백성이 된다는 것이 의미하는 바에 결정적이라는 것도 중요함을 시사한다. 교회가 이러한 '어떻게'를 탐구하는 데 도움이 된다고 발견한 여러 가지 언어들 가운데 하나가 덕virtue이란 언어다. 법이란 언어와 마찬가지로 덕이란 언어도 복음에만 있는 언어가 아니라, 처음에는 그리스와 로마의 철학자들에 의해 발전된 언어다. 예컨대, 아리스토텔레스는 단지 선하거나 정의로운 사람을 따라 한다고 해서 사람이 선해질 수 없다는 것을 알고 있었다. 아리스토텔레스에게 정의로운 사람은 이런 저런 행동을 하는 사람이 아니라, 그(또는 그녀)가 어떤 정의로운 사람이 그것들을 행하는 방식으로 행하는 사람이다—이것은 그들이 자신들이 하고 있는 것이 무엇인지 알아야만 한다는 것, 그들이 하는 것이 정의로운 사람이 하는 것이라는 이유만으로 그들이 하는 것을 해야만 한다는 것, 그리고 확고하고 불변하는 성격에서 그들이 하는 것을 해야만 한다는 것을 의미한다(1999, §1105a30-b10).

따라서 논쟁을 통해서 정의롭거나 선해질 수 있다고 생각하는 사람들에게 아리스토텔레스는 거의 쓸모가 없다. 그런 사람들은 의사의 말을 듣기는 하지만 의사가 준 처방을 실천에 옮기지 못하는 환자와도 같다. 그보다 필요한 것은 덕을 획득하는 데 필요한 습관을 훈련하는 것이다.[1] 그

---

1. 습관화habituation의 중요성에 대한 훌륭한 설명을 위해서는 웰스Wells의 2004년의 저서 73-86

런 훈련은 실패와 성공을 가늠하는 데 필요한 지혜를 얻은 스승master에게 견습생으로 들어갈 것을 요구하며, 또한 우리를 덕과 관련된 선을 지향하게 할 수 있는 공동체의 구성원이 되는 것을 요구한다. 그런 식으로 형성되는 망각의 종류가 있다. 왜냐하면 덕스러운 사람들은 그들이 아닌 다른 것이 되길 바라지 않는다는 이유만으로 덕스럽기 때문이다.

그러므로 자신에게 주의를 환기시키기 위해 의롭게 행동해서는 안 된다고 하신 예수님의 책망과 어떤 사람들이 덕스러움의 의미라고 이해되는 것 사이에는 일정 부분 유사한 측면이 있는 것처럼 보인다. 하지만 기독교인들은 덕스럽게 되라고 부름 받은 것이 아니다. 우리는 제자가 되라고 부름을 받았다. 그런 부르심은 덕을 얻기 위해서 스승이 필요하다는 점에서는 유사할 수 있겠지만, 예수님과 같은 스승은 완전히 다르다. 예수님을 따르라고 부르심을 받은 사람들이 그럴 수 있는 것은 예수님께는 모방할 스승이 없기 때문이다. 우리는, 오직 예수님께서 우리가 할 수 없는 것을 하실 수 있었기 때문에, 즉 그분 홀로 십자가를 지심으로 죄의 지배에서 우리를 자유롭게 하실 수 있었기 때문에, 예수님을 따를 수 있다. 이것이, 아리스토텔레스와는 대조적으로, 기독교인들이 비록 그의 삶의 초기나 후기에 파괴적인 습관을 습득했을지라도 예수님의 제자가 될 수 있다고 믿는 이유다.

그러므로 아우구스티누스는 이교도들의 덕은 만일 그것들이 하나님의 사랑에 의해 변화되지 않는다면 여전히 죄가 된다고 주장한다. 오직 그런 변화만이 우리로 하여금 하나님을 그것들의 근원과 목적으로 삼지 않는 덕들을 동반할 수밖에 없는 교만에서 우리를 구원할 수 있다(1955b,

---

쪽을 보라.

115-7). 종종 아우구스티누스보다 이교도의 덕에 훨씬 더 긍정적인 견해를 갖고 있다고 간주되는 토마스 아퀴나스는 '자연적인 덕'은, 만일 그것이 우리가 겸손을 배워야만 하는 유일하신 분을 따르도록 만들고자 한다면, 자비에 의해서 형성되어야만 한다고 주장한다(1981, I-II 62문).

그러므로 본회퍼가 "진실한 사랑의 행위는 항상 나 자신에게 감춰진 행위다."(2001, 151)라고 주장하는 것은 확실히 옳다. 왜냐하면 예수님께서는 우리 자신의 선함이나 우리의 사랑을 돌보기 위해서가 아니라 오히려 그분을 따르라고 우리를 부르시기 때문이다.[2] 구제할 때 오른손이 한 일을 왼손이 모르게 하는 것은 제자도로 예수님께서 부르신 것에서 비롯되는 압도적인 자기 망각에 의해서만 가능하다. 우리는 자선을 베풀라고 부름을 받았을 뿐만 아니라 의로움을 위해서도 부름을 받았다. 그리고 우리에게 주어진 것들 때문에 이러한 것들이 가능해진다.[3] 이것이 기독교인들이 덕을 획득하는 것은 우리가 행하는 것으로 이해되기보다 오히려 우리가 받은 선물들에 의해서 가능해지는 것으로 이해되는 이유다. 우리는 오직 우리에게 주어진 것만 할 수 있다.

---

2. 본회퍼는 이런 주장을 더 밀고 나가 조금 과장되게, 이런 감추어진 사랑은 가시적인 덕이나 사람의 습관일 수 없다고 주장한다. 덕이 선물이라는 것은 그것들을 매우 신체적이게bodily 만든다. 밀뱅크Millbank는 몸에 대한 부정을 야기하지 않는 방식으로 본회퍼의 주장을 입증한다. "윤리적인 것이 어떤 것을 소유하지 않는 것, 심지어 그 자신의 행위를 소유하지 않는 것이라고 가정해 보라. 그것은 시작부터 자신의 삶을 바꾸는 것으로서 다른 사람의 선물을 받는 것이며, 또한 사전에 당신이 주게 될 것이 무엇인지 알지 못하지만, 그것을 과거로 소급 적용하여retrospectively 되찾아야만 하는 방식으로 자신의 삶을 제공하는 것이라고 가정해 보라."(2003, 147). 비록 우리가 장래를 바라보며prospectively 살아야 한다고 할지라도, 우리는 오직 과거로 소급 적용할 때에만 우리가 행해 왔던 것을 알게 된다는 점에서 밀뱅크는 옳다.
3. 자선에는 수많은 다른 형식들이 있다. 돈을 내는 것은 보다 저급한 자선의 형식들 중 하나일 것이다. 만일 우리가 자기 자신을 주어야만 한다는 것을 정확히 이해한다면, 덕은 그 자체로 자선이다.

그러므로 예수님께서는 우리로 하여금 기도에 주목하게 하신다. 기도는 완벽한 활동이다. 왜냐하면 그것은 그 자체를 목적으로 행해지기 때문이다. 예수님께서는 우리에게 "은밀히" 우리의 아버지께 기도하라고 말씀하신다. 그러면 아버지께서 우리에게 "은밀히" 보상해 주실 것이다. 그렇게 기도하는 것은 우리로 하여금 예수님께서 알게 해오셨던 한 분께 기도하도록 요구한다. 그래서 우리는 우리를 위한 아버지의 기도이신 예수님을 따름으로써 기도하기를 배운다. 이러한 기도, 곧 예수님의 기도는 은밀하다. 왜냐하면 그것은 아버지께로 향하기 때문이다. 예수님처럼, 기도는 아버지의 뜻이 알려지게 하며, 아버지께서는 우리가 기도하는 것을 배우기를 원하신다.

만일 우리가 기도하는 방법을 알고자 한다면, 기도하는 것을 배워야 하는 것처럼 보인다. 그러나 예수님께서는 이방인조차 기도하기는 하지만, 사실 그들은 기도하는 방법을 알지 못한다고 말씀하신다. 왜냐하면 그들은 미사여구를 동원하여 그들이 기도하는 신이나 신들에게 감동을 줄 필요가 있다고 생각하기 때문이다. 이방인들이 기도하는 것에 놀랄 필요가 없는 것은 하나님께서 우리를 기도하기 원하는 동물로 만드셨기 때문이다. 하지만 그렇더라도 기도는 바르게 이루어져야만 한다. 적어도 우리는 우리의 아버지께 기도하도록 되어 있음을 알아야 한다. 하지만 그것은 아버지를 아시는 한 분에게서만 배울 수 있다. 예수님께서는 "내 아버지께서 모든 것을 내게 주셨으니 아버지 외에는 아들을 아는 자가 없고 아들과 또 아들의 소원대로 계시를 받는 자 외에는 아버지를 아는 자가 없느니라"(마 11:27)라고 우리에게 말씀하실 것이다.

따라서 기도에 대한 첫 수업은 아버지라고 호칭함으로써 하나님에 관한 모든 묘사를 훈련하는 것을 배우는 것이다. 하나님께서 전능하시며,

편재하시고, 전지하시고, 영원하시고, 무한하시다는 것들이 무엇을 의미하든지 간에, 그 어떤 묘사도 우리에게 아버지라고 호칭하라고 가르치신 예수님보다 더 중요하거나 의미있는 것은 없다. 예컨대, 하나님께서 전능하시다는 것의 의미는 그분께서 십자가에서의 아들의 희생을 무시하시지 않는다는 것이다. 이는 모든 신학은 기도에서 시작해야만 한다는 것을 상기시킨다.

어떤 사람들은 하나님을 아버지라 부르는 것이 우리의 생물학적인 아버지의 경험에서 끌어낸 유비에 의존하게 된다고 우려한다. 하지만 하나님을 아버지라고 부르라는 예수님의 가르침은 가족의 경험으로부터 하나님을 알 수 있다는 가정에 도전한다. 우리가 하나님을 아버지라고 부르는 것은 한 아버지의 자녀로서 긍정적인 경험을 가졌거나 못 가졌거나 해서가 아니다. 오히려 모든 인간 아버지들은 성자에 관한 성부의 사랑에 의해서 평가되고 판단된다. 아버지에게 하듯이 하나님께 기도하는 것은, 교회를 가족이라고 부르는 것이 인간 가족의 한계와 죄에 도전하듯, 인간 아버지됨의 현재 상황에 도전한다. 예수님께서는 우리가 기도하기를 배워야 한다고 말씀하실 뿐만 아니라, 우리가 배워야만 하는 기도를 우리에게 가르치신다. 그분의 기도는 "우리 아버지"로 시작한다.

비록 우리가 은밀히 기도를 한다고 해도, 우리는 항상 다른 사람과 더불어 기도한다. 우리는 "우리의" 아버지께 기도함으로써 기도를 배우기 시작한다. 우리는 기도할 때 결코 혼자 있지 않는다. 왜냐하면 우리는 성자의 성령님에 의해서 "아바 아버지"(갈 4:6)라고 부르짖으라고 가르침을 받은 자녀로서 기도하기 때문이다. 성령님을 통해 우리의 기도는 예수님의 기도에 연결되고, 그래서 우리가 기도할 때 하늘에 계신 아버지의 주위에 모인 모든 성도들의 연합communion과 함께 기도한다.

우리가 하늘에 계신 아버지께 기도할 수 있는 이유에 대해서 히브리서 4장 14-16절에서 잘 말해주고 있다. 곧 "우리에게 큰 대제사장이 계시니 승천하신 이 곧 하나님의 아들 예수시라 우리가 믿는 도리를 굳게 잡을지어다 우리에게 있는 대제사장은 우리의 연약함을 동정하지 못하실 이가 아니요 모든 일에 우리와 똑같이 시험을 받으신 이로되 죄는 없으시니라 그러므로 우리는 긍휼하심을 받고 때를 따라 돕는 은혜를 얻기 위하여 은혜의 보좌 앞에 담대히 나아갈 것이니라"(히 4:14-16).

하늘에 계신 아버지께 기도하는 것은 우리의 목소리로 다음과 같은 천사들의 음성에 참여하는 것이다. "내가 또 보고 들으매 보좌와 생물들과 장로들을 둘러 선 많은 천사의 음성이 있으니 그 수가 만만이요 천천이라 큰 음성으로 이르되"

> 죽임을 당하신 어린 양은
> 능력과 부와 지혜와 힘과 존귀와 영광과 찬송을
> 받으시기에 합당하도다 (계 5:11-12)

우리가 예수님께서 배운 이름인 "(당신의) 이름이 거룩히 여김을 받으시오며"는 거룩함으로 부르심을 받았다는 것이 의미하는 바의 핵심이다.[4] 하나님의 이름을 거룩하게 하는 것은 기도의 삶을 사는 것이다. 우리

---

4. 출애굽기 3장 13-15절에서 우리는 하나님의 이름을 부여받음으로써 우리에게 주어진 것이 얼마나 값진 선물인지를 배운다. 물론 "나는 스스로 있는 자다I AM WHO I AM"는 우리가 결코 하나님의 이름을 소유한 척 할 수 없음을 나타낸다. 하나님의 이름은 거룩히 여김을 받으셔야 한다. 왜냐하면 그것은 그 어떤 이름과도 다르기 때문이다. 로젠쯔와이그Rosenzweig는 이런 식으로 설명한다. "하나님의 이름을 언급하는 것은 사람이나 사물의 이름을 언급하는 것과는 전적으로 다르다. 그것들에 공통되는 점이 있는 것은 사실이다. 하나님의 이름, 그분의

가 하나님을 영화롭게 하는 삶을 사는 것이 바로 기도하는 것이다. 우리가 이러한 기도를 할 때, 우리는 하나님에 의해 소집되고, 성화되고, 구별되고, 임명되고, 거룩하게 된 자들로서 그렇게 한다. 우리는 거룩하신 하나님, 곧 모세가 하나님의 이름을 들었을 때 그 앞에서 자기 얼굴을 감추었던 그 하나님(출 3:6)께서 통치하시는 세상에서 가시화되는 삶을 살라고 위임받는다. 하나님 아버지께서는 그분의 아들을 통해 그분의 창조물을 구원하셨다. 하나님께서는 그분의 영토를 적으로부터 되찾으셨다. 하나님께서 새롭게 승리하신 영토는 "이름이 거룩히 여김을 받으시오며"라고 기도하는 자들이다.

그들은 예수님에 의해서 시작된 분열, 곧 하나님 나라라고 불리는 분열이 계속되기를 기도한다. 그들은 그 나라가 도래하기를 기도한다. 왜냐하면 그들이 그 도래의 일부가 되었기 때문이다. 마귀는 광야에서 예수님을 굴복시키려다가 실패한 후 그분을 떠났지만, 싸움은 계속된다. 그래서 예수님께서는 우리에게 죄와 죽음의 권세에 의해 지배당하는 이 세상의 나라들이 끝나도록 기도하라고 가르치신다. 우리는 이제 예수님께로부터 시작된 승리의 시작과 끝 사이에 살고 있음을 알기 때문에 그 나라가 오

적절한 이름, 그리고 하나의 용어로 된 명칭들은 모두 이러한 이름들로 불리는 것과 동일하지 않다. 그러나 이것을 제외하면 그것들은 아주 다르다. 사람에겐 하나의 이름이 있고 그래서 그것으로 불린다. 그의 이름으로 불리는 것이 그에게는 궁극적으로 길들여지는 것이다. 하나님께는 그것으로 불려지실 수 있는 이름이 없으시다. 하나님께는, 그분의 이름이 불리든 불리지 않든 그것은 적합하지 않다. 그분께서는 다른 이름들로 그분을 부르는 사람들이나 이름 없이 침묵 속에 있는 그분께 말하는 사람들뿐만 아니라, 그분의 이름으로 그분을 부르는 사람들도 붙들고 계신다. 그분께서는 우리를 위해 이름을 가지신다. 그래서 우리는 그분을 부를 수 있다. 그분께서 이름이 정해지고 그 이름으로 불리도록 허락하신 것은 우리를 위해서다. 왜냐하면 우리가 하나의 '나me'가 되는 것은 오직 공동으로 그분을 부르는 것이기 때문이다."(1991, 91).

기를 기도할 수 있다. 예수님께서 우리에게 가르쳐 주신 기도, 곧 우리가 성만찬의 예식에서 "그리스도께서 죽으셨다, 그리스도께서 살아나신다, 그리스도께서 다시 오실 것이다."라고 단언하면서 가장 적절하게 기도하는 이 기도는, 예수님께서 시작하신 전투를 위해 요구되는 기도다.

나아가 복이 있는 사람들은 예수님 안에서 아버지께서 뜻하신 것을 보았다. 그리고 아버지께서는 예수님과 그분을 따르는 사람들로 하여금 그분의 뜻이 이루어지도록 기도하게 하실 것이다. 그들이 용서를 위해 기도하는 것을 배워야만 하듯이, 그들은 아버지의 뜻도 그들 가운데서 완전하지 않다는 것을 아는 사람들로서 그렇게 한다. 그러나 그들은 아버지께서 그분의 아들 안에서 뜻하신 것이 이 땅의 모든 곳에서 이루어지기를 위해서도 기도한다. 하나님의 뜻이 이루어지기를 기도하는 것은 우리의 뜻이 하나님의 뜻이 이루어지기를 열망하도록 교육받기를 기도하는 것이다. 우리의 뜻들, 곧 세상의 뜻은 예수님을 십자가에 못박을 것이다. 그러나 하나님께서는 우리의 의도를 무찌르시고, 우리가 하나님의 뜻이 이 땅에서 이루어지도록 기도하는 것을 가능하게 하실 것이다.

그것이 일용할 양식 이상을 요구해서는 안 되는 이유다. 오직 그리스도의 사역에 근거할 때에만 우리가 일용할 양식 이상을 요구하지 않는 것이 가능해진다. 마치 하나님께서 광야에서 매일 이스라엘에게 만나를 공급하셨던 것처럼, 예수님을 따르는 사람들은 매일 서로에게 의지하는 것을 배우는 데 필요한 모든 것을 받았다. 예수님께서 창조하신 공동체가 없다면, 우리는 안전과 보장을 확보하기 위해 헛되게 노력하면서, 자원들을 비축하고 저장하려는 유혹을 받을 것이다. 당연히 아무런 위험 없이 살려는 우리의 노력은 불의로 귀결될 뿐만 아니라 우리 자신의 삶을 근심스럽게 만들고, 우리가 결코 충분히 가지지 못하리란 두려움에 휩싸이게 만든다(마 6:19-21). 사실 우리가 원하는 것이 마귀가 예수님께 제안했던 빵이라면, 우리는 결코 충분히 가질 수 없을 것이다. 그러나 예수님께서는 가난한 자들에게 좋은 소식이 되신다(마 11:4). 왜냐하면 그분께서 일용할 양식 그 이상을 구하지 않는 한 백성을 존재케 하셨기 때문이다.

하루하루를 살아갈 수 있는 백성의 공동체는 또한 우리의 빚개역개정에서 '죄'로 번역한 단어의 원래의 뜻에는 '빚(debt)'이란 뜻이 있다—역주을 용서받을 뿐만 아니라 용서해 줄 수 있는 공동체다. 예수님의 희년 선포는 그분께서 우리에게 기도하라고 가르치시는 기도 안에서 분명하게 드러난다. 기도하는 것을 배우는 것은 간구하는 것을 배우는 것이다. 간구하는 것을 배우는 것은 우리의 신분이 빚진 자라는 것을 인식할 것을 요구한다. 우리가 받아만 할 뿐만 아니라 갚아야 할 빚에는 여러 가지의 모양과 크기가 있다. 우리 시대에는 이 빚을 심리적인 교환이라는 말로 생각하도록 유혹하지만, 적어도 레위기 25장을 기억한다면, 우리가 받거나 갚아야 할 빚은 우리가 먹는 다음 끼니와 같이 실제적인 것이다. 따라서 우리는 우리에게 진 빚, 돈이나 재산처럼 실제적인 빚이 용서탕감되어야만 한다는 사실에 놀라서는 안 된다.

이것은 우리가 정말로 우리에게 빚진 자들을 용서해준 것처럼 우리의 빚이 용서되게 해달라고 기도하기를 원하는지 궁금하도록 만든다. 사실 우리는 용서받는 것보다 용서하는 것이 편하다는 것을 안다. 왜냐하면 우리는 삶의 많은 부분을 누군가에게 어떤 것을 빚지고 있다는 인식을 피하려고 노력하는 데 소모하고 있기 때문이다. 하지만 예수님을 따르는 사람이 된다는 것, 이렇게 기도하는 것을 배우는 것은 우리가 용서받는 것을 먼저 배워야 한다는 것을 의미한다. 용서받는 것을 배우는 것은 매우 힘든 수업이다. 왜냐하면 우리는, 비록 창조주는 아닐지라도, 어떻게든 우리 자신의 스승이 되려고 행동하기 때문이다. 그러나 예수님의 제자가 되는 것은 우리의 삶이, 만일 우리가 피조물이 되는 데 적합한 방식으로 살아야 한다면, 용서를 기쁘게 받아들이는 우리의 태도willingness를 요구하는 선물이라는 것을 깨닫도록 요청한다.

빚에 관한 용서, 곧 빚의 탕감은 예수님께서 우리에게 가르치신 기도보다 더 정치적인 것은 없음을 보여 준다. 빚을 탕감했다는 것은 확실히 우리가 경제적이고 정치적으로 생각하는 일반적인 가정에 도전한다. 그러나 또한 빚의 탕감은 진실한 기억의 핵심이기도 하다. 어느 누구도 불의에 의해 구성된 과거나 현재로부터 자유로울 수 없다. 그래서 끔찍하게도 그것들을 올바르게 만들기 위해 행해질 수 있는 것은 아무것도 없다. 예컨대, 초기의 미국을 규정하는 노예제를 '구속하기' 위해 행해질 수 있는 것은 아무것도 없다. 노예제의 비극에 직면해서도, 단지 미국은 노예제의 나라라는 것을 망각하고자 하거나, 노예제의 상처가 백인들처럼 잘 살게 되는 기회가 주어진 아프리카계 미국인들에 의해 치유되었다고 가정하고자 하려는 유혹을 받는다. 그러나 돈이 만드는 망각으로는 노예제의 상처를 영원히 숨길 수 없다.

용서받고자 하는 태도willingness—이는 내가 누구인지 내게 말해주는 '적'을 필요로 할 수 있다—는 화해가 시작될 수 있는 유일한 길이다.[5] 그래서 '이런 방식으로' 기도하는 것은 하나님의 용서의 나라의 시민이 되

---

5. 존스Jones는 1995년의 저서 213쪽에서, 비행과 범죄 상황에서 분리된 용서에 초점을 두는 것은, "우리 자신의 도덕적인 역사들이 정확히 쟁점이 되는 것들이다. 왜냐하면 용서는 단지 범죄를 해결하는 것이 아니라, 우리의 망가진 과거에 대한 화해와 치유에 초점이 맞춰지기 때문이다."라는 것을 보지 못한다고 제안한다. 존스는 그런 용서를 언어의 능숙한 사용을 포함하는 '기술'이라고 정확히 묘사한다.

는 것이다. 이렇게 기도하는 것을 배우는 것보다 더 근본적이고 정치적인 행위는 없다. 우리의 죄가 용서받는 것을 배우는 것, 실제로 우리가 용서를 필요로 하는 죄인임을 배우는 것은 하나님 나라에 참여하는 것이다. 만일 우리가 용서를 배우지 않는다면 우리는 용서받지 못할 것이고, 예수님으로 인해 존재하게 된 새로운 현실, 새로운 백성에 참여하지 못할 것이다. 용서하고 용서받는 것은 '정신차리고 살기' 위해 대충 흥정해서 교환하는 것이 아니라, 오히려 폭력을 통해 우리의 존재를 안전하게 하기 위한 시도들을 끝내는 정치적인 대안에 참여하는 것이다.

그러므로 예수님과 더불어 기도하는 것을 배우는 것은 이 세상의 권력들과 벌이는 그분의 싸움에 참여하는 것이다. 그러나 그 기도의 마지막 청원에서 예수님께서는 우리가 시험의 때에 들지 않고 악한 자로부터 구출되기를 요청하신다. 광야에서 마귀와 벌인 예수님의 싸움에서 우리가 이미 본 대로, 그리고 십자가에서 보게 될 것처럼 예수님께서만 이 시험을 이기실 수 있다. 그분께서는 우리에게 그분을 따르는 자들은 핍박을 받을 수도 있으나, 그분께서 이미 시험을 당하셨기 때문에, 우리가 당면하는 시험이 무엇이든 살아남을 수 있다고 말씀하셨다. 예수님을 따르는 자들, 이렇게 기도하도록 가르침 받은 자들이 이런 핍박을 받게 되는 것은, 예수님께서 그러하셨듯이 그들도 핍박을 받아야만 하기 때문이다. 그러나 그분의 제자들은 박해 앞에서 집요하게 살아남을 수 있는 방법을 알 것이다. 왜냐하면 그들은 어떻게 기도하는지를 배웠기 때문이다.

그러므로 우리는 예수님께서 우리에게 어떻게 기도하는지를 가르치신 후에 또한 어떻게 금식해야 하는지를 말씀하시는 것에 놀라서는 안 된다. 기도와 금식은 밀접하게 연관되어 있다. 왜냐하면 그것들은 간구하기를 배우는 데 필수적인 훈련이기 때문이다. 더군다나 간구는 결정적으로 몸의 행동이다. 우리는 살기 위해서 간구한다. 왜냐하면 우리가 살고자 한다면 간구해야만 한다고 우리의 몸이 요구하기 때문이다. 우리의 몸이 약하기 때문에 우리는 우리 몸이 진짜 '우리'라는 것을 부인하려고 한다. 진짜 우리는 내적인 우리여야만 한다고 생각한다. 예컨대, 나는 많은 소유를 가질 수 있으나 그것은 진짜 내가 아니다. 진짜 나는 나의 '내적 존재'에 의해 구성되는 '나'다.

예수님께서는 우리로 하여금 환상에 물들도록 하시지 않을 것이다. "네 보물 있는 그 곳에는 네 마음도 있느니라". 그래서 우리의 경건, 우리의 금식이 알려지길 바라는 것은 우리의 재물富과 관련이 있다. 우리는 우리가 행하고 소유하는 것들 외에 다른 것도 할 수 있다고 생각한다. 하지만 예수님께서는 그런 가정에 도전하신다. 우리는 우리의 몸으로 보는 것을 배운다. 왜냐하면 보는 것은 몸의 행동이기 때문이다. 우리는 '생각하는 동물'이지만, 생각 그 자체는 신체적bodily인 것이다. 만일 우리의 몸들이, 소유들을 통해 우리의 생존이 보장될 수 있다고 믿게끔 유혹하는 습관들에서 자유롭게 되기를 배우고자 한다면, 우리는 금식하기를 배워야만 한다. 그러나 금식은, 비록 사순절의 훈련이 유용할 수 있다 하더라도, 단지 사순절의 훈련 프로그램만은 아니다. 그보다 금식은 제자의 삶을 구성하는 것이다.

예수님의 제자로 부르심을 받은 사람들에게 금식은 힘들기는 해도 우울한 것은 아니다. 오히려 금식은 기쁨이라 불릴 수 있는 삶의 방식이 된다. 금식하는 것은 우리의 삶이 영위되도록 하는 선물을 발견하는 것이다. 금식하는 것은 죽을 수밖에 없는 몸을 경시하지 않도록 배우는 것이다. 그렇게 금식의 삶으로 들어가는 것은 '그것 없이는 살 수 없다고 가정하는 것' 없이 살기를 배우는 것이다. 진짜 금욕적인 사람들은 종종 그들이 금욕적이라는 것을 거부한다. 왜냐하면 그들은 그들의 고난을 그렇게 의미심장하게 생각하지 않기 때문이다. 오히려 그들은 그들의 고난이 자유의 원천임을 발견한다. 우리가 그것 없이는 살 수 없다고 생각하는 것이 다른 무엇보다도 우리를 노예로 만든다. 게다가 그렇게 노예가 되는 것은 이 세상의 권세들에 사로잡히는 것이다.

금식은 우리가 누구를 섬기는지를 발견하게 해준다. 우리는 하나님과 재물부를 동시에 섬길 수 없다. 그러나 우리는 하나님과 황제를 겸하여 섬길 수 없다는 말도 듣게 될 것이다(마 22:15-22). 더군다나 재물부과 황제 사이에는 밀접한 관련이 있는데, 이는 우리의 재물부이 황제에 의해서 제공되는 안전에 의존한다고 믿기 때문이다. 무엇보다 황제들은 항상 우리의 후원자가 될 것이라고 주장한다. 우리는 황제가 안전이라는 미명 하에 행하는 것에 유감스러워 할 수도 있지만, 감히 그들에게 반대하지는 못한다. 왜냐하면 그럴 경우 우리가 가진 것을 잃게 될 것이라고 두려워하기 때문이다.

부자면서 동시에 예수님의 제자가 되는 것은 문제가 된다. 기독교인들은 종종 문제가 되는 것은 우리가 소유한 것이 아니라 소유에 대한 우리의 태도라고 제안하면서 이 문제를 풀어보려고 시도해 왔다. 예를 들면, 어떤 사람들은 우리가 소유한 것이 진정 우리의 것이 아닌 것처럼 소유하는 것이면 괜찮다고 생각한다. 이는 우리의 풍부한 것을 기꺼이 내줄 준비가 되어 있어야만 한다는 뜻이거나, 아니면 우리가 가진 모든 것을 기꺼이 잃을 준비가 되어 있어야만 한다는 뜻이다. 특히 자본주의 사회질서에서 살아가는 기독교인들의 경우에는, 문제가 되는 것은 재물이나 권세가 아니고 그보다 우리가 우리의 재물과 권세에 관해 선한 청지기가 되어야만 한다는 말을 듣게 된다.

그러나 예수님께서는 매우 분명하시다. 재물이 문제다. 자본주의는 재물의 생산에 의해 정당화되는 경제 시스템이다. 따라서 필연적으로 기독교인들에게 복음이 될 수 없다. 알래스데어 맥킨타이어Alasdair MacIntyre는, 기독교인들은 가난한 자들에게 행한 잘못들과 재물의 생산이란 미명 하에 착취를 일삼은 잘못들에 대해 자본주의 시스템을 향해 직접적으로 비판을 가해 왔음에 주목한다. 그러나

> 기독교는 재물의 목적들을 수용할 뿐만 아니라 그 목적들을 달성하는 데 성공하는 사람들이 부당한 대우를 받을 정도로 아주 바람직하게, 부를 가지거나 가지게 되는 것을 다루는 사회 경제 질서의 관점을 가져야만 한다. 성경의 관점에서 보자면, 부는 하늘 나라로 들어가는 데 골칫거리고, 거의 극복할 수 없는 장애물이다. 많은 설교자나 신학자들이 깨닫지 못하는 것이 있다. 그것은 자본주의는 그것의 기준에서 실패하는 사람들뿐만 아니라 성공하는 사람들에게도 나쁘다는 것이다. 그래서 그것을 깨달은 기독교인들은 너무나 자주 정치적이고 경제적인 기관들뿐만 아니라 교회적인 기관들과도 충돌하게 된다. (맥킨타이어, 1995, xiv.)

자본주의에 대한 맥킨타이어의 관점은 분명히 논쟁을 초래하며 논란의 여지가 있다. 하지만 이것은 금식, 재물, 몸, 그리고 우리가 두 주인을 섬길 수 없음에 대한 예수님의 가르침이 지닌 급진적인 성격을 분명히 해주는 장점이 있다. 게다가 이런 가르침들은 우리가 이제 막 배운 기도에 대한 해설이기도 하다. 그렇게 사는 것은 우리가 일용할 양식 이상을 구하지 않는 것을 의미한다. 그것은 우리가 게으르게 되도록 격려하는 것이

아니라(살후 3장), 신뢰의 공동체 안에서 사는 것이 무엇인지를 배워야 한다는 것을 의미한다. 그러한 공동체는 자본주의의 실천과 이데올로기에 의해 정당화되는 다양한 탐욕들에서 우리를 건져내는 습관을 개발할 수 있다는 희망을 제공한다. 비록 예수님의 제자들은 비가시적으로 구제를 해야 하지만, 각 사람이 자신의 이익을 추구하는 것에 의해 사회의 질서가 유지된다고 생각하는 사람들에 대해서는 비가시적일 필요가 없다. 우리가 기도를 위해 배운 기도의 습관과 덕으로부터 형성되는 것은, 기독교인들이 통치자들의 적법한 이데올로기들에 대해 위협이 되는 것으로 나타날 수밖에 없다는 것을 뜻한다. 기독교인들은 정부의 전복을 시도하지 않는다. 다만 산상설교에 따라 사는 것이 사물의 존재방식에 도전할 수밖에 없는 것으로 판명될 뿐이다.

공중의 새와 들의 백합화에 주의를 기울이게 하시는 예수님에 의해 우리는 예수님께서 제자들을 부르신 삶의 아름다운 단순함을 생각하게 된다. 우리는 소유물에 의해 소유되었기에 더 이상 그 소유물로부터 자유로운 방식을 바랄 수 없게 되었음을 발견한다. 그러나 만일 우리가 자유롭게 될 수 있다면, 우리는 정말로 진실되고 아름다운 것—우리가 소유하지 못했다고 생각한 것—에 사로잡히게 될 것이다. 먼저 하나님 나라의 의를 구하는 것은 우리가 구하는 것이 주어지는 것이지, 성취되는 것이 아님을 발견하는 것이다.

예수님께서 제자도의 급진적인 요구에 관해 논증하시기 위해 인간의 경험에서 비롯된 지혜를 사용하시는 것은 우연이 아니다. 우리가 걱정함으로써 우리의 수명을 한 시간이라도 늘릴 수 있는가? 절대 그럴 수 없다. 그런데도 사람들은 걱정하지 말라는 예수님의 책망은 예수님께서 그것을 말씀하시든 안 하시든 간에 일반적인 인간의 진리일 뿐이라고 가정하고 싶어 한다. 그러나 우리가 보았듯이, 산상설교의 내용은 그것을 말씀하신 분에게서 분리되어 추상화될 수 없다. 이제 우리가 소유로부터 자유롭게 살 수 있게 된 것은 유일하게 우리에게서 소유를 몰수하실 수 있는 권세를 가지신 분이 오셨기 때문이다. 우리에게 오늘 고생이 족하니 내일에 대해 걱정하지 말라고 하시는 예수님의 권고는 단지 좋은 충고가 아니다. 오히려 그것은 그리스도의 삶과 사역에서 나타난 하나님의 새로운 창조의 특성을 반영해 주는 지혜다.

예수님께서는 우리가 그분의 사역에서 나타나는 하나님 나라의 특성을 이해하도록 하시기 위해 지혜를 사용하시는데, 그 지혜가 종종 잘못 사용되어 일반적인 정책으로 추천되기도 한다. 예수님께서는 우리가 작물을 심거나 옷을 짜거나 해서는 안 된다고 제안하시는 것이 아니다. 그보다는 만일 우리가 '이 땅에 재화를 쌓아 두기' 위해 작물을 심거나 옷을 짠다면, 우리의 삶이 불안해지게 될 것을 확신하게 되리라고 말씀하시는 것이다. 아마도 우리는 안전하게 되기를 바라는 것은 예수님의 제자가 되지 않고 자기를 기만하는 기획임을 알게 될 것이다. 그러나 이런 지혜는 일용할 양식을 달라고 기도할 수 있도록 한 백성을 창조하신 그분을 앎으로 말미암아 변화된다. 그들이 그렇게 할 수 있는 것은, 제자가 되게 하신 부르심으로 말미암아 그들의 삶이 변화되었고, 또한 하나님께서 그들이 필요로 하는 모든 것을 그들에게 주셨음을 깨달으면서 살 수 있게 되었기 때문이다.

부족함이 아니라 풍부함이 하나님께서 창조물을 돌보시는 표식이다. 그러나 두려움 없이 살고자 하는 우리의 바람은, 결코 충분한 것은 없다는 가정에 의해서 구성되는 공포로 가득 찬 세상을 창조할 수밖에 없다. 그런 세상은 불의와 폭력의 세상이 될 수밖에 없다. 왜냐하면 부족한 상황에서 생존을 위해 우리에게 주어진 유일한 기회는 더 많이 갖는 것이라고 가정하기 때문이다. 샘 웰스Sam Wells는 하나님께서는 그분의 백성에게 충분하게 주신 것이 아니라, 너무 많이 주셨다고 제안한다. 문제는 우리가 두려워해서 받아들이기를 거부하는 하나님의 풍부한 것들이 너무 많다는 것이다. 우리가 풍부한 세계를 상상하기를 거절하는 것은 죄, 특히 게으름의 죄가 된다.

> 문제는 인간의 상상력이, 단지 하나님 자신에 관한 모든 것과 하나님께서 주셔야 하는 모든 것을 받을 만큼, 충분히 크지 않다는 점이다. 우리는 압도당한다. 하나님의 지치지 않는 창조, 제한 없는 은혜, 수그러들지 않는 자비, 영원한 목적, 측량할 수 없는 사랑. 그것은 너무 많아서 생각할 수도, 수용할 수도, 이해할 수도 없다. 이것이 풍부함의 언어다. 그래서 만일 인간이 외면한다면, 그것은 종종 영광의 해일 앞에서 오해되긴 했지만 이해 가능한 자아 보호 감각, 정체성의 보존 바깥에 존재하게 된다. (웰스, 2006, 7.)

하지만 예수님을 따르려는 사람들은 작은 자비의 행동들로 서로를 돌볼 시간이 있다고 가르침을 받는다. 왜냐하면 하나님의 자비에는 제한이 없으시기 때문이다. 부족함이 아니라 풍부함이 하나님의 나라의 표식이다. 그러나 이 풍부함은 그들이 하나님과 서로를 신뢰할 수 있다는 것을 발견하게 된 백성들의 삶으로 말미암아 드러나야 한다. 그런 신뢰는 혼돈스러운 삶에 저항하는 비이성적인 몸짓이 아니라, 오히려 창조물을 향하신 하나님의 돌보심의 특성에 대한 증거다. 따라서 예수님께서 새와 백합화에 주의를 환기시키심으로써, 하나님께서 우리에게 필요한 것 이상을 주셨다는 것을 즐겁게 인식하면서 사는 것이 어떻게 가능한지를 우리에게 알도록 하셨다는 것은 전혀 이상한 것이 아니다.

마태복음 7장

교회의 방식

하나님의 풍부하심을 신뢰하면서 살기 위해 구성된 사람들은 예수님께서 우리에게 판단하지 말라고 말씀하시는 것이 이상하게 들리지 않을 것이다. 하지만 예수님의 가르침 중에서 판단하는 것을 금하신 것보다 더 역설적으로 보이는 것은 없다. 판단하는 것을 회피하는 모든 시도는 판단하는 사람들에게 대항하는 판단에 의해서 좌절된다. 게다가 예수님께서도 명백히 판단하시는 일을 하신다. 특히 "모세의 자리에 앉은"(마 23:2) 서기관들과 바리새인들을 판단하신다. 판단하는 것을 회피하는 어떤 시도도 결국 자멸하는 것처럼 보인다. 하지만 판단하는 것에 대한 예수님의 책망이 지닌 역설적인 성격은 우리가 예수님의 가르침을 그 가르치신 분과 그분께서 오셔서 세우신 공동체에서 분리시키려고 시도한 결과다.

예수님의 제자가 되는 것은 세상을 하나님의 세계로 바라보고 수용하기를 배우는 것이다. 우리는 하나님께서 되라고 부름 받는 것이 아니다. 오히려 하나님의 창조물이 되기를 배우라고 부름 받은 것이다. 예컨대, 씨도 안 뿌리고 수확도 안 한다고 새들을 비판해야 하는가? 백합이 '수고도 하지 않고 길쌈도 하지 않는다'고 해서 하나님께서 창조하신 어떤 것보다 못하다고 생각해야 하는가? 우리의 과제는 하나님의 선한 창조를 다시 만드는 것보다, 새와 백합은 그렇지 않음에도 불구하고, 왜 우리가 하나님의 선한 창조물임을 부인하는 삶의 방식을 지속해야 하는지를 배우는 것이다.

본회퍼는 산상설교의 처음 두 장과 마태복음 7장에서 산상설교를 결론지으면서 말씀하신 날씨와 관련된 경고 사이에는 본질적인 연관성이 있다고 말한다. 본회퍼에 따르면, 마태복음 5장은 예수님의 제자가 되는 것이 지닌 비범한 성격을 묘사한다. 예수님을 따르는 사람이 되는 것은 그야말로 세상에 대해 가시적인 대안이 되는 것을 수반한다. 반면 마태복음 6장은 제자들이 부름 받은 단순하면서도 감추어진 삶의 성격을 보여 준다. 이 두 장은 우리에게 예수님의 제자가 되는 것은, 우리가 이제 예수님께 속하기 때문에, 그 전에 속해 있던 공동체로부터 분리되기를 요구한다는 것을 알게 하기 위해서 고안되었다. 따라서 예수님을 따르는 자들과 세상 사이의 경계는 아주 명백하다. 하지만 그럼에도 불구하고 이 경계는 서로 스며들 수 있다. 마태복음 7장은 이렇게 서로 스며들 수 있는 가능성이 어떻게 협상되는지에 관한 예수님의 가르침으로 구성되어 있다.

제자들은 무리들로부터 부름을 받았다. 그러나 그들이 구별되었다는 것이 그들에게 특별한 권리가 있다는 뜻인가? 제자들은 특별한 권세들, 기준들, 또는 재능들을 지님으로써 그런 선물들을 받지 못한 사람들 위에서 권위를 행사할 수 있다는 뜻인가? 본회퍼에 따르면, 만일 예수님의 제자들이 날카롭게 분리하는 판단으로 그들 자신을 세상에서 분리했다고 가정했다면, 이 모든 것이 그럴 수도 있었을 것이다. 본회퍼는 이렇게 기록한다. 만일 그들이 그렇게 했다면,

사람들은 다른 사람들과 관계하는 제자들의 일상 생활에서 그렇게 분

> 리하고 비난하는 판단을 내리는 것이 예수님의 뜻이었다고 생각할 수도 있었을 것이다. 그래서 예수님께서는 그런 오해가 제자도에 심각한 위험을 초래할 수 있음을 분명히 해야만 했다. 제자들은 판단해서는 안 된다. 만일 그들이 판단한다면, 그들 자신이 하나님의 판단 아래 놓일 것이다. 그들 자신이 남을 판단하는 검에 의해서 망할 것이다. 불의한 사람들에게서 의로운 사람들을 나누듯이, 다른 사람들에게서 그들을 나누는 간격은 급기야 예수님께서 그들을 나누는 것이 될 것이다.
>
> 왜 그럴까? 제자들은 예수 그리스도와 그들을 연결시키는 결속에서 벗어날 수 없다. 그들의 의로움은 오직 그 결속에만 의존하고 결코 그것에서 분리되지 않는다. 그러므로 그것은 결코 제자들이 그들에게 좋은 대로 소유하고 사용하는 기준이 될 수 없다. 그들을 제자로 만드는 것은 그들의 삶을 위한 새로운 기준이 아니라 예수 그리스도, 곧 중보자시며 하나님의 아들이신 그분 자신이다. (본회퍼, 2001, 169-70.)

제자들이 판단하지 않아야 하는 것은 필요한 모든 판단이 이미 내려졌기 때문이다. 예수님을 따르는 자들이 그들 스스로 무엇이 선하고 무엇이 악한지 결정할 수 있는 것처럼 행동하는 것은 그리스도의 사역을 배반하는 것이다. 그러므로 악을 인식했을 때 취해야 할 적절한 자세는 죄를 고백하는 것이다. 우리는 정말 문자적으로 "(우리) 눈 속에 있는 들보"를 보도록 훈련 받지 않는다면, 선명하게 볼 수가 없다. 그러나 우리가 우리의 눈에 있는 것을 보는 것은 불가능하다. 왜냐하면 눈은 그 자신을 볼 수 없기 때문이다. 이것이 우리가 예수님으로 말미암아 가능해진 시야vision—우리로 하여금 우리의 죄들을 거명할 수 있게 해주는 용서의 공동체에 참여함으로써 가능해지는 시야—를 통해서만 우리 자신을 볼 수 있는 이유다.

아우구스티누스는 그의 『고백록』에서 악의 문제와 관련한 그의 싸움을 묘사한다. 역설적으로 들릴 수도 있지만, 그는 마침내 악이 존재하지 않는다고 생각하게 된다. 왜냐하면 '존재existence'는 모든 것이 창조되었다는 뜻이고, 창조된 것은 모든 것이 선하기 때문이다. 그는 하나님의 창조로부터 분리된 부분들이 있는데, 우리가 그것들을 악이라고 생각하는 것은 그것들이 다른 것들과 상충되기 때문이라고 본다. 그러나 그것들이 다른 것들과 조화를 이룰 경우, 그것들은 선이 된다. 예컨대, 하늘은 구름이 있거나 바람이 불거나 그것이 존재하는 이유인 땅과 어울린다. 그러므로 아우구스티누스는 다음과 같이 말한다.

> 내가 이 세상의 것들이 존재하지 않았기를 바라는 것은 잘못입니다. 왜냐하면 비록 내가 그것들 외에 아무것도 못 보았을지라도, 나는 더 좋은 것들을 바랄 것이지만, 나는 여전히 그것들만으로도 당신을 찬양해야만 하기 때문입니다.……또한 이것이 그와 같기 때문에 나는 더 이상 더 좋은 세상을 바라지 않았습니다. 왜냐하면 나는 창조물 전체를 생각하면서 이러한 보다 분명한 분별력으로, 비록 더 높은 것들이 더 낮은 것들보다는 더 좋을지라도, 모든 창조물의 합이 더 높은 것들만 있는 것보다 더 좋다는 것을 보게 되었기 때문입니다. (아우구스티누스, 1961, 7, 12.)

아우구스티누스는 공중의 새와 들의 백합화를 판단하지 않는 것을 배웠다. 그러나 그는 이것이 판단하지 말아야 한다는 예수님의 교훈의 시작일 뿐이었다고 말한다. 그는 아직 자신의 교만과 타협하고 있었다. 그가 '들보'를 찾게 된 것은 빅토리누스Victorinus와 안토니Anthony의 이야기당대 로마의 유명한 철학자인 빅토리누스와 이집트의 부자였던 안토니의 회심 이야기—역주들을 접한 후였다. 그로 하여금 그리스도 십자가의 겸손을 마주하게 한 것도 그들의 이야기였다. 그제서야 아우구스티누스는 악은 '저기 바깥이 아니라' 오히려 자기의 의지 안에 거하고 있었다고 고백할 수 있었다. 아우구스티누스는 이렇게 고백한다.

> 내가 당신을 즐거워해야만 하는 힘을 얻는 수단을 찾기 시작했습니다. 그러나 나는 이러한 수단을 하나님과 사람 사이의 중보자이신 예수 그리스도, 곧 그들과 같이 사람이신 분(딤전 2:5), 그리고 또한 하나님으로서 모든 것을 다스리시며 영원토록 복 받으시는 분(롬 9:15)을 받아들이고 나서야 발견할 수 있었습니다. 그분께서는 우리의 육체와 연합하신 분이요 내가 너무 약해서 취할 수 없었던 음식이셨습니다. 왜냐하면 나는 겸손하신 예수 그리스도를 나의 하나님으로 생각할 만큼 충분히 겸손하지 않았을 뿐만 아니라, 그분의 인간적인 연약함이 어떤 교훈을 가르치게 되는지 배우지도 않았기 때문입니다. (아우구스티누스, 1961, 7, 18.)

아우구스티누스는 판단하는 것이 우리를 장님이 되게 한다는 것을 배웠다. 이에 대해서는 본회퍼가 다음과 같이 잘 말했다. "판단할 때 나는 나 자신의 악과 다른 사람에게 임한 은총에 장님이 된다. 그러나 그리스도의 사랑 안에서 제자들은 상상할 수 있는 모든 종류의 죄와 죄책에 대해 알게 된다. 왜냐하면 그들은 예수 그리스도의 고난에 대해 알기 때문이다."(2001, 172). 예수님을 따르는 것은 내가 판단하고자 하는 사람이 나와 같은 사람, 곧 십자가에서 드러난 용서를 받은 사람이라고 인식할 것을 요구한다. 다른 사람이 용서를 필요로 한다는 점에서 나와 같다고 인식하는 것은 예수님을 따르는 사람들로 하여금 다른 사람들에게 예수님을 따르라고 강제하지 못하게 만든다. 예수님처럼, 우리는 부름 받은 사람들이 그 부름을 부인하도록 허용할 수 있는 인내를 지녀야 한다. 이는 제자들이 세상을 복음에 순응시키기 위해서 부름 받은 것이 아님을 의미한다. 오히려 제자들은 인내하고 비폭력적이 되기 위해서 훈련 받아야 한다. 왜냐하면 복음은 저항을 모르고 존중하지도 않는 '정복의 개념'이 아니기 때문이다. 오히려 "하나님의 말씀은 너무 연약해서 사람들에게 무시되고 거부되는 고난을 당한다. 말씀에 대해 굳은 마음들과 닫힌 문들이 있다. 말씀은 그것이 맞닥뜨리는 저항을 받아들이고 참아낸다."(본회퍼, 2001, 173).

그러므로 판단하지 않는 것은 하나님의 아들의 겸손함으로 훈련 받는 것이다. 이런 훈련은 우리 자신과 서로서로 간에 평화를 이루는 데 필요한 모든 것이 주어진 창조물로 사는 것을 우리의 의지가 거부하려고 한다는 것을 고백하는 것에서부터 시작한다. 그러므로 우리에게 주어진 것을 다른 사람에게 강요하려고 하는 것은 결코 좋지 않다. 예수님께서는 우리에게 자신들이 받고 있는 것조차 받을 능력이 없는 사람들에게 거룩한 것을 주려고 해서는 안 된다고 말씀하신다. 예수님께서는, 너무 두려워서 그분께서 와서 제공하신 생명을 받을 수 없는 사람들이 있으리라는 것을 부인하지 않으신다. 정확히 이런 두려움 때문에 예수님께서 세상에 오신 것이다. 이로써 세상은 그런 것이 세상임을 알게 될 것이다.

요더는 신약성경이 단언하는 중심 내용은 예수 그리스도께서 세상에 대한 지배권을 행사하시려고 보냄을 받았다는 것이라고 말한다. 예수님의 사역 이전에 우리의 존재는 그들을 만드신 창조주께 반역하는 통치자들과 권세자들의 지배 하에 있었다. 하지만 예수님의 사역으로 말미암아 그 통치자들과 권세자들은 다시 하나님 나라를 섬기도록 회복되었다(고전 15). 예수님께서 승리하셨다는 것은 교회의 시간—곧 예수님에 의해 그분의 용서의 나라로 부름 받은 사람들로 구성된 시간—이 두 시대들ages의 공존 또는 신약성경이 영원들eons이라고 부르는 것에 의해 특징지어진다는 것을 의미한다(1964, 9).

요더에 따르면, 두 시대들은 공존하지만 서로 다른 방향을 대표한다. "현재의 영원aeon은 죄로 특징지어지며, 인간을 중심으로 한다. 반면 다가오는 영원aeon은 역사가 그리스도 안에서 궁극적인 방식으로 진입하는 구속적인 실재다. 현재의 시대age는 순종하기를 거절함으로써 사람들 자신의 안녕을 유일하게 가능케 하는 근거도 거부했다. 반면 다가오는 시대age는 하나님의 뜻이 이루어지는 것으로 특징지어진다."(1964, 9). 새로운 시대는 여전히 완성에 도달해야만 한다. 그러나 그것은 분명히 예전의 것을 이미 대체하기 시작했다. 제자들에게 판단하지 말라고 하신 예수님의 경고나, 그들에게 주어진 것조차 받지 않으려는 사람들에게 거룩한 것을 주지 말라고 하신 예수님의 기소는 그 나라가 왔음을 전제한다.

예수님께서 자신을 따르라는 부름에 반응하는 사람들에게 기대하고 요구하시는 것은 교회와 세상의 분리를 창조하는 것이다. 그러나 중요한 것은 이 분리를 존재론적으로 주어진 것, 곧 교회의 증거를 좌절시키는 이원론으로 이해하지는 않아야 한다. 교회와 세상 사이의 차이는 정해진 것이 아니라, 오히려 행위자의 차이이다. 교회와 세상 사이의 차이는 영역이나 수준의 차이가 아니라, 반응의 차이이다(요더, 1964, 31-2). 그러므로 기독교인들은 모든 사람들이 예수님께서 우리로 하여금 살게 하시고자 했던 방식대로 살 수 있다고 믿는다. 세상이란 단지 예수님께서 산상설교에서 우리에게 주신 방식대로 살지 않기 위해서 하나님께서 인내하시는 이 시간을 사용하기로 선택한 사람들을 일컫는 말일 뿐이다. 제자들이 가진 유일한 이점은 그들이 그들의 죄성을 인식할 수 있고, 그러한 인식 하에 그들이 공동체를 통해 용서하는 삶을 구현할 수 있다는 점이다.

그러므로 우리는 예수님께서 제자들에게, 자기들이 받은 것을 모독하기만 할 뿐인 사람들에게 거룩한 것 또는 위대한 가치가 있는 것을 주지 말라고 말씀하신 것에 놀라서는 안 된다. 다시금 예수님께서는 그분께서 시작하신 나라가 거절될 수 있음을 인식하신다. 대신 그 나라를 받을 수 있는 사람들은 구하고 받을 수 있는 사람들이다. 예수님께서는 우리에게 기도하는 것을 가르치실 필요가 있었듯이, 마찬가지로 문이 열리도록 구하는 것도 가르치셔야만 했다. 우리는 문이 열릴 것이라는 충분한 확신을 가지고 그렇게 할 수 있다. 심지어 악한 자들도 그들의 자녀들에게 적합한 선물들을 주는 방법을 알고 있다. 그러므로 예수님을 따르는 사람들이 좋은 것들을 주시는 아버지께 오직 그분께서만 주실 수 있는 것을 구하는 것은 당연하다. 물론 선물을 기반으로 사는 방법을 배우는 것은 우리를 혼란스럽게 한다. 우리는 받는 것을 두려워한다. 왜냐하면 그럴 경우에 우리는 용서에 의존하고 용서를 필요로 한다는 것을 인정해야 하기 때문이다.

용서받기 위해 용서를 구하는 것은, 공동체가 받음으로써 살아가는 것을 배울 수 있게 하는 공간을 구축하는 것이다. 밀뱅크는 선물이 주어질 수 있기 전에, 받아지는 것이 이미 시작되었어야 한다고 말한다(2003, 156).[1] 예수님께서 산상설교를 통해 우리를 부르신 삶은 하나님과의 갱신

---

1. 밀뱅크는 좀 더 이론적인 방식으로 선물에 대해 이렇게 이해하는데, 그의 논증은 이러하다.

된 연합의 삶이다. 하나님께서는 우리의 거절이 그분과의 관계를 결정짓게 하는 것을 거절하셨다. 그러므로 우리는 예수님께서 행하신 설교에 따라 구하는 것을 훈련 받고 있으며, 그 구함은 우리가 하나님과 서로 친구가 될 수 있도록 해주는 삶의 방식의 일부가 된다. 희생은 아마도 그런 삶이 수반하는 한 부분일 것이다. 그러나 희생은 그렇지 않으면 얻을 수 없는 상호관계의 선물로 작동한다.[2]

소위 황금률이라고 하는 것은 용서를 통해 발견된 상호관계의 표현이다. 그러나 정말 이상하게도 그것이 산상설교의 종말론적인 맥락에서 분리될 경우, 실제로 그것이 윤리의 기초를 놓기 위해 예수님의 사역에서 분리되어 추상화될 경우, 그것은 하나님 나라라고 불리는 것과는 완전히 다른 이야기로 작동하게 된다. 예컨대, 우리가 다른 사람들에게 하는 모든 것은 그들이 우리에게 하기를 바라는 것처럼 해야 한다는 예수님의 경

"원래의 선물이든 혹은 회복시키는 용서든 간에, 자비를 제공하는 것은 무한한 신적 자비를 **이미** 받고 있을 때에만 가능하다. 왜냐하면 자비는 (나중에는 그렇게 되지만) 공허한 성격이 아니라, 신과 창조물 사이에 있는 존재론적인 결속이고, 이것에 의해 창조물만이 신적 선물의 수여자로서 존재하고, 받는 그 행위에서 이 선물의 완전무결한 반환이 있게 되기 때문이다.……그러므로 주는 것은, 그것이 동기의 순수함을 이루기 위해서가 아니라 상호호혜를 수립하기 위해서 제정되었기 때문에, 아마도 줌으로써 받을 수 있다는 일종의 순전히 소유적인 계산에 앞서 초월적인 받음에 따라 이미 받는 것이다. 그리고 마찬가지로 용서하는 것은 신적인 무한한 조화에 참여함으로써 신비한 조화를 달성하는 것이 가능할 수 있는 상호호혜를 재수립하는 것이다. 인간 용서자 그 자신이 죄인인만큼 용서할 수 있기 위해서는 이 조화를 다시 받아야만 한다. 그러므로 다른 사람을 용서하는 것은 그가 신적으로 용서받은 것을 보여주는 것이다. 아니면 그보다 다른 사람을 용서하는 것은 그가 신적으로 용서받은 것의 바로 그 사례가 되는 것이다."(2003, 57).

2. 밀뱅크는 2003년의 그의 저서 159-60쪽에서 "자기 자녀를 위해 스스로를 전적으로 희생하는 부모들은 그럼으로써 자신들을 배신하는 것이다. 왜냐하면 그들이 자녀들에게 어떠한 **목적**도, 나아가 생동감 있고, 즐기는 (그리고 성적인) 어른들의 삶의 예를 제시하는 데 실패하기 때문이다."라고 말한다.

고는, 종종 다음과 같은 칸트의 유명한 정언명령에서 보다 정확한 공식으로 주어졌다고 간주된다. "네가 그것이 보편적인 법이 되어야만 한다고 동시에 애를 쓸 수 있는 격언maxim에 따라서만 행동하라."(1959, 39).

하지만 칸트의 정언명령 명제는 우리를 용서—좀 더 비판적으로는 구원자—에 의지해야 할 필요에서 자유롭게 하려는 시도다. 칸트의 희망은 우리의 교만이 바라는 것, 즉 우리가 자율적이 되도록 만들려는 데 있었다.[3] 칸트의 개념에서 자유로운 것은 우리가 이성의 자격으로 이성에 의존하기를 요구한다. 이성이 아닌 다른 자원에 의존하는 것은 우리 자신을 비이성적인 권위에 유기하는 것이다. 칸트에 따르면, 이성적인 사람은 그(또는 그녀)의 삶을 변화시키는 데 필수적인 일을 하지 않고도 그(또는 그녀)의 죄가 용서받을 수 있다고 믿어서는 안 된다. 다른 사람에 의해 용서받는 것은 우리의 삶이 아무런 유감 없이 선물을 받을 수 있음에 달려 있다는 것을 인정하도록 강제할 것이다. 하지만 칸트 입장에서 그와 같은 받음의 능력은 도덕적인 삶을 불가능하게 만든다.[4]

예수님께서는 칸트가 '윤리'라고 부르는 영역을 알지 못하셨다. 다른 사람들이 우리에게 행하기를 바라는 대로 다른 사람들에게 행하라고 하신 말씀은 윤리가 아니다. 예수님에 따르면, 그것은 율법과 선지자의 완성이다. 칸트는 역사적인 특수성에서 윤리를 자유케 하려고 애썼다. 예수

---

3. 그래서 칸트는 그의 논문 「계몽이란 무엇인가?」의 첫 문단에서 다음과 같이 말한다. "계몽이란 스스로 자초한 보호로부터 벗어나는 것이다. 보호란 다른 사람의 지시 없이 자기 자신이 이해한 것들을 사용할 수 있는 능력이 없는 것이다. 만약 그 원인이 이성의 부족이 아니라, 다른 사람의 지시 없이 그것을 사용할 해결책과 용기의 결핍에서 온 것이라면, 이 보호는 자기가 초래한 것이다. *Sapere aude!*(과감히 알라!) '네 이성을 사용할 수 있는 용기를 가져라!' 이것이 계몽주의의 좌우명이다."(1959, 85).
4. 구속에 대한 칸트의 성찰에 대해서는 『이성의 한계 내에서의 종교』(1960), 106-7쪽을 보라.

님께서는 우리를 부르셔서 이스라엘의 율법과 선지자의 특수성에 신실하게 살도록 하신다. 예수님께서는 이제 우리가 황금률을 알게 되었으니—그리고 그 규칙이 예수님에 앞서 알려졌으니—우리는 더 이상 율법과 선지자는 알 필요가 없다고 말씀하시지 않는다. 반대로 만일 우리가 다른 사람에게 어떻게 행동해야 하는지 알려고 한다면, 우리는 율법과 선지자를 알아야**만** 한다. 이분께서 앞서 산상설교에서 율법과 선지자를 폐하러 오시지 않고 완성시키러 오셨다고 말씀하신 그분과 똑같은 예수님이심을 잊지 말자.

사랑은 율법의 완성이다. 그러나 이는 감상적인 사랑이 아니다. 오히려 이 사랑은 하나님의 좋은 선물을 오용하는 세상에 도전하는 급진적인 정치다. 그리스도께서 하나님의 사랑의 전형이라는 것은, 제자들은 그들의 원수를 사랑하지 않고는 사랑을 알 수 없다는 의미다. 왜냐하면 그것이 정확히 하나님께서 우리에게 하신 것이기 때문이다. 우리는 하나님의 원수다. 그러나 하나님께서는 여전히 우리를 사랑하신다—심지어 우리를 위해 죽으려고 오신다. 그러므로 우리는 율법교사에게서 가장 큰 계명이 무엇인지에 관해 시험 받으셨을 때, 예수님께서 다음과 같이 두 가지로 대답하신 것에 놀라지 않는다.

> 네 마음을 다하고 목숨을 다하고 뜻을 다하여 주 너의 하나님을 사랑하라 하셨으니 이것이 크고 첫째 되는 계명이요 둘째도 그와 같으니 네 이웃을 네 자신 같이 사랑하라 하셨으니 이 두 계명이 온 율법과 선지자의 강령이니라 (마 22:37-40)

예수님께서는 산상설교에서 황금률의 명제에 내포되어 있는 것, 즉 이웃 사랑과 하나님 사랑은 상호의존하고 있다는 점을 명백하게 하신다. 만일 우리가 어떻게 우리의 이웃을 사랑해야 하는지 알고 싶다면, 우리는 하나님께서 우리를 사랑하신 만큼 하나님을 사랑해야만 한다. 이것이 율법과 선지자들에게 생기를 불어넣는 전제다. 율법과 선지자는 이제 우리를 위한 하나님의 사랑이 가장 강렬하게 현존하는 예수님의 사역 가운데서 볼 수 있게 된다. 그런데 우리는 여전히 그러한 강렬함을 두려워한다. 우리는 하나님의 사랑의 친밀함을 두려워해서 거대한 공간을 사이에 두고 하나님과 떨어져 있다고 믿고 싶어 한다. 그러나 그리스도 안에서 하나님께서는 우리와 우리의 이웃에게 가까이 오셨다. 그 결과 우리는 하나님께 가기 위해서 긴 여정을 수행하지 않아도 됨을 발견한다. 오히려 긴 여정은 우리 자신과 우리 이웃의 실재를 받아들이는 데 필요한 가혹한 길이다(윌리엄스, 2002, 35).

이 여정은 제자도라 부르는 노정에서 일어난다. 예수님께서는 그 길이 쉬울 것이라고, 또는 많은 사람들이 그 길에 함께 참여할 것이라고 말씀하시면서 우리로 하여금 그 여정을 수행하도록 유도하려고 하시지 않는다. 그 문은 좁고 그 길은 험하다. 더군다나 그 여정은 자신들을 동료 여행자라고 가장하는 데 능숙한 거짓 선지자들에 의해 더욱 힘들게 된다. 본회퍼는 우리에게 다음과 같이 직설적으로 말한다.

> 예수님의 진리를 증거하고 고백하지만, 이 진리의 원수, 곧 그분의 원수이자 우리의 원수를 예수 그리스도의 무조건적인 사랑으로 사랑하는 것—그것은 좁은 길이다. 따르는 사람들은 땅을 소유하게 될 것이라는 예수님의 약속을 믿지만, 비무장한 채 적을 맞닥뜨리고, 해를 가하기보다 불의의 고난을 당하는 것을 택하는 것—그것은 좁은 길이다.

> 다른 사람들을 약하고 잘못된 존재로 인식하지만, 그들을 결코 판단하지 않는 것, 그들에게 좋은 소식을 선포하지만, 돼지 앞에 결코 진주를 던지지 않는 것—그것은 좁은 길이다. 그것은 감내하기 힘든 길이다. (본회퍼, 2001, 176.)

우리가 그 길을 걸을 수 있는 것은, 예수님께서 우리보다 앞서 우리와 함께 걷고 계신 것을 우리가 볼 수 있기 때문이라고 본회퍼는 말한다. 그렇다 하더라도, 만일 우리가 그 길에 놓여 있는 위험을 생각하기 시작한다면, 만일 우리가 길을 잃을 것이 두려워 예수님께로부터 눈을 떼어 바닥만 본다면, 우리는 길을 잃게 될 것이 확실하다. 우리는 그분께 시선을 고정시켜야만 한다. 왜냐하면 그분께서 그 문이요 그 길이시기 때문이다. 예수님께서 하나님 나라를 위해 세상을 버리라고 우리를 부르신 것을 생각한다면, 우리가 어떻게 다른 것을 기대할 수 있겠는가? 분명히 본회퍼는 우리가 하늘 나라와 세상 사이를 운행하는 넓은 길을 기대할 수는 없었을 것이라고 수사적으로 묻는다.

예수님께서는 분명히 그분께서 걸어가셔야만 하는 길을 많은 사람들이 따라 오리라고 기대하시지 않았다. 더욱이 그분께서는 자신을 따라올 사람들 중 몇몇은 거짓으로 따라올 것이라고, 심지어 더 큰 문제는 그들이 쉽게 정체가 밝혀지지 않을 것임을 시사하셨다. 실제로 그들은 당분간은 그들 스스로를 속이기까지 할지도 모른다. 그러나 예수님께서는 제자들에게 거짓된 사람들을 발견하는 유일한 길은 그들의 열매로 판단하는 것이라고 말씀하신다. 물론 만일 우리가 우리 자신과 다른 사람들을 그 열매로 알 수 있다면, 우리는 무엇이 좋은 열매를 구성하는지 배워야만 함에 틀림없다. 예수님의 설교는 참된 사람이 누구인지 분별하는 윤곽을 제공한다.

분별에 대한 예수님의 권고에는 기독교인으로서 우리가 믿는 바가 참되다고 믿는 것이 무슨 의미인지에 대해 중요한 함축이 있다. 최근에 기독교인들은 그들이 참되다고 믿는 바를 왜 믿고 있는지 스스로에게 혹은 이웃들에게 설명할 수 없는 자신들을 발견한다. 너무나 자주 우리가 믿는 바에 관한 진리를 세우고자 하는 이러한 시도들은 우리의 믿음의 진리를 우리가 사는 방법에서 분리시키려고 애쓴다. 그러나 만일 우리가 예수님을 따르려고 한다면, 그것은 정확히 우리가 결단코 할 수 없는 것이다.

우리가 믿는 바에 관한 진리를 우리의 삶으로부터 분리시키려고 하는 것은 책임을 져야 한다는 우리의 두려움에 따른 결과다. 게다가 우리가 믿는 바를 우리가 사는 방법과 분리시킬 수 있다는 생각은 문화적으로 설립된 기독교에 깊이 뿌리 박은 습관이다. 모든 사람이 믿는 것은 '참되다'. 이것은 콘스탄티누스적인 기독교의 강제적인 성격을 정당화 할 수 있는 이유는 기독교인들이 믿는 것은 누구든 성찰을 통해 믿는 것이기 때문임을 의미한다. 그러나 예수님께서는 우리의 열매로 우리가 알려질 것이라고 주장하신다. 그럼으로써 기독교인의 믿음의 내용을 우리가 살아가는 방법에서 분리하려는 모든 시도를 불가능하게 하셨다. 이러한 예수님을 그리스도라고 믿는 것은 우리로 하여금 그분의 제자가 될 것을 요구한다. 기독론과 제자도는 상호적으로 함축되는데, 이는 기독교인의 믿음의 진실함에 대한 어떠한 설명도 그가 어떻게 살아가는가에서 분리되어 추상화 될 수 없음을 수반한다.

그러므로 그분을 주님께서라고 부르는 것으로는 충분치 않고, 그분의 이름으로 예언하는 것도 충분치 않고, 그분의 이름으로 능력을 행하는 것도 충분치 않고, 오직 아버지의 뜻을 행하는 사람들만이 아들의 나라에 들어가게 될 것이다. 이것은 이 시대 안에서 우리에게 인내할 것이 요구될 뿐만 아니라, 종종 참된 선지자들로부터 거짓 선지자들을 식별하는 것이 불가능할 것임을 의미한다. 그러나 예수님께서는 아무런 자원 없이 우리를 남겨 두지 않으셨다. 우리는 가난한 자들, 애통하는 자들, 온유한 자들, 의에 주리고 목마른 자들, 긍휼히 여기는자비로운 자들, 마음이 청결한 자들, 화평하게 하는 자들, 의를 위하여 핍박을 받는 자들을 안다. 이 모든 사람들은 참되게 사는 것이 무슨 뜻인지에 대한 표식이다.

더욱이 그런 사람들로 구성된 공동체는 진리를 두려워할 이유가 없을 뿐만 아니라, 그런 공동체는 그들이 믿는 것이 참된 것인지를 계속해서 재확인할 필요도 없다. 만일 그들이 확신에 차서 기쁘게 살아간다면, 진리가 무엇인지—오직 유일하게 진리이신 분을 증거하는 것—보여지게 될 것이다. 왜냐하면 복음의 진리는 증거들 없이 알려질 수 없기 때문이다. 그것은 예수님을 따라 살아가는 삶들에서 분리될 수 있는 진리가 아니다. 예수님께서는 그분의 삶을 아버지와 공유하시기 때문에, 오직 그분께서만 진리실 수 있다.

예수님을 따르라는 부르심 외에 진리로 가는 다른 길은 없다. 그분의 말씀을 듣고 그것들에 근거해 행하는 사람들은 세상의 역경들을 견딜 수 있는 유일한 토대 위에 그들의 삶을 건설한다. 예수님께서는 그분을 따르는 사람들, 곧 그분의 백성이 되려는 사람들에게 그들이 어려움을 겪지 않을 것이라고 약속하지 않으신다. 오히려 정확히 그 반대다. 그분께서는 우리가 그분을 위해 핍박 받을 것이라고 말씀하신다. 실제로 그분을 따르는 사람들은 그분의 제자가 아닌 사람들은 피할 수 있는 위험에 필연적으로 노출되게 된다. 왜냐하면 그분의 제자들은 세상을 향해 다른 대안—불신에 의해 지배되는 세상에서 살아남으려면 필수적이라고 생각되는 거짓말에 기반한 세상의 폭력에 대한 대안—을 제시하기 때문이다. 그런 세상에서 진실된 사람들은 위험에 빠질 수밖에 없다. 왜냐하면 세상은 자신의 거짓말이 폭로되는 것을 원치 않기 때문이다.

하지만 자신을 따르라는 예수님의 부름을 듣는 사람들은 설령 그들의 반응으로 인해서 위험에 노출되더라도 그것 외에 할 수 있는 것이 아무것도 없다. 그러나 그들은 그들이 혼자가 아님을 알고 위로 받을 수 있다. 왜냐하면 예수님께서는 그들을 서로서로를 필요로 하도록 배운 한 백성의 일부로 부르시기 때문이다. 예수님께서는 영웅이 되라고 그들을 부르시지 않는다. 그분께서는 산상설교에 묘사된 삶들—그렇게 살면 하나님과 서로서로를 의존하게 만드는—을 살아감으로써 배우게 되는 제자가 되라고 그들을 부르신다. 그러므로 그런 백성이 행운이든 불행이든 상관없이 살아남을 수 있는 삶을 살아간다는 것은 놀랄 일이 아니다.

마태는 산상설교의 말미에서 무리들도 예수님의 설교를 듣고 있었음을 우리에게 상기시킨다. 더군다나 그들은 놀라기까지 한다. 왜냐하면 예수님께서 서기관들과는 달리 권위가 있는 분으로서 가르치셨기 때문이다. 서기관들은 다른 권위를 인용함으로써 그들의 권위를 행사하는 것으로 보인다. 이와 대조적으로 예수님께서는 권위가 있는 것이 무엇인지를 결정하는 권위를 갖고 계신 분으로 가르치신다. 그러므로 그분께서 말씀하신 것은 그분께서 누구시며, 그것을 어떻게 말씀하시는지와 분리될 수 없다. 나중에 보게 되겠지만, 그분의 삶이 그분의 설교의 주석이고, 그분의 설교는 그분의 삶의 예증이다.[5] 그분께서 가르치신 것은 그분께서 누

5. 본회퍼는 이렇게 설명한다. "산상설교에서 예수님의 말씀은,……그분의 존재에 대한 해석이다."(2005, 235).

구신지와 다르지 않다. 무리들이 그분의 가르침에 놀란 것이 이상하지 않은가?

하지만 그런 놀람은 예수님께서 그분의 말씀을 들은 사람들에게서 기대하시는 반응이 아니다. 그분께서는 우리의 존경을 원하시지 않는다. 그분께서 가르치신 것, 곧 그분께서 누구시냐는 것은 오직 우리의 삶만을 요구하신다. 우리는 두 주인을 섬길 수 없다. 바울의 설교를 들은 아테네 사람들처럼, 우리는 예수님께 이렇게 말하며 반응할 수 있다. "이 일에 대하여 네 말을 다시 듣겠다"(행 17:32). 그러나 예수님께서는 우리가 그분과의 관계를 결정하도록 하시지 않는다. 그분께서는 권위가 있는 사람으로서 가르치신다. 더군다나 이 권위는 그분을 위해 우리의 목숨을 기꺼이 내놓기를 요구하시는 데까지 이른다(마 16:25). 오직 하나님의 아들만이 우리의 목숨을 요구할 권위가 있으시다. 그리고 그것이 산상교훈의 모든 말씀에 깃든 권위다.

마태복음 8, 9장
하늘 나라의 권세

마태는 예수님께서 "산에서 내려오셨다"라고 말함으로써 예수님의 권위의 특별한 성격을 가리킨다. 예수님께서 내려오신 것에 주의하는 것은 대수롭지 않게 보일 수 있다—당연히 그분께서는 산에서 내려오셔야만 했을 것이다. 그러나 예수님의 내려오심을 거론함으로써 마태는 미묘하지만 의미심장하게도 예수님과 모세 사이의 연관성을 끌어온다. 출애굽기 34장 29절에는 "모세가 그 증거의 두 판을 모세의 손에 들고 시내 산에서 내려오니"라고 기록되어 있다. 이는 모세가 두 번째로 증거판을 들고 시내산 아래로 내려온 때였다. 첫 번째는 그가 없을 때 백성들이 만든 황금 송아지와 맞닥뜨리자, 모세는 증거판을 바닥에 내동댕이쳐 부숴 버렸다(출 32:19). 모세가 두 번째로 증거판을 가지고 돌아왔을 때에는 그의 얼굴이 너무 빛이 나서 백성들이 두려워했다.

예수님께서도 산에서 내려오시지만, 그분께서는 어떤 증거판도 가져오시지 않는다. 그분께서 아무 증거판도 가져오시지 않는 것은 그분 자신이 율법**이시기** 때문이다. 모세의 내려옴과 마찬가지로, 무리는 예수님의 돌아오심을 기다린다. 그러나 마태복음에서 무리는 예수님 위에 주의 영광이 깃듦을 볼 수 없다. 무리는 예수님을 따르지만, 그들은 그분께서 누구신지 알아채지 못한다. 그분께서는 율법이 육체화된 화신이시다. 그분께서는, 율법의 첫 번째 증거판들처럼, 그분께서 구원하러 오신 사람들의 불순종으로 인해 깨어질 것이다. 모세는 주님의 산기슭에서 율법의 증거판들을 깨버렸다. 예수님께서는 십자가에 달리심으로써 깨어지실 것이다. 십자가에서 깨어지시는 것은 많은 사람들로 하여금 예수님께서 어떻게 하나님의 아들이실 수 있는지 이해할 수 없게 하는 이유가 된다.

무리들 한 가운데서 나병환자 한 사람이 예수님께 다가와 그 앞에 무릎을 꿇고 (마태복음에서는 처음으로) 그분을 '주여'라고 지명한다. 나병환자들은 율법의 세부규정들에 해당되었다. 그들은 자신들이 나병환자인지를 판정 받기 위해 제사장에게 검사를 받았다. 만일 나병환자로 판정되면, 그들은 강제로 '진 바깥에서' 거주하게 되었다(레 13:46). 마태는 나병환자가 예수님을 주님으로 인식하고 있다는 것 말고는 그에 대해 어떤 것도 말해주지 않는다. 이 나병환자, 곧 부정하다고 간주되는 사람이 예수님께 자신을 깨끗하게 하실 수 있는 권세가 있음을 알 수 있었다는 것은 우연이 아니다. 왜냐하면 마태가 예수님의 사역의 이야기 속으로 우리를 끌고 가면 갈수록, 국외자들outsiders 또는 이스라엘에서 신분이나 세력이 없었던 사람들이 예수님을 주님으로 보다 더 잘 알아보는 것이 늘어날 것이기 때문이다.

나병환자가 예수님을 주님으로 규정하는 것이 무엇을 의미하는지 이 상황에서는 불분명하다. 다시 말해 나병환자가 예수님을 주님으로 알았다고 해서 그것이 예수님을 이스라엘의 메시아로 안 것인지는 분명하지 않다. 어쨌든 나병환자는 예수님 앞에 무릎을 꿇고 예수님을 경배 받으실 만한 분으로 인정한다. 왜냐하면 그는 만일 예수님께서 결심만 하신다면 자신을 깨끗하게 하실 수 있음을 알기 때문이다. 예수님께서는 그 나병환자를 고치시기로 결심만 하시지 않고, 나병환자를 직접 만지신다. 이런 행동은 사람들이 그 병에 전염될 수도 있다는 두려움으로 인해 회피하는 행동이다. 그러나 예수님께서는 그 나병환자를 만지시고, 그 즉시 나병환자는 깨끗하게 된다.

예수님께서 나병환자를 만지시는 것으로 인해 어떤 사람들은 이 이야기를 감상적으로 읽는다. 즉 예수님처럼 우리도 누군가에게 다가가 접촉해야 할 준비가 되어 있어야 한다는 것이다. 누군가에게 다가가 접촉하는 것이 나쁜 일은 아니다. 하지만 예수님과 나병환자 사이의 이러한 만남에서 일어난 사건이 감상적인 것일 수는 없다. 왜냐하면 예수님께서 이 나병환자에게 하신 것은 오직 그분께서만 하실 수 있는 권세를 행하신 것이기 때문이다. 마태는 예수님께서 갈릴리에서 그분의 사역의 한 부분으로서 치유의 사역을 시작하셨다고 말한다(마 4:23). 하지만 이제 그분의 치유 사역에서 드러나는 권세는 그런 권세로 인해 위협받는 사람들의 관심을 끌게 될 것이다.

예수님께서는 나병환자가 고쳐달라고 구하기 때문에 고쳐주신다. 예수님께서는 관심을 끌기 위해서 치유를 행하시지 않는다. 그렇기 때문에 예수님께서는 나병환자에게 아무에게도 자신이 행한 일을 말하지 말고, 다만 그가 고침을 받았다는 것을 제사장에게 보이라고 명하신다. 예수님께서는 나병환자가 사회로 복귀되기 전에 제사장에게 판명을 받아야 한다는 레위기 14장의 율법이 지켜지기를 기대하신다. 나병환자가 아무에게도 예수님께서 행하신 일을 말하지 않아야 하는 것은 예수님의 치유 사역에 담긴 어려움을 보여 준다. 예수님께서는 그분께 있는 능력을 보여주실 수밖에 없다. 그러나 예수님께서 단지 권세가 있는 사람이기 때문에 그분을 따르려는 사람들은 그분께서 어떤 부류의 주님이신지 이해하지 못할 것이다. 이 치유가 야기하는 논란들은 그분께서 고치신 사람들(그리고 우리)로 하여금 이 지도자를 따르는 것이 쉽지 않을 것임을 깨닫게 한다.

예수님께서 그리스 이름의 마을인 가버나움이라는 곳에 들어가셨을 때, 로마군대의 장교인 백부장이 와서 자신의 종을 고쳐 달라고 부탁한다. 나병환자처럼, 이 사람도 이스라엘 사람이 아닌데도 예수님을 주님으로 부른다. 비록 나병환자와는 달리 무릎을 꿇지는 않지만, 그는 예수님을 권세와 권위가 있는 분으로 분명하게 인식한다. 이는 그 역시 권세와 권위를 지닌 사람이기 때문이다. 그런데 로마의 장교는 예수님께서 기꺼이 그의 집을 방문하여 종을 고쳐주시려는 것을 거절한다. 왜냐하면 그에게는 예수님을 집으로 모실 만한 자격이 없다고 생각하기 때문이다. 이 이방인이 이방인의 집에 들어가는 것을 금지하는 유대의 율법을 존중했을 수도 있다. 하지만 '자격이 없다'라는 말은 그가 자신의 삶과 직업이 예수님의 삶과 사역에 상반된다는 것을 알고 있었음을 가리키는 것이기도 하다. 백부장은 예수님께 차라리 치유하시는 말씀만 해 달라고 구한다. 그러면 자신의 종이 나을 것이라고 믿는다. 다시금 이스라엘의 주님께서 어떤 분이고 어떻게 행하실지 잘 안다고 생각하는 사람들보다 국외자가 예수님을 더 잘 인식하는 것으로 보인다.

예수님께서는 백부장의 말에 놀라시면서 이스라엘의 어느 곳에서도 그런 믿음을 발견하지 못했다고 고백하신다. 예수님께서 칭찬하신 이 사람의 믿음은 자신이 구하는 것을 예수님께서 하실 수 있음을 깨닫는 것으로 보인다. 믿음에 대한 이런 이해는 믿음이 인간의 조건에 고유한 것이라고 가정하는, 즉 삶에 의미를 주는 주관적인 자질로서 이해되어야 한다는 설명들에 문제를 제기한다. 더군다나 믿음은 삶에서 어떤 일반적인 목적을 갖기 위한 필요와 동일하다는 설명은 지나치게 세련돼 보인다. 예수님께서 칭찬하시고 백부장에게서 예증된 믿음은, 예수님께서는 자신에 대해서 말씀하신 바로 그 사람이라는 것, 그리고 자신이 하실 수 있다고 말씀하신 것을 하실 수 있다는 것을 신뢰하는 것이다.

더군다나 이 믿음은, 예수님께서 말씀하신 것처럼, 아브라함과 이삭과 야곱과 함께 하늘 나라에서 만찬에 참여하기 위해 동쪽과 서쪽에서 오게 될 사람들에게서 발견될 것이다—반면 아브라함과 이삭과 야곱의 상속자들은 어둠 가운데 던져질 것이다. 이는 열방이 줄지어 가장 높은 산 위에 세워진 주님의 집으로 몰려들 것이라는 이사야의 예언의 성취이기도 하다. 모든 백성들이 그 집으로 이끌려 올 것이다. 왜냐하면 거기서 주님의 길들을 배울 것이기 때문이다.

율법이 시온에서부터 나올 것이요
여호와의 말씀이
예루살렘에서부터 나올 것임이니라
그가 열방 사이에 판단하시며
많은 백성을 판결하시리니
무리가 그들의 칼을 쳐서 보습을 만들고
그들의 창을 쳐서 낫을 만들 것이며
이 나라와 저 나라가 다시는 칼을 들고 서로 치지 아니하며
다시는 전쟁을 연습하지 아니하리라 (사 2:3-4)

이 예언은 미가 4장 1-8절에서도 발견되는데, 예수님께서는 이 예언의 성취가 이 백부장의 믿음에서 시작되었다고 선언하신다. 선지자들은 열방들이 성전에서 예배하기 위해 모일 것이고, 율법을 준수함으로써 평

화롭게 사는 것을 배울 것이라고 예언했다. 예수님께서 이 백부장, 곧 전쟁하는 사람에게서 이스라엘의 믿음을 발견하시는 것에 놀라서는 안 된다. 전쟁을 아는 사람보다 평화이신 분을 누가 더 잘 알 수 있겠는가? 더군다나 "바깥 어두운 데"(22:13)라는 묵시적인 언어, 그리고 "거기서 이를 갈리라"(마 24:51)라는 것은, 우리가 예수님께 어떻게 반응하고 반응하지 않는지에 많은 것이 달려 있음을 시사한다.

그날 저녁 늦게, 예수님께서 베드로의 장모를 고치신 후, 많은 수의 귀신들린 사람들이 그분께로 나아왔다. 예수님께서는 말씀으로 귀신들을 쫓아내시고 아픈 사람들을 모두 고치신다. 하지만 치유의 권세를 행하시는 데는 아무런 대가가 없는 것이 아니다. 마태는 우리의 관심을 이사야 53장 4절로 이끄는데, 거기서는 메시아가 우리의 허약함을 지시고 우리의 병을 담당하실 것이라고 말한다. 예수님께서는 우리와 같기도 하시고 동시에 다르기도 하시기 때문에 그렇게 하실 수 있다. 그분께서 보여주시는 권세는 우리의 허약함을 받아들이시는 권세이고, 우리가 고난 당하는 만큼 고난 당하시는 권세다—이는 우리의 고난이, 너무나 자주 그렇듯이, 하나님과 우리 자신, 그리고 이웃에게 행하는 왜곡된 형식의 폭력과 통제가 되지 않도록 한다.

교회는 예수님의 생애를 통해 이사야 53장을 읽는 법을 바르게 배웠다. 실제로, 누가복음에서 배우는 대로, 엠마오로 가는 도상에서 부활하신 예수님께서는 그분을 따르는 사람들 중 두 명에게 성경을 어떻게 읽는지 가르쳐 주셨다. 그들의 동료들이 무덤이 비었다고 보고했지만, 그들은 그럼에도 불구하고 예루살렘을 떠나고 있었다. 그들은 여전히 "그리스도가 이런 고난을 받고 자기의 영광에 들어가야 할 것이 아니냐"(눅 24:26)라는 말씀을 이해하지 못한 것으로 보인다. 그래서 예수님께서는 "모세와 모든 선지자의 글로 시작하여" 그들로 하여금 이 왕께서 우리를 자유롭게 살 수 있도록 하시기 위해서(사 53:12) 우리의 죄를 지시고 "죄인들 가운데 하나"로 오신 것을 이해할 수 있게 하셨다. 마태복음은 엠마오로 가는 길에서 예수님께서 가르치신 교훈을 증거한다.

어떤 사람들이 예수님께서는 다르시다고 인식하기 시작한다. 그리고 그들은 그 다름에 참여하길 바란다. 한 서기관이 와서 예수님께서 가시는 곳이면 어디든 따라갈 준비가 되어 있다고 하지만, 예수님께서는 그를 딱 잘라 거절하신다. 왜냐하면 예수님께서는 "갈 곳이 아무 데도 없기" 때문이다. 그 서기관은 서기관에 걸맞게 예수님을 '선생'으로 규정했지만, 그는 이 선생께서 우리에게 안전을 위해 애쓰는 것들을 포기하라고 강요하는 지혜를 가르치신다는 것까지는 이해하지 못했다. "여우도 굴이 있고 공중의 새도 거처가 있으되 인자는 머리 둘 곳이 없다"라고 예수님께서는 대답하신다. 만일 당신이 편안히 머무르고자 한다면, 당신은 예수님을 따를 수 없다.

나병환자와 백부장이 부른 주님께서라는 칭호보다 '인자'라는 칭호가 많은 사람들로 하여금 예수님께서 스스로 성취하고 있다고 이해하신 역할에 대해 생각하도록 만든다. 이 칭호는 확실히 에스겔(2:1, 3, 6)과 다니엘(7:13)에 이미 선례가 있는 것인데, 거기서 인자는 하나님의 마지막 심판의 주체이심을 시사한다. 예수님께서는 그 나라의 전령이시다. 하지만 그분께서 전령이시란 의미가 '인자'라는 칭호로부터 결정될 수는 없다. 에스겔과 다니엘에서 이 칭호는 묵시적인 시간의 시작을 알린다. 그러나 그 시간은 예수님 안에 현존한다. 예수님께서는 자신을 인자와 동일시하는 것을 받아들이신다. 그러나 그것은 모욕 당하고 고난 당하는 것을 특징으로 한다. 새로운 시대의 개시를 알리신 분으로서 예수님께서는 우리가 상상할 수 있는 어떤 승리와도 같지 않은 인자의 승리의 귀환을 드러내신다(마 17:12; 20:18, 28; 26:2, 24). 제자들이나 우리나 십자가에 달리심으로써 그 나라를 세우시려고 하시는 이 분과 함께 할 수 있는 방법을 배우는 것은 결코 쉬운 일이 아니다.

또 다른 '제자'가 예수님께 나아와 자신의 아버지의 장례를 치르기 위해 예수님과 동행하는 여정을 중단해도 되겠냐고 묻는다. 엘리야는 엘리사가 자신을 따르기 전에 그의 가족에게로 돌아가도록 허락한다(왕상 19:19-21). 하지만 예수님께서는 이 제자에게 가족을 남겨두고 떠나라고 요구하신다. "죽은 자들이 그들의 죽은 자들을 장사하게 하고 너는 나를 따르라"(마 8:22). 예수님의 제자가 되는 것은 이와 같은 헌신을 요구하는 것으로 보인다. 왜냐하면 예수님의 존재와 사역은 '정상적인' 것들이 재구성되는 것을 의미하기 때문이다. 예수님의 제자가 되고자 한 이 사람은 삶 그 자체 앞에 서 있다. 그러나 남은 자들은 죽음에 사로잡힌 채 죽은 사람을 장사하기를 원한다. 예수님, 곧 우리 대신 죽으실 분께서는 그분을 따라오고자 하는 사람들은 죽음이 살아 있는 것들과 그들과의 관계를 결정하게끔 내버려두지 말 것을 요구하신다.

서기관으로서 제자가 되고자 한 사람과 우연히 만나신 후 예수님께서는 배로 물러나신다. 이것은 의미가 없는 것이 아니다—배 안에는 피할 곳이 없다. 제자들은 곧바로 배를 뒤집어 엎을 듯한 풍랑을 만난다. 그러나 예수님께서는, 과거에 요나가 그랬듯이(욘 1:4-6), 주무신다. 제자들은 그들의 생명 때문에 두려워한다. 그래서 그들은 예수님을 깨운다. 예수님께서 그들을 위해 행하실 수 있을 것이라고 믿으면서 말이다. 예수님께서는 그들이 자신을 깨운 것 때문이 아니라, 그들이 두려워하는 것 때문에 그들을 꾸짖으신다. 그들이 왜 두려워해야만 하는가? 그들은 예수님을 '주님'이라고 불렀다. 그들은 그것이 무슨 의미라고 생각하는가? 그들의 믿음은, 백부장의 믿음과 달리, '적다little'. 적은 믿음이라는 것은 이후 예수님에 대한 제자들의 관계에서 계속해서 드러나는 특징으로 판명된다(마 14:31). 하지만 적은 믿음은 믿음이 없는 것보다는 나은 것처럼 보인다. 최소한 제자들은 예수님과 함께 배 안에 있다. 게다가 그들은 예수님을 자신들을 구하실 수 있는 분으로 인식한다. 그들은 "주여 구원하소서"라고 요청한다. 예수님께서는 바람과 바다를 꾸짖으시자 바다가 조용해진다. 병자를 고치시고 죄인을 용서하실 수 있는 분은 바람과 파도에게 명하시는 권세가 있는 분과 같은 분이시다. 우리는 '태초에' 아버지와 함께 계셨던 분에 대해 이보다 부족하게 기대하지는 않을 것이다.

제자들은 예수님께서 바람에게 명하실 수 있다는 것에 놀란다. 복음서들은 좀처럼 역설적이지 않지만, 여기서 "이이가 어떠한 사람이기에 바람과 바다도 순종하는가"라는 제자들의 질문에 관한 마태의 보고는 분명히 역설적이다. 물론 우리는 이분께서 누구신지 안다. 왜냐하면 우리는 이 이야기가 어떻게 끝날지 알기 때문이다. 그러므로 우리는 우리가 제자들보다 뛰어난 위치에 있다고 가정하려고 한다. 그러나 이러한 태도는, 만일 이분께서 '어떤 사람'인지에 대해 증인들이 되고자 한다면, 우리가 자제하도록 배워야만 하는 교만의 형태다. 마태는 우리 또는 교회로 하여금 예수님의 승리를 깨닫는 것이 하나의 신분으로 변하지 않도록 가르치기 위해서 역설을 사용한다.

제자들처럼 교회는 스스로 믿음이 적은 자라고 인식하는 것이 필수적이다. 제자들의 배처럼 교회는 폭풍이 몰아치는 바다에서 안전한 방주다. 우리는 그런 폭풍을 피하기 위해 해변으로 노를 저어 가려고 노력하려고 하지만, 우리가 그렇게 하면 우리는 평화이신 분을 증거하는 데 실패하게 된다. 교회의 안전은 우리의 죄성을 고백하는 데서 오는데, 이 죄성이 자신에 대해서 예수님께서 말씀하신 것과 조화를 이루는 삶을 거절하는 것보다 더 여실히 드러나는 곳은 없다. 세상이 스스로는 불가능한 것을 교회가 세상을 위해 가능하게 하는 것은 오직 죄의 고백을 통해서다. 설령 우리의 믿음이 얼마나 적은지 발견하더라도, 귀신들과 맞닥뜨릴 때 기꺼이 예수님을 따를 수 있어야만 한다.

귀신들은 예수님께서 누구신지 안다. 예수님께서는 바다 건너 편의 가다라 지방으로 오신다. 그리고 두 명의 맹렬하게 귀신들린 사람들과 맞닥뜨리신다. 그들은 예수님을 하나님의 아들로 알아보는데, 이것은 예수님께서 세례 받으실 때 성령님에 의해서 그분께 부여된 표현과 똑같은 것이다. 귀신들이 성자를 알아보는 것은 그들이 자신들을 위협하는 분께서 누구신지 우리보다 잘 알 수 있기 때문이다. 귀신들은 그 존재가 죽음에서 비롯되고, 그렇기 때문에 생명이신 분을 알아볼 수 있다. 그들은 예수님께서 정해진 시간 이전에 오셨다고 두려워한다. 그러나 그들은 그 정해진 시간이 지금이란 것을 발견한다. 제자들은 예수님께서 배 안에서 주무실 때 그분의 부재를 두려워한다. 반면에 귀신들은 예수님의 현존을 두려워한다.

귀신들은 예수님을 대면하자 자기들을 돼지 떼에게로 쫓아 보내달라고 요청한다. 예수님께서는 백부장이 그에게 말씀해 달라고 요청했던 말인 "가라"라는 단어를 사용하심으로써 귀신들을 돼지 떼에게로 보내신다. 그러자 그들은 달려가서 바다 속으로 자신들을 던진다. 귀신들은 복종한다. 악이 그것이 기생하던 선한 것을 상실할 경우 그것 외에 할 수 있는 것이 무엇이겠는가? 귀신들의 자기파괴가 죄를 나타내는 것은, 죄는—문자 그대로 우리가 아닌 것이 되려고 노력하는 것이므로—필연적으로 우리를 자기파괴로 이끌 수밖에 없기 때문이다.

돼지를 치던 사람들은 가까운 마을로 가서 예수님으로 말미암아 귀신이 쫓겨난 것과 돼지 떼가 몰사한 것에 대해 보고한다. 그러자 마을 전체—이 마을은 돼지를 키우는 것으로 판단컨대 이방인들에 의해 세워진 것으로 보인다—가 나와서 예수님을 만난다. 우리는 적어도 예수님께서 권세가 있는 특별한 분으로 대우받으실 것이라고 생각할 수 있다. 예수님께서는 귀신들린 사람들에게서 귀신들을 쫓아내 주셨다. 그러나 그들은 예수님을 보자마자 자기들의 지역에서 떠나시기를 요청한다. 국외자들은 종종 이스라엘 사람들만큼이나 자기들의 삶에서 귀신을 제거하실 수 있는 분을 영접하지 않으려는 것처럼 보인다. 만일 우리가 우리에게 익숙한 삶, 심지어 귀신들려 죽음의 통치 아래 놓인 삶과, 예수님께서 우리를 부르시는 불확실한 삶, 즉 예수님의 이름으로 우리를 위험에 노출시키는 것이 당연한 삶 사이에서 선택해야만 한다면, 우리 역시 예수님께 우리의 지역에서 떠나시도록 요청할지 모른다.

그러므로 우리는 예수님께서, 그들이 바라는 대로, 그들을 자신들의 방책대로 살라고 남겨두고 떠나시는 것에 놀랄 필요가 없다. 산상설교에서 예수님께서는 판단하지 말라고 말씀하셨고, 돼지에게 진주를 던지지 말라고 말씀하셨다. 그와 마찬가지로 예수님께서는 복음을 받을 준비가 되어 있지 않은 사람들에게 강요하시지 않는다. 세상의 습관들은 깨뜨리기 어렵다. 예수님께서 제공하시는 것은 우리의 삶을 변화시킬 수밖에 없다. 왜냐하면 그것은 죽음을 사랑하고 두려워하는 것에서 파생된 우리의 습관들에 도전하시기 때문이다. 예수님께 그들의 지역에서 떠나시기를 요청하는 자들처럼,

우리는 변화되기보다 차라리 파멸되고 싶어하고,
그 순간의 십자가에 오르기보다
차라리 두려움 속에서 죽고 싶어하네.
그래서 우리 환상들이 죽도록 내버려 두네.
- W. H. 오든 "불안의 시대"

예수님께서는 요청 받으신 대로 행하신다. 그래서 배로 돌아오셔서 그분의 고향 마을로 가신다. 누구나 고향은 환영 받고 이해 받을 수 있는 곳이라고 생각할 것이다. 하지만 우리는 예수님께서 서기관에게 보이신 반응을 통해 그분께서는 "머리 둘 곳이 없다"는 것을 안다. 그러므로 예수님의 귀향 이야기가 결국 그분의 십자가로 귀결될 그분에 대한 적대의 시작이라는 점은 놀라운 것이 아니다. 예수님께서는 있을 만한 안전한 장소가 아무 데도 없다. 왜냐하면 그분께서는 진실보다 안전이 더 선호되어야 한다고 말하는 사람들에게 도전하실 수밖에 없는 분이기 때문이다.

예수님께서는 고향에 도착하시자마자 곧바로 중풍병 환자를 침상 채 옮기는 사람들을 우연히 만나신다. 나병환자와 백부장은 예수님께 나아왔지만, 중풍병 환자를 옮기는 사람들은 단지 예수님을 '우연히 만나러 run into' 온 것처럼 보인다. 그러나 그들도 나병환자나 백부장처럼 예수님께 자신들이 옮긴 사람을 치료할 능력이 있음을 믿는다. 예수님께서는 그들이 옮긴 짐의 무게에서 문자 그대로 "그들의 믿음을 보셨다."

다시금 예수님께서 그들의 믿음을 볼 수 있었다는 것은 예수님에 의해 개시된 운동, 곧 그 나라에 끌려 들어가는 것이 무슨 의미인지 이해하도록 해준다. 우리는 중풍병 환자가 믿음이 있었던 것이 아니라 그를 옮긴 사람들에게 믿음이 있었다는 말을 듣는다. 마치 다른 사람들의 믿음이 우리를 구할 수 있는 것처럼 보인다. 예수님께서는 이 중풍병 환자를 옮긴 사람들의 믿음을 보신다. 그리고 그들의 믿음은 그분께 충분하다. 중보 기도는 우리가 하나님 앞에서 서로서로를 떠받쳐 줄 수 있도록 주어진 은혜다.

예수님께서는 놀랍게 반응하신다. "작은 자야 안심하라 네 죄 사함을 받았느니라." 중풍병 환자가 그(또는 그녀)의 죄가 용서받았다는 말을 듣는 것은 문제의 핵심이 아닌 것처럼 보인다. 하지만 예수님께서는 죄와 병 사이를 강하게 구분하지 않으신다. 예수님께서 중풍병 환자의 죄를 용서하셨다고 해서, 그의 중풍병이 죄의 결과이거나 형벌이라고 생각하셨음을 함축하지는 않는다. 오히려 예수님께서는 몸을 고치시는 것과 마찬가지로 죄를 용서하실 준비가 기꺼이 되어 있으신 분으로 행동하신다. 병과 죄는 모두 악하다.[1] 어느 쪽도 하나님의 선한 창조의 일부가 되어서는 안 된다. 예수님께서는 창조를 회복하러 오셨다. 병자를 고치시고, 귀신을 몰아내시고, 죄를 용서하시는 것은 모두 회복의 행위들이다.

어떤 서기관들은 예수님께서 우상숭배라고 생각할 수밖에 없는 권위를 행사하신다고 생각한다. 오직 하나님께서만 사람의 죄를 용서하실 수 있다. 그런데 예수님께서 이 사람의 죄를 용서하셨다. 서기관들은 분명히 이것이 불경한 것이라고 생각하지만, 말하지는 않는다. 물론 그들이 맞다—만일 이 사람이 하나님의 아들이 아니라면, 그것은 불경죄다. 예수님께서는 그들이 생각하는 것을 말하지 않는 것을 알아 보신다. 그리고 그들

1. 하트Hart는 병과 죽음은 악하고, 존재해서는 안 되고, 하나님 뜻이 아니라고 유창하게 논증한다. 그가 말하듯이, "위로에 관해 말하자면, 우리가 위로를 구할 때, 나는 아이의 죽음을 볼 때 하나님께서 아니라 그분의 원수를 대면하는 것이라는 지식보다 더 기쁜 것을 상상할 수 없다."(2005, 103-5).

마음에 있는 악한 것을 보시고 도전하신다. "네 죄 사함을 받았느니라 하는 말과 일어나 걸어가라 하는 말 중에 어느 것이 쉽겠느냐"(마 9:5). 예수님께서는 대답을 기다리시지 않고, 중풍병 환자에게 일어나 그의 침대를 집으로 가져가라고 말씀하신다.

예수님께서 중풍병 환자를 고치신 것은 그분께서 인자, 곧 새로운 시대를 전하는 고난 받는 종이시고, 그러므로 "세상에서 죄를 사하는 권능"을 갖고 계시기 때문이다. "세상에서on earth"는 하늘과 땅을 묶어준다. 하늘에 속한 인자께서 땅에 계시다. 무리들은 당연히 경외심에 가득 차지만, 그들이 본 것을 이해하지는 못한다. 그들은 그러한 권위를 사람에게 주신 것에 대해 하나님께 영광을 돌린다. 그들은 예수님께서 사람에게 가능한 권위를 행사하시지 않고, 오히려 그분께서 그 사람이시기 때문에 오직 그분께서만 행사하실 수 있는 권위를 행사하신다는 것을 이해하지 못한다.

기독교 인본주의와 같은 것이 있는데, 너무나 자주 성육신에 관해 인본주의가 기념하는 방식은 예수님께서 일반적인 인간의 가능성을 보여주는 전형이시라는 가정에 동의한다. 하지만 예수님께서는 인간성의 전형이 아니시다. 그분께서는 이 사람이시지 다른 누구도 아니시다. 실제로 그분께서는 유일하게 참된 인간이시다. 칼 바르트가 옳게 주장하듯이, 그리스도의 인성은 말씀Logos과 연합하기 이전에는 존재하지 않는다.

> 인성 그 자체의 개념에서 계시를 이해하고자 하는 사람들은 그 자체로 의미 없는 것이 아니라 존재하지 않는 것을 붙잡으려고 하는 것이다. 한 사람의 개인으로서 예수님 안에서 계시를 찾는 사람들도 마찬가지다. 필연적으로 그들은 모두 어둠 속에서 더듬거리게 될 뿐이다.

이 개념, 곧 인성에 대한 개념과 그것을 병합하고 있는 이 개인은 한 순간도 말씀Logos의 인격으로 규정하는 그들의 가정으로부터 추출될 수 없다. 그 자신을 그들과 연합시키는 신적인 주체는 그들을 계시로 만든다. 그리스도의 인간의 본성은 그것 자체의 인격성을 전혀 갖고 있지 않다. 그것은 안히포스타토스*anhypostatos*, 인성의 비인격성—그 설명이 끝나는 공식—이다. 혹은 보다 긍정적으로, 그것은 엔히포스타토스*enhypostatos*, 인성의 인격성이다. 그것은 인격성, 본질, 실재, 하나님의 말씀과 연합한 것이다.……마리아가 낳은 분은 다른 분 또는 제2의 분이 아니셨다. 그분께서는 하나님의 아들이시라는 것 외에는 아무것도 아니다. 그분께서는 인간의 본성 안에 있었다. 그러나 이 인간의 본성은 하나님의 아들의 인격 안에서만 실제적이었다. (바르트, 1990, 157.)

바르트는 개신교 스콜라주의의 전문적인 범주를 사용하여 마태복음에 처음부터 분명하게 나타나는 것, 즉 어떤 다른 인간도, 어떤 다른 이야기도 이 사람 예수님의 생애를 대체할 수 없다는 점을 분명히 한다. 예수님께서는 어떤 '그리스도 인물'의 전형이 아니시다. 복음의 특성은 예수님 그 자체이신 계시의 특성을 반영한다. 우리는 마태, 마가, 누가, 요한에 의해 제공되고 교회에 의해 수행된 이야기들을 통해서만 예수님을 알 수 있다. 그러나 예수님께서 중풍병 환자를 고치셨다는 것을 증거했던 사람들과 같이, 우리는 인성이라 불리는 것 안에 내재되었지만 아직 손대지 않았거나 심지어 왜곡되어 버린 권세를 입증함으로써 예수님을 설명하려고 한다. 그러나 예수님께서는 단지 우리와 완전히 같기 때문만이 아니라, 또한 우리와 완전히 다르시기 때문에 우리를 구원하실 수 있다. 예수님께서는 그분의 삶 없이는 불가능한 새롭게 된 인성을 가능하게 만드시는 종말론적인 구세주시다. 만일 우리의 구원이 확실하다면, 예수님께서는 그분의 삶에 대해 마태가 말한 모든 것을 실행하셔야만 했다.

예수님의 인성은 오직 그분께만 속한다는 것은, 바울이 로마서 5장 12-21절에서 시사하는 대로, 그분께서 두 번째 아담이시라는 것을 의미한다. 모든 사람을 정죄 받도록 이끈 것은 아담의 죄였지만, 모든 사람을 의롭다 하신 것은 그리스도의 의로움이었다. 하지만 바르트가 주장하는 대로, 아담과 그리스도의 평형관계는 그리스도와 아담의 평형관계로 가장 잘 이해된다. "바울에게 예수 그리스도는 원형the original으로서 첫 번째 자리에 위치하고, 아담은 '오실 자의 모형'(롬 5:14)이신 예수 그리스도의 예언자적인 유형으로서 두 번째에 위치한다."(1936-77, 4.1.510-1). 아담은 세상의 역사를 전체로 통합하는 이름이지만, 그런 역사가 알려지는 것은 예수님의 이름에 달려 있다.

예수님께서는 그분께서 행하시고 말씀하신 것 그 자체이시기 때문에, 그분께서 성취하도록 보내심을 받은 사명을 위해서 새로 모집된 사람들처럼 보이지 않는 사람들에 의해서도 인식될 수 있다. 예수님께서는 세리인 마태를 지나가면서 "나를 따르라"라고 말씀하신다. 놀랍게도 마태는 그대로 행한다. 흔히 그렇듯이, 우리는 더 많은 것을 알기를 원한다. 마태는 자기가 무엇을 하고 있다고 생각했을까? 그는 세리인 것에 대해 죄의식을 느끼고 있었을까? 그는 자신의 삶에 예수님께서 가득 채우실 텅 빈 것이 있었다고 생각했을까? 그러나 이와 같은 질문들은 사양해야만 한다. 우리가 알아야 할 것은 마태가 예수님을 따랐다는 것뿐이다—그것은 오직 예수님께서만 죄를 용서하는 권위를 가지신 분이라는 것을 알게 하는 따름following이다.

예수님께서는 의심쩍은 활동에 연관된 사람을 부르실 뿐 아니라, 세리들 및 죄인들과 더불어 식사하신다. 복음서에서 처음으로 바리새인들이 입을 열어 어찌하여 예수님께서 부정한 사람들과 더불어 식사하시는지 묻는다. 바리새인들이 예수님의 사역에 부적합한 질문을 하고 있는 것은 아니다. 예수님께서는, 바리새인들이 그러하듯이, 하나님의 백성들이 통제되지 않는 세상에서 어떻게 거룩함을 유지할 수 있느냐에 관심을 보이신다. 바리새인들은 자기들을 불결하게 만들고 그래서 하나님께 예배할 수 없게 만드는 것들을 피하며 살려고 노력해야만 한다고 바르게 생각한다. 예수님께서는 율법에 따라 진실되게 살려는 그들의 시도를 못마땅해 하신 것이 아니다.

거룩하게 살고자 하는 바리새인들의 열망은 바른 것이다. 다만 비판적인 지점은 그들이 말하는 거룩함의 근거들이다. 그래서 바리새인들은 예수님의 제자들에게 왜 예수님께서 죄인들과 더불어 식사하심으로써, 그들이 생각하기에, 율법이 요구하는 바에 반항하시느냐고 묻는 것이다. 그들은 예수님께 직접 묻기를 주저하는 듯 보이지만, 예수님께서는 그들의 도전을 들으시고 대꾸하시면서 바리새인들과 그분의 다른 점을 분명히 하신다. 그분께서는 병자에게 오셨지 건강한 자에게 오시지 않았다. 자비가 필요한 사람은 병자다. 거룩함은 우리가 건강하지 않음을 인정하는 것에서 시작한다.

호세아 6장 6절은 하나님께서 그분의 백성이 되고자 하는 자들에게 기대하시는 바에 관해 말한다.

> 나는 인애를 원하고 제사를 원하지 아니하며
> 번제보다 하나님을 아는 것을 원하노라

하지만 우리는 마지막 희생이 될 하나의 희생이 드려지게 될 것을 안다. 그래서 히브리서 10장 5-7절은 그리스도께서 세상에 오셨을 때 이렇게 말씀하셨다고 기록한다.

하나님께서 제사와 예물을 원하지 아니하시고
오직 나를 위하여 한 몸을 예비하셨도다
번제와 속죄제는
기뻐하지 아니하시나니
이에 내가 말하기를 하나님이여 보시옵소서
(두루마리 책에 나를 가리켜 기록된 것과 같이)
하나님의 뜻을 행하러 왔나이다

그래서 "한 (영원한) 제사"(히 10:12)가 "거룩하게 된 자들을 영원히"(히 10:14) 완전하게 하기 위해서 드려질 것이다. 희생은 이스라엘이 자신의 죄를 속죄하기 위하여 성화와 거룩을 구하던 방법이었다. 그러나 그런 희생들은 더 이상 필요하지 않다. 왜냐하면 홀로 죄를 위한 번제가 되실 수 있는 유일하신 분, 곧 하나님의 아들께서 오셨기 때문이다. 이제 자비는 희생이 취해야만 하는 형태이며, 또한 예수님을 따르기 위해 세상에서 부름을 받은 자들을 구별시키는 거룩함을 구성하는 것이다. 그리스도의 십자가는 율법의 목적을 드러내는 완전한 희생이다. 그러나 사실 그분의 전 생애가, 마태를 부르시고 죄인들과 더불어 식사하신 것이 자비다. 여기서 우리는 자비로운 자가 왜 복이 있는지를 본다(마 5:7).

바리새인들에게는 이런 의사가 전혀 필요 없는데, 왜냐하면 그들의 병은 자기들이 건강하다고 믿는 것이기 때문이다. 예수님께서는 죄인들을 구하기 위해 오셨다. 바리새인들에게 반응하시면서 예수님께서는 그분께서 가져오신 나라는 자신들의 죄를 깨달을 수 있는 자들로 구성된다고 말씀하신다. 산상설교에서 그분께서는 자신이 율법과 선지자를 성취하기 위해 오셨다고 말씀하셨는데(마 5:17), 그 성취는 죄를 용서하시는 그분의 권세를 통해서 온다. 예수님께서 스스로 메시아이셨음을 아셨는지를 숙고하는 것은 죄인을 부르시는 예수님을 생각할 때 그렇게 필수적인 것이 아니다. 예수님께서 행하신 것이 곧 그분 자신이다. 그분께서는 오셔서(마 10:34-5; 20:28) 우리로 하여금 창조된 목적에 따라 살 수 있게 하시기 위해서 자신의 생명을 주셨다.

거룩, 곧 자비가 요구하는 세상으로부터의 구별과 관련해 혼란스러운 점은 세례 요한의 제자들이 왜 예수님의 제자들은 금식하지 않느냐고 질문할 때 분명해진다. 요한의 제자들은 자신들의 금식을 바리새인들의 금식과 동일시한다. 예수님의 대답은 분명하다. 그분의 제자들이 금식하지 않는 이유는 그분 때문이다. 그들은 애통할 필요가 없다. 왜냐하면 그들은 그분의 제자들에게서 시작된 새로운 백성의 창조로 표시되는 새로운 시대를 탄생시키신 분을 따르기 때문이다. 제자들은 죽음의 두려움에서 자유롭게 된 생명의 현존 안에 있다. 때가 되면 그분께서는 빼앗김을 당하실 것이고, 십자가에 달리실 것이다. 그러면 비로소 그들은 금식할 이유를 가질 것이다. 하지만 지금은 아니다. 그분의 사역 동안 제자들은 좋은 선물, 곧 그분 자신을 즐거워해야만 한다. 이제 새로운 것이 나타나고, 새로운 것이 죽음이 결정하던 시간을 재조정할 것이다.

예수님께서 이러한 것들을 말씀하실 때, "갑자기" 이스라엘의 대표자이자 회당장인 한 사람이 예수님께 와서 나병환자처럼 그 앞에 무릎을 꿇는다. 그는 아무런 호칭도 사용하지 않았지만, 나병환자나 백부장과 같은 믿음을 보여 준다. 그는 다만 만일 예수님께서 자신의 집에 오신다면 틀림없이 자신의 딸을 죽은 자 가운데서 일으키실 수 있을 것임을 안다고 말한다. 예수님과 제자들은 그를 따라 그의 집으로 가는데, 그들이 도착하기 전에 12년 동안 혈루증으로 앓던 여인이 고침을 받을 수 있으리라 믿으면서 예수님의 옷술을 만진다. 우리는 마태가 그녀가 12년 동안 고통당하고 있었는지를 어떻게 알았고 또 왜 그가 이것을 우리에게 전하는 것이 중요하다고 생각했는지 궁금할 수밖에 없지만, 그와 같은 세부적인 설명이 우리로 하여금 이 여인의 절망적인 상황을 이해하도록 돕는 것은 분명하다. 그녀의 조건으로 보건대, 그녀는 항상 부정했기 때문에 격리소외되어 있었을 것이다. 그러므로 그녀가 예수님을 만진 것은 비범하고도 절망적인 행동이었다. 다시금 예수님께서는 그녀의 믿음—그분께서 곧 스스로 누구신지 말씀하신 그분이라는 믿음—을 영예롭게 하시고 그녀가 치료되었다고 선언하신다. 그녀를 치료한 것은 일반적인 믿음이 아니라, 예수님께 고치실 권세가 있음을 믿는 그녀의 믿음이다. 그녀는 즉시 나았고 그녀의 격리소외도 끝났다.

예수님께서는 회당장의 집에 도착하셔서 우는 자들을 내보내시면서 그들에게 소녀가 죽은 것이 아니라 자는 것이라고 말씀하신다. 울던 자들은 예수님의 진단을 비웃지만, 그것이 참인 것으로 드러난다. 마태가 예수님께서 다만 잠자고 있을 뿐인 소녀를 깨우신 이야기를 전하는 것을 중요하게 생각했다는 것이 이상하게 보일 수 있다. 심지어 그는 회당장의 딸을 깨우신 예수님의 소문이 그 지역에 두루 퍼졌다고 말한다. 우리는 그와 같은 이야기가 왜 그렇게 중요한지 알 길이 없다. 그러나 예수님께서 그분의 권세를 나타내시는 것보다 이 상황이 더 나빠지게 되는 것을 거절하신 것을 주목하는 것은 흥미로운 일이다. 사람들은 이 이야기가 그 지역 곳곳으로 퍼져 나갔다고 생각하고 싶어할 것이다. 왜냐하면 이 이야기는 예수님께서 사기꾼이 아니시라는 것을 분명하게 해주기 때문이다. 예수님께서는 진실을 말씀하신다. 소녀는 단지 자고 있었을 뿐이다.

예수님께서는 결코 지체하지 않으신다. 여우나 새처럼 그분께서는 항상 움직이신다. 그 나라는 그분께서 보내심을 받은 사람들에게 가기를 요구하는 운동이다. 어려움에 처한 사람에게 그분께서 가야만 하는 것은 복음이 한 묶음의 믿음들이 아니며 그럴 수도 없음을 가리킨다. 복음은 이 사람이다. 이 사람은 실제적인 남자와 여자들을 새로운 시대의 공동체로 불러들이기 위해 그들을 만나셔야만 한다. 복음전도는 사람들을 만나는 것이고 사람들을 알기 위해서 가는 것이다. 곧이어 보게 되겠지만, 제자들은 이스라엘 사람들에게 보냄을 받을 것이다. 사람들을 보내는 것을 대체할 수 있는 것은 아무것도 없다. 선교하는 교회a missionary church가 아닌 교회는 교회가 아니다. 사도행전은 그리스도의 제자들이 예수님처럼 계속해서 움직여야 한다는 필요성을 증거한다.

예수님의 변함없는 움직임은 어려움에 처한 자들, 눈먼 자들, 벙어리된 자들이 그분께 다가올 수 있도록 해준다. 두 명의 눈먼 자들이 예수님을 따라와 자비를 외친다. 어떻게 눈먼 자들이 예수님을 따를 수 있는지는 불분명하다. 그러나 우리 모두가 예수님을 보는 시력이 때로 뿌옇다는 것 또한 사실이다. 그들은 고침받는 것이 아니라 자비를 구한다. 더욱이 그들은 예수님을 '다윗의 자손'이라고 부른다. 우리는 마태복음 첫 구절에서 이분께서 다윗의 자손이신 것을 배웠지만, 여기서 이 칭호는 이분의 왕권이 자비와 치유를 제공하는 책임을 맡은 것임을 단언해준다. 이것이 시편 72편 12-14절에 나오는 다윗이다.

그는 궁핍한 자가 부르짖을 때에 건지며
도움이 없는 가난한 자도 건지며
그는 가난한 자와 궁핍한 자를 불쌍히 여기며
궁핍한 자의 생명을 구원하며
그들의 생명을 압박과 강포에서 구원하리니
그들의 피가 그의 눈 앞에서 존귀히 여김을 받으리로다

예수님께서는 눈먼 자들에게 즉각적으로 대답하지 않으신다. 그런데도 그들은 집안까지 따라온다. 예수님께서 그들에게 자신이 그들이 원하는 바를 할 수 있음을 믿느냐고 물으시자, 그들은 "주여 그러하오이다"라고 대답한다. 나병환자처럼 예수님께서 그들의 눈을 만지시자, 그들의 시력이 회복된다. 예수님께서는 "엄히" 그들에게 다짐하셔서 그분께서 행하신 바를 누구에게도 말하지 말라고 하신다. 그러나 그들은 그 근방에 소문을 퍼뜨린다. 예수님께서 그들에게 행하신 바를 다른 사람들에게 말하지 말라고 다짐하도록 하신 이유는, 그분께서 귀신들려 말하지 못하는 자를 고치시는 것을 통해 밝혀진다. 중풍병 환자처럼 말하지 못하는 사람이 예수님께 이끌려오고 예수님께서는 그에게서 귀신을 내쫓으신다. 말하지 못하는 자의 말이 회복된다. 우리는 그가 무슨 말을 했는지 알지 못하지만, 무리가 놀라워한다는 것은 안다. 실제로 그들은 이스라엘에서 이 사람 예수님께서 행하는 것과 같은 것들을 전혀 보지 못했다고 말하기 시작한다. 그러나 무리의 놀람은 단지 예수님의 사명에 대한 반대만 늘어가게 할 뿐이다.

바리새인들은 예수님께서 귀신들린 자들을 치유하시는 것에 대해 오직 귀신만이 귀신을 축출할 수 있다고 말함으로써 반응한다. 그때 그들은 예수님을 사탄 그 자신을 대표하는 자라고 고소함으로써 예수님께 대항하는 조직적인 운동을 시작한다(마 12:22-32). 예수님께서 치유 받은 자들에게 그분께서 하신 일에 대해 아무 말도 하지 말라고 다짐하게 하신 것은 그분께서 오해받지 않으시려고 하신 것임을 반영하는 것일 수 있다. 예수님께서는 그분께서 존재하고 행하도록 보내심을 받은 대로 존재하고 행하셔야만 한다. 그렇지 않고 그분께서 아닌 것 때문에 거부당하는 것을 원하시지 않는다. 예수님을 두려워하는 사람들은 그분의 사역을 불명예스럽게 하기 위해 어떤 중상모략이나 허위사실이라도 사용하려고 할 것이다. 그러나 운명은 정해졌다. 우리는 예수님께서 겪으실 고통을 증거하기 위해 준비하고 전진해야만 한다.

예수님께서는 모여드는 반대세력이 그분의 사명을 멈추게 하도록 두시지 않는다. 그분께서는 도성과 마을을 두루 다니시며 회당에서 가르치시고 좋은 소식을 전파하시고 모든 질병을 고쳐주신다. 그분께서는 무리에게 둘러 싸이신다. 그분께서는 그들이 목자 없는 양 같기 때문에 그들을 불쌍히 여기신다. 어느 놀라운 순간에 예수님께서는 그런 필요를 대면하시고 제자들로 하여금 하나님께 돕는 자들을 보내주실 것을 기도하라고 요청하신다. 교회의 사명이 시작되었다. 제자들의 기도는 응답된다. 그 응답은 바로 그들 자신이 될 것이다.

마태복음 10장

파송

예수님께서는 제자들을 소환하셔서 더러운 영을 제어하는 권세와 병 고치는 능력을 주신다. 여기서 우리는 베드로라 불리게 될 시몬에서 시작해 예수님을 배반하게 될 가룟 유다로 끝나는 열두 사도의 이름을 알게 된다. 비록 사도 개개인에 대해 알 수 있는 것이 거의 없지만, 적어도 그들이 당시 성공한 집단이 아니었다는 것만큼은 분명하다. 그들은 '적은 믿음'의 사람들이지만, 예수님께서 부르신 사람들이다. 우리는 그들 중 몇 사람, 특히 베드로와 유다에 대해 더 많이 알게 될 것이다. 그러나 그들을 더 많이 알게 된다고 해서 그들에 대한 확신이 커지지는 않을 것이다. 아주 다른 방식으로 베드로와 유다는 둘 다 예수님을 배반할 것이다.

유다가 예수님을 배반할 것이라고 마태가 말해주는 것은 복음의 극적인 긴장감에 '예수님께 일어나게 될 일'은 포함되지 않는다는 것을 의미한다. 마태는 예수님에 대한 적대를 보고한다. 그러나 그는 그 이야기의 기본적인 개요가 알려져 있다고 가정한다. 마태가 예수님의 이야기를 말하는 방법은 '그 이야기를 안다는 것'만으로는 누군가를 신실한 제자로 만드는 데 충분치 않음을 보여 준다. 우리는 제자들처럼 우리가 예수님을 어떻게 배반하도록 유혹 받게 되는지를 배우고, 나아가 그 수업으로부터 신실한 교회가 되는 것이 무슨 뜻인지를 발견해야만 한다.

따라서 제자들의 평범한 특성은 그들의 과업을 물려받은—교회가 스스로를 사도들의 전통에 서 있는 것으로 이해하는 것은 분명히 바른 것이다—우리에게 희망을 주는 신호다. 사도가 된다는 것은 예수님의 전령이자 증인이 되는 것이다. 예수님께서, 자신과 세례 요한이 그랬던 것처럼, "하늘 나라천국가 가까이 왔다"라고 전하도록 제자들을 부르신 것은 우연이 아니다. 예수님께서 사도들에게 "병자를 치료하고, 죽은 자를 일으키고, 나병환자를 깨끗이 하고, 귀신을 쫓아내라"라고 임무를 주신 것도 우연이 아니다. 예수님께서는 사도들과 우리에게 그분께서 하셨던 일을 하라고 요구하신다. 그러나 우리는 할 수 있기 전에 먼저 보아야만 한다. 그렇기 때문에 교회의 운명은 예수님께서 제자들에게 행하라고 가르치신 것을 수세기에 걸쳐 예증하는 증인들의 반열에 의해서 결정된다.

기독교는 그것을 구현하는 사람들과 분리되어 배울 수 있는 철학이 아니다. 그리스도께서 곧 진리라는 것이 '이론상으로' 알려질 수 있는 진리였다면, 우리에게 사도들은 필요하지 않았을 것이다. 하지만 복음이 알려지는 방식은 다른 사람을 위해 그리스도의 이야기가 되는 한 사람에 의해서다. 예수님께서는 자신에게로 제자들을 소환하신다. 그리고 그렇게 소환된 제자들은, 우리가 그 나라의 전령들이 될 수 있도록 해주는, 우리를 위한 증인들이 된다. 제자들은 인상적인impressive 사람들이 아니다. 그러기는 우리 역시 마찬가지다. 그들의 사명이자 우리의 사명은 우리 자신이 아니라 예수님과 그 나라에 주의를 환기시키는 것이다.

한편, 열두 명의 제자들이 있다는 것은 이 새로운 공동체가 이스라엘 백성과 근본적으로 연속선상에 있음을 의미한다. 이스라엘은 열두 부족으로 구성되었는데, 예수님께서는 지금 열두 제자들을 부르신다. 그 열두 제자들은 이방인들이나 사마리아인들보다 오히려 이스라엘에게만 가도록 임무를 부여 받는다. 예수님께서는 이스라엘이 열방들에게 빛이 되도록 부르심을 받은, 하나님의 사랑을 받는 백성이라는 예언을 성취하시기 위해 "이스라엘 집의 잃어버린 양"에게로 보내심을 받았다. 우리는 어떤 이방인들은 예수님의 부름에 응답할 준비가 되어 있음을 보았다. 그들은 그 나라가 예수님의 삶과 사역을 통해 현존함을 믿는다. 회개하라는 예수님의 부름에 응답하는 이방인들은 이스라엘을 향하신 하나님의 약속에 접붙임을 받는다. 하지만 그렇다고 해서 이스라엘이 사라지는 것은 아니다—예수님께서는 그들을 불러 회개하게 하시기 위해서 오셨다. 따라서 예수님께서는 제자들을 이스라엘 백성에게 보내셔서 그들이 열방들 중에서 잃어버림을 당하지 않도록 하신다. 오직 예수님의 부활 이후에야 제자들은 모든 열방들에게로 보내심을 받을 것이다(마 28:19).

예수님께서는 제자들에게 매우 세부적인 지침을 주신다. 그들은 사역을 위해 어떠한 돈도 받아서는 안 된다. 돈이나 의복을 지참하지 않고 가볍게 여행해야 한다. 그들을 영접하는 마을에서만 머물러야 한다. 환대하는 사람들에게 하나님의 평화를 선물로 주어야 한다. 그러나 환대하지 않거나 그들의 말을 들으려 하지 않는 사람들 때문에 지체해서는 안 된다. 우리는 이 전령들—곧 사도들—이 판단하지 않는다는 것이 무슨 뜻인지 예시되는 것을 볼 수 있다. 그들이 판단할 필요가 없는 것은, 그들 자신이 그들을 환영하지 않거나 그들의 말을 듣지 않는 사람들에게 하나님의 판단이 되었기 때문이다. 그들 자신이 하나님의 판단이 되는 것은 예수님께서 그들을 박해에 직면하도록 준비시켜야 하는 확실한 이유가 된다.

사도들은 '합당하지 않은' 사람들, 즉 그들의 메시지를 거절하는 사람들을 버리라는 임무를 부여 받는다. 그러나 우리는 조심해야 한다. 왜냐하면 그런 판단은 쉽사리 자기의 의로움을 위한 공식이 될 수 있기 때문이다. 우리는 우리의 증거가 거절될 경우 듣기를 거절하는 사람들이 비뚤어진 것이라고 믿고 싶어할 수 있다. 하지만 우리에게 선포하도록 부여된 복음은, 우리의 증거를 받는 사람들에 대해 어떠한 판단을 내리기에 앞서, 우리 스스로 적절한 증인이었는지를 물어야만 함을 요구한다. 복음은 그것이 받아들여지기 전까지는 복음이 아니다. 따라서 거절은 복음이 신실하게 구현되지 않았다는 표시일 수 있다. 증거하는 사람의 특성은 그들이 증거하고 있는 내용과 일치해야만 한다. 제자들은 그들의 메시지가 어떻게 예증되어야 하는지와 관련된 엄격한 규칙과 더불어 보내심을 받는다.

예를 들어, 가볍게 여행하라는 예수님의 명령은 그들에게 예수님 외에는 칭찬할 만한 것이 아무것도 없다는 것을 나타내는 데 필수적이다. 예수님을 따르는 사람이 되는 것은 그들을 부자로, 권력자로, 편안히 사는 사람으로 만들어주지 않는다. 그들은 예수님께 받은 권위 외에는 처분할 것이 아무 것도 없어야 한다고 명령받는다. 결과적으로 그들에게 복음의 증인이 되는 데 방해가 될 만한 것은 아무것도 허용되지 않는다. 그들은 예수님께서 자신을 따르는 사람들을 부유하게 하시고, 아무 근심걱정 없게 하시고, 성공하게 하시고, 혹은 어떤 것이든 세상적으로 좋게 해주실 것이라고 약속해 줄 수 없다. 그보다 그들이 약속해 주는 것은 하나님의 나라, 곧 더 이상 사망의 권세에 의해 결정되지 않는 나라에 있는 생명이다.

그러므로 우리는 수도원 운동이 언제나 가장 효과적인 기독교 증거의 형태들 중 하나였다는 것에 놀라서는 안 된다. 왜냐하면 수도자들과 수녀들은 가볍게 여행하는 것, 환대를 제공하거나 받는 것, 살아갈 수 있기 위해 서로서로를 신뢰하는 것을 배워야 했기 때문이다. 물론 수도원 운동이 반드시 기독교인이 아닌 사람들에게 증거하는 형태로만 발견되는 것은 아니다. 그러나 수도원 생활의 매력적인 특성은 수도자들과 수녀들로 하여금 그들 자신도 모르게 낯선 사람들에게 증인이 되도록 해 준다는 데 있다. 왜냐하면 하나님을 참되게 예배하는 데서 발산되는 기쁨이 예수님의 소환을 아직 접하지 못한 사람들에게 저항할 수 없는 증거가 되기 때문이다. 모든 백성은 그러한 기쁨을 위해서 창조된다.

기독교의 복음전파를 어떻게 이해하든지 간에 제자들의 사명을 위해 예수님께서 주신 가르침은 참되다. 너무나 자주 교회의 위상에 관심을 가짐으로써, 어떤 사람들은 교회가 여전히 사회적으로 중요하거나 적어도 인구의 다수를 차지하도록 보증해 주는 절박한 방법들을 동원하고 싶어 한다. 하지만 교회는 중요한 위치에 있거나 규모가 커지기 위해 부름 받은 것이 아니다. 교회는 사도적이 되라고 부름을 받는다. 숫자나 신분이 아니라 신실함이 교회의 증거를 형성하는 특징이 되어야 한다. 정말로 우리 시대에 하나님께서는 우리로 하여금 다시금 가볍게 여행할 수 있도록 교회의 짐을 덜어주고 계시는 것인지도 모른다.

제자들은 예수님처럼 움직여야만 한다. 만일 그들이 거절당하면, 바울이 사도행전에서 그랬던 것처럼, 다음 집이나 마을로 옮겨야 한다. 그 나라는 거절을 통해서 자라는 것처럼 보인다. 성공은 신실함의 표시가 아니다. 그렇다 하더라도 예수님께서는 제자들에게 어떤 마을에서 그들을 거절한 것은 소돔과 고모라에 내린 심판과 다르지 않는 심판을 수반할 것이라고 말씀하신다. 소돔과 고모라 사람들은 롯과 그의 아내, 그의 딸들을 배신함으로써 환대를 저버렸다. 이에 하나님께서는 그들을 멸망시키셨다. 예수님에 의해 촉발된 그 나라는 환대하는 나라다. 예수님과 그분을 대표하는 사람들을 거절하는 것은 우리 스스로에게 심판을 자초하는 일이다.

그러므로 예수님께서는 거절과 박해에 대비해 그분의 사도들을 준비시키신다. 그들은 이리들 한 가운데로 보냄을 받은 양들이다. 그렇다고 해서 그들이 어리석은 자로 일컬어진다는 뜻은 아니다. 오히려 그들은 뱀처럼 지혜롭고 비둘기처럼 순진하다. 지혜와 순진함은 때론 어울리지 않는다. 지혜를 갖는다는 것은 때론 순진함의 상실을 요구한다. 하지만 사도들이 구현할 순진함은, 가난한 자, 온유한 자, 애통하는 자를 칭찬하는 산상수훈처럼, 노력에 의해 성취되는 것이 아니다. 오히려 순진함은 성령님의 무기들로 세상적인 권세들에 도전하게 될, 세상으로 보냄을 받은 자들에게 있는 불가피한 연약함이다.

스탈린은 교황이 얼마나 많은 사단병력을 가졌느냐는 유명한 질문을 했다—이는 역사가 폭력으로 만들어진다는 많은 사람들의 가정을 보여주는 적절한 질문이다. 하지만 교회는 군대없이 견뎌왔다. 기독교인들은 종종 교회에 의해서 공식적으로 규정되지 않은 사람들에 의해 폭력의 사용에 동의하는 군대와 같은 것을 소유한 적이 있었다. 하지만, 만일 그 나라에 대한 증거가 그리스도 안에서 현존하다면, 기독교의 증거는 살인을 행하지 않으려는 사람들에게서 가장 명료하게 나타난다는 것은 분명하다. 교회가 그리스도의 평화를 더 많이 증거하기 위해서 강제를 동원하는 것은 그것의 사도성을 부인하는 것이다.

예수님께서는 제자들에게—분명히 나중에 자신이 당할 대우를 예상하시면서—회당의 지도자들이 그들을 매질하기 위해서 통치권력 앞으로 끌고 갈 것이라고 말씀하신다. 이런 일이 일어날 때 그들은 무슨 말을 할까 염려하지 않아도 된다. 오히려 참된 말이 성령님에 의해 그들에게 주어질 것이다. 자신들을 변호하기 위해 할 말을 준비하지 말라는 것은 분명히 놀라운 요구다. 하지만 이는 총독들과 왕들의 폭력에 도전하는 방식으로 그런 권력들에 직면하도록 제자들을 훈련시키시는 예수님의 방식을 반영하는 것이다. 총독들과 왕들은 폭력적으로 자신들을 전복시키려는 사람들을 이해한다. 오히려 그들이 직면하기 어려운 것은 자신들을 두려워하기를 거부하는 한 백성의 힘이다. 왜냐하면 그 백성은 하나님만을 두려워하기 때문이다. 하나님을 두려워하는 것은 진실된 말을 가능하게 한다. 성령님에 의해 주어진 말은 그 나라에 대한 증거가 요구하는 바로 그 연약함에 의해 가능해진다. 어떠한 힘도 압제를 대항함에 있어 참된 말보다 더 강력하지 못하다.

예수님께서 가져오신 그 나라, 제자들이 전하도록 임무를 받은 그 나라가 가까이 왔다. 그 나라는 죽음에 의해 창조된 모든 나라들에 대해 대안이 되는 나라다. 예수님께서는 제자들에게, 미가 7장 6-7절이 예견하는 것처럼, 형제가 형제를 죽이고, 아버지들이 자녀들을 팔아 넘기고, 자녀들이 그들의 부모들을 멸하기를 구할 것이라고 말씀하신다. 그래서 그렇게 죽음의 왕국에 사로잡힌 모든 사람들은 예수님의 이름을 증거하는 제자들을 미워할 것이다. 이러한 것들은 하나님의 나라를 전함으로 말미암는 매우 특별한 결과들이다. 그러나 예수님께서는 제자들에게 그런 반응을 예상하라고 가르치신다. 죽음의 왕국, 죽음을 두려워함으로써 합법화된 폭력으로 통치하는 왕국은 죽음의 통치에 종지부를 찍기 위해 오신 이 사람에 의해서 도전 받을 것이다.

심지어 예수님께서는 자신이 세상에 평화가 아니라 검을 주러 왔다고 말씀하신다. 게다가 예수님으로 인해 일어나는 분열이 명백해지는 첫 장소는 다름이 아니라 가정인 것처럼 보인다. 총독들과 왕들이 사도들을 미워하고 박해할 뿐만 아니라, 예수님께 대한 충성으로 인해 가족들까지 분열될 것이다. 예수님께서 오심으로 인해 벌어지는 분열은 제자들이 보냄을 받은 사명만큼이나 실제적이다. 예수님께서 가져오신 검, 세상의 평화에 대해 대안이 되는 검은 십자가의 검이다. 본회퍼는 이렇게 설명한다.

> 십자가는 이 땅 위에 있는 하나님의 검이다. 그것은 분열을 창출한다. 하나님의 나라와 그것의 평화를 위해서 아버지를 대항하는 아들, 어머니를 대항하는 딸, 가장을 대항하는 식솔들, 그리고 기타 등등—그것이 땅 위에서 하신 그리스도의 사역이다! 의심할 여지없이 세상은, 사람들에게 하나님의 사랑을 가져온, 그분을 향해 인간에 대한 미움을 가져왔다고 정죄한다! 모든 생명의 파괴자 또는 새로운 생명의 창조자가 아니라면, 누가 감히 아들과 딸을 향한 아버지의 사랑과 어머니의 사랑을 그런 식으로 말할 수 있겠는가? 인간성의 적 또는 인간성의 구세주가 아니라면, 누가 사람들의 사랑과 희생을 그렇게 배타적으로 주장할 수 있겠는가? 악마 또는 그리스도, 곧 평화의 왕이 아니라면, 누가 그들의 집에 검을 가져오겠는가? 하나님께서 사람을 사랑하시는 것과 인간이 서로를 사랑하는 것은 전적으로 다르다. 사람을 향한 하나님의 사랑은 십자가와 제자도를 가져온다. 그러나 이것은 결국 생명과 부활을 의미한다. "누구든지 나를 위하여 자기의 목숨을 버리는 자는 찾을 것이다." 이와 같은 단언은 사망을 이기는 권세를 가지신 분, 하나님의 아들, 십자가와 부활을 겪으시고 그와 함께 하는 사람들을 데려가시는 분에 의해서 주어진 것이다. (본회퍼, 2001, 197.)

그러나 기독교인들이 십자가 외에는 다른 어떤 검도 가지지 못한다고 해서 우리가 무방비 상태로 세상에 보내지는 것은 아니다. 히브리서에서는 하나님의 말씀은 좌우에 날선 검보다 더 예리하여 혼을 뚫어서 하나님의 눈 앞에 모든 것을 발가벗겨 놓는다고 기록한다(히 4:12-13). 성경은 예수님을 따르는 사람들로 하여금 권세들의 거짓과 기만을 드러내게 하심으로써 그들을 무장해제시킬 수 있게 하는 진리의 무기다. 기독교인들에게 방어무기가 없는 것이 아니다. 우리에게는 폭력의 원천이 되는 망상으로부터 우리를 보호해 주시는 하나님의 말씀이 주어졌다.

그러나 예수님께서는 분명하시다. 세상에 의해서 제공되는 수단들을 통해 삶의 안전을 확보하려는 시도들은 실패할 수밖에 없다. 만일 우리가 우리의 목숨을 찾고자 한다면, 우리는 우리의 목숨을 잃을 준비를 해야만 하는 것처럼 보인다. 하지만 이것은 이기적이지 않음—심지어 우리의 목숨을 지불할 수도 있는 이기적이지 않음까지—을 배워야만 한다는 일반적인 권고가 아니다. 왜냐하면 우리가 기꺼이 잃을 수 있는 목숨은 오직 "나를 위하여", 즉 예수님을 위하여 잃는 목숨이기 때문이다. 때로 가족이나 국가의 이름으로 정당화되는 자기 희생 역시 너무 쉽게 압제적인 것이 될 수 있다. 희생이란 말은 종종 권력을 가진 사람들에 의해 삐뚤어진 목적으로 사용된다. 예수님께서는 자기 희생을 그것 자체로 선한 것으로 권하시지 않는다. 예수님께서는 오직 그분께서만 우리의 생명을 요구할 권리를 가지셨기 때문에 우리에게 자신을 따라오라고 하신다.

우리 시대에는 너무나 자주 기독교를 안정과 질서로 안내하는 삶의 방식으로 정당화하려고 한다. "함께 기도 드리는 가족은 함께 거주한다." 하지만 그런 감상은 가족의 우상화로 이어질 수밖에 없다. "아버지나 어머니를 나보다 더 사랑하는 자는 내게 합당하지 아니하고 아들이나 딸을 나보다 더 사랑하는 자도 내게 합당하지 아니하며"(마 10:37)라는 말씀은 어려운 말씀이다. 그러나 왜 예수님께서 박해를 대비해 제자들을 준비시키셔야 하는지를 분명하게 보여주는 말씀이기도 하다. 우리의 아버지, 어머니, 형제, 자매는 이제 제자들 가운데서 발견되는 것이지, 소위 혈연관계 중에 있는 것이 아니다. 이러한 내용이 오늘날 교회의 강단에서 설교되도록 한 다음, 이렇게 설교한 사람들이 과연 박해에서 자유로울지 두고 보자. 아마도 그들은 크게 위태로울 것이다. 국가의 폭력은 종종 우리의 사랑—우리의 삶의 방식—을 보호한다는 명목으로 정당화된다. 하지만 그것은 정확히 예수님께서 제자들을 가르치시면서 문제시한 그런 충성들이다.

시민들이 전쟁에서 자신들을 희생하도록 동기를 부여하는 미국 국기의 권력을 다룬 책에 다음과 같은 논평이 있다.

> 미 합중국이라는 종교적으로 다원화된 사회에서, 모든 사람들이 알듯이, 종파적인 신앙은 시민들의 선택사항이다. 미국인들은 기독교나 다른 어떤 종파의 신앙을 위해서도 거의 피를 흘리거나 희생하거나 순교하지 않았다. 다만 미국인들은 자주 자신의 조국을 위해 피를 흘리고 희생하고 순국했다. 이 사실은 미국의 종교의 권력에 중요한 단서가 된다. 비록 교파들이 미 합중국에 존재하는 것은 허용된다 하더라도, 그들이 누군가를 죽이는 것은 허용되지 않는다. 왜냐하면 그들의 신앙은 공식적으로 참이 아니기 때문이다. 어느 사회에서나 진짜 참인 것은 그것을 위해 죽일 가치가 있는, 시민들이 그들의 생명을 희생하도록 강제될 수 있는 것이다. (마빈과 잉글, 1999, 9.)

하지만 예수님께서는 자기들 가족과 국가를 방어한다는 명목으로 살인하려는 사람들에게 도전하신다. 나아가 예수님께서 그렇게 하시는 것은 기독교적 신념들의 진리됨에 관해 어떻게 생각해야 하는지 단서가 된다. 종종 기독교인들이 믿는 것은 근대 과학 때문에 믿기 어렵게 되었다고 생각한다. 하지만 기독교적 신념들의 진실성에 대해 근본적으로 도전하는 것은 예수님에 의해서 확정되지 않은 충성심에 기독교인들이 순응하는 것에서부터 비롯된다. 당연히 예수님께서는 자신을 따르는 사람들로 하여금 살인하도록 하시지 않을 것이다. 오히려 그분께서는 그들에게 기꺼이 죽을 것을 요구하신다. 이것이 기독교의 진리가 미 합중국의 진리에 대해 필수적인 하나의 대안이 되는 이유다. 비폭력의 대표자들은 종종 "만일 A의 상황이라면, 당신은 어떻게 하겠느냐?"라는 질문을 받는다. 그리고 대개 A의 상황은 우리로 하여금 생명을 빼앗을 수 있는 사람에게 위협받고 있는 배우자나 자녀들에게 도움이 될 것을 요청하는 각본들로 채워진다. 그런 상황들이 실제로 예수님을 따르는 사람들에게 찾아올 수도 있지만, 아버지, 어머니, 아들, 딸보다 자신을 더 사랑하기를 배워야만 한다는 그분의 주장은, "만일 A의 상황이라면, 당신은 어떻게 하겠느냐?"에 대한 대답이 종종 추정하는 것처럼 그렇게 명확한 것이 아님을 의미한다. 예수님을 따르는 것, 예수님을 사랑하는 것은 우리와 우리가 사랑하는 사람들이 죽음에서 모면 받지 못할 수도 있다는 것을 의미할 수 있다. 이는 가혹하고 무서운 사랑이지만, 또 한편으로 생명 그 자체를 가능하도록 하시는 분의 사랑에 의해 훈련되는 사랑이기도 하다. 확실히 그 아버지께서 예수님의 아버지가 아니시라면, 우리가 사랑하는 사람들의 죽음을 생각하는 것은 비도덕적이다. 하지만 그 아버지께서는 예수님의 아버지시고, 예수님께서는 그 아버지의 아들이시다.

예수님께서는 제자들에게 만일 그들이 한 마을에서 핍박을 당하면 다음 마을로 피신하라고 말씀하신다. 그들이 그렇게 해야 하는 것은 "이스라엘의 모든 동네를 다 다니지 못하여서 인자께서 오리라"(마 10:23)라고 하신 말씀대로 그들에게 시간이 없기 때문이다—이것이 묵시적인 시간이라는 것을 명확하게 상기시킨다. 인자께서 오셨지만, 그분의 사역과 그분의 생명은 십자가와 부활을 통해 완성될 것이다. 그 사이의 시간은 인내하는 한 증인, 한 백성에 의해 구성된다.

똑같은 것이 오늘날에도 참이다. 왜냐하면 우리가 여전히 인자의 재림을 기다리는 묵시의 시간을 살고 있기 때문이다. 예수님께서는 제자들과 우리에게 자신의 평화를 신실하게 증거하는 것은 항상 인내하는 시간임을 상기시키신다. 그래서 교회는 제자들처럼, 세상으로 하여금 서로서로 평화롭게 살 수 있는 충분한 시간이 있음을 알 수 있게 하기 위해서 한 마을에서 다른 마을로 피신하는 과제를 부여 받는다. 왜냐하면 예수님께서는 우리의 과제는 그 나라가 존재하도록 강제하는 것이 아니라, "견디는"(마 10:22) 것이라고 말씀하시기 때문이다. 견디는 것은 우리가 그리스도의 나라를 증거할 수 있는 유일한 길로 드러난다.[1]

예수님께서는 또한 제자들은 예수님이 되기를 기대해서는 안 된다고 말씀하신다. 그보다 우리는 "선생같이" 되어야 한다. 이런 닮음으로 우리는 분명히 비방을 당할 것이다. 그러나 비방 받는 것은 견딜 수 있다. 왜냐하면 예수님께서 우리보다 앞서 신앙의 선구자의 길을 가셨기 때문이다. 예수님께서 우리에게 아무도 모르게 은밀히 말씀하신 것을 우리는 공공연히 선포할 수 있다. 왜냐하면 죽음에 패배하지 않을 수 있는 사역으로 예수님께서 우리를 부르셨기 때문이다. 즉, 몸을 죽일 수 있는 사람에 대한 두려움이 이제는 홀로 생명과 죽음을 결정하시는 분에 대한 두려움

---

1. 인내의 중요성에 관한 나의 성찰을 위해서는, Hauerwas, 2000, 163-72쪽을 보라.

에서 비롯되는 확신에 의해 반박되기 때문이다.

기독교인들도 당연히 두려워해야 한다. 그러나 죽음을 두려워하지는 않는다. 그들은 죽음에 직면하여 용기 있게 살 수 있게 하신 분을 두려워 한다. 아퀴나스Thomas Aquinas는 자비에 의해 생산된 이런 두려움—하나님께서 우리와 더불어 세우신 우정—을 부모에 대한 자식의 두려움filial fear이라고 부른다(1981, II-II부 19문). 하나님의 사랑은, 살인하는 사람들이 그들의 뜻에 강제로 순종하게 하기 위해서 사용하는 두려움을 몰아내는 확신을 가질 수 있게 한다. 그러므로 예수님께서는 제자들에게 두려워하지 말라고 하신다. 그들이 참새보다 훨씬 더 가치 있기 때문이다. 하나님께서 그분의 아들을 통해 부르신 우리를 참새보다 더 사랑하신다고 해서, 하나님께서 참새를 그들이 사랑 받아야 하는 만큼 사랑하시지 않는다는 뜻은 아니다.

예수님께서는 누구든지 그들을 영접하는 사람들은 자신뿐만 아니라 자신을 보내신 분도 영접하는 것이라고 확언하시면서 제자들에게 주시는 가르침을 끝맺으신다. 예수님께서는 보내심을 받으셨고, 이제 그분께서는 제자들을 보내신다. 이 전령들을 환영하는 사람들은, 의로운 사람이 마땅히 상을 받듯이, 상을 받을 것이다. 선지자를 환영하는 것은 우리가 하나님과 더불어 살게 될 삶에 중요한 것처럼 보인다. 우리가 행하는 것과 행하지 않는 것은 하나님과의 관계에 영향을 미친다. 이 관계는 무조건적인 수용이 아니다. 예수님께서는 누구든지 다른 사람들 앞에서 자신을 시인하면, 그분 또한 그분의 아버지 앞에서 그들을 시인하실 것이라고 말씀하신다. 그러나 만일 우리가 예수님을 부인하면, 예수님 역시 아버지 앞에서 우리를 부인하실 것이다.

그러므로 우리는 마땅히 예수님을 배반하는 것을 두려워해야 한다.

예수님을 부인하는 것은 다름이 아니라 우리의 운명을 부인하는 것이다. 그리고 우리의 죄를 고백할 수 있게 하신 분을 부인하는 것보다 더 깊은 죄는 없다. 제자들과 우리는 예수님께 소환되어 우리가 행해야 할 선한 사역을 부여 받는다. 이 사역에 우리의 구원, 우리의 상, 우리의 의로움이 있다. 나중에 예수님께서는 우리에게 만일 우리가 시간을 내서 주린 자를 먹이고 목마른 자에게 물을 주고 감옥에 갇힌 자를 방문한다면, 우리는 예수님을 섬기는 것이라고 말씀하실 것이다(마 25:31-46). 이처럼 "누구든지 제자의 이름으로 이 작은 자 중 하나에게 냉수 한 그릇이라도"(마 10:42) 주는 사람들은 그들의 상을 받을 것이다. 실제로 교회의 주요 과제 가운데 하나는 선지자라 불리는 사람들을 환영하는 일이다.

우리 시대의 많은 기독교인들은 이 본문들에 생기를 불어 넣는 상과 벌이란 언어를 사용하는 것을 주저하게 되었다. 이 언어는 하나님과 우리의 관계가 상스러운 교환crude exchange에 예속되는 것임을 암시하는 것 같다—예를 들어, 만일 우리가 선하면, 그때 하나님께서는 우리에게 상을 주시는 것이다. 아주 당연하게 많은 기독교인들이 하나님에 대한 그런 관점에 혐오감을 느낀다. 그들은 벌하시는 하나님 대신에 우리를 사랑하시기만 하는 하나님을 원한다. 하지만 그런 견해는, 상과 벌이란 언어가 선지자를 영접하는 사람들에 관해 예수님께서 말씀하시는 것에서 명확히 중심을 차지한다는 점에서 문제가 될 뿐만 아니라, 그런 견해는 하나님의 나라에 참여하게 하기 위해서 예수님께서 우리를 소환하셨다는 좋은 소식을 부인한다는 점에서도 문제가 된다. 아버지께서 아들을 보내심으로 행하신 일은 우리가 신실하지 못하다고 해서 실행되지 않을 수 없다. 그러나 좋은 소식은 우리의 신실함이 아버지께 중요하다는 것이다. 구원은 삶과 죽음의 문제다. 그 나라의 일부, 곧 제자가 되라는 예수님의 초청에 대한 우리 반응이 하나님 앞에서 우리의 운명을 결정하게 될 것이다. 확실히 아무도 '우리의 것을 얻기' 위해서 예수님을 따르지는 않는다. 그러나 예수님을 따르는 것은 그렇지 않을 경우 상상할 수도 없는 '우리의 것'을 발견하게 될 것이다. 우리는 십자가를 지기 위해서 초청받는다. 그리고 그것이 '상'이다. 그러나 이 상은, 죽음을 두려워하는 것에서, 그리고 우리를 '구원하기' 위해서 죽음에 대한 우리의 두려움을 이용하는 사람들을 두려워하는 것에서 자유롭게 된 삶을 가능하게 한다. 세상에 의해 제공된 구원으로부터 구원받는 것이야말로 확실히 의롭게 되는 것이 의미하는 바다.

우리는 제자들이 어떻게 이스라엘에 대한 사명을 이행했는지 알지 못한다. 오히려 우리는 예수님께서 제자들을 가르치시기를 마친 후, "그들의 여러 동네에서"(마 11:1), 즉 그분께서 제자들을 보냈던 곳과 똑같은 도시에서 자신의 메시지를 선포하셨다고 듣는다. 제자들이 성공했는지 실패했는지를 알지 못하는 것은 그 과제가 성공에 의해 결정되는 것이 아님을 나타낸다. 오히려 예수님에 의해서 행하라고 들은 것을 행하는 것과 예수님께서 가르치신 방법대로 행하라고 들은 것을 행하는 것이 중요하다. 우리의 책임은 하나님께서 우리에게 주신 과제에 신실하는 것이다. 결과는 하나님의 소관이다.

마태복음 11, 12장

"오실 그이가 당신이오니이까"

복음은 본래 십자가와 부활의 빛 안에서 회고적으로 읽도록 되어 있다. 하지만 마태복음 안에도 회고적인 순간들이 내재되어 있다. 예를 들면, 우리가 마태복음 10장에서 예수님께서 제자들을 파송하신 것을 읽고 나면, 마태복음 8-9장이 다르게 읽힌다. 마태복음 8-9장은 제자들로 하여금 예수님께서 수여하신 권세로 무엇을 해야 할지 알게 하시기 위해서 예수님께서 행하신 치유와 축귀들을 예증하는 것이다. 마태복음 11장을 시작하면서 마태는 예수님께서 "그리스도시요 살아 계신 하나님의 아들"이시라는 마태복음 16장의 베드로의 선언을 우리에게 준비시킨다. 하지만 그렇다고 베드로의 고백으로 곧바로 달려가지 않도록 주의해야 한다. 우리는 베드로가 예수님께서는 "그리스도시요 살아계신 하나님의 아들"이시라고 고백했을 때, 왜 자신이 말한 바를 이해하지 못했는지를 알기 위해서, 마태가 예수님의 치유와 그 치유로 인해 발생한 논쟁들을 끈기 있게 전하는 이야기들에 먼저 주의를 기울여야만 한다.

마태는 그의 독자들을 위해 조직적으로 만든 표시들이라고 생각되는 것들을 제공한다. 예를 들어, 그는 마태복음 11장을 "예수님께서 열두 제자에게 명하시기를 마치고"라는 문장으로 시작한다. 마태는 앞서 산상설교의 말미에서(마 7:28) 이 문장을 사용했다. 그리고 이와 같은 문장으로 예수님의 비유 시리즈를 마치기도 할 것이다(마 13:53). 또한 그는 이 공식을 마태복음 19장 1절과 26장 1절에서도 사용함으로써, 모두 다섯 번에 걸쳐서 사용할 것이다. 이는 어쩌면 마태가 자신의 복음서를 모세오경과 연관시키고자 하는 방식일 수도 있다. 마태에게 있어 모세는 율법을 줌으로써 예수님을 미리 보여주는 인물이다. 그러나 예수님께서는 모세보다 위대하시다. 왜냐하면 그분께서는 율법의 선물이시기 때문이다.

하지만 예수님의 신분은 쉽사리 인정되지 않는다. 심지어 세례 요한도 그의 제자들을 예수님께 보내어 예수님께서 오래 기다려 온 그분이신지 아니면 그들이 다른 분을 기다려야 하는지 여쭤보게 한다. 예수님께 세례를 베풀 때 요한은 분명히 예수님을 메시아로 인정했다. 그런데 요한에게 무슨 일이 일어났길래, 그가 이런 판단을 재고하는 것처럼 보이는 걸까? 요한은 감옥에 있지만, 예수님께서 이스라엘의 도시들에서 메시지를 선포하시고 있음을 듣는다. 그리고는 감옥에서 그의 제자들을 예수님께 보내 그분께서 정말로 메시아신지 여쭤보게 한다. 요한과 예수님께서는 둘 다 "회개하라 하늘 나라가 가까이 왔다"라고 전하기 위해서 왔다. 하지만 만일 우리가 회개하지 않은 도시들에 대해 예수님께서 정죄하시는 것(마 11:20-24)으로부터 판단해 본다면, 요한과 예수님의 회개 요청에 많은 사람들이 반응하지 않았다고 추측해볼 수 있다. 따라서 실패에 직면한 요한은 아주 당연하게 제자들을 예수님께 보내 당신께서 가까이 오신 그 나라의 대표시냐고 묻는 것이다.

예수님께서는 요한의 질문에 다시금 자신의 사역의 열매들, 즉 눈먼 자들이 보고, 다리 저는 자들이 걷고, 나병환자들이 깨끗함을 받고, 듣지 못하는 자들이 듣고, 죽은 자들이 살아나고, 가난한 자들이 그들에게 전해진 좋은 소식을 듣는 것에 주의를 기울이게 하심으로써 대답하신다. 앞서 언급되었듯이, 이는 예수님의 사역에서 제정된 희년에 관해 묘사한 것이다. 우리는 예수님께서 이러한 모든 일들을 하셨음을 안다. 왜냐하면 우리는 갈릴리 도처에서 행해진 예수님의 사역을 목격했기 때문이다. 그러나 희년은 단지 개인적인 회개에 관한 것이 아니다. 그보다 그것은 국가적인 갱신을 포함한다. 하지만 요한의 시각에서는 갱신이 일어나지 않고 있는 것처럼 보일 수 있다. 결국 그는 감옥에 있다. 그런데 예수님을 포로된 사람들을 자유롭게 하시기 위해 오신 분이라고 가리켰던 자신이 지금 감옥에 있는 것 자체가 이상하게 보일 수밖에 없다.

요한은 헤롯에게 율법을 준수하라고 촉구한 이유로 감옥에 갇혀 있다(마 14:1-11). 그러나 예수님과 요한이 율법에 대해 같은 이해를 하고 있는지는 분명치 않다. 마태는 요한이 바리새인들처럼 자주 금식하는 것을 필수적인 것으로 생각했음을 보여줬다(마 9:14-17). 예수님께서는 제자들에게 금식을 요구하시지 않으시면서, 세리와 죄인들의 친구가 되셨다. 예수님의 제자들이 금식하지 않고, 예수님께서 죄인들과 친구가 되신다는 것은 그분으로 하여금 먹보에 술주정뱅이라는 명성을 얻게 했다. 예수님의 이러한 행동은 요한에게 자신이 광야에서 설교했던 회개와는 일치하지 않는 것처럼 비춰질 수 있다. 예수님께는 분명 해명해야 할 것이 있어 보인다.

예수님께서는 자신의 사역의 열매들에 주의를 환기시킴으로써 요한에게 대답하신다. 자신을 먹보요 술주정뱅이라고 비난하는 것에 대해 예수님께서는 “지혜는 그 행한 일로 인하여 옳다 함을 얻느니라”(마 11:19)라고 말씀하신다. 따라서 예수님께서는 자신이 행한 일에 주의를 기울이라고 하시면서, 자신에게 걸려 넘어지지 않는 사람들이 복을 받을 것이라고 말씀하신다. 예수님의 사역을 통해 촉발된 권세에 관심을 기울이게 하는 것이 요한에게 가장 좋은 대답이다.

하지만 예수님께서는 자신이 행한 일에만 주의를 환기시키시지 않는다. 그분께서는 또한 무리들과 요한으로 하여금 요한이 누구인지 이해하도록 하신다. 예수님께서는 무리들에게 그들이 듣기 원하는 것을 말함으로써 그들을 위로하는 사람의 말을 듣기 위해서 광야로 나간 것이 아니었음을 상기시키신다. 요한은 분명히 우세한 여론에 따라 자신의 메시지를 바꾸는 사람이 아니었다. 또한 예수님께서는 그들이 궁정에 사는 사람에게나 어울리는 부드러운 옷을 입은 사람을 보기 위해서 광야로 나가지 않았다고 말씀하신다. 그보다 그들은 선지자를 보기 위해서 광야로 나갔다. 선지자는 감언이설을 하거나 옷을 잘 차려 입지 않는다. 요한은 선지자다. 그는 자신보다 앞서 있었던 선지자의 반열에 있는 자다. 그러므로 그가 감옥에 있는 것은 놀랄 일이 아니다.

더군다나 예수님께서는 요한이 선지자보다 낫다고 주장하신다—오직 예수님께서만 하실 수 있는 주장이다. 예수님의 논증은 절묘하다. 요한이 선지자보다 나은 것은 그가, 선지자 말라기가 말한 대로(말 3:1), 메시아의 길을 준비하기 위해서 전령으로 온 사람이기 때문이다. 그러므로 요한은 선지자들보다 위대하다. 왜냐하면 그는 이스라엘의 메시아를 알리는 독특한 직임을 받았기 때문이다. 그는 엘리야다. 말라기 4장 5절은 엘리야, 곧 죽지 않고 하늘로 올려진 선지자가 "여호와의 크고 두려운 날이 이르기 전에" 보냄을 받으리라고 말한다. 요한이 엘리야인 것은 예수님께서 메시아시기 때문이다.

요한만큼 위대한 사람이 없지만, 하늘 나라에서는 요한이 가장 작은 자가 된다. 왜냐하면 요한은 모세처럼 새로운 시대의 언저리에 있는 사람이기 때문이다. 헤롯들은 요한에 의해 알려진 그 나라를 폭력으로 굴복시키려 할 것이지만, 그 나라는 그렇게 압도될 수 없다. 세례 요한이 체포되어 처형될 수 있고, 예수님께서도 십자가에서 처형될 것이지만, 요한이 선포한 그 나라는 예수님께서 가져오신 평화로 말미암아 도래할 것이다. 그 나라는 평화를 실현하기 위해 폭력의 사용을 요구하는 어떠한 평화의 개념도 아니다. 오히려 그 나라는 예수님, 곧 사랑을 통해 폭력을 극복할 권세를 가지신 분이다.

그러므로 예수님께 걸려 "실족하지 않는" 사람은 "복되다"(마 11:6). 예수님께서는 팔복의 형태를 취하셔서, 다른 사람들이 하나님 나라를 공유하도록 초대하신다. 게다가 현재의 정권에 지분이 없는 사람일수록 예수님께 걸려 넘어지지 않는 것처럼 보인다. 권력이 없는 사람들은 예수님께서 연주하는 피리에 맞춰 춤출 준비가 되어 있다. 그들은 이스라엘이 회개하지 않으려 하는 것에 절망하시는 예수님과 함께 애통할 준비가 되어 있다. 그러나 시장에 앉아 있는 사람들, 매일 교환이 이루어지는 세상에서 번성하는 사람들은 세례 요한을 미친 사람으로, 예수님을 비도덕적인 사람으로 생각할 수 있다.

요한과 예수님께서는 사물이 존재하는 방식사물의 존재이 사물이 존재해야만 하는 방식사물의 당위이라는 가정에 도전했다. 실제로 요한과 예수님께서는 사물이 존재하는 방식은 환상이라고 주장한다. 우리는 살아가면서, 특히 우리가 시장이 보상해준 것들 가운데 있을 경우, 마치 우리가 우리 자신의 주인이자 창조주인 것처럼 처신한다. 우리는, 그가 누구이든 간에, 우리가 우리의 존재를 통제한다는 가정에 도전하려는 사람들에게 폭력적으로 대응한다. 우리는 어차피 모두가 죽을 존재라는 것을 상기하고 싶어 하지 않는다. 그러므로 요한은 미쳤고 예수님께서는 비도덕적이라고 생각하는 사람들처럼, 우리 역시 하나님 나라를 심판을 통해 알려진 실재가 아니라 하나의 이상으로 바꾸려고 애쓴다는 것에 놀랄 필요가 없다.

뿐만 아니라 요한과 예수님을 거부하는 것은 집단적인 기획이다. 예수님께서는 위대한 권세의 일들을 행하신 도시들이 회개하지 않는 것 때문에 그들을 비난하신다. 심지어 만일 고라신과 벳세다, 가버나움에서 행하신 권세의 일들을 소돔이 목격했다면, 그 도시가 회개하고 살아 남았으리라고 말씀하신다. 그러나 이 도시들—비뚤어진 정상상태의 집단성들the collectivities of perverse normality—은 하나님의 심판에 직면해서 회개하기를 거부한다. 따라서 심판의 날, 곧 엘리야가 알린 날이 이 도시들에 임할 것이며, 그것은 소돔에서 일어난 일보다 더 무서울 것이다.

예수님께서 권세의 일들을 행하신 도시들에게 심판을 선언하신 것은, 우리 같은 현대의 기독교인들을 심히 불편하게 만든다. 우리는 어차피 모든 사람과 모든 사물이 잘 될 것이라는 사랑의 복음을 듣기를 원한다. 하지만 잘 되지 않는다. 이스라엘 도시들처럼, 우리는 기독교인으로서 우리의 존재를, 예수님을 가리켜 주는 선지자들로 인식하는 것에서 우리를 보호해 주는 신분으로 바꿔버렸다. 당연히 우리는 예수님께서 권능의 일을 행하신 도시들에 심판을 선언하시는 것을 좋아하지 않는다. 왜냐하면 우리 역시 심판을 받을 것임을 인정하고 싶지 않기 때문이다. 그러나 복음은 심판이다. 왜냐하면 그렇지 않으면 그것은 좋은 소식일 수 없기 때문이다. 오직 심판을 통해서만 우리는 죄와 사망의 마법에 걸린 우리의 상태에서 자유로울 수 있는 삶의 형태를 발견할 수 있게 된다.[1]

---

1. 이런 식으로 심판의 중요성을 분명히 말하는 것에 대해서는 러스티 리노Rusty Reno에게 빚지

예수님께서는 지혜롭고 총명한 사람들에게는 그 나라의 비밀을 감추시지만 어린 아이들에게는 드러내시는 것에 대해 아버지께 감사하심으로써 일을 더 꼬이게 만드신다. 예수님께서는 나중에 하늘 나라에서 누가 크냐는 제자들의 질문에 답하시면서 어린 아이들을 이용하실 것이다(마 18:1-5). 오직 어린 아이들처럼 되어야만, 오직 어린 아이들처럼 겸손해져야만, 우리는 그들을 하늘에서 가장 큰 사람들로 인식하게 될 것이다. 총명함과 지혜는 종종 우월함이라는 우리의 환상을 지속하기 위해 고용하는 권력과 폭력의 다른 이름이다.

고린도전서 1장 18-31절에서 바울은 하나님께서는 "총명한 자들의 총명을 폐하"시기 위해서 십자가를 택하셨다고 말한다. 바울은 고린도 교인들의 주의를 그들 자신에게로 돌려 그들 대부분이 인간의 기준으로는 총명하지 못하고 고귀한 신분으로 태어나지 못했다고 지적한다. 그들은 그들이 강하기 때문이 아니라 세상의 안목으로 봤을 때 약하고 어리석기 때문에 선택되었다. 바울은 기독교인들이 기독교인임을 보여주기 위해서는 약하고 어리석게 되어야 한다고 말하는 것이 아니라, 그보다 그들의 약함과 어리석음이 십자가의 증인으로서 유익할 따름이라고 말하는 것이다. 더욱이 십자가는 하나님의 가장 심오한 지혜다.

바울처럼, 예수님께서는 우리가 어린 아이들이 되려고 해야 한다는 것이 아니라, 오히려 그 나라에 접목된 사람으로서 실제로 어린 아이들이라고 말씀하시는 것이다. 우리는 우리의 생존을 위해 예수님과 서로에게 의지하는 초보자들이요, 바울의 용어를 빌면, '새로운 피조물'이 된다. 듣지 못하는 자, 말하지 못하는 자, 보지 못하는 자, 가난한 자, 고난 앞에서

고 있다.

소망조차 끊어진 자들이 예수님을 인정하는 것은 우연이 아니다. 장애를 가지는 것이 사람들로 하여금 예수님의 신실한 추종자로 만들지는 않는다. 그러나 그것은 당신을 그 나라의 부근에 갖다 놓는다. 장애를 가지는 것은 예수님께서 기도에 의해 구성되는 새로운 시간의 시작이심을 인식하는 시간을 가지도록 하는 것이다. 장애를 가지는 것은 예수님께서 가져오신 그 나라와 관련해 아기가 되는 것이 무엇인지 이해하기 시작하는 것이다.

예수님께서는 아버지께 기도하시면서, 일부의 사람들이 그들에게 계시된 하나님의 나라를 소유하게 된 것에 아버지께 감사하신다. 예수님, 곧 삼위일체의 제2위이신 분께서 그분의 아버지께 기도하신다. 기도는 삼위일체의 위격들 간의 관계에서 핵심이다. 왜냐하면 기도는 성령님을 통해 아들에게 현존하시는 아버지를 나타내기 때문이다. 그러므로 우리는 예수님께서 아버지께 하시는 기도를 엿듣는 특권을 누리는데, 그것은 예수님께서 십자가에서 "나의 하나님 나의 하나님 어찌하여 나를 버리셨나이까"(마 27:46)라고 부르짖는 데서 가장 강렬하게 표현되는 친밀함을 드러낸다. 예수님께서는 기도하신다. 그리고 그분의 기도는 우리를 신앙의 가장 심오한 신비인 삼위일체로 이끈다.

요한복음의 서문은 위로부터의 기독론적인 표현으로 생각된다. 하지만 우리는 요한처럼 마태도 태초부터 계셨던 말씀으로 시작하고 있음을 보았다. 더욱이 마태복음에서 아들 외에는 아무도 아버지를 알지 못한다는 예수님의 선언은 "본래 하나님을 본 사람이 없으되 아버지 품 속에 있는 독생하신 하나님께서 나타내셨느니라"(요 1:18)라는 요한의 선언과 공명한다. 요한 못지않게 마태도 이 예수님께서만 우리로 하여금 하나님께서 아버지심을 알게 해주는 아들이심을 알려준다. 아들께서는 자신이 택한 사람들에게 아버지를 나타내실 것이다.

아들께서만 아버지를 계시하신다는 예수님의 말씀은 결코 임의적인 주장이 아니다. 왜냐하면 만일 우리가 예수님께서 아들이신 것을 알지 못한다면, 우리는 하나님께서 아버지신 것을 알 수 없기 때문이다. 어떤 사람들은 기독교인이 아닌 사람들 때문에 그분께서만 아버지를 계시하신다는 예수님의 주장에 담긴 함의에 우려를 표한다. 그들은, 다른 종교의 구성원이나 신앙이 없는 사람들에게 오직 아들을 통해서만 우리가 아버지를 안다고 주장하는 것이 무슨 의미가 있겠느냐고 묻는다. 너무나 자주 그런 우려와 질문들은 "적은 믿음", 즉 지혜롭고 총명한 사람들로 구성된 기성교회의 표시라 할 수 있는 신앙을 무심코 드러낸다. 그러나 만일 지혜롭고 총명한 사람들의 관점에서, 즉 권력을 쥔 사람들의 관점에서 그리스도를 따르는 사람들이 어린 아이들이라면, 기독교인들은 기독교인이 아닌 사람들의 지위에 대해 설명할 필요가 없음을 발견할 것이다. 오히려 그들은 아들께 자신들의 삶이 사로잡힌 한 백성이 됨으로써, 다른 사람들로 하여금 그들 역시 그 기쁨—예수님께서 요구한 사람들의 삶에 활력을 주는—에 사로잡히는 것을 발견할 수 있게 해주기만 하면 된다.

그리스도를 따르는 사람들이 되는 것은 어린 아이들처럼 피리를 불 때 춤추기를 배우는 것이다. 윌리엄스Rowan Williams는 지적 장애가 있는 사람들과 더불어 오스트레일리아에서 춤과 드라마를 개발한 칠레 출신의 한 젊은 교사의 사역을 설명하면서 그런 춤이 어떻게 보일지 드러낸다. 윌리엄스는 〈스테핑 아웃Stepping Out〉이라 불리는 영국 TV다큐멘터리를 통해 오스트레일리아 시드니에 있는 로라 허지킨슨 선샤인 홈Laura Hodgkinson Sunshine Home에 관한 이야기를 알게 되었다. 그 다큐멘터리는 다음과 같은 장면들로 시작한다.

바로 그 첫 번째 무대들을 보여주는 장면들이었는데, 그 장면들에서는 2-30대의 젊은 사람들이 점차적으로 호흡 조절과 협응동작coordinated movement을 배웠고, 그들의 몸 안으로 긴장을 풀고 그 안에 거주하는 것live을 배웠다. 그 다음 우리는 분위기가 고조되는 것을 보았는데, 곧 의상과 가면이 씌워지고, 음악이 보다 흥미진진해지고, 춤이 좀 더 미묘해졌다. 그리고 그룹의 단독 공연자인 31살된 크리스가 나타나 빌라-로보스와 푸치니Villa-Lobos and Puccini에 맞춰 춤을 추며, 마담 버터플라이의 죽음the death of Madam Butterfly을 전문 무용수조차 표현하기 힘든 종교의식적인 감정으로 아주 자신감 있게 표현해냈다. 이상하고, 피상적이고, 덩어리지고, 아무 표정 없는 '정신지체'의 남성의 얼굴이 비극적인 가면으로 바뀌었다. 몸의 모든 부분들이 훈련 받은 대로 음악에 답하며, 정교하고도 완전하게 어우러졌다. 그리고 그 절정, 시드니 오페라 하우스의 숨막히는 공연은 당연히 기립박수의 물결을 이루었다. (윌리엄스, 1994, 72.)

윌리엄스는 자신을 포함해 누구라도 〈스테핑 아웃〉을 보았다면, 소위 지능 발달이 늦은 사람들이 춤을 추려고 노력하는 것에 기꺼이 후원할 준비가 되어 있으리라고 고백한다. 누구나 보고 있는 것에 감동하지만 애처로운 마음의 태도를 피하기는 어렵다. 하지만 윌리엄스는 "가치가 있는 유일한 마지막 반응은 겸손하고 경이로운 기쁨이었다. 우리는 모든 의미에서의 은총을 보고 있었다. 교사의 사랑과 인내하며 재미있고 근엄한 돌봄을 보고 있었다. 그것은 이 사람들에게 그들의 신체에 가치를 부여하고, 존중하도록 했다. 그래서 그들은 공연을 위해 준비가 되었을 때 서로 격려하며 인사를 건네고 안아주었다."라고 말한다(1994, 72-3).

이것이 아들께서 어린 아이들에게 아버지를 계시하신다는 뜻이다. 피리에 맞춰 춤추는 것을 배운다는 것은 우리가 그 춤에 완전히 사로잡혀서 그 춤에 참여하지 않는 사람들이 일어서지 않는 것에 의아해 한다는 뜻이다. 적어도 그들은 권세에 의해 억지로 일어서지는 않는다. 오히려 그들은, 오직 우리가 춤의 경이로움을 다른 사람들과 너무나 간절히 나누고 싶어하기 때문에만 일어선다. 그래서 윌리엄스는 초청에 귀 기울이는 것을 배우자고 제안한다.

> 앉으라, 너희 모든 장애 있고 둔하고 공허하고 두려워하는 이들이여, 그리고 너희 또한 굳건하고 풍부한 땅에 뿌리박고 있음을 느끼기 시작하라. 너희 맞은편에 배울 필요조차 없어 보이는 이가 있다. 그의 뿌리는 매우 깊고 정말로 깊다. 그는 자신이 사랑스럽고 사랑 받고 있음을 안다. 춤추는 것은 그에게 자연스럽다. 그에게는 어떠한 마비도, 스스로 두려워하는 것도, 극복해야 할 자기 방어도 없다. 그래서 그는 시작한다. 그는 그의 팔을 쭉 펴되 그가 할 수 있는 한 넓게 편다. 그러면 당신도 그렇게 한다. 그런 다음 그는 뛰어오르며 하늘로 팔을 뻗는다. 당신도 그렇게 한다. 그런 다음 그는 당신의 손을 잡고 당신을 느슨하게 흔들어 즉흥적으로 음악에 맞추도록 한다. 혼자 힘으로 하고, 그 다음 다른 사람들과 합쳤다가 다시 혼자가 되고, 그 다음 한 두 사람과 합치고, 그 다음 모두가 합치고, 그 다음 다시 혼자가 된다. (윌리엄스, 1994, 73-4.)

이것이 예수님께서 지쳐 있는 모든 사람에게 제공하시는 쉼이다. 그분께서 모두에게 제공하시는 마음에서부터 오는 온유와 겸손이다. 이는

'팔복'에 나오는 복 있는 사람들의 전형이다. 예수님을 기다리는 고통이 주어진 상황에서, 그분께서 이러한 쉼을 멍에라고 부르는 것이 이상하게 보일 수도 있다. 게다가 더 이상한 것은, 예수님께서는 우리가 그분의 멍에를 지고 그것으로부터 배울 수 있고 배워야만 한다고 말씀하시는 것처럼 보인다는 것이다. 하지만 확실히 우리가 그분의 멍에를 질 수 있다는 것은 사실이다. 왜냐하면 오직 그분께서만 지실 수 있는 멍에를 그분께서 우리를 위해 지셨기 때문이다. 예수님께서 그렇게 하셨다는 것은 우리로 하여금 그분의 멍에를 함께 질 수 있도록 만든다. 심지어 이제 그것은 쉬운 일이 된다. 왜냐하면 그분의 멍에는 아무런 쉼도 주지 않는, 우리가 지고 가는 짐에 대해 환영할만한 대안이 되기 때문이다.

이것이 예수님께서 세례 요한의 제자들이 던진 질문에 답하신 대답이다. 즉 예수님께서는 아버지를 계시하신 것이다. 그분께서는 오실 분, 이스라엘의 메시아시다. 그분께서 가져오시는 나라는 세상의 폭력을 드러낼 수밖에 없는 온유와 겸손의 나라다. 하지만 그 나라의 온유함은 해와 별을 움직이는 사랑이 이 사람 안에서 발견된 사랑과 같다는 것을 믿기를 거부한 사람들을 판단하는 것에 영향을 미친다. 그러므로 우리는, 예수님 스스로 그분께서 누구시며 무엇을 하러 오셨는지 분명하게 말씀하신 후, 그분께서 말씀하고 행하신 모든 것이 논쟁과 저항을 일으키는 것에 놀라지 않을 것이다.

예수님께서는 자신이 무거운 짐을 지고 있는 사람들에게 쉼을 제공할 것이라고 말씀하셨다. 그러므로 그분께서 곧바로 안식일, 곧 쉼을 위해 마련되어 있는 날에 관한 논쟁에 연루되시는 것은 오히려 적절하다. "그때에" 마태는 예수님과 제자들이 "안식일에 밀밭 사이로 가실새"라고 말한다. 제자들은 배가 고파서 밀 이삭을 잘라 먹기 시작한다. 바리새인들은 제자들이 하고 있는 것을 보고는 그들의 행위를 해명하라고 예수님께 항의한다. 바리새인들의 시각에서 보면, 제자들은 "그 때에," 즉 안식의 날이자 쉼의 날에 일을 하고 있는 것이다.

물론 우리는 자연스럽게 제자들 편에 선다. 우리는 신약을 읽을 때 '좋은 사람들'과 '나쁜 사람들'로 구분해서 생각하려는 경향이 있다. 제자들은 분명히 좋은 사람들이다. 따라서 소위 그들이 안식일에 일하는 것은 정당화 되어야만 한다. 그러나 바리새인들을 너무 쉽게 비판하려고 해서는 안 된다. 안식일은, 창세기로부터 우리가 알듯이, 하나님의 창조의 특성에 그 근원을 둔다. 안식일은 선물, 즉 시간을 거룩하게 하기 위해서 주어진 시간의 선물이다. 그분의 쉼에 참여하도록 하나님께서 이스라엘을 초청하신 것은 세상으로 하여금 우리가 시간에 맞춰 제 때에 창조되었음을 알게 하기 위해서 세상에게 주신 선물이다. 이에 관해서 헤셜Abraham Heschel은 이렇게 말한다.

> 세상에 두 가지 측면이 있듯이, 안식일에도 두 가지 측면이 있다. 안식일은 사람에게 의미가 있는 것이자, 하나님께 의미가 있는 것이다. 그것은 양자에 관계되어 있고, 양자에 의해 시작된 언약의 신호다. 무슨 신호인가? 하나님께서는 그 날을 거룩하게 하셨다. 그리고 사람은 거듭해서 그 날을 거룩하게 해야 하며, 그의 영혼의 빛으로 그 날을 비추어야만 한다. 안식일은 하나님의 은총에 의해서 거룩하다. 그런데도 그것은 여전히 사람이 그것에 적합하도록 모든 거룩함을 필요로 한다. 안식일이 하나님께 의미가 있는 것은, 안식일이 없을 경우 우리의 시간의 세상에 아무런 거룩함도 없을 것이기 때문이다. (헤셜, 1951, 53-4.)

더욱이 하나님께서는 신명기 5장 15절을 기억하도록 하시기 위해서 이스라엘에게 안식일을 지키라고 명하신다. “너는 기억하라 네가 애굽 땅에서 종이 되었더니 네 하나님 여호와가 강한 손과 편 팔로 거기서 너를 인도하여 내었나니 그러므로 네 하나님 여호와가 네게 명령하여 안식일을 지키라 하느니라”(신 5:15) 따라서 안식일을 준수하는 것에는 분명한 정치적인 증거가 있다. 바벨론 유배 때에, 곧 땅과 성전을 약탈당한 때에 하나님께서는 “나와 너희 사이에 표징이 되어 내가” 이스라엘을 거룩하게 하시는 “여호와 너희 하나님인 줄을 너희가 알게”(겔 20:21) 하시기 위해서 이스라엘에게 안식일을 주셨음을 상기시키신다. 그래서 안식일, 곧 하나님에 의해서 방향 지워진 이스라엘의 방식은 이스라엘로 하여금 다른 시간에서 살도록 강제하려는 사람들에게 저항하는 데 필수적인 것이다.

미국의 남북전쟁이 끝나고 노예해방령이 발효된 지 이 년 반이 지난 1865년 6월 19일에서야 비로소 텍사스에 노예해방령이 도착했다. 그 때부터 텍사스의 흑인들은 6월 19일을 공휴일로 간주했고, 많은 사람들이 북군의 고든 그레인저Gordon Granger 소장이 처음 그 소식을 전한 갤베스톤Galveston으로 여행하려 했다. 백인들은 이런 움직임에 저항했다. 하지만 흑인들은 그 날에 출근하는 것을 무작정 거부했다. 백인들은 할 수 있는 한 계속해서 일하려고 했지만, 그들의 일이 대부분 흑인들의 노동에 의존하고 있었기 때문에 그럴 수가 없었다. 이렇게 해서 노예해방기념일Juneteenth—흑인들이 이렇게 일컫는데, 백인들도 마찬가지다—은 흑인이든 백인이든 모두 노예살이에서 자유케 된 것으로 기억되는 날이 되었다.[2] 따라서 안식일은 바벨론 유배 때든 외세의 통치 아래 있을 때든 모두

---

2. 1980년에 6월 19일은 마침내 텍사스주 공휴일로 제정되었다.

이스라엘을 위한 것이었다.

예수님의 제자들이 일하는 것처럼 보인 것에 바리새인들이 가진 관심은 율법주의적으로 보일 수 있다. 그러나 논쟁적인 상황에서 볼 때, 그것은 틀림없이 어느 정도 엄격주의이긴 했지만, 중요한 쟁점들도 달려 있었다. 게다가 예수님께서는 바리새인들이 충분히 알 수 있는 논증들로 반응하심으로써 그들의 도전을 존중하신다. 예수님께서는 종종 무리들에게 "너희는 들어본 일이 없느냐?"라고 물으신다. 하지만 바리새인들에게는 "너희가 읽어본 일이 없느냐?"라고 질문하신다. 다시 말해 예수님께서는 성경을 배우는 학생이라는 그들의 강점에 호소하시는 것이다.

예수님께서는 먼저 바리새인들의 주의를 사무엘상 21장 1-7절로 돌리신다. 거기서 다윗은 그의 배고픈 부하들에게, 제단을 섬기기 위해 금욕적으로 성별된 사람들을 위해 마련된 떡을 주라고 제사장들에게 청한다. 다윗은 그의 부하들이 일반적인 성별을 공유하고 있기 때문에 당연히 주님께 헌신된 사람들을 위해 구별된 떡을 먹을 수 있다고 주장한다. 이와 비슷한 방식에서 예수님께서도 제자들이 밀 이삭을 자를 수 있는 것은, 다윗의 부하들처럼 그들도 새로운 다윗인 자신에게 충성함으로써 성별되었기 때문이라고 주장하신다. 그러나 예수님께서는 여기서 자신의 주장을 끝내시지 않고, 바리새인들의 관심을 민수기 28장 9-10절이 요구하는 것, 곧 제사장은 희생제사를 드리기 위해 안식일에도 일할 필요가 있다는 것으로 돌리신다.

예수님께서는 주장을 뒷받침하기 위해 한 가지 모델을 제시하신다. 곧 자신뿐만 아니라 바리새인들 역시 권위있게 생각하는 본문에 호소하신다. 하지만 이 본문을 잘 읽게 될 경우 바리새인들은 예수님께서 성전의 지위에 도전하고 있음을 알게 될 것이다. 예수님께서는 "인자는 안식일의 주인"이라는 믿기 힘든 주장을 하신다. 시간은 예수님의 부활—곧 제7일을 예수님의 수태로 말미암아 시작된 새로운 창조의 절정이 되게 하는—로 말미암아 재편될 것이다.

예수님께서 논쟁하시는 방식과 성경을 사용하시는 방식은 바리새인들로 하여금 그 존재 자체가 그들의 세상에 도전이 되시는 분 앞에 자신들이 서 있음을 명백하게 알게 한다. 예수님께서는 그야말로 자신이 창조의 시간을 새롭게 판단하시는 분이라고 주장하시는데, 그럼으로써 성경이 어떻게 읽혀야 하는지에 관해 열쇠가 되신다. 마태복음은 예수님의 생애와 사역이 이스라엘의 성경을 읽기 위한 해석학적인 열쇠임을 보여주는 좋은 본보기다. 바리새인들, 곧 자신들의 세상이 거꾸로 뒤집혀버린 자들에게 공감하지 않을 수가 없다. 어쨌든 이천 년이 지난 지금에도 우리는 여전히 우리의 세상과 삶에 대해 예수님께서 바꾸시는 근본적인 변형을 받아들이려고 애쓰는 중이다.

예수님께서는 호세아 6장 6절을 인용하시면서 제사가 아니라 자비가 이스라엘의 예배의 중심이 되어야 한다고 주장하신다. 이런 주장은 예수님께서 회당에 들어가셔서 오그라든 손을 가진 한 사람을 발견하시자마자 시험대에 오르게 된다. '그들'은 예수님께 안식일에 치료하는 것이 합법적이냐고 묻는다. 마태는 '그들'이 누구인지 밝히지 않는다. 하지만 그들은 제사가 아니라 자비가 안식일을 준수하는 것의 표시라고 하신 말씀을 들은 사람들 가운데 속했다고 볼 수 있다. 그들은 만일 자비가 요구되는 것이라면, 안식일에 치료를 하는 것도 합법적이냐고 묻는 것이다. 이에 예수님께서는 다시금 다른 주장을 하심으로써 반응하신다. 그러나 이번에는 상식을 사용하신다. 만일 누군가가 안식일에 구덩이에 빠진 한 마리의 양—그가 소유한 단 한 마리의 양—을 구해내는 것이 허용될 진대,

한 사람을 돌보는 것은 그보다 얼마나 더 중요하겠는가? 그런 다음 예수님께서는 손 마른 사람에게 감추고 있던 손을 내보이라고 하시고는 그의 손을 고쳐 주신다.

안식일을 둘러싸고 있는 쟁점들은 바리새인들이 감당하기에는 너무 크다. 마태는 바리새인들이 예수님을 없애기 위해서 그분에 맞서 음모를 꾸미기 시작한다고 보고한다—이는 마태가 전하는 이야기들의 주요한 주제들 가운데 하나가 될 불길한 전개다. 더군다나 예수님께서는 바리새인들이 자신을 죽이기 원한다는 것을 의식하면서도 그들과 싸우려고 하시지 않는다. 오히려 마태는 예수님께서 더 이상의 대립을 원치 않으시고 떠나신다고 말한다. 비록 예수님께서 물러나시긴 하지만, 그렇다고 보내심을 받은 목적을 포기하시는 것은 아니다. 그보다 바리새인들의 음모를 모방하는 방식으로 자신을 변호하시기를 거부하시는 것이다. 거짓이라는 폭력에 대항하는 예수님의 유일한 무기는 그분께서 받으신 것이자 그분 자신이기도 한 진리다.

그럼에도 불구하고 무리들은 예수님을 계속해서 좇는다. 그들은 모두 치료를 받아야 할 사람들로서, 예수님께서는 그들을 치료하신다. 하지만 예수님께서는 이사야의 예언(사 42:1-4)—이방인들에게 정의를 선포하실 분에 관한 예언—을 이루시기 위해 그들에게 자신을 알리지 말라고 명령하신다.

> 그는 다투지도 아니하며 들레지도 아니하리니
> 아무도 길에서 그 소리를 듣지 못하리라
> 상한 갈대를 꺾지 아니하며
> 꺼져가는 심지를 끄지 아니하기를

심판하여 이길 때까지 하리니

또한 이방들이 그의 이름을 바라리라 (마 12:19-21)

바리새인들은 예수님께서 이스라엘 삶의 중심에 있는 직무들offices을 성취하시기 위해 오셨음을 정확히 알아차린다. 즉 그분께서는 그야말로 이스라엘의 선지자, 제사장, 그리고 왕이신 것이다. 하지만 예수님께서 이러한 각각의 직임을 성취하시는 것은 또한 이스라엘로 하여금 오실 것으로 생각했던 메시아께서 어떤 부류실지에 대해 다시 생각하도록 강요한다. 왜냐하면 여기에 계신 왕께서는 무력으로 통치하시기를 거절하시는 분이요, 여기에 계신 제사장께서는 희생당하시는 분이요, 여기에 계신 선지자께서는 "다투지도 아니하며 들레지도(크게 소리치지도) 아니하는" 분이기 때문이다. 더군다나 이러한 직임들을 성취하는 것은 소망이 이방인들에게도 전해지고 정의가 가능하게 됨을 의미한다. 정의에 반대하는 커다란 적은 냉소주의와 절망이다. 그러나 예수님께서는 이러한 새로운 창조로 말미암는 목적이 우리의 삶에 주어졌다는 종말론적인 신호가 되시기 때문에, 소망을 가져오신다.

예수님께서는 논란을 피하시고자 함에도 불구하고, 결국 바리새인들과의 논쟁에 휘말리시게 된다. 이는 예수님께서 눈이 멀고 말을 못하는, 귀신들린 사람을 고치셨기 때문이다. 무리들은 그렇게 귀신들린 자를 고칠 수 있는 사람이라면 다윗의 자손임에 틀림없다고 추측하기 시작한다. 그러나 바리새인들은 다시금 이러한 치료를 예수님께 대항하는 음모를 꾸밀 기회로 간주한다. 그들은 오직 "귀신의 왕 바알세불"만이 귀신을 내쫓을 수 있다고 생각하기 때문이다. 그런데 그들은 예수님께 대항하는 이번 음모가 성공하길 바라는 마음에서 자신들이 생각하고 있는 것을 발설하지 않는다. 하지만 예수님께서는 그분의 적을 잘 아시고, 그들이 발설하지 않는 고소거리에 반응하신다.

예수님께서는 어느 나라든, 심지어 그것이 사탄의 나라일지라도, 스스로를 대항해서 분열되면 망하게 된다고 말씀하신다. 바리새인들 중에도 귀신을 쫓아내는 퇴마사들exorcists이 있었다. 만일 그들이 그런 사람들을 공개적으로 부인하지 않을 진대, 예수님의 축귀exorcism도 정죄할 수 없다. 만일 바리새인들이 귀신을 쫓아내는 것으로 예수님을 정죄한다면, 그들은 자신들의 퇴마사의 사역에도 같은 시험대를 적용해야 할 것이다. 그러므로 예수님께서는, 만일 바리새인들이 예수님께서 귀신을 축출하셨고 그들도 그렇게 한 것이라고 분명하게 인정한다면, 그들은 또한 예수님께서 오직 성령님으로 말미암아 그렇게 하실 수 있었음을 인정해야만 한다고 주장하신다. 따라서 바리새인들은, 만일 그런 일이 행해졌다면, 하나님 나라가 가까운 줄 알아야만 한다.

하나님 나라가 확실히 현존한다는 점은 분명하다. 예수님께서는 누구든 이미 강한 자를 묶어 놓지 않았다면 사탄과 대적해 싸울 수 없다고 주장하신다. 예수님께서는 강한 자, 사탄을 결박하셨는데, 그것은 사탄의 근거지에서 기꺼이 사탄에게 복종하심으로써 그렇게 하셨다. 그분께서는 광야에서 사탄을 대면하셨고, 사탄이 할 수 있는 가장 나쁜 것에 복종하셨다. 그러나 그분께서 이기셨다. 그분께서는, 이사야 49장 24-25절에서 말하는 대로, 사탄의 전투 규정들을 거부하심으로써 강력한 포로를 사로잡았다. 사탄의 집은 성령님의 사역으로 말미암아 약탈당할 수 있을 뿐만 아니라 이미 약탈당했다. 이것은 우리가 두 가지 방법을 모두 다 가질 수는 없음을 의미한다. 즉 우리는 하나님과 맘몬을 함께 섬길 수 없다. 우리는 사물의 존재에 대해 사탄이 이해하는 방식을 가지고 사탄과 싸울 수는 없다.

성령님을 모독하는 것은 용서받을 수 없는 죄다. 왜냐하면 용서는 단순히 우리의 죄가 우리를 대적하지 않는다는 의미가 아니기 때문이다. 오히려 용서는 사탄의 통치에 대항하는 대안 공동체를 일컫는다. 그런 공동체는 오는 시대뿐만 아니라 지금 이 시대에도 현존한다. 용서받는 것은 예수님께 모여드는 것이다. 용서받지 못하는 것은 유실된 자들the lost의 세상으로 흩어지고 유실되는 것이다. 신성모독이란 성령님께서 이 사람이신 예수님께 부여하신 능력으로 말미암아 가능해진 회개에 의해 시작된 새로운 세상에 참여하는 것을 거부하고 거절하는 것이다.

그러므로 중요한 것은 우리가 무엇을 말하고 무엇을 말하지 않느냐는 것이다. 예수님께서는 사탄의 이름으로 사탄을 쫓아냈다면서 신성모독으로 자신을 고소하려는 사람들을 꾸짖으신다. 즉, 그들은 한 가지를 말하면서 동시에 또 다른 것을 말하고 있다고 고발하시는 것이다. 선한 나무와 악한 나무는 그것들이 맺는 열매로 알 수 있다. 그러나 열매를 분별하는 것은 어려운 일이다. 왜냐하면 독사들은 자기들이 아닌 다른 것을 말하는데 능숙하고, 따라서 악에서 선을 구별하기가 어렵기 때문이다. 그러나 심판의 날, 곧 모든 사람이 자신들이 부주의하게 말한 모든 말에 책임을 지게 될 때에는 그렇지 않을 것이다.

말은 예수님께서 행하시고 가르치신 모든 것에서 결정적인 역할을 했다. 그분께서는 우리가 화났을 때 우리의 말을 훈련하도록 가르치셨고(마 5:22-26), 맹세를 금지하셨고(마 5:33-37), 공허한 기도를 싫어하셨고(마 6:7), 판단하는 위선적인 말을 정죄하셨고(마 7:4-5), 거짓된 신앙고백을 참지 않으셨고(마 7:21-22), 자신을 분명하게 부인하는 듯한 말들의 사용을 무시하셨다(마 12:2).[3] 예수님께서는 말이 오용되는 것은 '우리의 보물' 때문이라고 말씀하신다. 우리는 보호해야만 한다고 생각하는 것 때문만이 아니라 잃어버릴까 봐 두려워하는 것들 때문에도 거짓으로 말한다. 더군다나 잃어버릴까 봐 두려워하는 것과 보호하고자 하는 것은 너무나 자주 우리 자신에게조차 감춰져 있다.

이 모든 것은 교회의 본질적인 과제 가운데 하나가 말에 '주의하기 care'임을 보여 준다. 말에 주의하기 위해 주어진 직임들 중 하나가 신학이라 불리는 것이다. 신학은 그리스도를 따라 말하려고 하는 사람들을 돕도록 부여된 훈련과정으로서, 진리이신 그분을 증거하는 데 요구되는 것 그 이상도 그 이하도 말하지 않는 것이다. 진실한 언어는 사라질 수도 있다. 왜냐하면 모든 언어는 지속적인 주의를 요구하기 때문이다. 이것이 교회가 주의깊은 말로 구성된 시들, 곧 종종 기도—특히 수세기에 걸쳐 시편을 노래하면서 그들의 기도를 연마한 수도자들의 기도—의 형식을 취한 시들 없이는 살 수 없는 이유다.

그러나 신학자들은 종종 말할 수 있는 것보다 더 많이 말하려는 유혹을 받게 된다. 하나님의 신비는 우리를 불만족스럽게 함으로써 계속해서 우리에게 설명될 수 없는 것들을 설명하도록 부추긴다. 특히 교회의 지위와 교회의 믿음이 문제시되는 시대에서 살아갈 때, 신학자들은 이런 왜곡에 더욱 취약해진다. 너무나 자주 총명하고 지혜로운 사람들이, 신앙의 언어가 지닌 문제들이 그들로 하여금 교회가 믿는 것을 지지하기 위해 그들의 지적 능력을 사용할 것을 요구한다고 생각한다.

그런 정황에서, 곧 기독교인들이 얼마간 그렇게 살았다고 우려되는

3. 이 본문들에 관심을 가지는 데는 카터Carter가 지은 2003년의 저서 276쪽에 빚졌다.

정황에서, 복음의 과묵함은 우리를 불만족스럽게 한다. 우리는 복음이 할 수 있는 것보다 더 많이 말해주기를 바란다. 예를 들어, 우리는 마태가 바알세불과 관련해 예수님께서 바리새인들과 주고 받은 대화를 전할 때, 그가 정말로 의미했어야 하는 것이 무엇인지 설명하기 위해 지적인 도구들과 역사적인 연구들을 사용한다. 만일 우리가 예수님의 시대에 살던 사람들이 마귀에 대해 이해했던 바가 무엇인지 더 많이 안다면, 예수님께서 사탄이 사탄을 내쫓을 수 없다고 말씀하실 때 그분께서 의미하신 것이 무엇인지 더 잘 이해할 수 있을 것이라고 추정한다.

틀림없이 그런 연구로부터 많은 것을 배울 수 있고, 따라서 그것들을 무시해서는 안 된다. 그러나 이 주석에서 시행하는 마태복음의 읽기는 마태의 과묵함을 존중하고자 한다. 게다가 그 과묵함은, 내가 믿기로는, 우리가 그것 없이는 살 수 없다고 생각한 보물들을 빼앗겼을 때, 우리로 하여금 복음서를 읽도록 훈련시키는 데 필수적인 과정이다. 기독교인으로서 우리의 힘과 우리의 재물부에 도전하는 읽기를 하지 않고서 복음서를 읽는다는 것은 결코 쉬운 일이 아니다. 나는 이 주석이 시작보다 더 많은 것을 줄 수 있는 것처럼 제시하고 싶지는 않다.

서기관들과 바리새인들과 마찬가지로 우리는 필사적으로 표적sign을 바란다. 표적을 구하는 사람들은 틀림없이 예수님께서 보지 못하는 자들을 고치시고, 저는 자들을 걷게 하시고, 나병환자들을 깨끗하게 하시고, 듣지 못하는 자들의 청력을 회복시키시고, 죽은 자들을 일으키시고, 가난한 자들에게 좋은 소식을 가져오심을 들었다. 그런데도 그들은 여전히 표적을 바란다. 급기야 나중에는 예수님께 “하늘로부터 오는 표적”을 보여 달라고 구할 것이다(마 16:1). 마태복음을 따라 여기까지 온 우리 역시 표적을 요구하는 그들에게 공감할 수밖에 없다고 고백해야만 한다. 예수님께서는 자신을 따르려는 사람들에게 많은 것을 요구하신다. 따라서 그들에게 약간의 보험이 주어지는 것이 그렇게 비합리적으로 보이지만은 않는다. 하지만 우리는 마귀도 광야에서 예수님께 표적을 구했던 것을 기억해야만 한다.

어떤 종류의 표적이 서기관들과 바리새인들, 그리고 우리를 만족시킬 수 있을지 분명하지 않다. 한번은 한 철학교수가 만일 하늘이 열리고 참으로 기품 있는 형체가 나타나 "나는 하나님이다."라며 아주 큰 소리로 선언한다면, 자기는 하나님을 믿겠노라고 말한 적이 있다. 그러나 이것이야말로 예수님을 따르는 것을 불가능하게 만드는 종류의 증거다. 왜냐하면 아버지께서는 우주의 형이상학적인 비품의 일부가 되실 수 없고 오직 이 사람, 예수님께로부터만 발견되시기 때문이다. 터너Denys Turner는 우리는 하나님께서 어떤 분이신지*quid est* of God 알 수 없기 때문에, 동일한 인격이 인간적이면서 동시에 신적이라고 말하는 것이 가능하다고 주장한다. 터너는 설명하기를, 하나님께서 우리에게 알려지지 않으셔야만 칼케돈의 기독론이 가능하다고 한다. 왜냐하면

> 만일 그리스도께서 참으로 '보이지 않는 하나님의 **형상**'이시라면……, 그러면 동등하게 이와 똑같은 그리스도께서 비가시성 그 자체로 우리의 접근이 되신다. 만일 그리스도께서, 어떤 식으로든, 모든 창조 질서의 개요서라면, 곧 저자의 어떤 지식이 읽힐 수 있는 책이라면, 그러면 동등하게 저자의 알려지지 않은 신비가 가장 심오하게 강화되는 것은 그리스도 안에서이다. 그러므로 그리스도 안에서 하나님에 관해 말해질 수 있는 모든 것과 그 말의 불가해성(과 그것의 실패)은 둘 다 최대치로 연합되고 또한 강화된다. 그리스도 안에서 우리는 하나님에 관

해 말하는 방법을 배운다. 그러나 그리스도 안에서 우리는 그 말이 깨어져 눈부시게 실패하는 데—알지만 모르는a knowing-unknowing, '눈부신 암흑'—열려 있음을 발견한다. (터너, 2004, 59.)[4]

그래서 예수님께서는 표적을 구하는 사람들에게 다시 성경, 특히 요나서에 주의를 기울이라고 대답하신다. 마치 요나가 바다 괴물의 뱃속에서 삼일 밤낮을 보냈듯이, 인자도 "밤낮 사흘동안 땅속에"서 보낼 것이라고 말씀하신다. 그러나, 심지어 부활조차도, 이미 그들이 알고 있는 것을 확인하기 위해 구하는 사람들에게는 불충분한 표적이 될 것이다. 마치 남방 여왕이 솔로몬의 지혜 때문에 그를 찾아 왔듯이, 이스라엘이 전혀 기대하지 않았던 사람들이 솔로몬의 지혜보다도 훨씬 더 큰 것이 될 요나의 표적에 이끌릴 것이다.

예수님께서 요나서를 사용하신 것은 그분의 죽음과 부활을 예견케 한다. 그러나 부활조차도 우리가 스스로 깨끗하지 못한 영들을 없앨 수 있음을 보장해 주지는 않는다. 예수님께서 귀신들을 내쫓으셨지만, 그들은 또 다른 곳에서 쉴 장소를 찾는 것처럼 보인다. 너무나 자주 귀신들은 그들이 원래 있었던 곳으로 돌아와 번식하고, 그래서 그들이 거하는 사람은 그들이 원래 있었을 때보다 훨씬 더 나빠지게 된다. 예수님께서는 이러한 일이 그분께서 임하신 이 세대에 일어날 것이라고 시사하신다. 이스라엘 백성에게 회개할 것을 요청하시는 그분의 사명은 그들이 지금 성령님의 사역에 저항하는 것보다 훨씬 더 강하게 저항하는 결과를 낳을 수 있다.

---

4. 내부의 인용은 보나벤춰Bonaventure의 『하나님에로의 영혼의 여정Itinerarium mentis in deum』에서 온 것이다.

"적은 믿음"은 마귀가 우리의 영혼을 사로잡는 데 필수적인 모든 것을 그에게 제공하는 데 충분할 수 있다.

깨끗하지 못한 영들에 대한 이러한 표현들이 다소 모호하고 수수께끼 같을 수 있다. 귀신들린 사람에 관한 이론을 발전시키기 위해서 쫓겨났던 귀신들에게 일어난 일에 관해 예수님께서 하신 말씀을 사용하는 것은 잘못된 것이다. 귀신들은 분명히 기생한다. 그들은 자신들이 세울 수 없는 거처를 요구한다. 그러나 예수님께서는 우리에게 악의 존재론적 지위에 관해 성찰할 것을 요구하시지 않는다. 그보다 예수님께서는 우리가 하나님과 맘몬을 동시에 섬기고자 할 수 없음을 다시 한 번 상기시키신다. 그분을 위하지 않는 사람은 누구든지 그분을 반대하는 사람이다. 그리고 거기에는 그분 자신의 가족도 포함된다.

예수님께서 아직 무리들에게 말씀하실 때, 그분의 모친과 형제들이 그분과 얘기하기 위해서 밖에 서 있었다. 그리고 이러한 사실이 예수님께 전해진다. 그러나 예수님께서는 제자들을 가리키시면서 이제부터는 그들이 자신의 어머니이고 형제들이라고 주장하신다. 아버지의 뜻을 행하는 사람들이 그분의 형제들이고, 자매들이며, 모친이다. 예수님께서는 이미 제자들을 부르심으로써 가족애에 도전하셨고(마 4:18-22), 제자가 되고 싶어하는 사람이 부친을 장사하기 위해 돌아가게 해달라는 것을 거절하셨고, 다가올 박해 속에서 형제가 형제를 부인하고, 아버지들이 자기 자녀들을 반대하여 일어나고, 자녀들이 그들의 부모들을 죽음에 몰아넣을 것이라고 예견하셨다(마 10:16-23, 34-39). 만일 예수님께서 말씀하신 그대로를 의미하는 것이 분명하다면, 예수님께서 자신의 참된 가족을 제자들로 규정하시는 것은 가족에 대한 그분의 도전이 급진적임을 명확하게 해준다.

예수님의 제자가 되는 것은 가족이 재구성되는 새로운 공동체의 일원이 되는 것이다. 우리는 모두 자녀들이다. 그러나 이제 한 공동체가 세워졌고, 그 안에서 우리는 모두 서로에게 부모가 되고, 형제와 자매가 되도록 부름 받는다. 그런 공동체에서는 '원치 않는 아이'가 태어나는 것이 불가능하다. 왜냐하면 생물학적인 가족이 교회에 대한 봉사로 변화되었기 때문이다. 가장 중요한 것은 가족이 아니라 오히려 아버지의 뜻을 행하는 사람들이다. 예수님께서 가족에 대해 그와 같은 비판적인 태도를 취하심으로써, 그분께서는 이스라엘 백성들과 긴장관계에 놓일 수밖에 없게 되셨다. 이스라엘의 충실한 아들로서 예수님께서는 결혼해서 아기를 갖는 것이 기대된다. 하지만 예수님께서는 독신으로 남으신다. 더군다나 그분의 독신은 하나님 나라가 생물학적인 원인에 근거해 자라지 않는다는 표시다. 오히려 하나님 나라는 증거와 회심에 의해서 자란다. 그러한 성장을 통해 기독교인들은 우리에게 없다고 생각했던 자매들과 형제들을 발견할 것이다. 그것이 그리스도 안에서 임한 그 나라의 경이로움이자 위협이다.

마태복음 13장

하늘 나라의 비유

비유로 주어지는 예수님의 위대한 설교는 아버지의 뜻을 행하는 사람들이 그분의 형제요 자매이며, 모친이라는 그분의 주장(마 12:50)에 대한 주석으로 읽힐 수 있다. 당신은 출생으로 그리스도의 형제나 자매가 되는 것이 아니라, 그분의 제자가 되는 것을 배움으로써 그분의 형제와 자매가 되는 것이다. 우리가 차차 보게 되겠지만, 비유는 예수님께서 이러한 새로운 가족을 구성하시기 위해 그분의 제자들을 교육시키시는 방법 가운데 하나다. 특히 예수님께서는 하늘 나라가 어떻게 세워지는지 제자들로 하여금 분별할 수 있도록 돕기 위해서 비유를 사용하신다. 그러므로 비유는, 산상설교처럼, 혈연적인 친족관계가 우리와 그리스도의 친족관계보다 더 확정적이라고 상정하는 세상에서 우리가 살아남기 위해 교회가 어떤 공동체여야만 하는지를 상상하는 데 언제나 결정적으로 필요한 것이었다. 예수님께서 비유들로 설교하시기 위해 앉으신 배는 비유들이 생겨나게 하는 교회다.

마태는 예수님께서 언제 또는 왜 어느 집에 계시다고 말하지 않고, 오직 제자들이 안식일을 범했다고 고소당한 그 날에 예수님께서 그 집에서 나와 바닷가에 앉으셨다고 말할 뿐이다. 예수님께서 집에서 나오시자마자 큰 무리가 그분 주위로 몰려든다. 실제로 무리가 너무 많아 예수님께서는 그들에게 연설하시기 위해 배에 올라타셔야만 했다. 따라서 무리는 예수님께서 배 안에 앉아서 그들을 가르치시는 동안 바닷가에 서 있어야만 했다. 그리하여 우리는 예수님께서 산상설교를 전하시던 것과 아주 유사한 상황에 직면한다. 즉 예수님께서 설교하실 때 무리가 듣긴 하지만, 사실 예수님께서 설교하시는 대상은 제자들인 것이다. 같은 방식으로 예수님께서는 어떤 비유들을 통해 무리를 가르치시지만, 정작 제자들에게만 그 비유들을 설명하신다. 왜냐하면 제자들은 그 비유들에 의해 드러난 세상의 빛 안에서 사는 것을 배워야만 하는 사람들이기 때문이다.

예수님께서는 사역 초기에는 비유와 비슷한 비교들comparisons을 사용하셨다. 산상설교에서 예수님께서는 지혜로운 사람은 반석 위에 자신의 집을 짓는다고 말씀하신다(마 7:24-27). 또한 옷과 포도주 부대에서 유추하여 새 것이 옛 것에 쉽게 합해질 수 없음을 시사하시고(마 9:14-17), 깨끗하지 못한 영들은 물 없는 지역에서 집을 찾아야만 하는 사람들과 같다고 하신다(마 12:43-45). 그러나 이제 예수님께서는 거의 조직적인 방식이라고 불리는 비유들parables을 사용하시고 그 사용에 관해 설명하신다. 예수님께서는 무리에게 왜 비유로 말씀하시냐는 제자들의 질문에 대답하시는데, 얼핏 보기에는 다소 이상하게 대답하신다. 그분께서는 "그들이 보아도 보지 못하며 들어도 듣지 못하며 깨닫지 못"(마 13:13)하도록 예언하라고 이사야에게 부여하신 하나님의 지시(사 6:8-13)를 인용하신다. 예수님께서 비유를 사용하신 것은 선지자적이면서 동시에 묵시적인 것이다.

예수님께서 사용하시는 비유들이 지닌 선지자적이며 묵시적인 특성은 그분의 인격과 사역에 잘 어울린다. 그래서 예수님께서는 시편 78편

1-3절을 인용하시는데, 이것은 그분께서 세상의 기초에서부터 감추어졌던 것들을 드러내시기 위해 비유로 말씀하시는 것을 나타낸다. 이스라엘의 하나님, 곧 모든 존재하는 것들을 만드신 주님께서 동정녀의 태에서 발견되실 것이다. 예수님께서는 태초에 현존하셨던 것을 분명하게 나타나게 하시는 아버지의 비유시다. 그런 계시에 관한 우리의 인식은 이 사람, 이 예수님께서 성육신하신 하나님이심을 알 수 있도록 하기 위해서 우리에게 변화를 요구한다. 그리스도의 육신, 십자가로 기꺼이 가시는 그분의 의지는 하나님을 감추는 동시에 드러낸다. 그래서 비유들은 예수님을 따르려는 사람들이 그분의 사역의 결과인 하늘 나라에 참여하는 데 필수적인 변화가 어떤 종류의 것인지 드러내도록 되어 있다.

예수님처럼, 비유들은 형식에 있어서 묵시적이다. 비유들은 분명히 그것들의 묵시적인 특성을 나타내는 극적인 이미지를 사용하지만, 그것들의 형식은 예수님에 의해 시작된 새로운 시대를 증거한다. 새로운 시대처럼, 비유들은 구속을 제공함과 동시에 이미 임한 구원에 상응하는 심판 또한 제공한다. 그래서 우리는 종말에 천사들이 의로운 사람들로부터 죄인들을 분리해내고, 악을 행한 자들이 맹렬히 타는 풀무에 던져지고 거기서 슬피 울며 이를 갈 것(마 13:42, 49-50)이라는 말을 듣게 된다. 이것은 강한 표현의 말이긴 하지만, 또한 예수님께서 그분의 통치에 상응하는 삶의 방식으로 우리를 부르시기 위해 오셨음을 기억하게 하는 말이기도 하다.

그러므로 비유들은 복음을 선포하는 데 중요한 가르침의 형식이다. 만일 그렇지 않다면 왜 예수님께서 비유를 사용하는 데 주의를 기울이라 하셨겠는가? 그러나 비유들은 전체적으로 복음의 특성을 예증해줄 뿐이다. 이에 대해 도날드 시니어Donald Senior는 이렇게 말한다.

11장을 시작한 이후, 마태는 하나님의 통치의 계시자로서 예수님을 강조하는가 하면, 그 계시에 대해 다양하면서도 때때로 적대적인 반응을 강조해 왔다. 본래 '비유들'은 계시와 반응 모두의 역학에 들어맞는다. '비유들'은 청자들로 하여금 예수님에 의해 계시된 실재에 관해 새롭게 인식하도록 하기 위해 디자인된 확장된 은유거나 비교다. 그러나 그것의 기교적인 본성에는 역설이라는 특별한 비틀음twist과 예기치 않은 도전이 추가된다. C. H. 도드가 내린 고전적인 정의에 비유의 본질적인 요소가 포착된다. "가장 단순하게 보면 비유는 자연이나 일상생활에서 끌어온 은유 또는 직유로서, 그것의 생생함이나 낯섦으로 청자들을 사로잡는 한편, 그들로 하여금 능동적인 사고를 하도록 집적거리면서 그것의 정확한 적용에 관해 충분히 의심하도록 한다." 예수님 자신의 인격의 신비를 확장하는 것, 그리고 마태복음의 이 부분에 비유 강화discourse를 위치시키는 것은 모두 비유가 지닌 이와 같은 불분명한 특성 때문이다. 비유들은 마태의 이야기에 퍼져 있는 심오한 기독론, 즉 예수님 안에서 하나님의 통치가 임했다는 것을 보다 증폭시키는 역할을 한다. 동시에 비유의 의미를 꿰뚫고 그것들을 '이해하는' 능력, 또는 반대로 비유들을 이해하기를 거부하거나 이해할 수 없는 것은 예수님의 제자들과 만성적인 적대자들을 분리시킨다. (시니어, 1998, 146-7.)

예수님께서 사용하신 비유에 관해 질문하는 제자들에게 대답하시면서, 예수님께서는 종종 그러하시듯이, 그들에게 시편, 특히 78편을 참조하라고 하신다. 비유들은 우리가 조상들에게서 전해 들은 '어두운 속담들'이다. 그러나 이제는 그러한 속담들이 내포한 의미가 충분히 이해될 수 있다. 이제는 비유들을 말씀하시는 분과 말해진 비유들이 하나다. 예수님께서는 우리로 하여금 옛 것에 감춰 있었던 새 것을 드러낼 수 있는 하늘 나라의 서기관들이 되도록 하시기 위해 비유들로 말씀하신다(마 13:52). 그러므로 비유들은 예수님의 계속되는 가르침, 곧 예수님께서 구약을 성취하심을 이해하도록 하기 위해 마태가 신실하게 따른 가르침을 대표한다. 이에 대해 울리히 루즈Ulrich Luz는 이렇게 언급한다.

> 예수님의 비유들에서, 우리는 몇 번이고 되풀이해서 이스라엘을 향한 그분 자신의 사역과 사명이, 예컨대 대연회 초청의 비유 또는 겨자씨의 비유에서처럼, 비유적인 형태로 비춰지고 있음을 발견한다. 여기에 나중의 구원론적인 해석을 위한 생식 세포가 놓여 있다. 그러나 우리는 거듭해서 예수님의 비유들은 단지 이론적인 것만을 의미하지 않음을 발견한다. 그것들의 의미는 거듭해서 매일의 삶을 가리킨다. 그것들은 지성에 의해 파악되기를 요구하는 것이 아니라, 그대로 살기를 요구한다. (루즈, 1993, 91.)

비유들을 권면의 측면에서 해석해야 한다는 루즈의 제안은 확실히 옳다. 그러나 그러한 읽기는 비유들이 반영하는 구원에 관한 표현일 뿐이다.

씨 뿌리는 자의 비유는 어떻게 씨를 뿌려야 하는지에 관한 충고가 아니며, 밀과 가라지의 비유 또한 농부들에게 어떻게 농사를 지어야 하는지 말해주는 것이 아니다. 오히려 씨 뿌리는 자의 비유는 부에 대한 것이며(마 13:22), 밀과 가라지의 비유는 인내하지 못함과 예수님께서 가능하게 하신 인내로서 기쁨에 대한 것이다. 크리소스톰Chrysostom은 비유들을 설명하려는 사람들은 문자적으로 접근하면 안 된다고 주장한다. 왜냐하면 그러한 접근은 불합리한 것들로만 이끌기 때문이다. 비유들은 우리가 겨자씨에 대해 무엇을 아는지를 드러내는 것이 아니다. 그보다 예수님께서 제자들을 가르치시기 위해서 비유들을 사용하시는 것은 비유로 가르치기를 선택하신 이유에 관해서만이 아니라 비유들 각각이 무엇을 의미하는지 설명하시기 위함이다. 비유들은 마태복음 전체가 보여주듯이 그리스도 중심으로 이해되어야 한다.

예수님께서는 무리를 가르치시기 위해서는 비유들 중 몇 가지만을 사용하시고, 제자들을 가르치시기 위해서는 모든 비유들을 사용하신다. 그러나 비유들을 설명하시는 것은 제자들에게만 하신다. 다시 한 번 우리는 기독론과 제자도가 예수님의 사역에서 분리될 수 없음을 본다. 제자들은 해석의 선물을 받을 것이지만, 그것은 힘들게 얻는 선물이 될 것이다. 비유들로 가르치신 모든 것을 제자들이 이해하는지 예수님께서 물으셨을 때, 제자들은 "그렇다"라고 대답할 것이다(마 13: 51). 그러나 그 "그렇다"는 십자가의 죽음과 부활 이후에야 완전히 이해될 것이다. 제자들은 "볼" 것이다. 그러나 그들은 빛에 의해서 눈이 멀게 될 것이다. 그러나 그들의 눈 멂blindness, 곧 비유들이 창의적으로 고안해 낸 눈 멂은 희망이 없는 것이 아니다. 왜냐하면 그들은 계속해서 예수님을 따를 것이기 때문이다.

제자들은 그 나라의 씨가 뿌려진 좋은 토양이다. 우리는 그들이 좋은 토양인 줄 안다. 왜냐하면 만일 그들이 좋은 토양이 아니라면, 우리는 예수 그리스도의 교회가 아닐 것이기 때문이다. 우리는 성령님의 돌보심 아래에 있는 제자들이 적합한 증인들로 판명되었기 때문에 존재한다. 그런데 제자들을 의미하는 토양이 비옥한 것은, 그들이 예수님께 비유로 가르치시는 이유를 설명해 달라고 요구하기를 두려워하지 않았기 때문이다. 예수님께서 설명하시기를, 씨 뿌리는 자의 비유는 제자들로 하여금 그들이 받은 것이 무엇인지 분별할 수 있게 도와준다. 그들은 예수님의 제자로 부르심을 받음으로써 그 나라의 비밀을 받는 중에 있다. 그 비밀들, 곧 모든 사람들에게 열려 있으나 예수님의 부르심에 응답하는 사람들만이 알게 되는 비밀은 옛 것으로부터 새 것을 구별한다.

따라서 예수님께서는 씨 뿌리는 자의 비유를 그 나라의 선포가 산출한 결과에 관한 묘사로 설명하시는 것이다. 어떤 사람들은 응답하지만 이해하지는 못할 것이다. 그리고 이것은 그들로 하여금 "악한 자"에게 특별히 취약하게 만들 것이다. 복음은 위험하다. 베드로처럼 우리도 예수님을 따를 수 있으리라 생각하지만, 로마와 이스라엘 지도자들의 권력 앞에서 십자가의 죽음을 당하신 주님께 신실하게 남아 있기란 어려운 일이다. 베드로는, 우리들 대다수와 마찬가지로, 너무 많이 준비되어 있어서 정작 예수님을 따를 수 없다. 너무 많이 준비되어 있어서 예수님을 따를 수 없다는 것은 우리가 이분께서 어떤 메시아신지 이해하지 못한다는 것을 이해하는 데 실패한다는 뜻이다. 그러므로 예수님께서는 이러한 비유들을 사용하셔서 제자도가 상처를 주리라는 점을 상기시키신다. 특히 말씀은 계속해서 세상의 돌봄에 의해서 형성되는 사람들 사이에서는 제대로 번성할 수 없다. 예수님께서는 우리에게 하나님과 맘몬을 함께 섬길 수 없다고 말씀하시지만, 이것은 제자들조차도 힘든 과정을 통해 배우는 교훈이다.

씨 뿌리는 자의 비유는 유럽과 미국에서 교회의 위상과 교인의 상실을 염려하는 사람들에 의해 자주 다뤄지지는 않지만, 서양의 교회의 상황에 이보다 더 적절한 본문을 생각하기는 어렵다. 우리가 죽어가는 이유는 아주 단순해 보인다. 제자이면서 부자가 되는 것은 어려운 일이다. 우리는 분명히 그것이 그렇게 단순할 리가 없다고 생각지만, 예수님께서는 분명히 그것이 단순하다고 생각하시는 것처럼 보인다. 부의 유혹 그리고 부에 의해 생산되는 세상의 돌봄은 아주 쉽게 우리의 상상력을 어둡게 만들고 질식시킨다. 그 결과, 교회는 복음의 가장 심오한 적인 감상주의sentimentality의 먹이로 전락하고 만다. 복음은 심판이 배제된 채로 단순히 '우리의 삶에 의미를 주기' 위한 하나의 공식이 되고 만다.

너무나 자주 교회의 추락한 위상과 상실된 교인의 숫자를 회복시키기 위한 전략을 제안하는 사람들은, 사람들이 예수님의 제자가 되는 요구에 직면하지 않고서도 교회의 구성원이 될 수 있다는 것에 매력을 느낄 수 있으리란 희망을 가지고 그렇게 한다. 그들은 잠시 동안 "기뻐할"지 모른다. 그러나 그런 기쁨은 박해에서 살아남을 수 없다. 갱신을 위한 많은 전략들의 이런 얄팍한 특성은 그로 인해 생겨난 교회들이 기독교인들이 어떻게 박해에 직면할 수 있는지 이해하지 못하는 데서 여실히 드러난다. 이것은 미국이 처한 특별한 문제다. 미국의 기독교인들은 기독교인이 되는 것이 어떻게 미국식의 생활방식과 긴장관계에 놓이게 하는지 상상하지 못한다. 이는 보수적인on the right 기독교인들만이 아니라 진보적인on the left 기독교인들에게도 참이다. 양쪽 모두, 종종 너무나 비슷한 방식으로, 자유가 제자도를 위해 필수적인 조건이라고 생각한다.

따라서 나는 이 비유가 미국의 교회에 대한 예수님의 심판으로서 미국의 교회의 상황을 읽는 데 당연히 도움이 된다는 것을 급진적인 제안이라고 생각하지 않는다.[1] 간단히 말해 미국의 교회는 깊은 뿌리가 자라날

1. 성문제로 괴로워하는 교회를 둘러싼 현재의 논쟁들은 어떤 사람들을 절망으로 이끈다. 그러나 래드너Radner가 하나님께서 교회를 처벌하시는 중이고 이는 좋은 소식이라고 제안하는 것은 확실히 옳다. "물론, 복음의 구속적인 정황 안에서, 나는 그런 처벌이 잘못을 깨닫도록 벌 주시는 것이라고 간주할 수 있다. 그리고 그 안에는 그런 희망이 있다.……그리고 내

수 있게 하는 토양이 아니다. 부가 말씀이 자라는 것을 불가능하게 만든다는 것이 이상하게 보일 수 있다. 우리는 부를 통해 더 많은 선을 행하는 데 필요한 힘을 창조해야 한다고 생각한다. 그러나 부는 오히려 그런 상상력을 가라앉힌다. 왜냐하면 우리는, 예수님의 제자들이 강요 받았던 것처럼, 오직 필요necessity만이 창조할 수 있다는 세상에 대해 대안이 되도록 강요 받지 않기 때문이다. 소유물에 의해 소유되어 있는 우리는, 우리의 소유물을 잃지 않은 채로, 가난한 자들을 위해 세상에서 종종 행동하기를 바란다.

예컨대, 예수님을 따르려는 많은 사람들은 무방비 상태에 있는 사람들을 위해 선한 것을 지키기 위해서라면 계속해서 기꺼이 폭력을 사용해야 한다고 믿는다. 따라서 평화주의자들은 무책임하다고 생각한다. 하지만 스스로를 평화주의자라고 선언하는 것은, 폭력에 대한 대안을 구상하도록 강요하는 연약함만이 아니라 다른 사람들에 대한 의존을 창조하는 것이다—그렇지 않으면 그것을 정확히 문자적으로 상상할 수 없다. 이는 비폭력에 헌신하는 사람들은 그런 헌신에 우리의 소유물이 함축하는 바도 포함되어 있음을 결코 잊지 않는다는 것을 의미한다. 뿐만 아니라 비폭력과 소유물이 교회의 특성과도 상관관계가 있음을 잊지 않는다. 실제로 교인의 숫자가 줄어드는 교회는, 오히려 더 깊은 뿌리가 가능할 수 있도록 복음의 토양이 준비되는 교회일 수도 있다.

그러므로 예수님께서 좋은 토양일지라도 아주 다른 결과를 낳는다(마

가 그런 생각에 저항하는 것만큼, 나는 적어도 나 자신이 그러한 벌의 일부며, 나 역시 나의 동료들 위에 임한 것을 받아 마땅하다고 믿으려고 해야만 한다.……성경은 우리에게 이러한 실재—왕들과 성도, 선지자들과 일반인들—를 감당하는 방법에 관해 많은 지침을 제공한다. 뿐만 아니라 우리에게는 표준을 높이신 주님께서 계신다."(2004, 203).

13:8)고 말씀하시는 것은 좋은 소식이다. 바울은 고린도전서에서 교회 안에 있는 다양한 은사들에 주의를 환기시키면서 예수님께서 하신 말씀에 대해 자신의 견해를 밝히는 것으로 보인다.

> 직분은 여러 가지나 주는 같으며 또 사역은 여러 가지나 모든 것을 모든 사람 가운데서 이루시는 하나님께서는 같으니 각 사람에게 성령님을 나타내심은 유익하게 하려 하심이라 어떤 사람에게는 성령으로 말미암아 지혜의 말씀을, 어떤 사람에게는 같은 성령님을 따라 지식의 말씀을, 다른 사람에게는 같은 성령으로 믿음을, 어떤 사람에게는 한 성령으로 병 고치는 은사를, 어떤 사람에게는 능력 행함을, 어떤 사람에게는 예언함을, 어떤 사람에게는 영들 분별함을, 다른 사람에게는 각종 방언 말함을, 어떤 사람에게는 방언들 통역함을 주시나니 이 모든 일은 같은 한 성령님이 행하사 그의 뜻대로 각 사람에게 나누어 주시는 것이니라 (고전 12:5-11)

교회는 다른 은사들을 받은 사람들로 구성될 뿐만 아니라, 어떤 교회에서 참된 것은 다른 교회들에서도 참된 것처럼 보인다. 의심할 여지 없이 하나님께서는 지구 남반구의 교회들에게 특별한 은사들을 주셔서 이들 교회들의 성장을 가능하게 하셨다. 그것은 우리(북반구의 교회에 속한 기독교인들)가 남반구의 교회들의 성장이 정말로 백 배, 육십 배, 삼십 배로 증가한 것인지의 여부를 말하자는 것이 아니다. 그런 판단은 수 세기에 걸친 시간을 요구한다. 만일 비유들이 우리에게 무엇인가 말하고자 한다면, 그것은 예수님의 제자들은 급하게 서두를 필요가 없다는 것이다. 왜냐하면 우리가 세상에서 제자가 되기 위한 시간은 항상 있을 것이기 때문이다.

그러므로 예수님께서 씨 뿌리는 자의 비유에 이어 밀과 가리지의 비유를 말씀하시는 것은 우연이 아니다. 이 비유는 종종, 시대들 사이에 있는 이 시대초림과 재림 사이의 시간—역주에, 타협한 교회를 정당화하기 위해서 사용되었다. 예를 들어, 아우구스티누스의 두 도성에 대한 이해, 즉 신의 도성과 사람의 도성에 대한 이해가 종종 이 비유를 설명하기 위해서, 또한 예수님께서 제자들에게 주신 이 비유에 대한 설명을 자세히 풀어내기 위해서 사용된다. 어떤 사람들은, 아우구스티누스가 신의 도성과 '사람'의 도성 사이에서 도출해내는 분명한 대조는 천사들이 가라지들을 모아서 불사르게 될 세상의 종말(마 13:40)에서만 도출할 수 있는 대조라고 주장한다. 그렇더라도 아우구스티누스가 다음과 같이 말했다는 데는 의심의 여지가 없다.

> 이 악한 세상에서, 그리고 이 악한 시대에서 교회는 현재 당하고 있는 모욕을 통해 미래의 승격을 준비하고 있다. 교회는 두려움의 찌름으로, 슬픔의 고문으로, 괴로움의 곤경으로, 유혹의 위험으로 훈련 받고 있다. 또한 교회는 오직 기대 안에서만 즐거워한다. 그리할 때 교회의 기쁨은 건전해진다. 이런 상황에서, 교회 안에는 많은 배교자들이 선한 사람들과 섞여 있고, 두 종류의 사람들 모두, 말하자면, 복음의 저인망 안으로 모아진다. 그리고 바다에서처럼, 이 세상에서 두 종류의 사람들은 구분없이, 해변에 다다를 때까지 그물 안에 갇힌 채 헤엄친다. (아우구스티누스, 1977, 831.)

라인홀드 니버Reinhold Niebuhr는 스스로 아우구스티누스의 전통에 서 있다고 이해했다. 왜냐하면 그는 기독교인들이 세상에서 책임 있게 행동해야만 한다는 타협들을 정당화하기 위해 이 비유를 끌어왔기 때문이다. 니버는 이 비유를 죄짓지 않고 살려는 모든 형태의 기독교적인 시도들을 정죄하는 데 사용한다. 니버에 따르면, 이 비유는 악의 특수한 형태가 존재하지 않는다는 것이 아니라, 역사 안에는(특히 교회 안에는) 선한 것과 악한 것이 너무 많이 섞여 있기 때문에 우리는 다만 우리가 상처입지 않는 선에서만 그것들을 구별해야 한다고 가르치는 것이다. 니버는 기독교인들이 일시적인 구별을 해야만 한다고 인식하지만, 궁극적인 구별은 결코 불가능함을 인정한다.

> "둘 다 추수 때까지 함께 자라게 두라". 사람은 창조물이자 창조자다. 만일 그가 인간의 현장을 간과할 수 없고, 본성의 목표를 넘어 선 목표를 세울 수 없거나 선과 악을 구별할 수 없다면, 그는 창조자가 아닐 것이다. 그는 이러한 것들을 해야만 한다. 그러나 그는, 자신의 창조력이 아무리 높이 올라간다 하더라도, 자신이 시간의 흐름에 포함되어 있다는 것을, 그리고 자신이 없는 척하는 바로 그곳에서, 자신의 지혜가 유한하지 않고 무한하며 자신의 덕virtue이 모호하지 않고 분명하는 척하는 그 순간에, 자신이 악이 된다는 것을 기억해야만 한다. (니버, 1986, 47-8.)[2]

니버는 밀과 가라지의 비유에 대한 자신의 해석을 기독교인들이 비폭

---

2. 이에 대해 나는 카트라이트Cartwright에게 감사한다. 나는 그가 지은 1988년의 저서 44-60쪽을 통해 이 비유가 니버에게 중요했다는 것을 처음으로 알았다.

력에 헌신할 수도 없고, 헌신해서도 안 된다고 주장하기 위해서 사용했다. 니버에게, 교회는 기독교인들이 실수할 수 있는 인간 존재를 넘어서는 어떤 것인 척할 때 그 자신과 세상을 배신하는 것일 뿐이다. 교회는 죄가 많은 기관이다. 따라서 밀과 가라지의 비유를 통해 배울 수 있는 교훈은 기본적으로 겸손에 관한 것이다. 기독교인들이 인정해야만 하는 것은 교회의 안팎에서 사랑과 자기애가 "삶에 뒤섞여 있고, 어떠한 도덕 제도가 인정하는 것보다 훨씬 더 복잡하다는 것이다. 그 비유의 단순한 말씀은 모든 도덕가들의 지혜보다 훨씬 심오하다. 거기에는 창조력의 엔진인 자기애가 있다. 이는 궁극적으로는 그러한 까닭에 정당화되지 않을 수도 있지만, 역사를 살펴볼 경우, 우리는 그것이 창조력의 엔진이라고 말해야만 한다."(니버, 1986, 45).

밀과 가라지의 비유에 대한 니버의 이해—확실히 폭넓은 해석—가 지닌 문제는 그것이 예수님의 씨 뿌리는 자의 비유에 대한 설명과 모순될 뿐만 아니라, 그런 읽기는 아우구스티누스의 두 도성에 대한 이해에도 충실하지 않다는 것이다. 물론 아우구스티누스는 교회가 그 구성에서 섞여 있다고 이해한다. 그러나 이것이 그가 교회는 세상과 구별될 수 없거나 기독교인들이 비기독교인들이 행동하듯이 행동할 수 있고 행동해야만 한다고 생각한다는 뜻은 아니다. 예를 들어, 교회의 혼합된 특성과 관련한 위의 인용문에 뒤따라오는 문단에서, 아우구스티누스는 예수님께서는 비천하게 태어났고 교육도 받지 못한 제자들을 택하셨고, 그래서 만일 그들 속에 어떠한 위대함이 있다면 그 위대함은 그들 안에서 역사하시는 그리스도 자신이라고 언급한다. 심지어 예수님께서는 그들 중 한 사람, 곧 그리스도께서 선을 위해 그를 사용하실 수 있었는 데도, 악으로 말미암아 자신을 배신한 사람에게까지 관용을 보여주신다. 그래서……

거룩한 복음의 씨를 뿌리신 후에, 그것이 그분께 속하는 한 그분의 육체적인 현존으로 말미암아 그것을 뿌리시기 위해서, 그분께서는 고난을 당하셨고, 죽으셨고, 다시 사셨다. 그래서 그분의 고난으로써 우리가 진리 때문에 겪어야만 하는 것을 보여주셨고, 죄의 감면을 위해 그분의 피를 흘리셨다는 깊은 신비는 물론이거니와, 그분의 부활로써 우리가 영원히 희망을 품어야만 하는 것을 보여주셨다. 그러고 나서 그분께서는 지상에서 사십 일을 제자들과 동행하며 보내셨고, 그들이 보는 데서 하늘로 승천하셨다. 그 후 열흘이 지나 그분께서는 약속하신 성령님을 보내셨다. 믿는 자들에게 성령님의 오셨음을 증거하는 가장 위대하며 가장 오해의 여지가 없는 표적은 모든 사람들이 열방의 언어로 말하는 것이었다. 그리하여 보편 교회의 하나됨이 열방 가운데 존재하고 그래서 모든 언어로 말해질 것을 보여주었다. (아우구스티누스, 1977, 832.)

아우구스티누스는 아주 분명하게 밀과 가라지의 비유는 교회의 혼합된 특성을 위한 예수님의 정당화가 아니라고 말한다. 오히려 이 비유는 기독교인들로 하여금 그리스도 안에서 이미 임한 그 나라를 인정하지 않는 세상에서 견디도록 격려하기 위해 주어졌다고 말한다.[3] 모든 비유들

3. 어떤 사람들은, 내가 반콘스탄틴주의를 지지하는 것을 고려할 때, 아우구스티누스에 대한 나의 찬사가 이상하다고 생각할 수도 있다. 아우구스티누스는 종종 후기 콘스탄틴주의의 발전과 정당화에 필수적인 원천이라고 규정된다. 아우구스티누스가 그렇게 사용되었을 수도 있지만, 사실 그 자신의 입장은 훨씬 더 모호하다. 오도너반O'Donovan은 2004년에 지은 그의 저서 61-3쪽에서, 아우구스티누스는 정의를 기독교인에 의해서 정부가 기능할 때에만 시민정부를 위해 실현되는 덕목으로 생각했다고 바르게 주장한다. 오도너반은 또한 『신의 도성』은 기본적으로 정의에 대한 책이 아니라 용서에 대한 책이라는 점에도 주목한다.

처럼, 밀과 가라지의 비유는 묵시적인 비유다. 그러나 묵시적이라는 것은 마귀까지도 인내해야만 하는 교회의 필요성을 일컫는 것이다.

예수님께서 유다를 인내하셨던 것처럼, 우리는 그 나라를 강제로라도 실현시켜야 한다고 생각하는 사람들을 인내해야만 한다. 예수님의 비유들은 그 나라가 무엇과 같은지, 그 나라가 이미 임했다는 것이 무슨 의미인지에 관해 말해준다. 그러므로 예수님의 제자들이 교회나 세상에서 복음의 적들을 제거하기 위해 폭력을 사용하는 것은 필수적인 것이 아니다. 오히려 교회는, 아우구스티누스가 말한 것처럼, 인내하면서 확신을 가지고 열방 가운데 교회가 존재하기를 기다리면 된다.

니버는 자신의 입장을 지지하기 위해 아우구스티누스를 이용할 수 있다고 잘못 생각했다.[4] 아우구스티누스는 계속해서 예수님께서 하늘 나라에 관해 선포하신 것에 내재되어 있는 세상의 종말론적 특성을 전제한다. 아우구스티누스에게 세상은 오직 예수님께서 교회를 만드셨기 때문에만 알 수 있는 것이다. 그런 관점은 니버에게는 이질적이다. 왜냐하면 그는 복음을 교회의 존재 유무와 상관없이 알 수 있는 인간의 조건에 관한 설명으로 이해하기 때문이다. 니버에게 복음은 교회 없이도 이해할 수 있는 지식이 되었다. 그런 관점에서는, 예수님과 같은 묵시는 단지 미친 것처럼 보일 뿐이다.

예수님의 제자가 되는 것에 상응하는 미친 짓이 있다. 세상을 아는 것, 하늘 나라가 겨자씨와 같다는 것을 이해하는 것은 서두르는 것을 거부하는 사람들을 필요로 한다. 씨 뿌리는 자의 비유와 밀과 가라지의 비유를

4. 아우구스티누스에 대해 니버가 가장 깊이 있게 숙고한 설명은 1953년의 저서 119-46쪽에서 발견된다.

뒤따르는 비유들은 세상의 참된 본성을 인정하기를 거부하는 세상에서 제자들이 견뎌야만 하는 방식에 관한 주석들로 제시된다. 하늘 나라는 겨자씨나 누룩과 같다. 왜냐하면 그 나라 안으로 끌려 들어가는 것은 피조물을 향한 하나님의 인내에 참여하는 것이기 때문이다. 예수님께서는 우리에게 중요하지 않은 것the insignificant의 중요성the significance을 보라고 가르치신다. 예수님의 사역의 이 지점에서 예수님께서는 로마 당국의 관심 밖에 있는 존재다. 권력자들의 관점에서 볼 때, 예수님께서는 단지 로마 제국의 후미에 있는 패배한 백성들을 혼란스럽게 하는 선지자일 뿐이다.

그렇더라도, 우리는 예수님의 시작의 '작음'에 관심을 기울이는 것에 주의해야만 한다. 왜냐하면 그런 관심은, 오늘날 우리가 서양 문명에서 그것의 능력을 알고 있기 때문에 예수님께서 그 나라가 가까이 왔다고 선포하신 것이 정당화된다고 제안하는 데 사용될 수 있기 때문이다. 또한 그래서 우리가 기꺼이 작게 시작하려는 것을 적법하게 보는 것도 모든 것이 예수님께서 말씀하신 방식대로 되었다고 생각하기 때문이다. 이런 식으로 이 비유들은 묵시적으로 이해되지 않고, 오히려 진행 중에 있는 근대적인 믿음의 예증으로 해석된다. 하지만 '작게 시작하는 것'에 대한 정당화뿐만 아니라 비유에 대한 그런 해석들은 그 나라의 특성을 왜곡할 수 밖에 없다. 우리는 비유의 묵시적인 특성이 변하지 않았음을 결코 잊어서는 안 된다. 우리는 우리의 열매들로 알 수 있을 것이다. 그 열매들은 팔복에 의해 복을 받은 사람들에게 여전히 남아 있다. 세속적으로 성공한 기독교인들이 무엇을 가졌든지 간에, 소위 그 성공들은 너무나 자주 새들이 와서 깃들이는 장소 그 이상도 이하도 아닌 것이 되라는 과제로부터 교회의 주의를 딴 곳으로 돌렸다.

왜 씨 뿌리는 자와 밀과 가라지 같은 비유들을 사용하시는지에 관한 예수님의 설명은 이천 년에 걸친 기독교의 역사가 기독교인들의 신실함을 보장하거나 기독교의 합리성을 유지하는 데 충분치 않음을 의미한다. 그 나라의 묵시적인 특성은 소위 기독교의 성공에도 불구하고 여전히 남아 있다. 기독교인들은 마치 모든 것이 이 사람예수님에 대한 신실함에 달려 있는 것처럼 계속해서 살아야만 한다. 왜냐하면 모든 것이 예수님께서 선포하셨고 또 예수님 자신이기도 한 그 나라에 대한 우리의 반응뿐만 아니라 그 나라의 실재에 달려 있기 때문이다.

더군다나 우리의 반응은 예수님께서 가져오신 그 나라를 구성한다. 그 나라가 산출하는 기쁨이 있다. 그것은 바위 위에 살고 그 결과로 하늘나라의 씨를 너무 빨리 받는 사람들이 느끼는 것과는 아주 다른 기쁨이다. 밭에 있는 보물의 비유와 값진 진주의 비유는, 우리가 하늘 나라의 기쁨에 사로잡혀 있을 경우, 많은 것이 요구된다는 점을 분명히 한다. 왜냐하면 그 나라를 발견한 경우, 그 나라의 보물이 있는 밭이나 값진 진주를 사기 위해 우리가 가진 모든 것을 팔 것이 요구되기 때문이다. 이 비유들은 전적으로 제자들에게, 예수님을 따르려면 그들의 이전의 모든 삶을 포기할 것이 요구된다는 점을 상기시키기 위해 언급되었다. 제자들은 곧 예수님께서 예루살렘으로 가는 여행으로 그들을 이끄시는 것보다 훨씬 더 많은 것이 요구될 것임을 알게 될 것이다.

예수님께서는 또한 제자들이 그렇게 '그물에 낚인' 것이 다행임을 분명히 하신다. 왜냐하면 그 나라의 그물이 가득 찰 때, 그것 또한 좋은 물고기와 나쁜 물고기로 가득 찰 것이기 때문이다. 하지만 제자들은 천사들에 의해서 그 나라의 돌봄을 유지하는 데 필요한 인내로 단련되었다. 교회의 과제는 타협함이 없이 인내하는 것이다. 예수님께서는 제자들에게 "이 모든 것"을 이해하냐고 물으시고, 제자들은 "그러하오이다"라고 대답한다. 그러나 우리는 이 "그러하오이다"가 시기상조인 것을 알고 있다. 왜냐하면 제자들은 옛 것과 새 것 모두를 그의 보물창고에서 꺼내오는 집주인을 이제 막 이해하기 시작했을 뿐이기 때문이다.

제자들의 "그러하오이다"가 역설적인 것은, 오늘날 우리에게는 온전한 복음이 있기 때문에 예수님의 질문에 더 잘 대답할 수 있다고 생각하는 우리에게 좋은 교훈이 된다. 실제로 우리에게는 마태만이 아니라 마가와 누가, 요한복음도 있다—바울 서신은 말할 필요도 없다. 또한 우리에게는 복음서와 바울을 읽고 우리에게 신약에 관한 그들의 주석을 남겨준 사람들이 있다. 이런 선물들을 무시하는 것은 실수하는 것이다. 그러나 예수님의 질문에 우리가 어떠한 "그러하오이다"로 대답하든지 간에, 그것은 결과보다는 약속에 대한 "그러하오이다"가 되어야만 한다. 유대주의와 교회의 관계나 서기관과의 논쟁을 이해하려는 우리의 지속적인 노력은, 우리가 대답하는 어떠한 "그러하오이다"도 성취한 것이 아니라 노력 중에 있는 것임을 분명히 해준다.

그러나 그러한 노력의 일부가 되는 것은 정말로 경이로운 일이다. 하늘 나라 비유는 그 나라가 '저 위에' 있는 것이 아니라, 오히려 시간을 창조하고 공간을 구성하는 나라임을 분명히 한다. 그 나라가 구성하는 시간과 공간은 사람들로 하여금 시간 안에 존재하고 공간을 차지할 것을 요구한다. 예수님께서는 우리로 하여금 세상을 위해 하늘 나라의 물적인 실재가 되도록 하시기 위해서 비유들을 통해 우리를 가르치신다. 왜냐하면 예수님 안에서 우리는 많은 선지자와 의로운 사람들이 보고 듣기를 간절히 바랐던 것을 보고 듣기 때문이다. 정말로 예수님께서는 아버지의 그 비유시다.

예수님께서는 비유들로 말씀하신 후에, 그곳을 떠나 고향으로 가신다.

이전에 예수님께서 나사렛으로 돌아오셨을 때는 권능의 일들을 행하셨다. 이번에는 회당에서 가르치기 시작하신다. 그리고 그분의 말씀을 듣는 사람들은 권능의 일들은 물론 그분의 지혜로 인해서도 놀란다. 하지만 한편으로 그들은 예수님께서 목수의 아들이심을 알기 때문에 당황했다. 그들은 묻는다. 그의 어머니는 우리 모두가 알고 있는 마리아가 아니며, 그의 형제들은 야고보와 요셉, 시몬, 유다라고 이름하지 않는가? 그의 누이들도 있다. 그래서 그들은 묻는다. "이 사람의 이 모든 것이 어디서 났느냐" 그러므로 마태는 우리에게 예수님의 고향 사람들이 "예수님을 배척한지라"라고 말한다. 아마도 그들은 예수님의 가르침이 그분의 치유보다 훨씬 더 공격적이라는 것을 발견했을 것이다.

마태는 왜 그들이 예수님을 배척했는지 말해주지 않는다. 우리는 예수님께서 권위를 가지고 가르치신다는 것을 안다. 그 권위는 예수님을 잘 알고 있다고 생각하는 사람들의 기분을 상하게 했을 수도 있다. 그들은 예수님께서 가르치거나 권능의 일들을 행할 전문적인 자격을 가지지 않았다고 생각했을 수도 있다. 또한 예수님께서 경멸을 낳는 친숙함 때문에 고난을 당하는 것이라고 생각할 수도 있다. 하지만 마태는 우리에게 이러한 잘 알려진 메커니즘들 가운데 어느 것이 작동한다고 말해주지 않는다. 우리는 단지 그들이 예수님을 배척했다는 것만을 알 뿐이다.

고향 사람들처럼, 우리도 예수님께 대한 친숙함 때문에 예수님께서 목이 마른 자, 낯선 자, 헐벗은 자, 또는 죄수로 우리 앞에 나타나실 때 그분을 인식하지 못할 수 있다는 것을 안다. 우리는 예수님의 이미지라는 부담을 떠안고 있는데, 사실 우리를 사랑하는 것, 우리로 하여금 우리 가족을 사랑하도록 돕는 것, 우리보다 행운이 부족한 사람들을 돌보는 것 외에는 잘하시는 것이 없는 예수님보다 더 파괴적인 이미지는 없다. 마태복음에서 우리는 이러한 예수님을 다만 아주 희미하게만 엿볼 수 있다. 그래서 우리에게 남은 문제는 우리가 우리의 필요를 만족시키는 것보다 더 좋은 일들을 하는 것처럼 보이는 예수님을 환대할 것인가 하는 것이다.

예수님께서는 (요한복음 4장 44절에도 기록되었듯이) "선지자가 자기 고향과 자기 집 외에서는 존경을 받지 않음이 없느니라"라고 말씀하신다. 이로써 예수님께서는 그들을 위한 선지자로 봉사해야 했지만 정작 그들에 의해 거절당한 이스라엘의 선지자들의 위대한 반열에 자기자신을 자리매김하신다. 이사야, 예레미야, 에스겔처럼 예수님께서는 이스라엘을 위한 예언의 전형이 되셨다. 그 선지자는 스스로 말해진 말씀이 되셨고, 그럼으로써 하나님의 구원을 현실화 하셨다. 예수님께서는 예언의 끝이시다. 왜냐하면 그분께서는 선지자들이 오실 것이라고 말했던 하나님의 말씀이시기 때문이다. 그러므로 예수님께서 자신의 고향에서, 자신의 집에서 존경을 받지 못하시는 것은 단지 한 이상주의자를 또 다시 거부한 것이 아니다. 그것은 이스라엘을 구하실 수 있는 유일하신 분을 거부한 것이다.

게다가 그분의 거부당하심은 섭리적이다. 구약에서도 종종 과거를 회상하면서 재앙으로 보이는 것이 실제로는 섭리다. 요셉은 그의 형제들에게 이렇게 말한다. "하나님께서 큰 구원으로 당신들의 생명을 보존하고 당신들의 후손을 세상에 두시려고 나를 당신들보다 먼저 보내셨나니 그런즉 나를 이리로 보낸 이는 당신들이 아니요 하나님이시라"(창 45: 7-8). 예수님께서는 자신의 고향에서 거부당하시지만, 이 거부당하심은 이방인들이 언약으로 들어오는 시간을 허락한다(롬 9-11). 그런 판단들은, 마치 우리가 하나님의 섭리적인 돌보심을 예측할 수 있는 것처럼 장래를 바라보면서prospectively 행해질 수 있는 것이 아니라, 과거를 회상하면서

retrospectively 행하는 신실함의 한 형태가 될 수 있다.

마태는 예수님께서 "그들이 믿지 않음으로 말미암아 거기서 많은 능력을 행하지 아니하시니라"라고 말한다. 설령 그들에게 더 많은 믿음이 있기만 했다면, 예수님께서 권능의 일들을 행하실 수 있었을지 모르지만, 예수님의 권능의 일들을 제한했던 것은 그들의 불신이 아니다. 문제는 회당에서 예수님의 가르침에 깜짝 놀랐던 사람들의 주관subjectivity이 아니다. 오히려 예수님께서는 고향에서 몇 가지 권능의 일들만 행하신다. 왜냐하면 어떠한 권능의 일이 행해지더라도 그것은 더 많은 오해와 거부로 이끌 것이었기 때문이다. 마태는 오해받고 거절당하는 것이 예수님의 운명이라고 분명히 밝힌다. 그럼에도 불구하고 예수님께서는 고향에서—심지어 예루살렘에서도—이해되고 수용되기를 바라신다.

마태복음 14, 15장

요한의 죽음, 예수님의 기적, 그리고 논쟁들

마태는 예수님에 대해 말해오던 이야기에 갑자기 세례 요한이 죽었다는 이야기를 삽입한다. 요한의 죽음에 관한 이야기는 우리로 하여금 예수님께서 오신 세상과 그분께서 그것에 대해 대안이 되시고자 하는 세상을 이해하도록 도와주는 미니소설이다. 이는 복음서 내에서 예수님께서 등장하시지 않는 유일한 이야기이며, 또한 그렇기 때문에 이 이야기가 아주 중요한 것이기도 하다. 요한의 살해 사건은 권력과 성, 음모의 세상에 관한 이야기다. 그것은 우리의 세상, 곧 예수님께서 도전하시는 세상이자 그것에 대해 대안이 되시는 세상에 관한 이야기다.

마태는 그냥 "그 때에" 헤롯이라는 분봉왕이 예수님에 대한 보고를 듣기 시작했다고 말해준다. 그는 이 헤롯이 누구인지 말해주는 것이 중요하다고 생각하지 않는다. 우리는 그가 베들레헴 근방의 아기들을 죽인 그 헤롯은 아니라는 것을 알고 있다. 왜냐하면 그 헤롯이 죽었기 때문에 요셉이 가족과 더불어 이집트에서 돌아올 수 있었기 때문이다. 여기서의 헤롯은 예수님의 탄생시에 통치하던 헤롯의 아들이다. 마태는 그를 "분봉왕"이라고 부름으로써, 비록 이 헤롯이 자기 아버지에 비해서는 훨씬 약한 권력을 지녔지만, 세례 요한을 체포하기에는 충분한 권력을 갖고 있음을 시사한다. 그의 아버지처럼 그 역시 죽음의 정치에 잘 단련되어 있다.

헤롯은 요한이 자신의 형제인 빌립의 아내, 곧 헤로디아와 결혼하려는 자신의 계획을 정죄했기 때문에 요한을 체포했다. 레위기 18장 6절과 20장 21절에서 형제가 그의 형제의 아내와 결혼하는 것은 금지되는데, 이는 그런 결혼은 근친상간으로 간주되기 때문이다. 요한은 이스라엘을 회개케 하고, 율법을 지키게 하기 위해서 왔다. 그래서 그는 권력자들이라도 가까이 임한 그 나라의 요구로부터 배제되지 않는다고 생각했음이 분명하다. 그러나 헤롯은 자신에게 책임을 추궁하는 요한이 탐탁지 않았고, 그래서 그를 체포하게 했다. 마태는 헤롯이 요한을 처단하고 싶어 했다고 말해준다. 하지만 헤롯은 무리가 요한을 선지자로 여겼기 때문에 그들을 두려워했다. 나중에 헤롯은 예수님의 소문을 듣고 예수님께서 죽은 자들 가운데 부활한 요한일지도 모른다면서 의심하기까지 한다. 이런 의구심은 헤롯이 요한을 선지자로 믿었을 수도 있음을 시사한다.

헤롯이 무리를 두려워하는 것은 헤롯 통치의 특성을 나타내다. 그러나 그것은 우리 대신 통치한다고 주장하는 사람들 대부분의 경우도 마찬가지다. 권력의 자리에 앉은 많은 사람들이 마치 그들의 권력이 절대적인 것처럼 행동하지만, 사실 그들은 자신들이 잡은 권력을 유지할 능력이 부족하다는 것을 두려워한다. 헤롯은, 자신들의 욕망에만 책임지면 된다는 환상을 지탱해주는 위치들을 차지한 사람들에 의해, 그리고 그들을 위해 조성된 비현실적인 세계에 존재한다. 그런 세상은 헤롯의 생일 파티에서 전형적으로 나타나는데, 그 파티에서 헤롯은 헤로디아의 딸이 추는 춤에 너무 기뻐한 나머지 그녀가 요구하는 것이면 무엇이든지 주겠다고 맹세하며 약속한다. 어머니에게서 영향을 받은 그녀는 세례 요한의 머리를 요구한다. 헤롯은 요한을 죽이는 것을 두려워했을 수 있지만, 헤로디아는 확실히 요한이 죽기를 바랐다.

마태는 헤롯이 헤로디아의 딸의 요구에 결코 기뻐하지 않았다고 보고한다. 하지만 헤롯은 맹세를 했고, 그래서 만일 자신이 약속한 것을 지키지 않으면 자신의 생일 행사에 참석한 손님들의 인심을 잃을 것이라고 두려워한다. 그래서 헤롯은 큰 쟁반에 요한의 머리를 가져와 소녀에게 주라고 명령한다. 몇 개의 강력한 문장으로, 마태는 주변 사람들의 전제presumption에 의존하는 권력자들의 불안정성을 묘사했다. 즉 권력자들은 단지 소유한 척 시늉하는 권력을 소유해 놓고서는 그것을 자신들만이 아니라 자신들이 통치하는 사람들에게 확인하는 방식으로 행동해야만 한다는 것이다. 권력자들은 강하게 될 수 있는 힘이 부족하다. 그렇기 때문에 그들은 파괴적인 절망의 삶을 살아가야만 한다. 더군다나 그 절망은 종종 다른 사람들로 하여금 그들의 불안정성에 대한 대가를 치르게 하는 결과를 야기한다.

예수님께서는 헤롯과 뚜렷한 대조를 보이신다. 그분 또한 통치자시다. 그분 또한 그분의 권세에 매료된 사람들에게 둘러싸여 있다. 그러나 그분의 통치는 아버지께로부터 받은 권위로서, 그분 스스로를 희생하셨듯이, 자신을 따르려는 사람들에게 모든 것을 희생하라고 요구하는 권위다. 예수님께서 권력을 행사하시는 것은 결코 어떤 불안전성도 드러내지 않는다. 오히려 예수님께서는 보내심을 받은 목적을 확신하시는 분으로서 통치하신다. 예수님께서는 왕이시다. 그러나 그분께서는 죽이지 않으신다. 그분께서는 우리를 초대하시어 자신의 평화의 나라에서 자신과 결합하도록 하신다. 예수님께서 그런 통치로 나타내시는 것은, 헤롯이 통치하듯이 통치하는 사람들은 예수님께서 그들의 허세 가득한 통치에 위협이 되신다는 것을 느낄 수 밖에 없음을 의미한다.

요한은 죽는다. 그러나 그의 제자들은 요한을 버리지 않는다. 그들은 요한의 시체를 가지고 가서 묻어준다. 그들은 예수님께 가서 무슨 일이 일어났는지 말씀드린다. 요한의 죽음을 들으시고 예수님께서는 그의 체포를 들으셨을 때처럼(마 4:12), 배를 타고 광야에 혼자 있기 위해서 물러나신다. 하지만 주변 마을들에서 자신을 따라 오는 무리를 피할 수는 없다. 오천 명을 먹이신 후 예수님께서는 또 다시 기도하시기 위해 혼자 있고자 하실 것이다. 마태는 예수님께서 이 시간에 왜 혼자 있으려고 하시는지 알려주지 않지만, 요한의 죽음은 그분 앞에 놓인 싸움을 암시해준다. 우리는 겟세마네에서 예수님께서 그분께 주어진 잔이 그분에게서 옮겨지기를 기도하실 것임을 안다(26:39). 그런 겟세마네의 고뇌가 지금 홀로 기도하고자 하시는 예수님의 의도에 담겨 있다고 믿는 것이 불합리한 것만은 아니다.

그러나 예수님께서는 해안으로 돌아오셨을 때 자신을 따라 온 무리를 보신다. 그분께서는 그 무리를 불쌍히 여기셨고 아픈 사람들을 치료하신다. 예수님께서는 종종 무리를 매우 불쌍히 여기신다. 그러나 너무나 자주 이러한 예수님께로부터 동정심에 관한 일반화된 설명을 찾으려는 것은 부당한 시도다. 예수님께서 무리를 불쌍히 여기신 것은 헤롯의 잔치와 대조할 때 가장 잘 이해된다. 예수님께서는 음식이 없는 사람들이 단지 배고파 하기 때문에 그들에게 먹을 것을 제공하신다. 반면 헤롯은 음식이 있는 사람들에게 그의 권력을 과시하기 위해서 향응을 제공한다. 예수님께서 오천 명을 먹이시는 것은 그들을 불쌍히 여기셨기 때문이다. 그러므로 예수님께서 무리를 먹이시는 것은 이 세상의 헤롯들에게 불가피한 시기와 탐욕의 정치들에 대해 대안이 되는 정치인 것이다.

그러므로 배고픈 사람들을 먹이는 기독교의 방식은 그것 자체를 넘어 다른 목적으로 그들을 먹이려는 사람들과 구별된다. 예수님께서는 무리를 불쌍히 여기셨다. 따라서 그들을 먹이고자 하시는 그분의 바람은 오직 그들을 향한 그분의 사랑에만 기인한다고 할 수 있다. 그러므로 예수님의 제자가 되려는 사람들은, 배고픈 사람들을 먹이는 자선의 방식이 그들에게서 권력을 얻는 것이 되지 않도록 주의해야 한다. 배고픈 사람을 먹이는 것에는 폭력적인 방식도 있고 비폭력적인 방식도 있다.

예수님께서는 배고픈 사람들을 먹이는 방법을 아신다. 왜냐하면 그분께서는, 모세처럼, 광야에서 불평하는 백성들을 먹이셨던(출 16장) 하나님의 아들이시기 때문이다. 모세처럼, 예수님께서는 자신을 따라 황량한 곳으로 다니는 무리를 먹이실 것이다. 제자들은 예수님께 무리를 돌려 보내자고 제안한다. 왜냐하면 그들은 도성과 마을에서 멀리 떨어진 이 곳에서는 무리를 먹일만한 장소가 없음을 알았기 때문이다. 그러나 예수님께서는 자신을 따라온 사람들을 돌려보낼 필요가 없다고 말씀하신다. 대신에 그분께서는 제자들에게 그들을 먹이라고 맡기신다. 제자들은 이렇게 많은 사람들을 먹일 만큼 충분한 음식을 갖고 있지 않다고 항변한다. 실제로 그들은 겨우 빵 다섯 개와 생선 두 마리만 갖고 있을 뿐이다. 예수님께서는 그들에게 물고기와 떡을 자신에게 가져 오라고 명하신다. 그리고 그것들을 축사하시고, 빵들을 떼고, 그것들을 무리에게 나누어 주라고 제자들에게 주신다. 모든 사람이 먹고, 배가 불렀고, 열두 바구니가 남았다.

오천 명—여자와 어린이들을 포함할 때 훨씬 더 많았을—을 먹이신 것은 하나님께서 광야에서 이스라엘을 돌보시는 것을 요약해서 보여 준다. 게다가 그것의 세부사항들은 음식과 말씀은 분리될 수 없음을 시사한다. 다섯 개의 빵은 모세오경에 상응하며, 두 마리 물고기는 율법과 선지자를 대표한다. 음식과 말씀은 정확히 함께 묶여 있다. 왜냐하면 육신과 영혼은 엄격히 분리될 수 없기 때문이다. 성경의 말씀은 생명의 말씀으로, 그 각각의 조각은 빵과 물고기로 살 수 있는 우리 능력에 필수적인 것이다.

그런데 오천 명을 먹이신 것은 우리의 주의를 광야에서 이스라엘 백성을 먹이신 것뿐만 아니라, 자신의 몸과 피로 제자들을 먹이신 예수님께로 이끈다(마 26:26-29). 예수님께서는 자신의 몸이 쪼개지는 것을 예상하시면서 빵을 쪼개신다. 예수님께서는 제자들에 의해 제공된 빵과 생선으로 오천 명을 먹이신다. 그러나 그분께서는 우리를 위해서 빵 그 자체가 되실 것이다. 오천 명을 먹이고 남은 빵이 이스라엘의 갱신을 위해 열두 개의 바구니에 모아지도록 요구될 만큼 필요 이상으로 남은 것과 같이, 예수님의 몸 또한 새로운 이스라엘이 되도록 부름 받은 사람들을 위해 결코 소진되지 않을 것이다.

마태는 우리에게 예수님께서 먹이신 사람들은 오천 명이 넘음을 알게 한다. 왜냐하면 여자와 어린이들은 계수되지 않았기 때문이다. 여자와 어린이들이 계수되지 않는 것은 그들이 남자 성인보다 지위가 낮다는 것을 나타낼 수 있다. 하지만 예수님의 몸과 피로 구성된 새로운 이스라엘에서는 그렇지 않다. 예수님께서는 먹이신 사람들을 세지 않으신다—그분께서는 훨씬 더 중요한 일을 하신다. 그분께서는 그들을 먹이신다.

예수님께서는 오천 명이 넘는 사람들을 다섯 개의 빵과 두 마리의 물고기로 기적적으로 먹이신다. 심지어 훨씬 더 기적적인 차원에서 그분께서는 자신의 몸과 피로 우리에게 생명을 주심으로써 교회를 먹이시기를 계속하신다. 그분의 기적은 세상을 보는 우리의 방식에 도전한다. 그러나 그러한 도전을 구성하는 것은 그분의 기적들만이 아니다. 그분의 삶 자체가 도전이다. 그분의 기적은 보내심을 받은 그분의 목적으로서의 사역에서 분리될 수 없다. 우리로 하여금 예수님을 믿는 것을 어렵게 하는 것은 우리 스스로 자신의 창조자라고 생각하는 교만한 가정을 선뜻 포기하려고 하지 않는 우리의 의지 때문이다.

근대성이라 불리는 시대를 사는 우리 같은 사람들은 삶의 기적에 관한 어떠한 감각도 느끼지 못하기 때문에 기적을 쉽게 인정하지 못한다. 웬델 베리Wendell Berry는 우리가 삶의 기적을 인식할 수 없는 것은 우리가 세상과 그 안에 있는 피조물들에 관해 잘못된 언어를 사용하기 때문이라고 제안한다. 우리는 전문가들에게 권력만 주고 정작 설명되는 것을 표시하지 못하는 분석적인 언어를 사용한다. 결과적으로 세상은 피조물에서 기계로 재분류됨으로써 우리로 하여금 자신의 삶에 낯선 존재가 되게 만들었다. 베리는 이렇게 결론짓는다. "인간은 더 많은 정보나 더 나은 이론을 축적함으로써, 또는 과학 및 산업 분야에서 더 높아진 예측 가능성이나 더 많은 주의를 기울임으로써, 삶을 살아가는 데 내재된 위험을 현저히 줄이거나 완화시킬 수 없다. 삶을 기적보다 못한 것으로 취급하는 것은 그것을 포기하는 것이다."(2000, 10).

마태는 예수님께서 무리에게 음식을 먹이신 직후, "제자들을……배를 타고 (자신보다) 앞서 건너편으로 가게 하시고"라고 말한다. 예수님께서는 사람들을 되돌려 보내신 후, 모세가 산에 올라가서 이스라엘 백성의 우상숭배를 용서해 달라고 주님께 간구했듯이(출 32:30-34), 기도하시기 위해서 산 위로 올라가셨다. 그분께서는 밤 시간의 대부분을 혼자 계셨다가 아침 무렵이 되어서야 제자들을 향해 가셨다. 그 때 제자들이 탄 배는 육지에서 멀리 떨어져 거센 파도에 시달리고 있었다. 제자들은 예수님께서 물 위로 걸어 오시자, 겁에 질린다. 사람은 물 위로 걷지 못한다. 그래서 그들은 그들의 현실을 정상상태로 되돌리는 어떤 설명을 붙잡는다—그는 유령이어야만 한다.

예수님께서는 두려워서 소리지르는 제자들에게 자신이라고 확인시켜 주신 후, 두려워하지 말라고 말씀하신다. 불타는 가시덤불 속에서 하나님께서 모세에게 말씀하신 것처럼, 예수님께서는 자신을 "나다I am"라고 규정하신다. 이는 시편 77편 19절의 "나다". 곧 보이지 않는 발자국을 남기시며 바다 횡단 길, 거대한 물결 사이를 지나는 길을 제공하시는 "나다"이다. 베드로는 예수님께 자신으로 하여금 물 위에서 예수님을 만나도록 명령해주실 것을 요청한다. 이에 예수님께서는 한 단어로 "오라"고 말씀하신다. 베드로는 예수님을 향해 걸어가다가 거센 바람을 보자 물에 빠지기 시작한다. 그는 예수님께 자신을 구해달라고 요청한다. 베드로는 가라앉지 않을 때 두려워하게 된다. 그러나 그가 두려워하게 되자 가라앉기 시작한다. 예수님을 시야에서 잃어버릴 때, 우리 모두와 마찬가지로, 베드로는 두려워할 수 밖에 없게 되고, 이것은 곧 우리가 생존할 수 없게 됨을 의미한다. 예수님께서는, 자주 그러셨듯이, 손을 내밀어 베드로를 구원해 주신다.

베드로는 때때로 충동적이고, "믿음이 적고," 의심한다고 비판을 받는다. 그러나 그런 비판을 하기 전에 그가 자신으로 하여금 예수님께 갈 수 있도록 명령해 달라고 요청한 것을 간과해서는 안 된다. 베드로는 그 일이 자신의 힘으로 할 수 있는 일이 아님을 인정하면서 물을 가로질러 예수님께로 향한다. 그는 예수님께 다가갈 능력이 예수님께서 비롯되지 않는다면 자신에게 전혀 없다는 것을 알기 때문에, 예수님께 자신으로 하여금 그분께 오라고 명령해 달라고 요청한 것이었다. 베드로는 믿음이 적었지만, 적어도 그는 신앙이 순종이라는 것을 인식하기 시작한다.

우리는 물론 베드로의 입장을 이해한다. 왜냐하면 우리 역시 의구심이 많기 때문이다. 우리는 베드로처럼 두려워하기 때문에 의심한다. 우리의 두려움들은 하나님에 대한 두려움에 의해 지배받지 않는다. 왜냐하면 우리는, 헤롯처럼, 하나님을 두려워하기보다 다른 사람들의 의견을 더 두려워하기 때문이다. 결과적으로, 우리는 다른 사람들이 우리를 정상이라고 생각해 주기를 희망하면서 우리의 욕망들의 무게 아래로 가라앉게 된다. 그러나 예수님의 제자들, 곧 기적이 없는 세상에서 살기를 거부하는 사람들은 정상이 될 수 없다. 우리는, 제자들이 그랬던 것처럼, 그들이 지금 하나님의 아들로 인정하는 이 예수님을 경배한다.

곧이어 예수님께서는 시몬을 베드로로 개명하시고, "이 반석 위에" 예수님의 교회가 세워질 것이라고 선언하실 것인데, 이는 이 이야기를 교회론적인 함축과 깊이 관련되도록 한다. 교회는 그 나라의 방주다. 그러나 때로 교회는 해안에서 멀리 떨어진 채 강풍과 파도에 위협받는 자신을 발견한다. 배 안에 있는 사람들은 그들이 종종 해안에서 멀어져 폭풍우의 위협 아래 있게 되는 것이 드문 일이 아님을 이해하지 못한다. 교회가 신실하다면 언제나 해안에서 멀리 떨어져 있을 것이다. 더군다나 어떤 사람들은 안전한 배에서 나와 물 위를 걷도록 명령을 받을 것이다.

그러나 그들의 임무는 배에서 나오라고 명령하신 분을 증거하는 것이다. 배에 남아있는 사람들이나 예수님께서 배에서 나오라고 명령하신 사람이나 결코 자신들에게 주의를 기울이지 않는다. 그들은 예수님께 주의를 기울인다. 너무나 자주 현대의 교회는 우리가 줄 수 있는 어떠한 설명도 재형성하실 것임에 틀림없는 분을 증거하기보다, "그것은 유령이다." 라고 외치는 세상의 설명을 제공해왔다.

이 세상의 권력들에 도전하는 교회는 예수님을 설명할 필요가 있는 교회가 아니다. 그런 교회는 단지 예수님을 경배할 뿐이다. 예수님을 경배하는 것은, 바람과 파도에 휩싸인 채 자취조차 찾을 수 없는 멀리 떨어진 바다에서 경험하는 두려움이 결코 우리의 삶을 지배하지 못한다는 것을 의미한다. 두려움이 우리의 삶을 지배하는 것은 우리의 임무가 죽음에서 살아남거나 교회를 구하는 것이라고 생각할 때다. 그러나 우리 임무는 살아남는 것이 아니라 신실한 증거자가 되는 것이다. 만일 우리에게 해야 할 선한 일이 있다면, 두려움이 우리의 삶을 지배할 수 없다. '해야 할 선한 일'이란 경배의 또 다른 이름이다.

우리는 예수님께서 세례를 받으신 이후 그분께서 하나님의 사랑하는 아들이심을 알았다(마 3:17). 마귀는 예수님께 하나님의 아들임을 증명하라고 조롱했고(마 4:3, 6), 가다라 지방의 귀신 들린 사람은 예수님을 하나님의 아들로 규정했으며(마 8:29), 예수님께서 자신을 아들이라고 말씀하셨다(마 11:27). 이제 제자들이 예수님께서 하나님의 아들이심을 고백한다. 그러나 더 중요한 것은 그들이 예수님을 경배한다는 것이다. 조금 전에 배를 휘저으려고 위협했던 폭풍을 예수님께서 잠재우셨을 때, 제자들은 도대체 어떤 사람이 바다와 바람에게 명령하여 자신에게 순종하게 할 수 있느냐고 궁금해 했다. 이제 그들은 이 예수님께서 자신이 누구라고 말씀해오신 그분이심을 인정했고, 그래서 "그들은 그를 경배했다(절했다)". 제자들은 배우는 중이지만, 그들이 입술로 고백한 것을 마음에 새기는 데는 시간이 필요할 것이다.

예수님과 제자들이 게네사렛 땅으로 가자, 사람들이 예수님을 알아본다. 예수님께서 오셨다는 소식이 온 지역으로 퍼진다. 사람들이 아픈 사람들을 데려오기 시작한다. 그들은 예수님께 옷자락이라도 만질 수 있게 해달라고 간구한다. 왜냐하면 그런 접촉만으로도 치유될 것이라 믿기 때문이다. 예수님을 만지는 사람들은 모두 고침을 받는다. 하지만 예수님에 관한 평판이 바리새인들과 서기관들—그들은 예수님의 사역에 도전하기 위해서 예루살렘에서 온 사람들이다—의 주의를 끈다. 그들은 예수님께서 행하시거나 행하시지 않는 것보다는 제자들의 행위에 관해 묻는 그들의 초기 전략을 따른다(마 12:1-8). 그래서 지금 그들은 왜 제자들이 식사하기 전에 손을 씻지 않느냐고 따진다.

레위기 15장 11절에는 손이 더러워진 사람들은 그들의 손을 제사의례에 사용하기 전에 물로 씻어 깨끗하게 해야 한다는 경고가 나온다. 그런데 바리새인들과 서기관들은 이 '율법'을 장로들의 전통으로 규정한다. 왜냐하면 레위기가, 제사장을 제외하고는, 모든 사람들이 먹기 전에 손을 씻도록 요구하는 것인지 결코 분명하지 않기 때문이다. 그러나 예수님께서는 그 질문이 단지 계략인 것을 아시기 때문에, 바리새인들과 서기관들이 율법을 회피하기 위해 어떻게 장로들의 전통을 이용하는지를 폭로하심으로써 반박하신다.

계명들은 분명하다. 아버지와 어머니를 공경해야 하고, 아버지와 어머니를 악하게 말하는 사람은 반드시 죽어야 한다. 그러나 예수님께서는 바리새인들과 서기관들이 어떻게 하면 그들의 어머니와 아버지를 공경하는 것을 피할 수 있는지를 배웠다고 말씀하신다. 부모님을 부양하는 대신, 어떤 사람들은 모든 것을 하나님께 드렸다고 주장함으로써 궁핍한 부모님을 부양하는 것을 회피하려고 한다. 그러나 정작 자신들의 이익을 위해서는 이른바 하나님께 드렸다고 한 모든 것들을 계속해서 사용한다.

예수님께서는 그들을 향해 전통을 빙자해서 자신들의 이익을 위해 율법을 조작한다고 비난하심으로써 형세를 역전시켜 자신을 고소하는 사람들에게 공세를 취하신다. 또한 이사야 29장 13절을 인용하시면서 바리새인들과 서기관들의 위선을 비난하시는데, 이는 그들이 말로써, 그리고 율법을 조작함으로써 하나님을 공경하려고 하기 때문이다. 그러나 그렇게 해서는 하나님을 경배할 수 없다. 왜냐하면 우리가 하나님을 바르게 경배하는 사람이라면 우리가 행하는 일과 우리가 누구인지를 구별할 수 없기 때문이다. 예수님께서는 자신의 논지를 납득시키시기 위해 무리를 불러, 더러운 것은 입으로 들어가는 것이 아니라 입에서 나오는 것이라고 말씀하신다. 문제가 되는 것은 제자들이 손을 씻었는지의 여부가 아니라 제자들이 신실한 삶을 살고 있는지의 여부다.

제자들은 예수님께서 무리를 향해 주신 말씀뿐만 아니라 바리새인들에게 주신 대답도 바리새인들을 불쾌하게 했을 것이라고 우려한다. 제자들, 곧 예수님을 하나님의 아들로 경배한 사람들이 예수님께서 합법적인 종교를 대표하는 사람들을 불쾌하게 했다고 우려하는 것이다. 어떤 이유에서든 제자들은 외교관이 되어야 할 필요가 있다고 생각하는 것처럼 보이지만, 예수님께서는 위선자들을 상대하실 때만큼은 외교관이 아니시다. 실제로 예수님께서는 바리새인들과 그들의 추종자들, 그리고 소경을 인도하는 소경들을 그대로 내버려두는 것이 가장 좋다고 말씀하신다. 왜냐하면 그들은 스스로 파멸할 것이기 때문이다.

베드로는 예수님께 이 '비유'를 설명해달라고 요청한다—비록 그것이 비유인지는 분명하지 않지만 말이다. 예수님께서는 맹세하지 말라고 하실 때 그러셨던 것처럼(마 5:33), 말이라는 것이 종종 우리의 마음의 공허함을 무심코 노출시킨다고 말씀하신다. 왜냐하면 마음—때로 우리 자신에게조차 알려지지 않은 마음—바깥으로 "살인과 간음과 음란과 도둑질과 거짓 증언과 비방"이 나오기 때문이다. 이런 것들이 씻지 않은 손으로 먹는 것보다 우리를 훨씬 더 더럽게 한다. 제자들에게 하신 예수님의 대답은 바리새인들이 율법의 사소한 것들을 강조하고 있었음을 시사한다. 실제로 그들은 마치 하와와 같다고 할 수 있는데, 곧 중대한 사안은 무시한 채 율법에 덧붙이기만 하고 있는 것이다.

예수님과 바리새인들, 서기관들, 그리고 제자들과의 대화는 우리 시대의 교회 앞에 놓인 많은 논쟁들과 관련된다. 교회가 동성애자에 대해 보다 열린 태도를 취하기를 열망하는 많은 사람들은 사람들이 자신의 삶을 성적으로 다루는 것이 그렇게 중요하지 않다고 생각하기 때문에 그렇게 한다. 게다가 그들은 도덕적으로 존경할만한 삶을 사는 동성애자들을 정확히 지목할 수도 있다. 따라서 그들은 동성애자를 교회에 포함시키는 것에 반대하는 사람들을 '바리새인들'이라고 보지 않을 수 없다.

그러나 그와 같은 유비의 문제는 동성애와 관련한 것들과 같은 논쟁들이 우리의 삶의 상호연관성을 보는 데 어떻게 실패하는지에 있다. 예수님께서는 간음과 음행을 정죄하신다. 왜냐하면 그분께서는 우리로 하여금 신실함과 신뢰의 삶을 살도록 부르셨기 때문이다. 신실하고 서로 신뢰한다는 것은 우리가 진실해야만 하며 비방을 피해야만 한다는 것을 의미한다. 우리의 삶의 어떠한 측면도 고립되어 있을 수 없으며, 우리의 형제자매들의 삶뿐만 아니라 우리의 삶의 다른 측면들과 아무런 관련이 없을 수도 없다. 성Sex은 그리스도의 제자로 살려는 사람들에게 개인적일 수 없다. 성이 공적이라는 말은 교회에서 동성애자의 지위를 결정하는 것이 아니다. 오히려 그것은 공동체의 건설을 위해 요구되는 논쟁과 갈등이 일어날 수 있는 그런 공동체가 존재해야만 한다는 것을 시사한다. 예수님께서는 살인, 간음, 음란, 도둑질, 거짓 증언과 비방을 금지하는 것이 덕을 갖춘 사람들을 형성할 수 있는 공동체를 유지하는 데 필수적인 습관들과 분리될 수 없음을 분명히 밝히신다.

물론 문제는 무엇이 더럽히고 더럽히지 않는지에 관해 논쟁하는 공동체에 누가 포함되는가 하는 것이다. 예수님께서 설립하시려는 백성에 누가 포함되어야 하는가에 관한 문제는 예수님께서 바리새인들 및 서기관들과 논쟁하신 뒤 두로와 시돈 지역으로 떠나시면서 일어난다. 이곳은 이스라엘 도성이 아니다. 그래서 그녀의 딸을 괴롭히는 마귀를 쫓아 달라고 간청하면서 예수님을 다윗의 자손으로 규정하는 가나안 여자와 마주친다는 것이 놀라운 일은 아니다. 그런데 예수님께서는 백부장을 만났을 때(마 8:5-13)와는 달리 침묵하신다. 제자들은 그녀가 그들에게 계속해서 소리치기 때문에 예수님께 그녀를 쫓아버리라고 간청한다. 가혹하게도(적어도 예수님의 대답은 우리에게 가혹한 것처럼 보인다) 예수님께서는 그녀에게 자신은 "이스라엘 집의 잃어버린 양 외에는 다른 데로 보내심을 받지 아니하였노라"라고 말씀하신다. 예수님께서는 제자들에게 이스라엘 도성으로만 가라고 말씀하셨다. 하지만 이번에 처음으로 예수님께서는 자신이 이스라엘의 잃어버린 양에게 보냄을 받았다고 말씀하신다. 그렇지만 우리는 애초부터 이스라엘인들이 아닌 사람들이 예수님에 의해서 치료를 받고 가르침을 받아왔음을 보았다. 이방인들은, 많은 이스라엘 사람들과 달리, 예수님께서 어느 누구도 할 수 없는 것을 하실 수 있다고 인정한다.

가나안 사람들도 예수님을 알아본다. 이스라엘이 그들을 대항해 전쟁했음을 감안할 때, 가나안 사람들이 여전히 존재한다는 것은 놀라운 일이다. 그러나 이번에는 이스라엘의 여호수아가 가나안의 자녀를 죽이지 않고 치료한다. 더군다나 이 가나안 사람이 여자, 곧 이분께서 다윗의 자손임을 알아볼 수 있는 여자라는 점도 놀라운 일이다. 그녀는 예수님의 침묵에 단념하지 않고 계속해서 도와 달라고 간청한다. 예수님께서는 이방인들을 부르는 이스라엘인들의 경멸적인 언사를 사용하여, 자녀를 위한 음식을 개에게 주어서는 안 된다며 훨씬 심하게 조롱하는 식으로 대답하신다. 하지만 이 여인, 이 특별한 여인은 심지어 개조차도 주인의 식탁에서 떨어지는 부스러기는 먹을 수 있도록 허용한다고 말한다.

예수님께서는 백부장의 신앙을 칭찬하셨던 것처럼, 이 여인의 '큰' 신앙을 칭송하신다. 예수님을 계속해서 조르는 그녀에게 '적은' 것은 없다. 신앙의 대표적인 예는 기꺼이 간구하는 우리의 의지인 것처럼 보인다. 따라서 예수님께서는, 백부장의 종에게 하셨던 것처럼, 그녀가 구한 것이 이루어질 것이라고 선언하신다. 그러자 그녀의 딸은 즉시 치료된다. 이 여인, 이 무명의 가나안 여인은 우리를 위해 이방인으로서 우리의 신앙의 선구자가 될 뿐만 아니라, 예수님께 한 그녀의 대답은 우리에게 어떻게 말해야 하는지도 가르쳐준다. 우리가 그리스도의 몸과 피를 받기 전에 먼저 기도하도록 배운 것은 우연한 일이 아니다.

> 오 자비로운 주님, 우리가 우리 자신의 의를 신뢰해서는 이 성찬에 나올 수 없지만, 당신의 다채로우며 위대하신 자비하심에 힘입어 나아옵니다. 우리는 당신의 성찬 아래 부스러기만큼도 가치가 없습니다. 그러나 당신께서는 언제나 자비를 베푸는 동일하신 주님께서십니다. 그러니 은혜로우신 주님, 당신의 사랑하는 아들 예수 그리스도의 몸을 먹고, 그 피를 마셔, 우리가 더욱 그분 안에 거하고 그분께서 우리 안에 거하시도록 허락하시옵소서. 아멘.

예수님께서는 두로와 시돈을 떠나 갈릴리의 바닷가를 지나가신다. 그분께서는 자신의 사역이 시작된 곳 근처에 계신 것으로 보인다. 어쩌면 산상설교를 전하셨던 곳에서 가까운 곳일지도 모른다. 왜냐하면 마태가 예수님께서 산에 올라가 앉으시고, 무리가 다시 다리를 저는 자, 일어서지 못하는 자, 보지 못하는 자, 말하지 못하는 자, 그리고 다른 많은 사람들을 데리고 예수님께 왔다고 말하기 때문이다. 이번에 예수님께서는 산에서 설교하시지 않고, 그보다 자신에게 데려온 모든 사람들을 치료하신다. 무리는 말하지 못하는 자들이 말하고, 일어서지 못하는 자들이 일어나고, 다리를 저는 자들이 걷는 것을 보고 놀란다. 그들은 오랫동안 기대해 온 나라가 이 사람의 사역 안에서 가까이 왔다고 인정하면서 이스라엘의 하나님을 찬양한다.

그들은 산에서 삼일 동안 예수님과 함께 머물렀는데, 이는 그들에게서 음식이 떨어졌음을 의미한다. 예수님께서는 그들을 불쌍히 여기시면서 제자들에게 만일 그들을 이대로 보내면 어떤 사람들은 음식이 부족하여 길가에서 쓰러질 수도 있다고 말씀하신다. 예수님께서는 하늘로부터 오시는 메시아시다. 그러나 우리는 그분께서 우리 중 하나이심을 분명하게 알 수 있다. 왜냐하면 그분께서는 우리가 매일 음식을 필요로 한다는 것을 잘 알고 계시기 때문이다. 무엇보다도 예수님께서는 우리에게 매일의 양식을 위해 기도하라고 이미 가르쳐 주셨다. 그러나 제자들은 광야에서는 그렇게 많은 사람들이 먹기에 충분한 빵을 얻을 만한 곳이 전혀 없다면서 항의한다. 그들은 예수님께서 오천 명을 먹이셨을 때 그분과 함께 있었던 동일한 제자들이다. 그러나 그들은 여전히 예수님께서 누구신지 혹은 예수님께서 무엇을 하실 수 있는지를 이해하지 못한다.

그들은 이번에는 그들에게 일곱 개의 빵 덩어리와 몇 마리의 작은 물고기가 있다고 예수님께 말한다. 예수님께서는 무리를 앉게 하시고, 감사를 드리시고, 빵을 떼시고, 그것을 제자들에게 주어 무리에게 주라고 명령하신다. 여자와 어린이를 제외하고 사천 명이 먹고 배를 채운다. 더군다나, 오천 명을 먹이신 때와 마찬가지로, 음식이 남고, 이번에는 일곱 개의 바구니를 채우기에 충분했다. 이러한 먹이심 역시, 오천 명을 먹이실 때처럼, 유월절에 제자들을 먹이시는 것을 예상하게 한다. 그런데 이번에는 예수님께서 제자들과 함께 식사하시기 전에 하신 것처럼 빵을 떼시기 전에 감사를 드리시는 것을 볼 수 있다. 예수님과 함께 먹는 것은 그분의 나라의 영구적인 성찬의 일부가 되는 것이며, 그 성찬에 참여하는 것이다.

어떤 사람들은 마태가 왜 우리에게 사천 명을 먹이신 이야기를 전하는지 궁금해 할 것이다. 우리는 오천 명을 먹이신 것에서 우리가 알아야 하는 모든 것을 배우지 않았는가? 혹은 왜 마태는 우리에게 계속해서 예수님께서 다리를 저는 자, 일어서지 못하는 자, 보지 못하는 자, 말하지 못하는 자들을 치료하신다고 말하는가? 더군다나 바리새인들 및 서기관들과 예수님의 논쟁에 대한 보도는 반복적인 것으로 보일 수도 있다. 그런데도 마태가 이야기를 반복하는 것은 그가 성령님의 인도하심 아래에서 우리가 얻을 수 있는 모든 이야기를 우리가 필요로 할 것임을 알기 때문이다.

마태복음 전체에 있는 세부사항들과 마찬가지로, 사천 명을 먹이시는 이야기의 세부사항들도 교회를 위해 유익한 성찰의 계기가 될 수 있다. 예를 들어, 일곱 개의 빵 덩어리와 두 마리의 물고기는 종종 우리가 기독교인으로 살아가기 위해서 필요한 일곱 가지의 미덕으로 해석되어 왔다. 두 마리의 물고기는 물론 율법과 복음이다. 본문에서 우리에게 용기, 절제, 정의, 실용적인 지혜, 믿음, 소망, 자선이 필요하다고 말씀하시기 위해서 예수님께서 일곱 개의 빵 덩어리[1]를 사용하신다고 암시하는 것은 아무

1. 원문에는 일곱 마리의 물고기로 표기되어 있으나 문맥상 일곱 개의 빵 덩어리로 바꾸었음을 밝혀둔다—역주.

것도 없다고 반박할 수도 있다. 그러나 그러한 읽기가 본문에 의해 반드시 배제되는 것도 아니다. 그러한 읽기는 항상 가능하다. 중요한 문제는 그러한 해석이 교회의 몸을 세워가는지의 여부다.

앞서 나는 적을 용서하거나 맹세를 금지하는 것을 '개인적인' 문제로 제한하려는 사람들의 입장을 반대했다. 왜냐하면 공적인 것과 사적인 것의 구별이 본문에는 없기 때문이다. 그러나 빵 일곱 덩어리로 사천 명을 먹이시는 이야기는 미덕들을 언급하지 않는다. 하지만 이런 두 가지 방식의 본문 읽기의 차이점은 전자의 읽기 방식일곱 개의 빵 덩어리를 일곱 가지의 미덕으로 보는 것—역주이 마태복음 전체에서는 정당화되지 않는다는 점이다. 이에 비해 미덕들은 마태복음 전체에 걸쳐 볼 수 있다. 왜냐하면 용기, 절제, 정의, 그리고 실제적인 지혜는 제자도를 구성하는 습관이기 때문이다. 하지만 그 내용은 믿음과 소망, 자선이라는 신학적인 미덕에 의해 변형된다. 더군다나 그러한 미덕들이 사천 명을 먹이신 이야기를 신실하게 읽기 위해서 요구된다.

마태복음 16장
“주는 그리스도십니다”

많은 사람들에게 제자가 되기 위해 예수님을 따르라는 요구는 너무 부담스럽다. 대신 그들은 예수님에 관해 더 많이 알기를 원한다. 그래서 바리새인들과 사두개인들은 마귀처럼, 예수님을 시험하러 온다. 마귀가 예수님을 유혹하려고 했듯이, 바리새인들과 사두개인들도 예수님께서 하나님께 호의를 받았다는 것을 입증할 수 있게 하늘에서 온 표적을 그들에게 보여 달라고 요청한다. 그들은 예수님의 신분에 관한 결정적인 증명을 원한다. 하지만 예수님께서는, 마귀에게 저항하셨듯이, 바리새인들과 사두개인들이 요구하는 것도 행하지 않으신다.

사두개인들과 바리새인들이 요한에게 세례를 받기 위해 요단강으로 나아온 이후, 우리는 여기서 사두개인들을 처음으로 보게 된다. 바리새인들과 사두개인들은 자연스러운 동맹관계가 아니었다. 다만 지금은 예수님을 반대하는 그들의 입장이 그들을 하나가 되게 한다. 그들은 각자 다른 방식으로 기성종교를 대표하는, 즉 현재상태를 유지하는 데 관심을 보이는 사람들이다. 그들이 예수님을 시험하고자 하는 것은 예수님께서 행사하시는 권위—이는 이스라엘에서 전혀 볼 수 없었던 것이다—에 그들이 의문을 제기하는 방식이다. 그러므로 표적에 대한 그들의 요청은 결코 순수한 것이 아니다.

예수님께서는 그들에게, 그들이 날씨를 예측하기 위해서 하늘을 읽는 방법은 알면서도 정작 시대의 표적들을 해석하는 방법은 알지 못한다고 대답하신다. 요약하자면, 예수님께서는 설령 그들에게 하늘에서 온 표적이 주어진다 해도 그들이 그것을 읽을 수 없을 것임을 시사하시는 것이다. 그들이 표적을 요청하는 것은 자신들이 악하고 음란한 세대임을 보여줄 뿐이다. 그들이 음란한 것은, 그들이 율법과 결혼한 척 함에도 불구하고 정작 그들의 삶은 그들이 믿는다고 말하는 것을 저버리기 때문이다. 모든 세대가 악할 수 있다는 것은 받아들이기 어렵긴 하지만, 우리가 서로의 타락에 어떻게 기여하는지를 말해주는 참된 통찰이다.

요한복음은 표적에 대한 복음서다. 예를 들어, 예수님께서 나사로를 다시 살리시는 것은 믿음을 강요하는 표적이라고 생각한다. 하지만 어떤 사람들은 믿었지만 어떤 사람들은 바리새인들에게 가서 예수님에 대해 경고해 주었다(요 11:45-46). 표적에 관한 요한의 이해는 바리새인들과 사두개인들이 표적을 요구하는 것에 대해 예수님께서 보이신 반응에 대한 해설이다. 그들은 자신들의 삶이 변화되기를 요구하는 표적 없이, 다만 예수님의 신분을 확인하기 위한 표적만을 원할 뿐이다. 하지만 요한복음에서 우리의 시선을 끄는 표적들은 이스라엘에게 신실하기를 요구하는 정도에서만 이해할 수 있는 예언적인 '표적-행동sign-acts'과도 같다. 예수님께서는, 바리새인과 사두개인들이 어떤 표적이든 그 가치는 그 표적이 자신을 어떻게 가리키느냐에 있는 것임을 알지 못하기 때문에 그들의 요청을 거부하신다.

사실 '시대의 표적'을 읽는 방법을 아는 것이 쉬운 것은 아니지만, 그런 읽기가 예수님을 따르려는 사람들에게 요구된다. 그러나 너무나 자주 기독교인들은 <뉴욕타임즈>를 읽으면 시대의 표적을 읽는 방법을 알 수 있다고 믿는다. 그러나 그런 식으로 시대의 표적을 읽는 것은 사물이 존재하는 방식the way things are, 사물의 존재이 사물이 존재해야만 하는 방식the way things have to be, 사물의 당위이라는 가정에 사로잡히는 것이다. 바리새인들과 사두개인들은 일간 신문을 읽고 그것에 적응한다. 예수님을 따르는 사람들은 예수님께서 왜 <뉴욕타임즈>에서 제안되는 것보다 다른 대안적인 시대의 읽기를 제안하시는지를 보여주기 위해서 같은 일간 신문을 읽어야 한다. 그런 벅찬 과업에 직면했을 때, 예수님을 따르는 사람들은 바리새인들과 사두개인들에게 공감하기 시작할 수 있다.

시대의 표적을 바르게 읽는 것은 오늘날 정당성을 가진 이야기들에 저항할 수 있는 교회를 요구한다. 미국의 기독교인들은 종종 만일 우리가 히틀러 같은 사람을 맞닥뜨렸다면 그가 악하다는 것을 인식할 수 있었으리라고 생각한다. 하지만 많은 측면에서, 독일의 교회는 미국의 교회가 그랬던 것보다 신학적으로 더 논리정연한 교회였다. 그런데도 독일의 교회는 히틀러가 부상하는 것에 대해 적절하게 도전하는 방법을 알지 못했다. 독일의 기독교인들이 실패했던 것은, 마치 미국의 기독교인들이 스스로를 미국의 기독교인들이라고 가정하듯이, 그들이 스스로를 독일의 기독교인들이라고 가정했기 때문이다. 국가주의에 물든 교회들이 시대의 표적을 신실하게 읽는 것은 거의 불가능하다. 시대의 표적을 읽어내지 못하는 것, 즉 존재했고 여전히 존재하고 있는 모든 것은 이제 요나의 표적 아래에서 읽혀져야 한다는 것을 인식하지 못하는 것에 관해 예수님께서 바리새인들과 사두개인들을 비난하신 것은 우리를 향한 도전이기도 하다.

예수님께서는 앞서 바리새인들이 자신들이 주장하는 바를 행하지 못한다고 비판하셨다. 실제로 예수님께서는 곧이어 무리에게 "모세의 자리에 앉은 사람들"이 가르치는 것은 행해야 하지만, "그들이 하는 행위는 본받지 말라 그들은 말만 하고 행하지 아니"하기 때문이라고 권고하실 것이다(마 23:2-3). 예수님께서는, 그분의 산상설교에서 보았듯이, 온전한 삶을 요구하신다. 진리를 보기 위해서, 그 나라의 표적을 인식하기 위해서, 우리는 예수님을 따름으로써 습득한 미덕으로 바르게 형성되어야 한다. 진리를 알기 위해서는 진실함의 습관을 습득해야만 한다. 앎과 미덕은 분리될 수 없다.

예수님께서 바리새인들과 사두개인들에게 표적을 주시기를 거부하신 것에는 기독교인들이 진리를 어떻게 이해하는지에 관한 심오한 함축이 담겨있다. 우리는 복음의 진리는 그 진리를 인식하는 데 요구되는 삶의 종류에서 분리될 수 없다고 믿는다. 우리는 예수님께 대한 우리의 신실함이 부족하다는 것을 알기 때문에, 우리가 믿는 진리와 우리가 사는 방식을 분리시키고자 하는 유혹을 받는다. 그러나 예수님께서는 우리가 우리의 앎을 우리의 삶에서 뽑아내 분리하는 것을 허락하지 않으신다. 복음은 정보가 아니다. 그것은 삶의 방식이다.

그러므로 웬델 베리Wendell Berry가 판단한 "우리 시대의 지배적인 이야기는 간통과 이혼의 이야기다."라는 견해는 예수님을 따르고 싶어하는 사람들을 정신차리게 한다.

> 이것은 문자적으로 비유적으로 모두 사실이다. 우리 시대의 지배적인 **경향**은 신앙을 깨뜨리는 것이며, 한때 결합되어 있었던 것들을 분리하는 것이다. 이런 이야기는 누군가가 분명하게 들어야만 한다.……그러나 어떻게 들었고, 또 어떻게 들어야만 하는가?……그 이야기는 고통과 대가를 명확히 하는—상상할 수 있고 동정할 수 있는—방식으로

들을 수도 있고, 아니면 간통과 이혼을 쉽게 허락하고 용서하는 것처럼 보이는 방식으로 들을 수도 있다. (베리, 2000, 133-34.)

그러므로 우리는 이 음란한 시대에서 우리 가운데 많은 사람들이, 바리새인들과 사두개인들처럼, 예수님께 하늘의 표적을 요청하는 것에 대해 놀라지 말아야 한다. 우리는 우리의 삶이 전복되어야 하는 필요성이 제외된, 인식할 수 있는 표적을 원한다. 그러나 예수님께서는 요나의 표적 외에는 우리에게 다른 표적 주기를 거절하신다. 요나의 표적은 죽음의 표적이자 죽음이 패배하는 표적이다. 요나는 물고기에게 삼켜지고, 삼일 동안 물고기 뱃속의 어두움에 갇혀 있었다. 물고기는 요나를 소화할 수 없었고, 그를 하나님의 마지못한 예언자로 토해 냈다. 예수님 역시 죽음에 넘겨질 것이다. 하지만 죽음은, 요나를 삼킨 물고기 같이, 아버지의 뜻을 신실하게 행하시는 그 죽음의 주님을 소화할 수 없을 것이다.

예수님께서는 앞서 십자가 처형을 암시하시면서 요나에 대해 말씀하셨다(마 12:38-42). 하지만 이제는 바리새인들과 사두개인들이 그분의 부활의 표적을 인식할 수 없을 것임을 시사하신다. 왜냐하면 그 표적은, 그분의 탄생의 표적과 같이, 십자가에 의해 구속되는 세상을 보고자 한다면 우리의 삶이 변화될 것을 요구하는 하늘로부터 오는 것이기 때문이다. 예수님을 따르면서 여전히, 바리새인들과 사두개인들이 하듯이, 우리에게서 우리의 죄를 감추기 위해서 고안된 거짓과 폭력의 세상에 매달려 있는 것은 불가능하다.

예수님께서는 바리새인과 사두개인들을 떠나시고, 먹을 빵을 가져오는 것을 잊어버린 제자들과 마주치신다. 바리새인들 및 사두개인들과의 만남 바로 직후, 예수님께서는 제자들에게 바리새인들과 사두개인들의 누룩을 조심하라고 경고하신다. 제자들은, 특히 우리가 요한복음에서 알 수 있듯이, 그것이 암시하는 바를 쉽게 이해하지 못한다. 요한복음에서 제자들은, 마태복음에서 바리새인들과 사두개인들의 누룩에 대한 예수님의 경고뿐만 아니라 "나는 생명의 빵이다"(요 6:35) 또는 "나는 부활과 생명이다"(요 11:25)라는 예수님의 선언에 대해 반응하면서, 예수님께서 음식과 생명에 관해 그들에게 조언을 주시려고 하신다고 가정하는 경향을 보인다. 그러므로 그들은 예수님께서 자신들이 빵을 가져 오지 않은 것을 걱정하시는 것이라고 생각한다. 제자들은, 우리들 대부분처럼, 말귀를 못 알아 먹는다. 그들은 예수님께서 옛 시대와 관련해서 자신들에게 말씀하신 것을 이해하려고 노력하지만, 그들이 속한 세상을 통제하려는 몸부림으로 인해 예수님께서 그들에게 말씀하신 도전을 이해하지 못하는 결과를 낳고 만다.

예수님께서는, 그들의 혼동을 아시고는, 그들의 '적은 신앙' 때문에 그들과 맞서신다. 제자들의 신앙은 거의 없는 것처럼 보인다. 왜냐하면 그들은 예수님을 따르는 것이 우리가 말하고 듣는 방법을 어떻게 변화시키는지를 아직도 이해하지 못했기 때문이다. 예수님께서는 자신이 얼마 안 되는 빵과 물고기로 오천 명 또는 사천 명을 먹이는 것을 그들이 보았음을 상기시키신다. 심지어 그들은 무리를 먹이고 남은 음식도 보았다. 그런데도 어떻게 그들은, 예수님께서 바리새인들과 사두개인들의 누룩을 언급하실 때 빵에 대해 말씀하시는 것이 아니라, 바리새인들과 사두개인들의 가르침을 가리키시는 것이라고 이해할 수 없었을까? 마태는 그제야 제자들이 예수님께서 바리새인들과 사두개인들에 대항해서 자신들에게 경고하신 것이었음을 이해했다고 말해주지만, 제자들에게는 여전히 배워야 할 것이 많이 있었다. 왜냐하면 이제 예수님께서는 자신을 따르는 것이 무엇을 의미하는지, 즉 그들이 예수님을 따라 예루살렘—그분께서 죽임 당하실 곳—으로 가야만 한다는 것을 가르치기 시작하시기 때문이다.

마태복음 11장부터 마태는 우리로 하여금 예수님과 더불어 이스라엘 도성과 지역을 따라가게 하면서, 예수님의 치유와 기적, 가르침, 그리고 그분의 사역이 산출하는 논쟁들에 관해 증인이 되게 한다. 예수님께서 가이사랴 빌립보 지역에 들어가실 때 예수님과 함께한 우리의 여행은 이제 절정에 이른다. 그 이름이 시사하듯이, 가이사랴 빌립보는 이스라엘과 이방 세상의 경계에 있는 도성이다. 예수님께서 제자들에게 "사람들이 인자를 누구라 하느냐"라고 물으시는 곳이 여기다.

제자들은 어떤 사람들은 세례 요한, 어떤 사람들은 엘리야, 또 어떤 사람들은 예레미야나 예언자 가운데 한 사람이라고 말한다고 대답한다. 이런 반응들은 예수님께서 예언자의 전통에 서 계시다라는 공통된 전제—완전히 틀리지는 않은 전제—에서 비롯된다. 따라서 제자들은 이스라엘의 전통에 속한 사람들의 견해를 보고한 것이다. 어떤 사람들이 예수님을 예레미야와 동일시하는 것이 특히 흥미로운 것은, 곧이어 예수님께서도 예레미야가 예루살렘의 파멸을 예언한 선지자로서 보여준 것과 똑같은 슬픔을 표현하시면서, 예루살렘으로 향하실 것이기 때문이다.

예수님께서는 제자들의 보고를 들으시고서는 바로 "너희는 나를 누구라고 하느냐"라고 물으신다. 어떤 사람들은 예수님께서, 앞서 제자들에게 사람들이 자신을 누구라고 하느냐고 물으실 때 사용하신 것처럼, "인자"라는 칭호를 사용하실 때 3인칭으로 인자를 언급하시는 것이라고 우려한다. 하지만 예수님께서 제자들에게 바로 이어서 하신 질문은 의심할 여지없이, 예수님께서 인자에 관해 물으실 때 그것은 자기자신에 관해 묻고 계시는 것임을 알려준다. 더욱이 예수님의 질문이 제자들을 향하는 것은,

다름 아니라 그들이야말로 예수님께서 부르신 사람들이요, 비유를 설명해준 사람들이며, 파도를 잔잔케 하고 물 위에서 걷는 기적을 본 사람들이기 때문이다. 시몬이 대답한다. "주는 그리스도시요 살아 계신 하나님의 아들이시니이다". 제자들은 예수님께서 시몬과 함께 배로 돌아오셨을 때, 예수님을 하나님의 아들로 식별했다. 그러나 지금 처음으로 한 제자가 예수님을 메시아, 곧 이스라엘이 오랫동안 기다려온 분, 그분 홀로 적들로부터 이스라엘을 자유롭게 하실 수 있는 권세를 가지신 분이라고 인식한다. 예수님께서는 자신을 메시아—왕이지만 쉽게 인식되지 않는 분—로 인식한 요나의 아들 시몬을 칭찬하신다. 예수님께서는 시몬에게, 팔복에서 묘사한 사람들과 같이, "복이 있다"라고 선언하신다.

예수님께서 세례를 받으실 때 하늘로부터 나온 소리는 예수님을 "내 사랑하는 아들이요 내 기뻐하는 자"로 규정했다(마 3:17). 이번에는, 아들의 소리가 베드로에게 복이 있다고 선언한다. 왜냐하면 베드로에게 예수님께서 메시아신 것을 드러낼 수 있는 것은 혈육이 아니라 오직 하늘에 계신 그분의 아버지시기 때문이다. 시몬이 자신이 말하는 것이 무엇인지를 아는 것은 그것이 그에게 계시되었기 때문이다. 그러나 중요한 것은 예수님께서 메시아시라는 것을 베드로가 알게 된 것을 일반계시론을 전개하기 위해서 사용하지 않는 것이다. 시몬은 어떤 직관적이거나 신비한 지식에 의해 예수님께서 메시아심을 배운 것이 아니다. 오히려 시몬이 예수님께서 메시아시라는 것을 배운 것은 그가 자신의 제자가 되라는 예수님의 명령에 순종했기 때문이다.

예수님께서는 하나님의 계시시다. 예수님 외에 다른 하나님의 계시는 없다. 마태복음은 계시가 아니다. 오히려 시몬과 마태는 계시이신 예수님의 증인들이다. 사실 그들은 대체될 수 없는 증인들이다. 시몬과 마태 없이, 성경 없이 우리는 예수님을 알지 못할 것이다. 그러나 증인들은 계시가 아니다. 오히려 그들은 자신들이 증거하는 것을 가리킬 뿐이다. 시몬과 마태는 그들이 증거한 것에 참여한다고 말해질 수는 있다. 하지만 그들의 참여는 단지 예수님께서 메시아, 하나님의 아들이시기 때문에만 가능하다.

예수님에 관한 시몬의 인식은 그의 정체를 변화시킨다. 그에 따라 예수님께서는 시몬에게 새 이름인 베드로, 즉 반석이란 이름을 주신다. 예수님께서는 베드로에게 "이 반석 위에" 자신의 교회를 세우실 것이라고 말씀하신다. 베드로가 제자 가운데서 첫째가 되는 것은, 그가 가장 먼저 부름을 받았거나 그가 가장 인상적이었기 때문이 아니라, 그가 예수님을 메시아로 식별했기 때문이다. 하지만 그렇다고 해서 베드로의 새 신분으로 인해 다른 제자들의 역할이 줄어드는 것은 아니다. 오히려 베드로에게 주어진 과제는 교회의 선물들 가운데 어떠한 것도 잃지 않도록 섬기는 것이다.

예수님께서는 하늘 나라를 선포하시기 위해서 오셨지만, 대신에 우리는 교회를 받았다고 말하곤 했다. 이런 식의 복음 이해는 종종 예수님께서 곧 임할 새로운 시대를 선포하시기 위해 오셨지만, 그 시대의 도래가 지연되자, 예수님을 따르는 사람들은 예수님께서 결코 예상하시지 못한 기관을 창출하셨다고 가정하게 한다. 하지만 처음부터 예수님의 선포가 지닌 묵시적인 특성은 분명했다. 그 나라의 가까움은 예수님의 탄생, 삶, 죽음, 그리고 부활을 통해 설립된 새로운 시대에 맞게 살 수 있는 한 백성을 자신에게 모을 것을 요구한다. 교회는 이와 같은 새로운 창조가 첫 번째로 낳은 것이다. 베드로는 교회의 종이다.

예수님께서는 베드로를 교회가 세워질 반석으로 삼으셨는데, 이는 그렇게 하심으로써 지옥이 그분께서 세우신 것을 파괴하려고 시도할 것이기 때문에 교회가 그렇게 세워질 필요가 있음을 지적하신 것이다. 교회를 안전하고 견고하게 하거나 교회의 존재를 보장하려고 하는 것이 베드로에게 주어진 임무가 아니다. 오히려 베드로의 임무는 교회가 메시아를 증거하는 자신의 사명에 참되도록 유지케 하는 것이다. 그 증거는 거룩하도록 부름 받은 것이요, 만일 누군가가 우리에게 죄를 지었다고 생각되면 서로 기꺼이 대면할 것을 요구하는 것이다(마 18:15). 교회는 폭력에 대해 대안이 되는 고백과 고행, 화해를 실천함으로써만 평화의 교회가 될 수 있다.

베드로에게 위임된 열쇠들은 교회에게 주어진 열쇠들인데, 이 열쇠들로 인해 교회는 하나님의 심판에 매우 취약해지게 된다. 베드로는 제자들과 분리되지 않으며, 교회와도 분리되지 않는다. 오히려 베드로는 교회 안에 거하면서, 교회가 예수님에 대한 증거에 참되도록 책임을 져야 한다. 뿐만 아니라 증거는 기독교인들 사이에서 일치의 근원이 된다.

"너는 베드로라 내가 이 반석 위에 내 교회를 세우리니"라는 말씀은 분명히 로마주교의 특별한 지위와 관련된 본문이다. 마태복음 16장 18절에 관해 해석한 글들은 성경에 있는 그 어떤 본문보다도 많다. 이 구절에 관해 그렇게 많은 글이 쓰인 것은 예수님께서 베드로에게 주신 책임에 어긋나는 것이다. 베드로의 과제는 자신에게 주의를 환기시키는 것이 아니라 메시아를 증거하는 것이다. 하지만 예수님께서 자신의 교회를 세울 반석과 베드로를 동일시하시는 것을 맞닥뜨릴 때, 우리가 교황권을 무시할 수 없다는 것 또한 사실이다. 나중에 베드로의 의미는 복음서를 읽도록 도움을 주기 위해서 교회가 성육신 교리를 발견한 것만큼이나 중요하게 된다.

베드로는 교회에게 서로 다투기 위한 수단들을 제공하기 위해서, 그럼으로써 죽음의 문들the gates of hades, 개역개정은 "음부의 권세"로 번역함—역주이 우리를 이기지 못하게 하기 위해서, 일치의 직분the office of unity—시공을 가로질러 세워진—을 받은 것이었다. 베드로는 '평화를 유지하기' 위해서가 아니라, 오히려 교회가 거룩하기 위해서는 꼭 필요한 갈등을 겪도록 하기 위해서 부름을 받았다. 그와 같은 교회가 없다면 구원도 없을 것이다. 베드로는 기독교인들에게, 시공을 가로질러 교회와 세상을 예수님께서 메시아, 즉 그리스도시라는 실재에로 안내하는 데 결코 실패한 적이 없는 한 증인이 과거에도 있었고 지금도 있음을 상기시키기 위해서 필수적인 이름이다. 문제는 예수님께서 교회를 그렇게 섬기게 하기 위해서 베드로를 세우셨느냐의 여부가 아니라, 어느 곳에서 어떻게 그런 섬김이 실현되어야 하느냐에 있다.

기독교인들이 서로를 죽임으로써 그들의 하나됨을 배반하고, 또 거룩을 위한 부름을 배반할 때, 베드로뿐만 아니라 교회가 그들이 부름을 받은 목적에 실패하는 것은 분명하다. 왜냐하면 예수님께서 가져오신 나라는 평화의 나라, 화해의 나라이고(마 5:21-26), 세상 속에서 세상을 위한 대안을 창조해 내는 것이기 때문이다. 베드로의 과제는, 예수님께서 제자들을 부르셨듯이, 기독교인들로 하여금 군대 없이 그 존재를 유지하는 교회의 신실한 시민이 되도록 부르는 것이다.

예수님께서는 그분의 교회를 세우시기 위한 반석으로 시몬의 이름을 바꾸신 후, 제자들에게 자신이 메시아시라는 것을 누구에게도 알리지 말라고 강하게 명하신다. 이는 바로 다음에 드러내시는 것 때문인데, 곧 예수님께서 예루살렘에 가서 장로와 대제사장들, 서기관들의 손에 의해 큰 고난을 겪고 살해된 뒤에 사흘 만에 부활하게 되어야 한다는 것이다. 예수님께서는 이전에는 제자들에게 그들이 십자가를 지고 자신을 따르는 것이 요구될 것이라고 말씀하셨지만(마 10:38), 이제는 십자가에 대한 언급이 더 이상 비유가 아님을 분명히 하신다. 예수님께서는 자신과 함께 예루살렘에 가서 거기서 자신을 기다리는 운명에 기꺼이 동행하지 않는다면, 어느 누구도 예수님께서 메시아시라는 것이 무슨 뜻인지 알 수 없을 것이라고 분명하게 말씀하신다. 예수님께서는 우리에게 자신을 믿으라고 요구하시지 않는다. 오히려 그분께서는 제자들에게 자신을 따르라고, 심지어 죽음에까지라도 따르라고 요구하신다.

그러나 베드로는 아직 준비가 되어 있지 않으며, 제자들이 예수님을 그분의 죽음에까지 따를 준비가 되어 있다고도 믿지 않는다. 베드로는, 자신의 새로운 신분을 짐작한 듯, 예수님을 한 쪽으로 데리고 가서 책망하기 시작한다. 우리는 종종 공적인 이미지의 개선을 위한 홍보활동public relations을 현대적인 개발품으로 생각하는데, 지금 베드로는 나쁜 소식을 가능한 최선의 국면으로 바꾸고자 애쓰는 책임자와 같은 역할을 자처한다. 따라서 베드로는 예수님께서 '메시지에 집중'하시도록 도우려고 한다. 이는 그가 자신이 교회가 세워질 반석이 되리라는 새로운 책임을 진지하게 받아들였기 때문이다. 베드로는 자신의 과제가 예수님의 사명을 성공시키는 결과물을 보증하는 것이라고 생각하는 듯하다. 베드로는 예수님을 염려하는 것이기도 하지만, 또한 예수님께서 죽음을 알리시는 것이 그분을 따르는 사람들의 마음을 낙심시킬 수도 있음을 두려워한다.

그러므로 예수님께서 자신의 교회를 세우실 반석인 베드로는, 누구보다 먼저 예수님을 책망하고 배반하는 사람이 된다. 예수님께서는 바람과 파도를 꾸짖으셨지만, 베드로는 지금 예수님께서 부여하신 새로운 신분으로 충만해서 예수님을 꾸짖는다. 그는 교회가 그 위에 세워지게 될 사람으로서 하나님께서 원하시는 것이 무엇인지 하나님보다 더 잘 알고 있다고 전제하면서 우리의 조상인 아담과 하와를 뒤따른다. 이는 정신이 번쩍 들게 하는 교회의 시작이지만, 이후로도 교회의 삶의 전반에서 수없이 모방되는 모습이기도 하다. 교회는 베드로에게서 우리의 신실함은 죄의 고백과 더불어 시작됨을 배운다. 우리는, 예수님께서 우리에게 믿으라고 말씀하셨기 때문에, 하나님께서는 결코 교회를 포기하시지 않으실 것이라는 것과 세상에서 신실한 증인들이 결코 사라지지 않으리라는 것을 정확히 믿는다. 그러나 또한 우리가 서 있는 반석으로서 베드로를 지닌 교회는 너무나 자주 우리에게 주어진 것을 제일 먼저 배반하는 자라는 것을 인정할 수 있어야만 한다.

베드로는 예수님께서 장로들과 대제사장들에게 패배하고, 로마의 도움으로, 십자가에 달리실 것이라는 사실을 좀처럼 믿을 수 없다. 베드로는 예수님을 새로운 다윗, 이스라엘의 메시아로 식별했다. 그러나 패배와 죽음에 대한 예수님의 예언은 베드로에게 승리처럼 들리지 않는다. 더욱이, 예수님께서 분명히 자신이 사흘 만에 부활하시리라고 말씀하시는 데도, 그것이 베드로를 안심시키는 데 아무런 도움이 되지 않는다. 부활은 베드로가 기대하는 승리가 아닌 것처럼 보인다.

예수님께서는 베드로를 엄하게 책망하시고, 그를 사탄으로 규정하신다. 베드로는, 바리새인들과 사두개인들처럼, 예수님께서 세상을 있는 그대로 받아들이시기를 바라는 집단의 편에 섰다. 교회가 세워지는 바로 그 반석인 베드로가 지금 예수님의 걸림돌이 된다. 베드로는, 마치 마귀처럼 (마 4:3, 6), 예수님께 돌을 빵으로 만들거나 스스로를 죽음에서 구원하라고 유혹하는 것이다. 예수님께서 베드로를 비난하신 것, 즉 그가 하나님의 일보다 인간의 일을 생각한다는 것은 베드로가 영적으로 불충분하다는 것을 의미하지 않는다. 예수님께서는 영이시며 신적이시다. 예수님께서 "메시아시요 살아계신 하나님의 아들이십니다"라는 그의 고백에도 불구하고, 베드로가 실패한 것은 예수님의 인성이 그분의 신성임을 깨닫지 못했기 때문이다. 아우구스티누스는 교만에 사로 잡힌 베드로에 관해, "아직 겸손하신 예수 그리스도를 나의 하나님으로 품을 만큼 겸손하지 않고, 예수님의 인간적인 연약함이 어떤 교훈을 가르치는지도 [베드로는] 배우지 못했다. 그 교훈은 그분의 말씀이자 영원한 진리—곧 당신의 창작물 중에서 가장 뛰어난 것들조차 훨씬 능가하는 것—가 자기 스스로를 그분께 복종시키는 모든 사람들을 그분에게까지 들어 올리신다는 것이다." 라고 논평한다(1961, 152).

우리는 베드로가 예수님을 깨닫는 데 실패한 것에 동정심을 느낄 수밖에 없다. 성육신은 일상적으로 일어나는 사건이 아니다. 가이사랴 빌립보에서 베드로가 고백한 후 이천 년을 지나면서, 교회는 이 예수님께서 살아계신 하나님의 아들이심을 깨닫는 데 계속해서 실패한다. 이는 베드로와 마찬가지로 우리 역시 마치 하나님께서 존재하시지 않는 것처럼 살아가야만 세상이 작동하는 방식을 우리가 이해할 수 있다는 전제를 예수님께서 확인해 주시기를 바라기 때문이다. 우리는 일상생활이 붕괴되는 것을 원하지 않는다. 하지만 예수님께서는 우리가 일상생활에서 신실하게 살아가려면 필수적인, 시간의 붕괴the disruption of time가 되시는 분이다.

그러므로 예수님께서는 제자들에게 만일 자신을 따르려면 그들의 십자가를 져야 한다고 말씀하시는 것이다. 만일 제자들이 그들의 존재를 보장하기 위해 세상이 제공하는 수단을 사용함으로써 그들의 생명을 구하고자 한다면, 그들은 생명을 잃게 될 것이다. 오히려 그들이 생명을 찾고자 한다면 "나를 위하여" 자신들의 생명을 기꺼이 잃고자 해야만 한다.

예수님께서는 제자들에게 만일 그들이 이타적으로 살기를 배운다면 보다 만족스러운 삶을 살 것이라고 말씀하지 않는다. 오히려 예수님께서는 제자들의 어떤 희생이라도 반드시 그분을 위해 행해져야 한다고 말씀하신다. 제자들이 지는 십자가들은 예수님의 십자가에 의해 결정되는 것들이어야만 한다.

만일 예수님께서 자신에 관해 말씀하신 그분이 아니시라면, 예수님께서 제자들에게 요구하신 것은 아무 의미가 없다. 만일 당신이 하나님의 아들이 아니라면, 당신은 당신을 따르는 사람들에게 당신을 따라 십자가에까지 가라고 요구하지 않을 것이다. 만일 당신이 메시아가 아니라면, 당신은 당신의 형제 자매들에게 그들이 사랑하는 사람들의 죽음을 염두에 두라고 요구하지 않을 것이다. 만일 당신이 새로운 시대를 시작하는 자가 아니라면, 베드로를 교회가 세워질 반석으로 삼지 않을 것이다. 그러나 예수님께서는 이 모든 것들은 물론이거니와 그보다 더한 것, 곧 제자들에게 죽음에 의해 좌우되지 않는 삶을 살라고 요구하신다.

하지만 예수님께서 제자들에게 요구하시는 것은 새로운 것이 아니다. 그분께서 자신을 따르라고 제자들을 부르시던 때부터 제자들은 그들의 생명을 잃기 시작하고 있었다. 그러나 가이사랴 빌립보에서의 이 극적인 순간에 예수님께서는 처음부터 그랬다는 점을 제자들에게 분명히 하신다. 예수님께서는 제자들을 데리고 이스라엘 도성과 마을로 다녔지만, 이제 그분께서는 자신을 죽이려고 음모를 꾸미는 자들을 만나기 위해 예루살렘으로 가실 것이다. 그분께서는 제자들이 곧 착수하게 될 여정을 분명하게 가리키신다. 그분께서는 제자들에게 자신을 따르라고 강요하지 않으신다. 제자들은 기꺼이 예수님을 따라가지만, 그들은 결국 예수님을 버릴 것이다.

예수님께서는 제자들이 서 있는 시간의 묵시적인 특성에 관해 분명하게 언급하시면서 제자들과의 이와 같은 특별한 대화의 결론을 내리신다. 인자, 곧 유일하게 심판하실 권리를 지니신 공정한 심판자가 오셨다. 예수님께서는 죽음을 맞닥뜨려 견디실 것이지만, 그분의 죽음은 죽음에 관한 두려움으로 이루어진 세상에 대한 심판이 된다. 이것은 하나님 나라를 지연시키는 것이 아니다. 오히려 하나님 나라는 이미 왔다. 이것은 모든 시간을 재해석할 것을 요구하는 시간의 재창조recreation이다. 예수님 앞에 서 있는 사람들 가운데 죽음을 맛보지 않고 살아서 인자를 볼 사람들도 있다는 것은 복음서 서두에서 이는 새로운 시대의 '시작'이라는 마태의 주장을 확인하는 것이다. 그러므로 우리는 "그리스도께서 죽으셨고, 그리스도께서 부활하셨으며, 그리스도께서 다시 오실 것"이라고 정확하게 주장한다.

마태복음 17장

변형

인자께서 오셨다. 우리는 변형되심transfiguration에서 그분의 영광을 본다. 가이사랴 빌립보에서의 극적인 대화가 있은 지 육일 후, 예수님께서는 베드로와 야고보, 요한을 높은 산으로 데려가신다. 거기에서 그분께서는 변형되어 그 얼굴이 해같이 빛나고 그 옷은 희게 빛난다. 모세와 엘리야가 예수님께 나타나 그분과 함께 대화한다. 베드로는 이러한 광경에 압도되어 그들이 예수님과 모세, 엘리야를 위해 거처할 곳 세 개를 세우겠다고 제안하지만, 베드로가 말하고 있는 중에 구름이 그들 위를 덮고 구름으로부터 소리가 나기를 "이는 내 사랑하는 아들이요 내 기뻐하는 자니 너희는 그의 말을 들으라"라고 한다.

얼마나 놀라운 사건인가! 예수님께서는 얼마 전 제자들에게 예루살렘으로 가서 장로들과 대제사장들에게 패배하여 살해당하실 것이라고 말씀하셨다. 그런데 여기 이 산에서 우리는 그분의 영광을 목격할 수 있는 특권을 누린다. 이것은 아들을 죽음에 내어주시는 아버지의 영광이다. 이분께서는 바람과 파도에게 명령하시는 분이며, 귀신을 쫓아내시는 분이며, 보지 못하는 자들, 말 못하는 자들, 걷지 못하는 자들을 치료하시는 분이다. 이분께서는 정의롭게 심판하시는 분이다. 하지만 이분께서는 또한 우리를 위해 죽음에 복종케 되시는 분이다.

"육일 후"는 창조 자체에 귀를 기울이게 한다. 예수님의 변형은 일곱째 날, 곧 하나님께서 쉬셨던 날로서 지난 육일 간의 사역을 완성하는 날에 일어난다. 그 쉼의 날은 우리가 완전한 일치 안에서 하나님을 누리도록 초대받은 온전한 활동의 날이다. 안식일이 예수님께서 해의 광채와 같이 빛나는 날이라는 것이 놀랍지 않은가? 더군다나 그와 똑같은 광채는 계시록에서 요한에게 보인 새 하늘과 새 땅을 예견한다. 마지막은, 창조에 있는 영광을 완성함으로써, 시작을 예견한다. 예수님께서 변형되셨고, 우리는 하나님의 영광을 보기 시작한다. 곧 하나님의 집이 사람들 가운데 있어 하나님께서 우리와 함께 계실 것이고, 우리를 하나님의 백성이 되게 하시고, 모든 눈물을 닦아 주시고, 다시는 죽음이 없을 것이다(계 21:1-4).

베드로와 야고보, 요한은 인자께서 그분의 나라에 들어가시는 승리하심에 상응하는 영광을 목격한다. 그들이 두려워 얼굴을 땅에 대고 엎드린 것이 놀랍지 않은가? 어느 누가 주님의 영광을 볼 준비가 되어 있을까? 당연히 제자들은 두려워한다. 그들이나 우리나 하나님을 두려워하는 것은 당연하다. 만일 우리가 하나님을 두려워하지 않는다면, 우리의 삶은 우리의 소유물이 생산해내는 두려움에 사로잡힐 것이다. 예수님께서는 제자들에게 두려워하지 말라고 명하시지만, 두려워하지 않으려면, 제자들이 그랬던 것처럼, 예수님이 아닌 다른 것은 아무것도 보지 않는 것이 필요하다. 예수님을 보는 것, 예수님을 따르는 것은 제자들 역시 십자가의 피로 씻겨졌기에 가능한 순교의 빛나는 흰 옷을 입게 될 것임(계 3:5)을 뜻한다.

예수님께서 변형되실 때, 제자들은 인자의 영광을 엿보게 된다—이분께서는 일곱째 날에 아버지와 함께 계셨으며, 마지막 날에 아버지와 함께 계실 아들이시다. 요더John H. Yoder는, 하나님께서 메시아를 우주론과 세상의 문화 안에가 아니라 그 위에 자리하게 하셨다고 고백하는 것은 그분의 주권 아래에서 우주의 참된 의미와 일관성이 발견된다는 것을 의미한다고 말한다. 골로새서에서 권세는 단순히 패배하는 것이 아니라 하나님을 찬양하는 그들의 본래의 목적 안에 제자리를 찾는 것으로 바르게 기술된다. 요한계시록에서 우주와 역사의 합리성, 곧 로고스logos는 단순히 폐위되는 것이 아니라 순교자들의 업적을 비추는 일을 하게 된다. 요더는 계속해서 다음과 같이 말한다.

> 죽임 당한 어린 양이 권능을 받기에 합당하다는 것을 아는 것은 그분의 제자들로 하여금 그들이 순교해야만 할 때 기꺼이 그것에 직면할 수 있도록 해주는 것만이 아니다. 그것은 또한 그들로 하여금 그들의 일상적인 기술들과 거래들을 계속 행하며, 부모들과 이웃들로서 그들의 의무를 다하며, 우주적인 의심으로 절망에 빠지지 않게 해준다. 재림에 의해서 망가진 세상이 온전해지기 전에, 처음 오심에 대한 증인들—그들이 권세들 위에 그리스도께서 계시고, 천사들 위에 아들께서 계시다고 선포하는 바로 그 사실로 말미암아—이 예기적으로 proleptically 창조의 구속으로 계속해서 들어갈 수 있다. 이러한 복음주의 기독론만이 문화에 대한 진정한 변형주의적 접근법을 발견할 수 있다. 우리는 여전히 세상이 똑바로 정돈되었는지 **알지** 못한다. 우리는 여전히 옳은 것이 옳다는 아무런 **증거**도 없다. 우리는 여전히 역사적인 불확실함에서, 사람들로 하여금 믿도록 해주거나 우리 자신의 믿음을 확신하게 해주는, 보다 확고한 다른 어떤 기반으로 도약할 수 있는 통로나 길을 찾지 못했다. "지금 우리가 만물이 아직 그에게 복

종하고 있는 것을 보지 못하고 오직……**예수님을 보니** (이를 행하심은) 하나님의 은혜로 말미암아 모든 사람을 위하여 죽음을 맛보려 하심이라"(히 2:8-9). (요더, 1984, 61.)

제자들이 아버지의 음성을 들은 후 두려움에 떨며 바닥에 엎드려 있을 때, 예수님께서는 그들을 어루만지시며 그들에게 두려워하지 말라고 말씀하신다. 예수님의 만져주심은 의미가 있다. 그들을 만져주심으로써 예수님께서는 그들에게 하늘에서 들린 음성에 의해 아들로 선언되신 바로 그분께서 살과 피를 가지신 분이라는 것을 상기시켜 주신다. 이분 안에서 하늘과 땅이 연결된다. 결과적으로, 홉킨스Hopkins가 기록했듯이, 땅은 변화되었고 밝게 빛났으며, "하나님의 웅장함으로 가득 찼다." 변형되심은 우리의 삶뿐만 아니라 우리의 존재 자체를 재구성하는 새로운 창조를 알린다. 지금으로서는 우리가 아직 모든 것이 완전한 것을 보지 못하지만, 우리는 제자들과 더불어 예수님을 본다.

"육일 후"는 예수님을 창조의 일곱째 날에 위치시킬 뿐만 아니라, 모세와 더불어 모세가 증거막과 법궤에 관한 지침을 받은 산에 위치시킨다(출 24:15-18). 하나님께서는 모세에게 아론과 나답과 아비후를 함께 데려오라고 말씀하셨지만, 오직 모세만 주님께 가까이 갈 수 있었다(24:1-2). 이는 베드로와 야고보, 요한이 예수님의 변형을 목격하는 특권을 받은 것을 훨씬 더 놀라운 것으로 만든다. 예수님께서는 겟세마네에서도 베드로와 야고보, 요한에게 함께 하자고 요구하시지만, 거기에서 그분께서 고뇌하실 때 그들은 그분과 함께 있는 것을 힘들어 한다(마 26:36-46). 만져주심을 요구하는 그들의 필요는 계속될 것이다.

모세는, 종종 하나님에 의해서 그렇게 하도록 초대되었던 것처럼, 산을 둘러싸고 있는 구름으로 들어간다. 그 구름은 주님의 영광이다. 모세는 빛나는 얼굴을 한 채 그 구름을 떠난다(출 34:29-35). 이번에도 구름이 산에서 제자들을 둘러싼다. 그러나 예수님의 빛나심, 예수님의 변형은 구름이 산을 덮기 전에 임하는 영광이다. 모세의 얼굴은 하나님의 영광을 반영하여 빛을 발하는데, 바울은 모세의 얼굴에서 결국 광채가 사라졌다고 말한다(고후 3:7). 그러나 예수님의 빛은 결코 사라지지 않을 것이다. 왜냐하면 그분 자신이 하나님의 영광이시기 때문이다. 제자들이 하나님의 음성을 들을 수 있도록 하기 위해, 산에서 그 구름, 곧 하나님의 임재의 구름이 예수님을 둘러싼다. 예수님께서 세례를 받으실 때 하늘로부터 나온 음성은 예수님을 사랑하는 아들로 규정하면서 말하지만, 우리는 예수님 외에 다른 사람이 그 음성을 들었는지는 알지 못한다. 이번에 변형되신 산에서 제자들은 하늘로부터 나온 음성을 들을 뿐만 아니라 "그의 말을 들으라"라는 말씀까지 듣는다.

예수님께서는 산에서 모세, 엘리야와 합류하심으로써, 그분의 유산이 모두 율법과 선지자를 통해 배워왔던 것임을 보여 준다. 하나님께서는 율법과 선지자를 통해 이스라엘을 돌보셨다. 왜냐하면 율법과 선지자를 통해 이스라엘은 애굽에서 자신을 불러내신 분을 바르게 경배하는 법을 배울 수 있었기 때문이다. 모세는 보이시지 않는 하나님을 경배하기에 적합하도록 증거막과 법궤를 축조하는 방법을 산에서 배웠다. 이제 예수님께서는 율법과 선지자를 통해 이스라엘에 관한 하나님의 돌보심을 새롭게 하고 변화시킴으로써 이스라엘의 삶을 변형시키신다.

변형transfiguration은 대체replacement가 아니며 그렇게 될 수도 없다. 예수님에 의해 야기된 나라는 이스라엘에 대한 하나님의 약속이 없이는 이해될 수 없다. 예수님께서는, 선지자들이 종종 그랬던 것처럼, 이스라엘의 과거와 현재와 더불어 연속성과 불연속성에 서 계신다. 예수님께서는 제자들에게 이스라엘을 통치하는 자들에게 넘겨지기 위해 예루살렘으로 가야 한다고 말씀하셨다. 그런 것은 종종 이스라엘의 선지자들의 운명이었다. 그러나 이번 선지자의 운명은 예전의 이스라엘에서 볼 수 있었던 어떤 예언자들과도 다르다. 이 선지자, 곧 예수님께서는 하나님의 기름 부음을 받으신 분이다—그분께서는 이스라엘의 약속이 열방에게로 나아갈 수 있게 하기 위해서 하나님의 삶의 전형을 그분의 백성에게 보여주신다.

베드로는 이전에 예수님의 엄한 꾸지람을 받고 겸손해져서 이번에는 예수님께 결정을 맡기면서 "원하시면 내가 여기서 초막 셋을 짓되 하나는 주님을 위하여, 하나는 모세를 위하여, 하나는 엘리야를 위하여 하리이다"라고 말한다. 그러나 베드로의 제안은 그가 모세와 엘리야, 곧 하나님의 선한 종들이 지금 예수님을 경배하고 있음을 이해하지 못함을 암시한다. 베드로는 이 위대한 사건을 기념하기 위한 공간을 만들고 싶어하지만, 예수님의 육신이 하나님의 임재의 공간이다. 따라서 예수님께서는, 베드로가 바라는 것처럼, 한 곳에 제한되실 수 없다. 오히려 예수님께서는 예루살렘으로 가셔야만 하고 제자들도 그분과 함께 가야만 한다.

예수님과 모세, 엘리야를 기리기 위한 공간을 만들 수 있다는 베드로의 제안에 동조하지 않는 것은 쉬운 일이 아니다. 베드로처럼 우리도, 하나님 나라의 야성적인 정신을, 그것이 얽매이지 않고 길들여지지 않음에도 불구하고, 제자리에 고정시키려고 한다. 우리는 하나님의 임재의 도전을 새롭게 직면하기를 바라지 않는다. 우리는 예수님을 따랐던 사람들의 용기를 미지의 것으로 두지 않고 과거의 성공을 우리 자신의 것으로 만들고 싶어한다. 하지만 과거의 업적이 "그의 말을 들으라"라는 아버지의 명령을 무시하는 데 사용될 때, 교회는 죽거나 불성실하게 된다.

베드로후서에서 베드로는 자신의 메시지가 '교묘히 만든 신화들'에 근거하지 않음을 청중들에게 분명히 하기 위해서 이 변형에 호소한다. 그는 그리스도의 영광을 목격한 사람으로서, 아버지의 음성이 "이는 내 사랑하는 아들이요 내 기뻐하는 자라"라고 선언하심을 들었다(벧후 1:16-18). 따라서 베드로는 자신의 편지를 받는 독자들에게 "믿음에 덕을, 덕에 지식을, 지식에 절제를, 절제에 인내를, 인내에 경건을, 경건에 형제 우애를, 형제 우애에 사랑을 더하라"라고 격려한다(1:5-7). 베드로는 만일 우리가 신실하게 '그의 말을 듣고자' 한다면, 우리에게 꼭 필요한 특성들을 알려준다.

그들이 내려올 때, 예수님께서는 제자들에게 인자께서 죽은 자 가운데서 살아날 때까지 산에서 그들이 보았던 환상을 아무에게도 말하지 말아야 한다고 당부하신다. 제자들은, 엘리야가 먼저 와야만 한다는 서기관들의 가르침을 생각할 때, 왜 그들이 침묵해야 하느냐고 묻는다. 그들은 예수님과 대화하는 엘리야를 지금 막 보지 않았는가? 예수님께서는 실제로 엘리야가 이미 왔지만 그가 인정을 받지 못했다고 대답하신다. 그 대신 그들—권력을 가진 사람들을 의미한다—은 자기들이 기뻐하는 대로 엘리야에게 행했다. 같은 방식으로, 예수님께서는 제자들에게 인자—제자들이 이제 막 그 변형을 목격한 분—역시 불의한 사람들의 손에 고난을 받을 것이라고 말씀하신다. 그제야 제자들은, 이전에 예수님께서 그들에게 말씀하신 것처럼(마 11:14), 세례 요한이 다시 온 엘리야였다는 것을 이해한다.

제자들은 마침내 예수님께서 그분의 운명에 대해 그들에게 말씀하신 것을 이해하기 시작했을 수 있다. 그리고 이것은 그들로 하여금 모든 것을 회복하기 위해 엘리야의 역할을 한 요한의 의미가 무엇이었는지 이해하도록 도왔을 수 있다. '모든 것을 회복하는 것'은 모든 것이 우리가 원하는 대로 작동될 것이라는 뜻이 아니다. 오히려 이스라엘의 회복은, 권력에 관한 정의를 비롯해, 모든 것에 관한 완전한 재조정reorientation을 수반한다. 메시아의 도래로 인해 시작된 그 나라는 세상에 대한 대안으로서 살아갈 수 있는 한 백성을 존재케 함으로써 잃어버렸던 것을 회복한다. 그와 같은 백성이 존재할 수 있다는 것은 엘리야와 요한에 의해 알려진 나라가 도래했다는 증거로 좀처럼 보이지 않을 수도 있다. 하지만 그렇기 때문에 (요더가 시사한 대로) 우리가 예수님을 보는 것이 결정적인 것이다.

다시 예수님께서는 무리와 맞닥뜨리신다. 이번에는 한 사람이 무리 가운데서 나와 그분 앞에 무릎을 꿇고는 발작이 너무 심해 자주 불에도 뛰어들고 물에도 뛰어드는 자기 아들에게 자비를 베풀어 달라고 구한다. 그 사람은 아들을 예수님의 제자들에게 데려왔지만, 그들은 아이를 치료할 수 없었다고 설명한다. 예수님께서는 얼마나 오랫동안 그와 같이 믿음이 없고 비뚤어진 세대를 참아야 하느냐고 혐오스럽게 반응하신다. 그분께서는 이전에 이 세대가 표적을 열망하는 것 때문에 혐오감을 표현하셨다. 이번에 그분께서는 제자들을 직접적으로 비판하시는데, 왜냐하면 제자들이 예수님께서 자신들에게 주신 축귀의 권세를 그런 표적을 제공하는 것과 연관시키기 때문이다. 이와 같은 권세의 오용이 그들로 하여금 그 사람의 아들을 치료할 수 없게 했다.

예수님께서는 소년을 자신에게 데려 오라고 하신다. 그분께서 귀신을 꾸짖으시자, 소년은 즉시 치료된다. 제자들은 은밀히 와서 왜 그들은 귀신을 쫓아낼 수 없었는지 묻는다. 예수님께서는, 이전에 그러셨듯이, 그들이 '적은 신앙'을 소유했기 때문이라고 말씀하신다. 그들의 신앙이 적은 것은 그들이, 예수님께 대한 신실함은 표적으로 깊은 인상을 남기기 위해서 그들에게 권세를 주는 신앙이 아니라는 것을 이해하지 못했기 때문이다. 귀신을 쫓아내는 권세는 겨자씨의 신앙이다. 그 신앙은, 예수님께서 겨자씨의 비유에서 제자들에게 말씀하셨듯이(마 13:31), 큰 나무를 이루고 심지어 산을 옮길 수도 있다.

제자들이 갈릴리에 모였을 때, 예수님께서는 그들에게 인자께서 배반을 당하고, 죽임을 당할 것이지만, 제삼일에 살아날 것이라고 다시 말씀하신다. 베드로가 예측했듯이, 제자들은 이 소식에 크게 낙심한다. 예수님께서 배반을 당하고 죽을 것이라는 사실을 이해하지 못하는 그들의 무능은 소년을 그런 지경에 이르게 한 귀신을 쫓아내지 못한 그들의 무능과 결부된다. 그들은 예수님께서 세상을 위한 표적이 되시는 방식으로 승리하실 것을 계속해서 기대한다. "제삼일에 살아나는" 것은 아직도 그와 같은 승리로 들리지 않는다. 하물며 "십자가에 달리는" 것은 더더욱 승리로 들리지 않는다. 하지만 이것이야말로 산을 움직일 수 있는 겨자씨에 담긴 승리다.

예수님께서 대표하시는 승리는 그분께서 가버나움에 도착하셨을 때 분명해지는데, 우리는 그곳이 예수님께서 한동안 머무셨던 곳이고(마 4:13), 베드로가 살았던 곳이라는 것(마 8:14)을 안다. 성전세를 징수하는 사람들이 베드로에게 와서 그의 선생이 세금을 내느냐고 묻는다. 이런 전략은 제자들을 통해 예수님께 계속해서 접근하려는 시도처럼 보이기도 한다. 하지만 단순히 베드로가 가버나움에서 잘 알려진 인물일 수도 있다. 예수님과 베드로는 모든 유대인 남자들처럼 성전을 지원하는 의미에서 매년 세금을 낼 것으로 기대됐다. 비록 예수님께서 성전세를 내셨는지 분명하지 않음에도 불구하고, 베드로는 "그렇다"라고 대답한다.

그들이 집에 도착한 후에, 예수님께서는 세금 징수원들에게 한 베드로의 대답에 대해 그와 흥미로운 대화를 나누신다. 예수님께서는 베드로에게 세상의 왕들이 공물을 그들의 자녀들로부터 받는지 아니면 다른 사람들로부터 받는지 물으신다. 베드로는 왕들이 그들의 자녀가 아닌 다른 사람들에게서 세금을 받는다고 대답한다. 그러므로 예수님께서는 자녀들은 세금에서 자유롭고, 그렇기 때문에 자신과 베드로는 성전세를 낼 필요가 없다고 말씀하신다. 왜냐하면 그들은 하나님의 자녀이며, 오직 하나님께서만 그분의 창조물에게 세금을 부과하실 권리가 있으시기 때문이다. 이런 입장은 나중에 예수님께서 황제에 의해 징수되는 세금에 대해 질문을 받으셨을 때 근본적인 영향을 주게 될 것이다.

그러나 여기서는 예루살렘 성전을 유지하기 위한 세금이다. 예수님께서는, 세금을 징수하는 자들이나 세금을 내는 자들이 불쾌해 하지 않도록 하기 위해서, 어부인 베드로가 바다에 가서 고기를 잡고, 그것의 입에서 그들 두 사람을 위한 성전 세금을 지불하기에 충분한 동전을 찾으라고 말씀하신다. 어부로서 베드로의 기술은 이제 그 나라를 위한 특별한 방법으로 동원된다. 베드로와 제자들은 그 나라를 위한 (남자와 여자) 어부들이 될 것이고, 그들은 그 과제를 그들의 일상생활의 기술들로 수행한다는 것이 중요하다. 성전의 멸망을 예언하시게 될(마 24:1-2; 26:60-62) 예수님께서 성전을 지원하기 위해 우연히 기금을 얻으신다. 세금을 내기 위해 돈을 얻는 방식은 하나님의 풍요를 보여주는 것이다. 예수님의 납부는 겨자씨의 신앙이 무엇과 같은지를 보여 준다.

기독교인들은 하나님을 섬기고 세상에 봉사하는 위대한 일들을 행하기를 당연히 열망한다. 그러나 너무나 자주 기독교인들은 그러한 봉사가 열망하는 결과를 보장해야만 한다고 생각한다. 우리는 그 입에 동전이 있는 고기를 잡기 위해 낚시하는 위험을 감수할 수 있다고 순진하게 믿지 않는다. 하지만 적일 수도 있는 이웃과 평화롭게 살기 원하는 기독교인의 바람에 관한 모든 설명들은, 기독교인들이 하나님께서 그 입에 동전이 있는 고기들을 잡도록 도우실 수 있고, 또 도우실 것이라는 점을 더 이상 신뢰하지 않는다면 이해될 수 없다. 기독교의 비폭력에 관한 모든 설명들은 기적에 의존하지도 않고 요구하지도 않는다면 이해될 수 없다. 기독교의 제자도는 하나님께서 우리가 신실하기 위해서 필요한 모든 것을 주셨고, 또 계속해서 주실 것을 우리로 하여금 신뢰하도록 한다.

마태복음 18장
교회

베드로는 예수님을 메시아로 규정했다. 예수님께서는 지금까지 두 번(마 16:21; 17:22) 제자들에게 자신이 고통을 당하고, 죽고, 제삼일에 부활하기 위해 예루살렘으로 가야 한다고 말씀하셨다. 예루살렘으로 가는 도중에 그분께서는 다시 제자들에게 자신이 사형선고를 받고, 이방인들에게 넘겨지고, 채찍질을 당하고, 십자가에 못 박히고, 제삼일에 살아날 것이라고 말씀하실 것이다(마 20:19). 이러한 선포들은, 그 즉시 놀라지만 그들의 형성을 위해 중대한 기로에 서 있던, 제자들 사이에 의문들과 토론들을 불러 일으킨다. 변형 이후 그리고 예루살렘으로 들어가시기 전에, 예수님께서는 제자들이 그분의 십자가 처형과 부활에 비추어 어떤 부류의 백성이 되어야 하는지를 이해하기 시작할 수 있는 방식으로 그들을 가르치신다.

마태는 "그 때에" 제자들이 예수님께 와서 하늘 나라에서 누가 가장 큰지 물었다고 전한다. 이는 예수님께서 자신이 죽으러 간다고 발표하셨음을 생각할 때 놀라운 질문이 아닐 수 없다. 만일 그들이 곧 죽을 사람을 따르고 있는 것이라면, 하늘 나라에서 누가 가장 큰지 왜 걱정하는 것일까? 그분의 죽음을 예상하면서 제자들은 그분께서 떠나신 뒤에는 누가 자기들을 이끌 것인지 궁금해지기 시작한 것일까? 마태는 이에 대해 말해주지 않는다. 우리가 아는 것은 제자들이 누가 가장 큰지에 대해 질문을 제기하고 곧 이어 세베대의 아들들의 어머니가, 그녀가 생각하기에, 예수님께서 가져오신 나라에 필수적으로 있게 될 위계질서에서 그녀의 아들들이 어느 위치를 차지할지 알고 싶어할 것이라는 것뿐이다.

예수님께서는 제자들의 질문에 대답하시기 위해서 그들 가운데 한 어린 아이를 불러 세우신다. 그분께서는 제자들에게 그들이 어린 아이들같이 되지 않으면 하늘 나라에 들어가지 못할 것이라고 말씀하신다. 어린 아이들은 우리로 하여금 그들을 예수님께서 가져오신 나라의 모범이 되게 하는 특성들에 관해 추측해 보도록 요청할 수 있다. 예를 들어, 종종 어린 아이들은 어른에게 부족한 순진함이 있다고 생각된다. 그러나 이런 식의 추측은 그 나라의 견고함을 저버리는 그분의 사역의 감상적인 측면만을 초래할 수 있다. 이런 어린 아이를 받아들일 수 있는 사람들에게 예수님께서 부과하시는 요구들과 관련해 감상적인 것은 아무것도 없다.

예수님께서는 어린 아이가 대표하는 바를 아주 분명하게 규정하신다. 우리가 어린 아이처럼 겸손하게 되지 않으면 우리는 그 나라에 참여할 수 없다. 위계질서와 관련해서 '그 나라에서 가장 큰 자'는 기꺼이 시간을 내어 어린 아이를 영접하는 사람들에 의해 결정되어야만 하는 것처럼 보인다. 어린 아이에게는 획득된 신분이 없다. 그(그녀)는 전적으로 다른 사람들에게 의존한다. 마리아는 메시아를 낳았지만, 그녀는 무엇보다도 먼저 그녀가 전혀 기대할 수 없었던 한 어린 아이에게 호의를 베푼 것으로 드러났다.

예수님, 곧 마리아의 어린 아이는 이후로 어린 아이들이 그분의 이름으로 환영 받아야만 한다고 우리에게 말씀하신다. 어린 아이들을 죽일 수 있는 아주 어두운 세상에서 예수님께서는 제자들에게 어린 아이들을 영접해야만 한다고 말씀하신다. 어린 아이들에게 내줄 시간이 없다고 생각하는 세상에서 예수님께서는 자신을 따르는 사람들에게 인내하는 사람들이 될 것을 요구하시며, 어린 아이들을 환영하고, 품고 키우는 시간을 가지라고 말씀하신다. 이것이 가능한 것은 그 나라가 이미 성취 되었기 때문이다. 시간은 재구성된다time is reconfigured.

따라서 예수님께서는 제자들에게 만일 누군가 이 작은 자들 앞에 "걸림돌stumbling block"(예수님께서 마태복음 16장 23절에서 베드로를 걸림돌로 규정하셨다는 점을 잊지 말자)을 놓는 자가 있다면, 그들은 물에 빠지는 것이 나을 것이라고 말씀하신다. "작은 자들"은 분명히 어린 아이들을 가리키지만, 그들은 또한 예수님을 따르기에 충분히 겸손한 사람들이다. 예수님께서는 제자들을 엘리트 중에서 부르시지 않고, 신분status이 없는 사람들 중에서 부르셨다. 그렇게 부름을 받은 사람들은, 우리들 중 하나처럼, 제자라는 선물을 신분과 바꾸려는 유혹에 빠진다. 신분을 찾는 사람들은 "하늘 나라에서 누가 가장 큽니까?"라고 묻는다. 그러나 그런 질문 자체가 그 나라가 요청하지 않는 신분이 필요하다고 제안하는 걸림돌이 된다.

그러나 예수님께서는 현실적이시다. 그분께서는 제자들에게 걸림돌이 되는 경우가 생길 수밖에 없을 것이라고 말씀하신다. 하늘 나라가 왔고, 그분께서 제자들을 부르셨지만, 예수님께서는 제자들이 세상의 습관들을 깨뜨릴 수 없을 것이라고 예견하신다. 제자들은, 우리 자신들처럼, 불안해 하고 "우리가 세상에서 어느 곳에 있는지" 알고자 한다. 우리가 일상생활에서 사용하는 언어 습관은 다른 사람이 우리의 신분을 알아볼 수 있도록 하려는 우리의 시도를 반영한다. 예를 들어, 웰스Samuel Wells는 우리의 대화가 종종 우리 자신은 위로 올리고 다른 사람은 아래로 내리는 시소놀이 같다고 말한다(2004, 88-89). 그는 다음과 같은 예제를 제공하면서 대괄호[ ]로 신분거래status transactions에 강조표시를 한다.

A: 시간이 허락되면 무엇을 읽고 싶으세요? [B는 바쁘고 따라서 높은 신분이라고 시사함으로써 B를 치켜 올린다.]

B: 최근에는 그냥 톨스토이의 후기 저작물을 보고 있네. [시간이 부족함을 수용하고, 방대한 분량의 책들로 유명한 저자를 고르고, 그의 작품과 다른 작품들에 대한 폭넓은 지식을 암시함으로써 자신을 치켜 올린다.]

A: 아! 어린 시절에 본 『전쟁과 평화War and Peace』를 생생하게 기억합니다. [B의 높은 문화는 이미 A의 어린 시절 수준임을 시사함으로써 자신은 치켜 올리고 B를 내린다.] 부모님은 내가 텔레비전에서 그 연속극을 봐도 된다고 했어요. [자기를 내리고 B를 다시 치켜 올린다.]

그런 대화는 가식pretense 없이 이런 작은 자들 중에 한 사람이 되는 것이 결코 작은 일이 아님을 분명하게 해준다. '겸손해 지려고 노력하는 것'이 어려운 만큼, 이러한 겸손하신 예수님을 따르는 사람이 되는 것도 쉽지 않다. 베드로가 예수님을 꾸짖는 것은 예수님께서 굴욕을 당하실 것이 두려웠기 때문이다. 그러나 굴욕 당함이 없이는 우리가 예수님의 작은 자들 가운데 한 사람이 되는 길을 찾기란 힘들 것이다. 굴욕 당함은 우리의 죄를 깨닫는 것에 정확하게 붙여진 이름이다. 어린 아이들은 그들의 존재 여부를 타인에게 의존하기 때문에 겸손하게 살 수밖에 없다. 예수님의 제자들의 과제는 하나님의 자녀가 되기 시작하는 것을 가능하게 했던 겸손으로 되돌아가는 방법을 배우는 것이다.

모든 미덕들과 마찬가지로, 겸손 또한 글자 그대로 전혀 가식적이지 않은 한 공동체의 일부가 됨으로써 가능해지는 선물이다. 가식은 한 백성이 신분게임the games of status을 할 시간이 없도록 하는 선한 일을 행할 때 극복될 수 있다. 그런 선한 일로는 진 바니에Jean Vanier가 시작한 라크 L'Arche 운동이 가장 전형적이다. 라크는 세상에서 지적 장애인이라고 부르는 사람들과 함께 사는 법을 배우는 공동체다. 지적 장애인들과 함께 사는 사람들은 그들의 성장을 도우려고 하지만, 바니에에 따르면,

> '그들을 위해 일하기' 전에 우리는 '그들과 함께 있기'를 원합니다. 지적 장애인들의 특별한 고통은, 모든 주변부의 사람들과 마찬가지로, 그들이 배제되고 무가치하게 여겨지고 사랑받지 못한다는 느낌입니다. 장애를 가진 사람들이 자신들이 가치 있고, 사랑받으며 사랑스럽다는 것을 발견하기 시작할 수 있는 것은 공동체에서의 일상생활과 거기에 녹아 있는 사랑을 통해서입니다. (바니에, 1979, 3.)[1]

그와 같은 공동체는 시간을 내고 시간을 보낸다. 바니에가 본대로, 라크에서의 삶은 느리다. 왜냐하면 사랑과 지혜를 향한 성장은 느리기 때문

---

1. 후에 바니에는 라크에서의 신실함의 핵심은 '복음과 팔복의 정신으로 장애인들과 함께 사는 것'에 있다고 주장한다. 그는 계속해서 '함께 사는' 것과 '~을 위해 하는 것'은 다르다. 그것은 단지 같은 식탁에서 먹고 같은 지붕 아래에서 자는 것만을 의미하지 않는다. 그것은 우리가 감사, 진실, 상호의존의 관계를 만들어 내고, 우리가 장애인의 말을 경청하고, 우리가 그들의 선물을 인정하고 경이로워 한다는 의미다."라고 말한다(1979, 106).

이다. 따라서 바니에는 그러한 공동체에 속한 사람들은 시간의 친구여야만 하며, 많은 것들이 시간만 주어지면 저절로 해결될 것임을 배운다고 말한다. 자비와 진실을 위해서 너무 빨리 갈등을 해소하려는 시도는 오히려 잘못일 수 있다. 라크 공동체에 문제가 없는 것처럼 말할 수는 없다. 그러나 대립이나 분열이 즉시 해결되도록 애쓰려고 하지도 않는다. 우리는 바니에가 시사하는 것처럼, '시간의 친구'여야만 한다(1979, 80).

누가 가장 큰지에 관한 제자들의 질문에 예수님께서 주신 대답은, 그들의 질문은 그분께서 세우시는 종류의 공동체를 거부하는 것임을 분명히 한다. 작은 자들과 함께 하는 인내심을 가진 백성은 작은 자들을 걸려 넘어지게 하는 몸의 일부분들을 쫓아낼 수도 있어야만 한다. 고린도전서 12장에서 바울은 우리를 걸려 넘어지게 하는 발을 잘라버려야 한다는 예수님의 말씀에 대한 해설로 간주될 수 있는 것을 기록한다.

> 몸은 하나인데 많은 지체가 있고 몸의 지체가 많으나 한 몸임과 같이 그리스도도 그러하니라 우리가 유대인이나 헬라인이나 종이나 자유인이나 다 한 성령으로 세례를 받아 한 몸이 되었고 또 다 한 성령님을 마시게 하셨느니라 몸은 한 지체뿐만 아니요 여럿이니 만일 발이 이르되 나는 손이 아니니 몸에 붙지 아니하였다 할지라도 이로써 몸에 붙지 아니한 것이 아니요……그러나 이제 하나님께서 그 원하시는 대로 지체를 각각 몸에 두셨으니 만일 다 한 지체뿐이면 몸은 어디냐 이제 지체는 많으나 몸은 하나라 (고전 12:12-20)

바울은 고린도의 성도들에게 그들이 온전해지기 위해서는 서로를 필요로 한다는 것을 가르치고자 한다. 예수님께서는 제자들에게 때로는 교회가 만일 어떤 손이나 발이 공동체의 구성원들로 하여금 붙잡거나 걷는 것을 불가능하게 한다면 그것을 "잘라 버리는" 것이 더 낫다는 것을 발견하게 될 것이라고 가르치신다. 예수님께서는 다시금 극적인 이미지를 사용하여 제자들로 하여금 그들이 함께 사는 방식이 그분의 사역을 통해 임한 구원에 결정적이라는 것을 이해하도록 도우신다. 하지만 그들로 하여금 걸려 넘어지게 하는 손과 발, 눈을 반드시 잘 다루어야 하는 것처럼, 그들은 또한 그 무리에서 잃어버릴 수 있는 작은 자들 중 어느 누구라도 잃지 않으려고 해야만 한다.

에스겔 34장 11-19절에서, 주 하나님께서는 그분의 양들을 찾으시겠다고, 곧 어둡고 구름이 잔뜩 낀 날에 양들이 흩어진 곳에서 그들을 구하시겠다고 약속하신다. 그 양들은 이스라엘의 산과 좋은 풀밭에서 목양되기 위해서 열방에서 이끌어져 나올 것이다. 주 하나님께서는 "내가 친히 내 양의 목자가 되어 그것들을 누워 있게 할지라 주 여호와의 말씀이니라 그 잃어버린 자를 내가 찾으며 쫓기는 자를 내가 돌아오게 하며 상한 자를 내가 싸매 주며 병든 자를 내가 강하게 하려니와 살진 자와 강한 자는 내가 없애고 정의대로 그것들을 먹이리라"라고 천명하신다.

예수님께서는 선한 목자셨다. 그러나 이제 그분께서는 제자들에게 그들이 서로를 위해 목자가 되어야 한다고 말씀하신다. 예수님께서는 아흔아홉 마리를 뒤로 하고 길 잃은 한 마리 양을 찾으러 나서시는 목자시다. 그분과 마찬가지로 제자들은 잃어버린 자를 찾아야만 한다. 왜냐하면 작은 자 하나라도 잃지 않는 것이 하늘에 계신 아버지의 뜻이기 때문이다. 잃은 자를 돌보기 위해서 시간을 내는 것보다 중요한 것은 없다. 잃은 자를 찾는 것은 제자의 사역—그들 스스로가 발견되도록 허락하는 자들을 찾는 것—으로 규정될 것이다.

잃은 양의 비유와 작은 자에 대한 예수님의 우선하심은 동등한 존엄성이라는 현대적인 전제에 관한 것이 아니다. 오히려 두 가지 모두 잃어버린 자를 선호하시는 아버지의 사랑을 나타낸다. 웰스Wells는, 교인들이 생존을 위해 몸부림치고 있었던, 놀위치Norwich에 있는 성 엘리자베스 교회에서의 어느 주일에 대해 적고 있다. 성 엘리자베스 교회의 성찬은 매 주일마다 모든 교인, 즉 영유아, 어린이, 청소년, 성인이 모두 함께 모여 거행되었다. 그런데 거기서는 성찬 전에 인도자가 바닥에 무릎을 꿇고 바닥에 놓인 한 조각의 펠트모직이나 털을 압축해서 만든 부드럽고 두꺼운 천—역주 위에 마련된 목상들wooden figures을 사용해서 성경구절을 제시하는 관습이 있었다. 인도자는 그 목상들에서 눈을 떼지 않은 채 그것들을 부드럽게 다루면서, 전하고 있는 이야기가 회중에 의해 묵상되기를 바랐을 것이다. 웰스는 이렇게 전한다.

> 한번은 선한 목자에 관한 발표가 있었습니다. 시편 23편, 누가복음 15장, 요한복음 10장의 주제들이 함께 주어지면서, 안전한 양의 우리, 좋은 목초지, 상쾌한 물, 그리고 양떼가 길 잃을 위험한 장소가 제시되었습니다. 회중의 구성원들은 교회와 이웃에서 그들의 경험을 나누었고, 각자의 삶에 대해 안전하거나 좋거나 상쾌하거나 혹은 위험하게 느꼈는지의 여부를 나누었습니다. 한 어린 아이는 자신의 집이 위험한 곳이었기 때문에, 교회가 상쾌한 물과 같다고 말했습니다. 한 어른은 그녀와 다른 사람이 예배를 마치고 나올 때 누군가 던진 돌에 맞을 뻔했기 때문에, 교회가 위험한 곳이라고 말했습니다. 마침내 다른 종류의 나무로 만들어진 양들에 이목이 집중되었습니다. "양들의 색깔이 다르면 어떤 차이가 나는지 궁금하네요."라고 인도자가 말했습니다. 즉

시 큰 어린 아이 중 하나가 단호하게 대답했습니다. "차이가 전혀 없어요. 모두 똑같이 대해야 해요." 오랫동안 아무도 말하지 않았습니다. 삼십여 명 정도의 구성원들이 아무 말도 하지 않았습니다. 마침내 뒤에 있던 여섯 살배기 여자 아이가 조용하게 속삭였습니다. 어깨에 양 한 마리를 짊어진 한 나무 인형을 가리키면서 "왜냐하면 그들은 모두 똑같은 목자를 가지고 있잖아요."라고 말했습니다. (웰스, 2006, 171.)

잃어버린 양의 비유는 우리에 관한 것이 아니다. 그것은 이스라엘과 하나님의 아들의 제자로 부름 받은 사람들에 대한 하나님의 끊임없는 사랑에 관한 것이다. 예수님께 부름 받은 사람들은 최대 다수의 선을 위해 누군가 희생되어야 한다는 어떤 논리도 거부할 수밖에 없다. 예수님의 사역, 제자들에 대한 그분의 인내는 작은 자들이 돌봄을 받게 하시려는 하나님의 간절한 열망을 구체화한다. 하나님께서 그들을 시야에서 놓치시기를 거부하시듯, 우리도 그들을 시야에서 놓칠 수 없다.

그래서 우리가 서로를 잃지 않도록 하기 위해서, 예수님께서는 제자들에게 서로를 돌볼 수 있는 잃어버린 자들 또는 작은 자들의 공동체를 위한 지침을 주신다. 그분께서는 우리에게 어떻게 걸림돌이 되는 것을 피할 수 있는지 알려 주신다. 만일 교회의 다른 구성원이 우리에게 죄를 지었다고 믿는다면, 우리는 혼자 그에게 가서 그(혹은 그녀)의 잘못된 점을 지적해야 한다. 예수님께서는 우리가 부당한 대우를 받았다고 생각하면 그에게 찾아가볼까 생각할 수 있다고 말씀하시지 않는다. 오히려 그분께서는 우리에게 죄를 지었다고 믿는 사람에게 가서 그를 대면할 의무가 우리에게 있다고 말씀하신다.

예수님의 가르침에 대한 첫 번째 반응이자 정상적인 반응은, 이런 과정은 대부분 우리의 사소한 갈등들에 대해 너무 극단적이라고 생각하는 것이다. 나는 누군가에게 화가 났을지 모르지만, 만일 내가 기다리다 보면 어느새 내가 그것을 극복했음을 알게 될지 모른다. 너무 쉽게 불쾌감을 느끼는 사람으로 다른 사람에게 비춰지기를 원하는 사람이 누가 있을까? 그러나 이런 반응은 우리가 작은 자들에게 걸림돌이 되지 않으려면 필수적이라고 예수님께서 생각하시는 공동체를 부적절하게 이해하는 것이다. 더군다나 작은 자들은 종종 우리 자신을 포함하며, 또한 잃은 양들은 종종 우리의 옆 자리에 앉아 있는 형제자매가 된다. 작은 자들을 보호할 수 있는 공동체, 잃은 양들을 돌보는 공동체는 서로의 죄를 묵과할 수 없는 공동체다. 왜냐하면 죄를 묵과할 때, 공동체는 그분의 아들의 희생을 통한 하나님의 용서에 의해서 결정되는 은혜의 삶을 구체화하지 못하게 되기 때문이다.

다른 구성원이 저지른 죄는 상처를 입은 사람에게만 죄를 짓는 것이 아니다. 오히려 그것은 전체 교회에게 죄를 짓는 것이다. 레위기 19장 17-18절에서 주님께서는 모세로 하여금 이스라엘에게 다음과 같이 말하라고 하신다. “너는 네 형제를 마음으로 미워하지 말며 네 이웃을 반드시 견책하라 그러면 네가 그에 대하여 죄를 담당하지 아니하리라 원수를 갚지 말며 동포를 원망하지 말며 네 이웃 사랑하기를 네 자신과 같이 사랑하라 나는 여호와이니라”. 우리에게 죄를 지었다고 생각하는 형제나 자매를 대면하지 못하는 것은 단순히 우리가 분쟁과 불일치를 어떻게 해결해야만 하는지에 관해 권고하는 것이 아니라, 그보다 오히려 예수님께서 세우신 공동체가 어떤 종류의 것인지를 가리키는 것이다. 이 사람들은 서로를 너무나도 강렬하게 사랑하는 백성이어서 길을 잃은 사람들을 잃어버리는 것—또는 억울함을 숨기고 있는 우리 자신을 잃어버리는 것—같은 위험을 절대로 무릅쓰지 않는 사람들이다.

그리하여 예수님께서는 제자들에게 만일 그들에게 죄를 지었다고 믿는 사람이 들으려고 하지 않을 경우에는 자기들 외에 한 두 사람을 더 데려가서 말해진 모든 것을 확인할 수 있다고 말씀하신다. 만일 그 구성원이 여전히 듣지 않으려고 할 경우에는 전체 교회에 반드시 말해야만 한다. 만일 죄를 범한 사람이 교회의 말조차 경청하려고 하지 않는다면, 그들은 세금 징수원이나 이방인, 즉 더 이상 예수님께 부름 받은 공동체에 참여할 수 있는 특권이 없는 사람으로 취급해야 한다. 예수님께서는, 우리의 손과 발을 비유로 들어 말씀하셨듯이, 그분의 새로운 백성은 그를 제명해야만 한다고 분명히 암시하신다.

어떤 사람들은 이런 말씀은 원수를 사랑하라는 예수님의 가르침(마 5:43-48), 다른 사람이 우리에게 해주었으면 하는 대로 우리도 다른 사람에게 모두 해주라는 가르침(마 7:12), 그리고 우리의 이웃을 우리 자신처럼 사랑하라는 가르침(마 22:39) 등과 불일치한다고 생각할 수도 있을 것이다. 하지만 제명은 사랑의 행위다. 제명은 누군가를 교회에서 내쫓는 것이 아니라, 오히려 그들이 걸림돌이 되었고 또 되고 있음을, 그러므로, 이미 교회 바깥에 있음을 알도록 도우려는 시도다. 제명은 적절한 속죄를 겪음으로써 집으로 돌아오라는 부름이다.[2]

마태복음 18장에서 예수님께서 개요적으로 말씀하신 절차는 제자들이 서로 평화롭게 지내는 방법과 그것이 지닌 의미를 알려준다. 예수님께서는 그분을 따르는 사람들이 서로에게 잘못할 것이고, 그 후에 그들은

2. '용서의 기술' 및 용서에 대한 치료적인 설명과 관련해 최고의 비평을 위해서는 Jones, 1995, 3-70, 207-40쪽을 보라.

해결될 수 없는 것처럼 보이는 것에 사로잡힐 것이라고 말씀하신다. 문제는 그런 갈등이 제거될 수 있느냐에 있지 않고, 그분을 따르는 사람들이 어떻게 갈등을 다룰 것이냐에 있다. 예수님께서는 갈등이 무시되거나 거부되는 것이 아니라 오히려 갈등—죄를 포함하고 있을지도 모를—이 공개되도록 해야만 한다고 생각하신다. 기독교 제자도는 갈등에 직면할 것을 요구한다. 왜냐하면 예수님께서 수립하신 평화는 단순한 폭력의 부재가 아니기 때문이다. 그리스도의 평화는 진리에 기반하며 진리를 말하는 것이기 때문에 분명히 비폭력적이다. 진리가 없는 사랑은 저주를 받을 수밖에 없듯이, 예수님의 형제자매 사이의 평화에는 환상이 없어야만 한다.

하지만 우리는, 진리란 우리 자신에 대해 가장 알고 싶지 않은 것과 관련된 것이라고 고백해야만 한다. 우리는 진리가 구원한다고 말할지도 모른다. 그러나 사실 우리는 어떤 진리든, 특히 예수님께서 진리이신 경우는, 그것이 구원을 성취하는 것만큼이나 구원을 방해한다는 것을 안다. 그렇기 때문에 예수님께서는 자신을 따르려는 사람들은 죄로 하여금 아무런 도전도 받지 않고 그냥 지나치게 두어서는 안 된다고 주장하신 것이다. 만일 우리가 우리의 죄에 대해 서로 도전하지 못한다면, 사실 우리는 서로를 죄에 내버려 두는 것이다. 화해를 위한 지난한 노력에 참여하는 것을 거부하는 것은 우리가 형제자매를 얼마나 사랑하지 않는지를 보여주는 것이다.

베드로는 걸림돌로서 예수님께서 요구하시는 것이 함축하는 바를 이해한다. 그는 "형제가 내게 죄를 범하면 몇 번이나 용서하여 주리이까 일곱 번까지 하오리이까"라고 묻는다. 우리는 베드로의 질문에 공감하지 않을 수 없다. 왜냐하면 무제한으로 용서하는 것은 좋은 분별이 아닌 것처럼 보이기 때문이다. 용서가 항상 제공된다는 전제 위에서 대체 어떤 공동체가 유지될 수 있을까?

베드로의 질문은 그가 죄의 피해를 당했던 사람임을 전제한다. 그는 자신에게 잘못한 사람에게 권세를 행할 수 있는 위치에 있다고 가정한다. 그러나 예수님의 대답은 베드로에게 그가 용서받는 것에 관해 배워야 함을 상기시키신다. 예수님께서는 베드로에게 일곱 번이 아니라 "일곱 번을 일흔 번까지라도"라고 말씀하신다. 아들을 통한 아버지의 용서에는 제한이 없다. 만일 아버지의 용서에 제한이 있다면, 베드로는 더 이상 제자가 되지 못할 것이다. 기독교인들에게 서로를 용서하는 것을 배워야 한다는 요구는 우리가 먼저 용서받은 사람들이라는 것을 전제한다.

"일곱 번을 일흔 번까지라도"는 레위기 25장 8절과 희년의 설립을 반영한다. 교회에서 용서가 행해질 수 있는 것은 예수님 안에서 희년이 도래했기 때문이다. 따라서 교회를 표시해주는 용서는 시기와 증오, 복수에 기반한 정치에 대해 대안을 제공하는 정치인 것이다. 이것은 우리가 우리에게 빚진 자를 용서해준 것처럼, 우리의 빚을 용서해 달라고 요청하는 기도를 가르치실 때 예수님께서 가르쳐주셨던 정치다. 새로운 시대가 세상 속으로 새로운 사람들을, 이 사람 예수님 안에서 초래된 용서에 의해 결정되는 교회라고 불리는 새로운 정치를 풀어놓기 시작했다.

베드로에게 하신 예수님의 대답이 지닌 정치적인 특성은, 왕에게 진 자신의 빚은 용서 받았으면서도 자신에게 진 다른 동료의 빚은 용서하기를 거절한 종에 대한 예수님의 비유를 통해 분명해진다. 왕은 용서하지 않은 종의 행동을 알고 나서, 그가 빚을 모두 갚을 때까지 고문에 처하게 한다. 그래서 우리는 "너희가 각각 마음으로부터 형제를 용서하지 아니하면 나의 하늘 아버지께서도 너희에게 이와 같이 하시리라"라는 말씀을 듣는다. 만일 우리가 서로 서로 우리의 죄들과 대면할 수 있는 평화의 사람들이 되고자 한다면, 우리는 우리가 먼저 용서 받았고, 그러므로 우리가 용서받은 자들의 공동체의 일원이 된 것임을 기억해야만 한다.

비유에서 분명하게 볼 수 있듯이, 평화를 가능하게 하는 용서는 판단이 없는 것이 아니다. 여기서 문제는 우리가 서로에게 책임을 물어야만 하는지가 아니라, 그렇게 하는 근거가 무엇이며, 그것이 어떻게 행해져야만 하는가 하는 것이다. 우리가 죄로 인해 피해를 당했거나 죄를 지었다는 것을 아는 것은, 우리가 죄인이 되는 것이 무엇인지를 알 수 있도록 해주는 말의 습관을 가질 것을 요구한다. 오직 이것에 근거해서만 우리는 자신이 자기 자신의 창조자가 되어야 한다는 가정에서 비롯되는 판단의 자의성을 피할 수 있게 된다. 그렇기 때문에 교회가 죄를 죄라고 부르는 데 필수적인 언어에 지속적으로 참여하는 것이 매우 중요하다. 거짓말, 간음, 도둑질은 단지 잘못이나 실수가 아니다. 그것들은 죄다.

그분의 사역을 통해 예수님께서는 우리에게 제자가 된다는 것이 무엇인지 가르치신다. 우리의 과제는 예수님께서 가르치신 것을 서로에게 예증이 되게 하는 방법을 배우는 것이다. 여기에는 사랑 안에서 진리를 말하는 우리의 능력이 포함되는데, 이것은 우리가 어떠한 죄도 숨기지 않을 때만 가능하다. 예수님께서는 지금 예루살렘으로 가신다. 그 길을 따라 예수님께서는 이혼, 소유 그리고 위계질서를 다루는 문제들에 관해 제자들을 계속해서 가르치실 것이다. 우리는 예수님께서 진실한 그래서 화해된 삶을 살아갈 수 있는 공동체를 세우셨기 때문에 그렇게 하시는 것에 놀라서는 안 된다.[3]

---

3. 이 단락의 일부는 Hauerwas, 2001, 89-100쪽에서 발췌됐다.

마태복음 19, 20장

결혼, 재물, 그리고 권력

예수님께서 예루살렘을 향해 가실 때, 큰 무리가 그분을 따라 유대로 왔다. 그분께서는 거기서 그들을 치료하신다. 예수님께서는 도전해 오는 사람들로부터 결코 자유로우신 적이 없다. 그러나 이제 그분께서는 유대에 계시고, 이는 그분께서 논쟁을 회피하실 수 없음을 의미한다. 바리새인들이 예수님께 와서 그분을 시험하는데, 이는 그들이 예수님께 증명해야 할 책임이 있다고 생각하기 때문이다.

첫 번째 대면은 바리새인들이 어떤 이유에서든 남자가 아내와 이혼하는 것이 합법적인지 예수님께 질문하는 것으로 시작한다. 여기서 문제는 이혼을 당연한 것으로 전제하는 것이다. 이혼은 남자만의 특권이다—오직 문제가 되는 것은 남자가 어떤 이유로든 아내와 이혼해도 되는지의 여부다. 율법 전체에 걸쳐 모세는 백성들에게 남자가 그의 아내와 이혼할 수는 있지만, 이혼한 여자와 결혼할 수는 없다고 가르친다. 이는 신명기 24장 1-4절에서 극단에 이르는데, 거기서 "(그가) 그(아내)에게 수치되는 일이 있음을 발견"해서 아내와 이혼한 남자는, 그 여자가 다른 남편을 취했다면, 두 번째 남편이 사망하든 혹은 그녀와 이혼하든 상관없이, 그 똑같은 여자와 재혼할 수 없다고 명령한다. 그렇게 하는 것은 "여호와 앞에 가증한 것"이 될 것이다. 나중에 예레미야는 신명기에 있는 이런 이미지를 사용해서 이스라엘과 하나님의 관계를 설명한다—거짓 신들에게로 돌아선 후에, 어떻게 하나님께서 이스라엘을 다시 취하실 수 있는가?

바리새인들의 질문은 예수님께 자신들의 세계관을 받아들이도록 강요하려는 것이지만, 예수님께서는 그들의 질문이 근거하고 있는 전제를 받아들이기를 거부하신다. 대신 그분께서는 그들로 하여금 처음의 자리, 즉 우리가 '남성과 여성'으로 지음 받은 하나님의 창조를 주목하게 하신다(창 1:26-27; 2:18-24). 하나님께서는 아담이 홀로 있는 것이 좋지 않다는 것을 인식하시고, 그래서 그분께서는 아담의 갈비뼈를 취해 그 갈비뼈로 여자, 곧 아담이 그의 살 중의 살로 인식한 여자를 만드셨다. 나아가 이러한 인식은 "사람이 그 부모를 떠나서 아내에게 합하여 그 둘이 한 몸이 될지니라"에 대한 이유가 된다. 그런 다음 예수님, 곧 창조 때에 아버지와 함께 하신 분께서 이렇게 덧붙이신다. "그러므로 하나님께서 짝지어 주신 것을 사람이 나누지 못할지니라".

우리가 남성과 여성으로 창조되었다는 것이 의미하는 바에 대한 예수님의 논평은 말라기 2장 14-16절에 따른 것이다.

> 이는 너와 네가 어려서 맞이한 아내 사이에 여호와께서 증인이 되시기 때문이라 그는 네 짝이요 너와 서약한 아내로되 네가 그에게 거짓을 행하였도다 그에게는 영이 충만하였으나 오직 하나를 만들지 아니하셨느냐 어찌하여 하나만 만드셨느냐 이는 경건한 자손을 얻고자 하심이라 그러므로 네 심령을 삼가 지켜 어려서 맞이한 아내에게 거짓을 행하지 말지니라 이스라엘의 하나님 여호와가 이르노니 나는 이혼하는 것과 옷으로 학대를 가리는 자를 미워하노라 만군의 여호와의

말이니라 그러므로 너희 심령을 삼가 지켜 거짓을 행하지 말지니라

하나님께서는 남성과 여성을 창조하셨고, 그렇게 하심으로써 남편과 아내의 관계를 창조하셨으며, 나중에 이것으로 이스라엘을 그분의 신부가 되게 하시는 그분의 부르심을 반영하게 하셨다. 심지어 하나님께서는 선지자 호세아에게 이스라엘의 신실하지 못함과 그분의 다함없는 신실함에 대한 표시로서 '매춘굴의 아내'와 결혼하라고 요구하신다. 그러므로 예수님께서는 바리새인들에게 결혼은 단지 결혼에 대한 것만이 아니라, 이스라엘에게 신실하신 분에 대한 그들의 신실함을 나타내는 특성이라고 상기시키신다. 결혼과 이혼의 문제는 하나님의 백성을 위한 결혼의 목적에서 분리되어 나올 수 없다.

예수님께 제기한 바리새인들의 질문에 담긴 문법은 오늘날 기독교인들이 논하는 결혼과 성에 관한 토론과 매우 유사하다. 우리는 무엇에 관해 말하고 있는지를 알기도 전에 '어떤 원인'에 대해 묻는다. 우리는 결혼에 대해 무엇을 또는 어떻게 생각해야 하는지를 알기도 전에 동성애에 관해 묻는다. 그러나 대화를 이렇게 시작하는 것은 큰 잘못이다. 바리새인들에 대한 예수님의 반응은, 작은 자들에게 걸림돌이 되는 것 없이 그 구성원들이 결혼으로 부름 받아야만 하는, 그런 종류의 교회 공동체에서 분리되어 나온 결혼에 관해 우리가 생각할 수 없다는 점을 상기시킨다.

창조로 말문을 여신 예수님께서는 결혼이란 모든 사람에게 주어진 하나님의 선물 중 하나라고 지적하신다. 하지만 결혼은 또한 우리로 하여금 신실하다는 것이 무엇인지 알도록 하기 위해서 주어진 것임을 발견하는 것은, 이스라엘로 하여금 세상을 위한 열방의 빛이 되게 하시는 하나님의 부르심으로부터 획득된—그것은 다른 방식들로도 알 수 있을 것이다—지

식이다. 결혼은 모든 사람에게 주어진 것이지만, 결혼의 목적*telos*을 분별하는 것은 이스라엘에게 주신 하나님의 선물들에서 비롯된다. 하나님께서는 모든 사람이 생산적이 되기를 열망할 수 있게 하셨지만, 그 열망은 우리의 자녀들이 선물에 힘입어 사는 것을 배운 공동체에 받아들여지지 않는다면 악마적인 것이 될 수도 있다.

본래적으로 우리는 남성과 여성으로서 서로를 열망하도록 부름을 받는다. 은혜에 의해서 그 열망을 통해 생명이 주어진다. 결혼은 정욕의 죄를 위한 치료가 될 수 있지만, 아우구스티누스는 아담과 이브가 타락하기 전에도 성관계를 했을 것이라고 정확히 주장한다. 그렇지 않다면 그들이 하나님의 명령을 어떻게 성취하여 번성하고 땅에 충만할 수 있었을까?(창 1:28) 아우구스티누스에 따르면, 비록 아담과 이브가 타락하지 않았더라도 성관계를 했겠지만, 그들의 성적 관계는 정욕으로부터 자유로웠을 것이다. 오직 타락 후에 우리의 성적 관계가 우리의 교만과 탐욕으로 말미암은 왜곡에서 자유하게 되는 것이 불가능하게 되었다.[1] 바리새인들로 하여금 그런 이야기에 주목하게 하시기 위해서 예수님께서 하나님

---

1. 아우구스티누스는, 장인들이 발달된 훈련을 통해 자연적인 힘을 뛰어 넘어 육신적인 일에 종사하는 것처럼, "왜 성적 기관들이, 다른 것들과 똑같은 방식으로, 불순종의 죄에 대한 보복으로 나타난 정욕이 전혀 없었다면, 의지의 명령을 통해 인류에게 순종적인 종이 될 수도 있었다고 믿지 않아야만 하는가?"라고 말한다(1977, 585). 아우구스티누스는 많은 사람들이 낙원에서 아담과 이브가 성적 기관들을 통제할 수 있었다고 상상하지 않는다는 것을 깨닫는다. 그래서 그는 그들의 몸으로 특별한 일을 할 수 있는 어떤 사람들의 예들을 제시한다. 어떤 사람들은 귀를 움직일 수 있고, 어떤 사람들은 이마까지 두피를 움직일 수 있고, 어떤 사람들은 믿을 수 없이 많은 수의 물건들을 삼켰다가 완전한 상태로 횡경막에서 도로 게워 낼 수 있고, 어떤 사람들은 새와 야수의 소리를 그대로 모방할 수 있고, 어떤 사람들은 심지어 "마음대로 (아무런 악취도 풍기지 않으면서) 뒤로 음악 소리를 내서 마치 그 부분에서 노래하는 것처럼 보이게 할 수도 있다."(1977, 588).

의 창조 목적에 호소하시는 것은 우리가 결혼에서 서로의 선물을 바르게 이해하고 실천하는 데 필수적인 것이다.

하지만 바리새인들은 예수님에 의해 결혼의 목적을 상기하게 되었다고 해서 만족하지 않는다. 그들은, 만일 하나님께서 이혼을 금지하신다면, 왜 신명기 24장에서 이혼증명서를 허락하셨느냐고 질문한다. 예수님께서는 이스라엘의 마음이 완악하기에 모세가 허락한 것이라고 대답하신다. 예수님께서는 부정을 저지른 경우가 아니라면 이혼을 금하신다. 또한 이혼 후 다른 사람과 결혼하는 사람은 누구나 간음하는 것이다. 이러한 금지령은 일찍이 산상설교에서도 주어졌다(마 5:31-32).

그러나 이 문맥에서 예수님께서 이혼과 재혼을 금지하시는 것은 '부정unchastity에 관한 예외'에 새로운 실마리를 제공한다. 우리는 부정을 구성할 수 있는 것을 추상적으로 명시할 방법이 없다. 그러나 우리는 이제 예수님의 이혼 금지를 피할 수 있는 방법을 제시하기 위해서 예수님의 예외조항을 이용하려는 시도는 바리새인들이 '어떤 원인'에 관해 예수님께 질문한 것을 모방하는 것임을 안다. '부정에 관한 예외'가 의미하는 바를 명시하기 위해서 제기된 결혼에 관한 질문은, 너무나 자주 하나님의 백성을 구축하시기 위해 창조 때에 주어진 그 목적에서 결혼을 분리하려는 바리새인들과 같은 시도다.

바리새인들에게 주신 예수님의 대답은 그들로 하여금 자신들의 준거틀을 벗어나도록 요구하지 않는다. 그분의 대답은 이스라엘이 부름 받은 모든 목적에 신실한 것이다. 그러나 바리새인들에 대한 예수님의 대답에 담긴 급진적인 함의를 이해한 제자들은, 특별히 남자들의 경우, 전혀 결혼하지 않는 것이 더 낫지 않느냐고 질문한다. 예수님께서는 제자들이 올바른 결론에 이르도록 그들을 설득하려고 하시지 않는다. 대신에 그분께서는 솔직하게 모두가 이 가르침을 받을 수 있는 것은 아니지만, 어떤 사람들은 하늘 나라를 위해 고자가 되는 선물을 받았다고 말씀하신다. 우리는 예수님께서 '고자'이심을 잊어서는 안 된다. 따라서 제자가 되기 위해 부름 받은 모든 사람이 결혼하거나 자녀를 가질 필요가 있는 것은 아니다.

그 나라를 위해 고자가 된 사람들에 대한 예수님의 칭찬은 이스라엘에 대한 직접적인 모욕이다. 고환이 끊어지거나 남근이 잘린 사람은 주님의 총회에 들어갈 수 없으며(신 23:1), 또한 제사장직에서도 제외된다(레 21:20). 의심의 여지없이 이스라엘에는 고자를 향한 이러한 태도에 관한 설명들이 많다. 고자들은 종종 이스라엘이 우상숭배와 부도덕한 행동으로 간주했던 예배의 형식들과 결부되었다. 그러나 고자에 관한 관심의 핵심에는 이스라엘을 핍박한 사람들로 하여금 아이를 갖지 못하게 하는 이스라엘의 거부refusal가 있었다. 말라기는 하나님께서 '경건한 자손'을 원하신다고 분명하게 말한다.

하지만 이스라엘의 메시아신 예수님께서는 독신의 선물을 받은 사람들이 하늘 나라를 구성한다고 제자들에게 말씀하신다. 하늘 나라를 위해 고자로 부름 받았다는 것은 아마도 이러한 새로운 시대의 공동체의 가장 결정적인 표시일 것이다. 예수님을 따르는 사람들이 그분을 따르기 위해 굳이 결혼하거나 아이를 낳을 필요는 없다. 왜냐하면 그 나라는 생물학적으로 증가하는 것이 아니라, 증거와 회심을 통해 성장하는 것이기 때문이다.

우리가 남성과 여성으로 창조되었다는 것은 큰 선물이다. 하나님께서 남성과 여성으로 서로 호감을 느끼고, 성관계를 통해 한 몸이 되고, 자녀를 갖게끔 계획하신 것은 위대한 선물이다. 하지만 어떤 사람들은 '남성'과 '여성'이라는 용어는 여성이 영원한 패자로 간주되는 남성과 여성 간의 비뚤어진 형태만을 강조할 수 있다고 염려한다. 어떤 사람들은 결혼과 가족이 관련된 모든 사람들을 파괴하는 조작적인 권력 관계의 숨겨진 형태에 동의하거나 동의할 수 있다고 우려하기도 한다. 그러므로 어떤 사람들은 기독교인들은 결혼과 가족을 정당화하려는 시도뿐만 아니라 남성과 여성으로 범주화 하는 것을 피해야만 한다고 권고한다.

에베소서 5장 21-33절에서 우리는 서로에게 복종해야 한다는 바울의 권고는 많은 사람들에 의해 특별히 문제가 되는 것으로 간주된다. "아내들이여 자기 남편에게 복종하기를 주께 하듯 하라 이는 남편이 아내의 머리 됨이 그리스도께서 교회의 머리 됨과 같음이니 그가 바로 몸의 구주시니라 그러므로 교회가 그리스도에게 하듯 아내들도 범사에 자기 남편에게 복종할지니라". 하지만 남편들이 아내 사랑하기를 그리스도께서 교회를 사랑하심과 같이 하라는 바울의 명령은, 우리가 그리스도와 교회의 관계에서 분리된 채 남성 또는 여성이 되는 것이 무슨 뜻인지 알 수 있다고 가정하는 젠더gender에 관한 고정관념에 대해 도전하는 것이어야만 한다.

오리겐Origen은 태초에 자신의 이미지를 따라 인류를 창조하신 하나님께서 구원자 남성과 교회 여성을 창조하셨고, 자신의 이미지를 따라 양자에게 동일한 인성을 부여하셨다고 주장한다. 주님께서는 사람이 되시고 그분의 신부인 교회를 위해 아버지를 떠나셨다. 오리겐은 또한 우리의 구원자께서 어머니도 떠나셨고, 그래서 그분께서는 우리와 형제 자매가 되셨다고 말한다(Manlio, 2002, 89). 한 남성과 한 여성을 결정하는 것과 관련해 문화적인 가정이 어떻게든 역할을 한다는 것은 남성과 여성이 똑같이 새로운 시대의 백성으로 참여할 수 있게 되었다고 믿는 한 백성에 의해 도전을 받을 수밖에 없다.

그러나 제자들에게 하신 예수님의 대답이 결혼하지 않는 것이 좋다는 뜻은 아니다. 그보다 결혼은 새로운 존엄성을 부여 받는다. 왜냐하면 예수님을 따르는 사람들은 더 이상 아담과 같이 홀로 있는 것을 피하기 위해 결혼하지 않아도 되기 때문이다. 결혼은 필수적인 것이 아니라, 이제 그리스도의 몸을 구축하기 위한 소명이다. 공동체는 그리스도 안에서 주어진 선물들에 신실하게 반응함으로 창조된다. 그리하여 교회의 구성원들은 평생 신실하겠다고 약속할 수 있는 능력을 위임 받는다. 바울은 이렇게 적는다. "그러므로 사람이 부모를 떠나 그의 아내와 합하여 그 둘이 한 육체가 될지니 이 비밀이 크도다 나는 그리스도와 교회에 대하여 말하노라 그러나 너희도 각각 자기의 아내 사랑하기를 자신 같이 하고 아내도 자기 남편을 존경하라"(엡 5:31-33).

예수님께서는 자신에게 데려온 어린 아이들을 위해 기도해주실 뿐만 아니라 자신의 손을 얹어 주심으로써 결혼의 존엄성을 확언하신다. 제자들은 자녀들을 데려오는 사람들을 책망하지만, 예수님께서는 어린 아이들이 자신에게 올 수 있도록 허락할 것을 고집하신다. 예수님께서는 앞서 하늘 나라에서 가장 큰 자에 대한 질문에 응답하시면서(마 18:1-5) 제자들의 관심을 한 어린 아이에게 집중시켰던 것처럼, 여기서도 어린 아이들을 하늘 나라를 소유한 사람들로 규정하신다.

결혼하지 않는 선물을 받은 사람들에 대한 예수님의 칭찬과 어린 아이들을 하늘 나라를 소유한 사람들로 규정하는 예수님의 인식을 병치하는 것은 그분의 사역이 지닌 묵시적인 특성을 밝혀준다. 묵시는 그 동안 숨겨져 왔다가 이제 새로운 시대의 도래를 통해 드러난 계시다. 그런 선언은 극적이고 압도적이지만, 다가온 하늘 나라는 일상생활의 변화를 가능하게 한다. 예수님께서는 묵시적이시기에, 어떤 사람들은 결혼하지 않을 수 있게 하시는 반면, 동시에 교회가 어린 아이들이 요구하는 시간을 내고, 그들을 위해 자리를 마련할 수 있게 하신다. 묵시는 평범한 것을 비범한 것으로 만들기 위해 필요한 시간의 파괴disruption of time다.

더욱이 교회의 성윤리는 이런 배경에서만 이해될 수 있다. 교회는 결혼한 사람과 결혼하지 않은 사람들로 구성되어 있고 또 구성될 것이다. 둘 다 신실한 삶을 살도록 부름 받았다. 둘 다 모든 어린 아이들이 신앙 안에서 바르게 양육되도록 양육의 소명으로 부름 받았다. 모든 사람이 친구가 되도록, 그럼으로써 결혼하지 않은 사람을 위협하는 외로움을 잘 견딜 수 있게 하도록 부름 받았다. 그런 외로움은 우리가 선택한 관계들을 제외하고는 모든 관계들에서 독립해야 한다고 말하는 사회에서는 특별히 위협이 된다. 더욱이 그러한 사회에서 결혼하는 것은 너무나 중요해져서, 결혼이야말로 외로움에서 우리를 보호하는 유일한 울타리라고 지칭될 정도까지 될 수 있다. 결과적으로 매우 많은 사람들이 그들의 삶을 혼자 살기보다는 결국 누군가와 함께 혼자 사는 처지가 되는 것을 알게 된다.

그러므로 그러한 사람들은 우정과 결혼을 구별할 수 있는 것이 중요하고, 그래서 한쪽에게 맞는 것과 다른 한쪽에게 맞는 것이 혼동되지 않도록 해야 한다. 너무나 자주 동성의 사람들 사이의 관계를 인정하라는 요청은 결혼과 우정을 혼동한다. 그럼에도 지금 우리가 살고 있는 혼란스러운 문화 속에서 기독교인으로서 우리의 과제는 어린 아이들에게 안전한 장소를 제공하는 것임을 기억하는 것은 결혼 또는 독신이 무엇을 의미하는지에 대해 생각하는 출발로서 좋은 방법이다.

그러나 도덕적인 혼란이 우리 시대에만 한정된 것은 아니다. 마태는 한 청년이 예수님께 와서 "선생님이여 내가 무슨 선한 일을 하여야 영생을 얻으리이까"라고 물었다고 말한다. 교황 요한 바오로 2세는 그의 칙령

〈진리의 광채Veritatis splendor〉에서 이렇게 질문한 사람을 칭찬하는데, 그것은 교황이 이 청년이 도덕적인 선과 우리의 운명의 성취 사이에 필연관계가 있음을 바르게 감지하고 있다고 생각하기 때문이다(1994, 88). 예수님께서는 자신에게 질문한 사람에게 "어찌하여 선한 일을 내게 묻느냐 선한 이는 오직 한 분이시니라"라고 말씀하심으로써, 질문자로 하여금 모든 답의 원천이신 하나님께 향하도록 하신다.

물론 질문이 제기되는 방법에 문제가 있다. 예수님께서는 선의 원천이 아니라 '선생님'이라고 언급된다. 더욱이 질문은 영생을 얻으려면 어떤 '선행'을 해야 하느냐는 것이다. 질문자는, 율법이 명하는 행위들을 행하지만 오직 다른 사람들에게서 인정을 받기 위해서만 행하는 사람들을 예수님께서 계속해서 비난하시는 것을 이해하지 못하는 것처럼 보인다. 그러나 질문자는 영생에 관해 묻기 때문에 진지하다. 그러므로 예수님께서는 만일 질문자가 생명에 들어가기를 원한다면 반드시 계명을 지켜야 한다고 대답하신다.

그 청년은 자신의 질문을 옹호하면서 자신이 어떤 계명을 지켜야 하느냐고 예수님께 묻는다. 예수님께서는 종종 십계명의 두 번째 돌판에 기록된 것으로 규정되는 계명들을 열거하심으로써 대답하신다. "살인하지 말라, 간음하지 말라, 도둑질하지 말라, 거짓 증언 하지 말라, 네 부모를 공경하라". 여기에 예수님께서는 레위기 19장 18절을 합하신다. "네 이웃을 네 자신과 같이 사랑하라". 예수님께 가르침을 받으러 온 사람은 자신이 이 모든 계명들을 지켰다고 주장한다. 그러나 그에게 여전히 부족한 것이 무엇인지 묻는다.

영생을 구하는 사람이 아직 부족한 것이 무엇인지 묻는다는 것은 실제로는 자신이 '계명을 지키지' 않았음을 나타낸다. 그는 어떻게 부자이면서도 계명에 신실할 수 있을까? 바르트Karl Barth는 영생을 추구하는 이 청년은 계명들과 관련해 예수님의 선택과 조합이 얼마나 중요한지를 이해하지 못한다고 말한다.

> 잘 알려진 하나님의 계명은 외적인 측면—구체적으로 행하는지 또는 행하지 않는지를 볼 수 있는 측면—에서 부자 청년에게 제시되었다. 다른 무엇보다 하나님을 사랑하고 경외하라는 계명, 하나님의 형상을 만들거나 숭배하는 것에 대한 금지, 그분의 성호와 안식일을 거룩하게 하라는 계명 등이 이런 형식에 포함되지 않는 것 같지만 그렇지 않다—이는 마치 십계명의 '첫 번째 돌판'의 계명들이 '두 번째 돌판'에 있는 하나님의 구체적인 형식을 배제하지 않고 포함하는 것과 같다. 신약성경적인 맥락에서 보자면, 하나님을 사랑하지 않고 이웃을 사랑하는 것이 가능하지 않고, 이웃을 사랑하지 않고 하나님을 사랑할 수 없는 것이다. 실제로 우리는 하나님의 계명의 이러한 일치—우리의 육신과 영원한 말씀의 일치, 하나님의 아들과 다윗의 아들이며 마리아의 아들의 일치—안에서 예수 그리스도의 인격의 신비가 반영된다고 말할 수 있고 말해야만 한다. (바르트, 1936-77, 2.2.616.)

바르트가 지적한 대로, 예수님께서는 부자 청년에게 무엇이 부족한지를 잘 아신다. 그에게 부족한 것은 그가 가진 것이다. 예수님께서는 그에게 이렇게 말씀하신다. "네가 온전하고자 할진대 가서 네 소유를 팔아 가난한 자들에게 주라 그리하면 하늘에서 보화가 네게 있으리라 그리고 와서 나를 따르라". 그러나 그 청년은 이 말씀을 듣고 떠나면서 근심했다. 왜냐하면 그는 소유를 많이 가졌기 때문이다. 바르트는 예수님께서 이 청년 앞에 두 가지 요구 사항—그의 소유를 팔아서 하나님 앞에서 자유로워지는 것과 그의 돈을 가난한 자에게 줌으로써 이웃에 대해 자유로워지는 것—을 두신다고 제시하는데, "두 가지 모두 이 마지막 요구, 즉 그가 와서 예수님을 따르라는 요구에서 그 의미와 효력을 얻는다. 예수님을 따르는 것은 예수님을 따르는 삶이 그 자체로 그의 이웃에게 완전히 묶여 있는 하나님의 언약적인 파트너의 삶이 될 정도에 이르기까지 이러한 이중의 자유를 실천하는 것이다."(1936-77, 2.2.622).

요한 바오로 2세는 "그러므로 그리스도를 따르는 것이 기독교 도덕의 본질적이고 근본적인 토대다. 이스라엘 백성이 광야를 통과해 약속의 땅으로 그들을 인도했던 하나님을 따랐던 것처럼(출 13:21), 모든 제자는 예수님을 따라 아버지 그분에 의해 예수님께로 이끌리는 사람들을 향해야만 한다(요 6:44)."(요한 바오로 2세, 1994, 98-99)라고 말함으로써 바르트를 반영한다. 예수님을 따르는 것은 율법이 뒤에 남아 잊혀지는 것이 아니라, 오히려 율법이 항상 요구해온 것이 지금 성취되는 것이다. 하지만 그것은 또한 예수님을 따르는 것이 의미하는 것에서 분리된 것으로 알려진 어떤 관념화된 윤리도 있을 수 없음을 의미한다.

청년이 떠나간 후, 예수님께서는 제자들에게 무슨 일이 일어났는지, 즉 부자가 되는 것과 천국에 들어가는 것이 쉽게 이루어지지 않는다는 점을 분명히 하신다. 실제로 예수님께서는 부자가 하나님 나라에 들어가는 것보다 낙타가 바늘귀로 들어가는 것이 더 쉽다고 말씀하신다. 그러자 제자들은 우리 가운데 어떤 사람들은 다른 사람들보다 더 많이 소유하고 있다고 아주 정확하게 질문한다. "그렇다면 누가 구원을 얻을 수 있으리이까". 마태는 예수님께서 행하시는 것으로 우리가 거의 들어보지 못한 행동을 행하셨다고 말해준다. 즉 예수님께서는 "그들을 보시며" 죽음에 묶인 자들에게는 그것이 불가능하지만, "하나님으로서는 다 하실 수 있느니라"라고 말씀하셨다.

우리는 예수님의 대답이 우리를 '곤경에서 모면케' 하시려고 의도하신 것이라고 생각하도록 유혹을 받는다. 우리가 부자인 것은 문제지만, 하나님께서는 우리 부자들을 하나님께서만 하실 수 있는 방법으로 돌보실 것이라고 생각한다. 하지만 그런 식의 반응은 재물에 대한 예수님의 관점이 지닌 충만한 무게로 하여금 그에 걸맞는 효과를 얻지 못하도록 한다. 우리는 하나님과 재물을 둘 다 섬길 수 없다(마 6:24). 예수님의 대답은 재물뿐만 아니라 구원에 관한 우리의 개념에도 도전한다. 구원을 받는 것, 세례를 통해 교회의 신도가 되는 것은 우리의 삶이 더 이상 우리의 것이 아니라는 뜻이다. 우리는 우리의 것이 다른 사람들의 요청에서 더 이상 자유로울 수 없는 방식으로 서로에게 연약해지게 된다. 믿기 어려울 정도로, 예수님께서는 구원이란 우리의 소유의 손실을 통해 우리의 존재가 연약해지는 것을 수반한다고 분명하게 말씀하신다.

사도행전 5장에 나오는 아나니아와 삽비라의 이야기는 예수님께서 말씀하신 것의 의미를 분명하게 해준다. 아나니아와 삽비라는 교회의 구성원들이다. 그들은 땅의 일부를 팔았지만, 수익금의 일부를 그들을 위해 보관했고, 그들의 재산을 팔아 모두 얼마를 받았는지 교회에게 말하기를 거부했다. 아나니아가 교회에 그 돈의 일부를 가져올 때, 베드로는 교회에게 거짓말한 것에 대해 아나니아에게 경고한다. 베드로의 비난에 대한 반응으로 아나니아가 쓰러져 죽고, 곧이어 똑같은 사건의 순서로 삽비라도 뒤따라 죽는다. 잘 유의하도록 하자. 우리로 하여금 거짓말하도록 부추기는 것은 우리의 소유며, 그것은 예수님의 제자가 되는 데 필요한 신뢰를 불가능하게 한다. 구원을 받는 것, 곧 그리스도의 몸의 일부가 되는 것은 서로에게 진실되게 말하는 것이 가능할 뿐만 아니라 필수적이게 하는 한 백성에 참여하는 것이다.

그러나 베드로는 방어적인 태도로 예수님께 반응한다. 그는 예수님께 자신과 제자들은 모든 것을 버려둔 채 예수님을 따랐음을 상기시킨다. 예수님께서는 베드로의 자기 평가를 부정하지 않으신다. 이는, 바르트가 말한 대로, 다음과 같은 이유 때문이다.

> 부자 청년과 예수님의 제자들을 구별하고, 그들에게 그보다 나은 이익을 주는 것, 순종하는 자와 불순종하는 자를 구분 짓는 것은 그들이 이러한 신적인 가능성divine possibility의 증인들이 될지도 모른다는 사실이다. 그들은 실제로 모든 것을 버리고 예수님을 따랐다. 어떻게 이런 일이 일어났는가? 그들이 그분만큼이나 적게 소유했지만 하나님의 선물로서 그들이 원하는 대로 할 수 있는 것을 활용할 때 그런 일이 일어났다. 그들이 그분 못지않게 부족했지만 예수님 안에서 그들에게 활용 가능한 것을 인식하고, 요구하고, 사용할 때 그런 일이 일어났다. (바르트, 1936-77, 2.2.625.)

그런 다음 예수님께서는 제자들이, 자신을 따랐기 때문에, 이스라엘 열두 지파의 재판관으로서 열두 보좌에 앉게 될 것이라고 분명하게 말씀하신다. 그들이 이스라엘 지파의 재판관으로 적합한 것은 그들이 이스라엘에 대한 하나님의 약속의 성취이신 분을 따르려고 가족과 생업현장을 떠났기 때문이다. 그러므로 그들은 자신들이 준 것보다 더 많은 것을 받는데, 곧 영원한 생명을 상속받을 것이다. 그들은 마지막으로 부름을 받았지만, 예수님에 의해 도래한 새로운 시대의 첫 번째가 될 것이다. 마지막이 첫 번째가 될 것은 예수님께서 보여주신 것이 얼마나 특별한 변화며 전복인지를 시사한다.

이스라엘은 선지자들에 의해 종종 포도원에 비유된다.

나는 내가 사랑하는 자를 위하여 노래하되
내가 사랑하는 자의 포도원을 노래하리라
내가 사랑하는 자에게 포도원이 있음이여
심히 기름진 산에로다
땅을 파서 돌을 제하고 극상품 포도나무를 심었도다
그 중에 망대를 세웠고
또 그 안에 술틀을 팠도다
좋은 포도 맺기를 바랐더니
들포도를 맺었도다 (사 5:1-2)

이스라엘과 유다는 하나님께서 즐겁게 심으시는 것으로 규정된다. 그러나 하나님께서는 그것에서 "정의를 바라셨더니 / 도리어 포학이요 / 그들에게 공의를 바라셨더니 / 도리어 부르짖음이었도다"(사 5:7). 그러므로 예수님께서 그 다음으로 포도원 비유를 말씀하셔서 첫째가 꼴찌가 되고 꼴찌가 첫째가 되는 것이 무슨 뜻인지 밝히시는 것은 놀라운 것이 아니다. 왜냐하면 그것은 하나님의 정의—제자들이 이스라엘 지파를 심판하기 위해 앉는 열두 보좌에서 실행할 정의—에 대한 비유이기 때문이다. 그럼에도 불구하고 이 보좌들, 곧 위협적인 심판의 보좌들은 이스라엘의 보좌들이다. 이스라엘에 대한 하나님의 심판은 자기 백성에 대한 하나님의 다함 없는 사랑을 입증한다.

예수님께서 말씀하시기를, '천국은' 자신의 포도원에서 일할 일꾼들을 아침 일찍, 늦은 아침, 낮, 오후, 그리고 저녁 때 고용한 땅 주인과 같다고 하신다. 그가 고용한 모든 일꾼들은 그가 그들을 포도원에서 일하도록 고용하지 않았다면 아무 일도 하지 못했을 것이다. 처음 고용된 사람들은 하루 품삯을 받고 일하는 데 동의했다. 하루 일과를 마칠 때 주인은 관리인에게 일꾼들을 불러 그들에게 품삯을 주라고 말했다. 관리인은 마지막으로 고용된 사람부터 시작하여 처음 고용된 사람의 순으로 지급하라고 지시받았다. 그는 합의된 하루 품삯을 각자에게 지불해야만 했다.

처음 고용된 사람들이 마지막으로 품삯을 받을 때, 그들은 자기들이 더 많이 받을 것이라고 예상했지만, 그들은 마지막에 고용된 사람들과 똑같이 받았다. 그들은 그렇게 지불 받은 것에 불평하면서, 자기들은 하루 종일 뜨거운 햇볕 아래에서 더 오래 일했다고 항변했다. 그러나 주인은, 처음 고용된 사람들을 '친구'라고 부르면서, 자신은 아무런 잘못도 하지 않았다고 반응한다. 왜냐하면 그는 본래 합의한 바에 따라 그들에게 지불했기 때문이다. 주인은 그가 자신에게 속한 것을 주는 것이기 때문에 자신의 뜻대로 할 수 있다고 말한다. 따라서 처음 고용된 사람들은 주인의 관대함 때문에 마지막으로 고용된 사람들을 시기해서는 안 된다. 이 비유를 통해 예수님께서는 나중 된 사람이 먼저 되고 먼저 된 사람이 나중 되는 것이 무슨 의미인지 분명하게 말씀하신다.

이 비유를 주석하는 사람들은 포도원 주인이 품삯을 지불하는 방식에서 암시되는 하나님의 은혜의 공평함을 강조한다. 그러나 이 비유에서 하나님의 은혜의 특징으로 나타나는 것은 공정함이 아니라, 오히려 하나님의 은혜의 순전한 풍부함이다. 하나님의 사랑은 소진될 수 없고, 따라서 예수님께서 부르시는 사람들의 특성은 광범위하게 다양해질 수 있다. 씨를 뿌리는 사람의 비유에서 예수님께서는 좋은 땅에 떨어지는 씨앗이 다른 수확들을 거둘 것이라고 말씀하셨는데, 이는 하나님의 선물은 그 나라의 영광을 위해 '다름'을 창조할 것임을 시사한다. 따라서 이 비유는, 그 나라의 사역에 대한 다른 기여들을 강조하는 것으로서, 우리들 중에 예수님을 따르는 자들이라고 생각하는 사람들은 먼저 고용된 사람들 중에 있는 것이라는 가정에 도전하는 것임에 틀림없다. 우리는 교회에는 그 날의 마지막에 고용된 사람들도 포함된다는 것을 기억해야만 한다.

이방인 기독교인들인 우리는 이스라엘에 대한 약속의 상속자로서 나중에 고용된 자임을 기억하는 것이 특별히 중요하다. 예수님의 포도원 비유에 대해 매우 중요한 주석은 로마서 9-11장에서 이스라엘을 향한 하나님의 신실하심에 대한 바울의 이해다. 바울은 이방인 기독교인들에게 이스라엘에 대한 하나님의 약속이 계속 유효하다고 주장하기 위해 편지를 쓴다. 이스라엘은 예수님이라는 걸림돌에 걸려 넘어졌다. 그러나 그것은 구원이 이방인들에게 이르도록 하기 위해서 그런 것이었다(롬 11:11-12). 따라서 나중에 고용된 자인 교회에 관한 어떤 설명도 이스라엘의 이야기, 그리고 그 이야기의 상속자인 유대인 없이는 결코 이해될 수 없다.

기독교인들은, 콘스탄틴주의에 의해 만들어진 환상 아래, 우리가 유대인에 대한 하나님의 지속적인 돌봄에 의존하고 있다는 것을 잊어버린다.[2]

---

2. 그 누구보다 배더 세이Bader-saye가 이점을 가장 명확하게 말하는데, 그는 "만약 교회가 접붙여지고 그래서 (유대인들과 함께) 이스라엘의 전통적인 정치를 진척시키는 그 백성의 몸으로 이해된다면, 이는 우리가 더 이상 구약성경의 사회적 관심사를 대체하는 것으로서 신약성경을 읽을 수 없음을 의미한다. 우리는 기독교 공동체를 명백한 이스라엘의 정치적인 정체성으로부터 분리할 수 없다. 교회는, 유대인만큼이나 하나님의 하나의 언약 안에 존재하며, 정치를 포함해 삶의 어떤 영역도 설명되지 않은 채로 남겨두지 않는다. 이는 교회론을 재고하기 위한 방법으로 이스라엘에 주목하는 것은 교회의 탈정치화에 저항하는 것을 의미

그러므로 나중에 고용된다는 것은, 예수님의 제자가 되려는 자들은 하나님의 관대하심으로 말미암아 이스라엘의 이야기가 우리의 이야기가 된다는 것을 기억해야만 한다는 의미다. 이스라엘은 자신의 신실하지 못했던 이야기를 성경, 곧 지금 우리가 지닌 구약성경을 통해 성실하게 말해왔다. 그 이야기는 또한 우리를 이스라엘의 '좋은 감람나무'에 접목시키신 분을 배반해온 우리의 방식을 조명하는 교회의 이야기이기도 하다(롬 11:24).

포도원의 비유는 하나님의 은혜의 풍성함에 대한 이야기임에 틀림없지만, 이 비유에서 결정적인 것은 주인이 나중에 고용한 사람에게 먼저 품삯을 지불하라고 관리인에게 지시한 점이다. 그가 먼저 고용된 사람들부터 품삯을 지불하기 시작했다면, 그들은 모두 같은 임금을 받고 있다는 것을 알지 못했을 것이다. 하나님의 은혜는 받을 자격조차 없다고 생각하는 사람들에 대한 우리의 시기심을 우리에게 숨기기를 거부하시는 진리의 은혜다. 포도원의 비유는 하나님의 정의의 전형이다—정의는 진리에 의해 단련된다.

더군다나 예수님께서는 이 진리를 지금 그들이 예루살렘으로 향하고 있다고, 그리고 거기서 인자는 대제사장과 서기관들에게 넘겨지고, 사형 언도를 받고, 조롱을 당하고, 채찍질을 당하고, 그리고 이방인들에 의해서 십자가 처형을 당했다가, 사흘 째 되는 날에 다시 살아날 것이라고, 제

한다는 뜻이다. 그런 교회론의 탈정치화는 내적인 뿌리와 외적인 뿌리 양자를 모두 갖고 있다. 내적으로, 교회는 선거에 대한 부적절한 이해—이로써 유대인과 그들의 중요성을 잊어버리고자 했다—때문에 그것의 정치적인 증거를 잃어버렸다. 외적으로, 서구교회는 자신들을 공공영역에 부적합한 것으로 만드는 현대의 자유주의 정치체제에 순응함으로써 탈정치화되었다."(1999, 2-3) 탈정치화된 교회를 콘스탄틴주의의 연장된 형태라고 부르는 것이 이상하게 보일 수도 있다. 그러나 그것이 정확히 우리 시대에 있는 것, 즉 현대의 국가를 섬기려고 개인화된 기독교의 창출이다.

자들에게 세 번째로 말씀하실 때 분명하게 확인하신다. 그런 것이 포도원 주인의 운명이다. 이것이 먼저 고용되었든 나중에 고용되었든 모든 사람들에게 보상이 주어지는 데 필수적인 하나님의 정의다. 이것이 하늘 나라가 가져오는 전복이다.

그러나 다시금 그리스도 안에서 시작된 새로운 시대의 급진적인 특성은 하나의 질문, 곧 신분에 관한 매우 인간적인 질문을 촉발시킨다. 세베대의 아들들인 야고보와 요한의 어머니는 그녀의 아들들과 함께 와서 예수님께 호의를 구한다. 그녀는 자신의 두 아들이 그 나라에서 예수님의 오른쪽과 왼쪽에 앉는 것이 허락되도록 선언해 달라고 요구한다. 그녀의 요청은 예수님께서 야고보와 요한을 특별하게 생각하심을 가정하는데, 왜냐하면 그들은 먼저 부름 받은 사람들 중에 있고 또한 예수님께서 그들을 데리고 변형되신 산에 가셨기 때문이다. 더욱이 그들의 어머니는, 예수님께서 제자들에게 그들이 이스라엘의 보좌에 앉게 될 것이라고 말씀하셨을 때, 예수님의 오른편과 왼편에 앉는 것이 권력의 지위에 오르는 것이라고 생각한다.

예수님께서는 그녀와 그녀의 아들들에게 그들이 무엇을 구하는지 알지 못한다고 말씀하신다. 아들들에게 직접 말씀하실 때, 예수님께서는 그분의 잔, 곧 방금 설명하신 대로 예루살렘에서 그분의 것이 될 그 잔을 그들도 마실 수 있는지 물어보신다. 이에 그들은 순진하게 "할 수 있나이다"라고 대답한다. 이들은 예수님께서 자신과 함께 겟세마네로 데려가실 그 야고보와 요한인데, 예수님께서는 거기서 그분의 잔을 지나가게 해 달라고 아버지께 간구하실 것이다(마 26:36-46). 야보고와 요한이 예수님께서 마셔야만 하실 잔을 마실 수 있다고 선언한 것은 명백하게 허세로 드러난다. 그들은 겟세마네에서 예수님과 더불어 깨어 있을 수조차 없다.

하지만 예수님께서는 그들에게 그들이 실제로 그분의 잔을 마실 것이라고 말씀하신다. 그분께서는 유월절에 그들과 함께 잔을 나누실 것인데(마 26:26-29), 이 나눔은 그분의 죽음을 함께 나눔을 의미한다. 야고보는, 우리가 사도행전 12장 2절에서 알게 되는 대로, 헤롯 왕에 의해 죽임을 당할 것이다. 비록 그들이 그들로서는 아직 상상할 수 없는 방식으로 예수님의 잔을 나누게 될지라도, 예수님께서는 자신의 오른편과 왼편에 앉을 사람을 예비하는 것은 자신이 아니라, 아버지에 의해서 그 자리들이 준비된다고 말씀하신다. 아들에게 모든 것이 주어졌지만, 아들은 자신의 소유인 사람들의 운명을 아버지께 맡기신다.

다른 열 명의 제자들이 예수님께서 야고보와 요한에게 답하신 것을 듣고는 두 형제에게 화를 낸다. 그러나 예수님께서는 그들을 자신에게로 불러, 지금 그들은 이 세상의 통치자들—그들이 지배하는 사람들 위에서 자신들의 권력을 행사하는 자들—이 생각하는 방식으로 생각하고 있는 것이라고 설명하신다. 이 세상의 이방인들의 통치자는 폭군인데, 이는 그들과 함께 할 수 있는 방식이 결코 아니다. 오히려 그들은 서로의 종이 되어야 하는데, 이는 첫째가 되려는 사람은 노예처럼 되어야 한다는 뜻이다. 왜냐하면 이것이 인자께서 그들에게 온 방식이기 때문이다. 예수님께서는 섬김을 받기보다 섬기기 위해서 오셨고, 그분의 목숨을 많은 사람들의 대속물로 주시기 위해서 오셨다.

이것이 십자가와 부활에 비추어 교회가 어떻게 명령을 받아야 하는지에 대한 예수님의 가르침의 정점이다. 교회는 세상에 생명을 불어 넣는 그분의 삶의 전형이 되어야만 한다. 만일 교회가 서로를 섬김으로써 명령을 받고 다스림을 받는다면, 교회는 세상에게 폭정에 대한 대안이 될 것이다. 그러므로 바르트가 바르멘 선언Barmen Declaration에서 마태복음 20장

25-26절을 인용하면서, 교회를 다스리기 위해 국가 공무원을 임명하려는 나치의 시도에 이의를 제기한 것은 우연이 아니다.

> 교회의 다양한 직분들은 어떤 사람이 다른 사람을 지배하도록 설립된 것이 아닙니다. 그러기는커녕 그 직분들은 전체 회중에게 위탁되고 명령된 목회를 행사하기 위한 것입니다.
>
> 우리는 마치 교회가, 이러한 목회와 별도로, 통치 권력이 부여된 특별한 정당 지도부를 스스로에게 줄 수 있고 또 주도록 허락되었다거나, 그것이 자신에게 주어지도록 허용할 수 있는 것처럼 말하는 거짓 교리를 거부합니다. (코크란, 1962, 241에서 인용.)

예수님께서 마시는 잔은 우리의 종이 되겠다는 명목 아래 우리의 주권자가 되려는 통치자들에 의한 모든 정치에 도전할 수밖에 없는 잔이다. 로마서 13장은 종종 국가의 강제력에 대해 기독교의 지지를 정당화하는 것으로 인용되지만, 그렇게 하는 사람들은 로마서 13장 바로 앞에서 기독교인들은 다음과 같아야만 한다는 바울의 조언을 종종 읽지 못한다.

> 너희를 박해하는 자를 축복하라 축복하고 저주하지 말라 즐거워하는 자들과 함께 즐거워하고 우는 자들과 함께 울라 서로 마음을 같이하며 높은 데 마음을 두지 말고 도리어 낮은 데 처하며 스스로 지혜 있는 체 하지 말라 아무에게도 악을 악으로 갚지 말고 모든 사람 앞에서 선한 일을 도모하라 할 수 있거든 너희로서는 모든 사람과 더불어 화목하라 내 사랑하는 자들아 너희가 친히 원수를 갚지 말고 하나님의 진노하심에 맡기라 기록되었으되 원수 갚는 것이 내게 있으니 내가

> 갚으리라고 주께서 말씀하시니라 네 원수가 주리거든 먹이고 목마르거든 마시게 하라 그리함으로 네가 숯불을 그 머리에 쌓아 놓으리라 악에게 지지 말고 선으로 악을 이기라 (롬 12:14-21)

우리는, 우리가 서로 종이 되기를 배우고 그럼으로써 이방인처럼 통치하기를 거부할 때에만, 이런 식으로 살 수 있다. 교회 정치의 내적인 문제처럼 보일 수도 있는 것이, 바울이 로마서에서 지적한 것처럼, 실재하는 권력에 대한 심오한 정치적인 도전이 된다. 요더John H. Yoder는 로마서와 마태복음에서 예수님과 바울은 우리를 지배하는 사람들은 어쩔 수 없는 삶의 현실이라고 가정한다고 제안한다. 예수님께서는 그 어쩔 수 없는 삶의 현실이 섭리의 사역이거나 신적인 제도[3]라고 단언하시지 않는다. 물론 우리에게 폭군으로 행동하는 자들은 우리를 대신해 권력을 행사한다고 주장하겠지만, 그것이 그들의 폭정을 정당화하지는 못한다.

요더는 예수님께서 제자들에게 섬기는 자가 되라고 하신 요구는 기독교의 제자도에서 표현되는 다른 정치적인 대안을 창조한다고 주장한다. "너희 중에는 그렇지 않아야 하나니". 제자들은 이방인들이 하는 것처럼 장악하거나 지배하려고 하지 말아야 한다. 오히려 그들은 그 외의 다른 일을 해야만 한다. 그들은 통치가 강제와 폭력에 의존한다고 생각하는 사람들에게 하나의 대안적인 공동체가 되어야만 한다. 나아가 대항사회countersociety가 됨으로써, 교회는 세상에게 그렇지 않을 경우 활용할 수 없는 하나의 정치를 제공한다. 교회의 존재가 그런 식으로 형성되지 않

3. 로마서 13장은 세상권력이 질서를 안전하게 하는 역할을 한다고 시사한다. 그러나 바울은 그러므로 기독교인들이 악행하는 자들을 처벌하기 위해서 칼을 들어야 한다고 말하지 않는다. 그럼에도 기독교인들은 칼을 소지한 사람들이 매우 겸손하게 행할 것을 고대한다.

는다면, 바르멘 선언에서 규정한 대로, 악한 국가에게 도전하거나 심지어 그것을 인식하는 사람조차 없을 것이다.[4]

어떤 사람들은 이것이 야고보와 요한의 신분에 관한 제자들의 관심에 예수님께서 반응하신 것을 너무 정치적으로 읽은 것이라고 생각할 수도 있다. 그러나 예수님의 사역의 정치적인 특성은 그분과 더불어 예루살렘으로 갈 때 불가피하게 된다. 그분께서는 섬김을 받지 않고, 섬기기 위해 오셨다. 그러나 세상은 한 구원자께서 우리의 통치 습관을 변화시키도록 내버려두지 않을 것이다. 그분의 생명은 반드시 대속물로 주어질 것이다. 그러나 이 대속물은 단지 개인적으로 우리를 우리의 죄에서 해방시키는 것만이 아니다. 오히려 예수님께서는 그분께서 사막에서 저항하신 그 유혹에서 우리를 구속하셨고, 그럼으로써 우리로 하여금 우리를 구원할 수 있는 유일한 정치에 참여할 수 있게 하셨다. 예수님께서는 죽음에 대한 두려움에 기반한 정치에 노예가 되어 있는 우리의 삶을 종식시키시고, 그럼으로써 우리가 서로에게 또한 세상에게 종이 될 수 있도록 하셨다.

예수님께서는 계속해서 예루살렘으로 향하신다. 그분께서 여리고를 떠나시자, 큰 무리가 그분을 따른다. 길 옆에 앉아서 예수님께서 지나시는 것을 들은 두 명의 눈이 먼 사람들이 있다. 그들은 "주여 우리를 불쌍히 여기소서 다윗의 자손이여"라고 예수님께 부르짖는다. 예수님께서는 그분께서 누구신지에 관해 눈이 먼 사람들에게 인정받으신다. 그리고 그분께서는 그들이 자신을 올바르게 규정했음을 부인하지 않으신다. 예수님께서는 자신의 수도인 예루살렘으로 가시는 다윗의 아들이시다. 가나안 여인의 외침을 침묵시키려 했던 사람들은 제자들이었지만(마 15:21-28),

---

4. 제자들에게 과업을 부여하시는 예수님에 대한 요더의 성찰을 위해서는 그의 책 1984, 151-171쪽을 보라.

이번에 이 눈이 먼 사람들에게 침묵하라고 명령하는 사람들은 무리다.

예수님께서는 무리가 그 상황을 결정하도록 내버려 두지 않으신다. 그분께서는 멈춰 서서 그들을 불러 자신이 그들에게 무엇을 해주기를 원하느냐고 물으신다. 그들은 "주여 우리의 눈 뜨기를 원하나이다"라고 대답한다. 그들을 불쌍히 여기신 예수님께서 그들의 눈을 만지시자 즉시 그들의 시력이 회복된다. 그들은 시력을 회복할 뿐만 아니라 예수님을 따른다. 그들은 예수님의 사역 초기에 예수님께로부터 병 고침을 받을 수 있는 기회를 갖지는 못했다. 그런데도 그들이 예수님을 따르는 것은 예수님을 주님께서자 다윗의 아들로 인정했기 때문이다.

이것은 예루살렘에 들어가시기 전에 예수님께서 행하신 마지막 치유다. 예수님께서는 성전에서 눈이 먼 사람들과 다리를 저는 사람들을 치유하실 것이다. 그러나 그분께서는 적들의 앞마당에서 그렇게 하실 것이다. 이 때부터 죽임을 당하실 때까지, 예수님께서는 자신을 십자가에서 처형하고자 하는 권력에 복종하실 것이다. 그분께서는 승리 가운데 예루살렘에 들어가시고, 성전을 정결케 하시고, 사두개인들과 바리새인들, 서기관들, 제사장들과 논쟁하실 것이다. 그러나 그분의 생명은 이제 죽음의 권세를 대표하는 자들에게 넘겨진다. 그들의 두려움에 그분 스스로가 기꺼이 복종하시지 않는다면 아무런 권력도 가질 수 없는 자들에게 스스로를 넘겨주실 시간이 시작된다. 이제 우리는, 예수님께서 우리로 하여금 두려움을 조성하는 공포에서 자유할 수 있도록 하시기 위해서 권력에 맞서신 것처럼, 예수님을 따라야 한다. 예수님께서는 예루살렘에서 그들을 기다리는 것에 대해 제자들을 준비시키기 위해서 그분께서 하실 수 있는 모든 것을 다하셨다.

마태복음 21, 22장

예루살렘과 성전

예수님과 제자들은 예루살렘에 가까이 이르러 벳바게와 감람산에 도착한다. 이곳은 예수님께서 예루살렘으로 승리의 입성을 하시기 위한 집결지가 될 것이다. 예수님의 입성은 승리의 입성이지만, 그것은 왕들과 그들의 군대의 입성을 패러디한 것이다. 이것은 섬기기 위해서 오신 분의 입성이지만, 그분께서 섬기기 위해 오셨다는 것 역시 그분을 왕이게끔 한다.

위대한 다윗 왕은 그를 대적한 압살롬의 음모 때문에 슬픔에 잠겨 감람산에 올랐다(삼하 15:30-31). 하지만 스가랴 14장 1-5절에서 감람산은 예루살렘을 대적하여 모인 자들을 물리치시기 위해 주님께서 그 위에 서시겠다고 선언하신 곳이다. 이 산에서 주님께서는 온 땅의 왕이 되어 예루살렘을 멸망으로부터 영원히 보호하실 것이다. 예수님께서는 예루살렘에 대해 애통하시는 분으로 감람산에 서 계신다. 그러나 또한 모든 민족이 다윗의 하나님을 인정하게끔 이끌도록 되어 있는 제사장-왕으로도 서 계신다.

그에 따라 예수님께서는 두 명의 제자에게 그들 앞에 있는 마을로 "가라"고 말씀하시는데, 거기서 그들은 자기 새끼와 함께 묶인 나귀를 발견할 것이다. 그들은 그 나귀와 새끼를 풀어 그것들을 예수님께 데려와야 한다. 만일 어떤 사람이 그들에게 무엇을 하느냐고 묻는다면, 그들은 "주께서 쓰시겠다"라고 말해야 한다. 그러면 그들은 나귀와 새끼를 끌고 예수님께 돌아오게 될 것이다. 예수님께서는 자신을 주님께서시지만, 일반적으로 왕의 이미지와 관련이 없는 피조물인, 나귀를 타시는 분으로 규정하신다. 전쟁에서 승리한 사람들은 나귀를 타고 그들의 수도에 입성하지 않고, 오히려 무시무시하게 생긴 말을 타고 입성한다. 그러나 지금 이 왕께서는 군대의 힘으로 승리하시지 않으며, 앞으로도 그러실 것이다.

마태는 예수님께서 나귀를 타시는 것은 스가랴 9장 9절에서 하나님의 백성의 통치자가 그렇게 타고 올 것이기 때문이라고 말한다.

> 시온의 딸아 크게 기뻐할지어다
> 예루살렘의 딸아 즐거이 부를지어다
> 보라 네 왕이 네게 임하시나니
> 그는 공의로우시며 구원을 베푸시며
> 겸손하여서
> 나귀를 타시나니 나귀의 작은 것 곧 나귀 새끼니라

제자들은 예수님께서 그들에게 말씀하신 대로 행했다. 나귀와 새끼는 예수님께서 그것들이 있으리라고 말씀하신 곳에 있었다. 그들은 그 짐승들을 예수님께 데려오고, 그분께서 앉으실 수 있도록 자신들의 겉옷을 그 짐승들 위에 얹었다. 예수님께서는 예루살렘으로 입성하신다. 이는 시편 118편—주님에 의해서만 구원받게 되는 그 생명이 주위의 열방에 의해 위협받는 이스라엘에 관한 시편, 이스라엘의 주님의 승리에 관한 시편, 의인들이 들어가 제단의 그 뿔로 향하도록 하기 위해서 주님의 문이 열리는 시편—에 따라 오랫동안 준비된 입성이다. 예수님께서는 예루살렘으로 입성하시면서 이 시편을 재현하시고, 그럼으로써 이스라엘, 곧 당시 외국의 권력의 통치 아래 있던 이스라엘이 그들의 하나님의 승리를 볼 수 있게 하신다.

한 무리, 매우 큰 무리가 예수님의 길을 준비하기 위해서 그분께서 오시는 길 위에 그들의 겉옷을 펼치고, 또 나무들에서 가지들을 꺾음으로써 예루살렘으로 오시는 예수님을 환영한다. 그들은 시편 118편의 단어들을 사용해서 그분을 찬양한다.

> 호산나 다윗의 자손이여
> 찬송하리로다(복되도다) 주의 이름으로 오시는 이여
> 가장 높은 곳에서 호산나

그러나 이 무리는 예루살렘에 있는 모든 사람들을 포함하지 않는다. 마태는 그 도시가 소동케 되었다고 말한다. 많은 사람들이 묻는다. "이는 누구냐". 그분을 환영했던 무리가 "갈릴리 나사렛에서 나온 선지자 예수라"라고 대답한다. 그들이 예수님을 선지자로 칭하는 것이 잘못된 것은 아니다. 예수님께서도 선지자들이 그들의 고향을 제외하고는 영광을 받지 않는 곳이 없다고 말씀하실 때, 스스로를 선지자로 규정하셨다(마 13:57-58). 더군다나 예수님께서는 예루살렘이 그들의 선지자들을 죽인 도시임을 아신다(마 23:37). 예수님께서는 선지자시라는 표현을 받아들이신다. 그럼에도 예수님을 선지자로 묘사하는 사람들은 그분께서 선지자이실 뿐만 아니라 또한 제사장이시며 왕이시라는 것을 알아야만 한다.

예수님께서 예루살렘으로 승리의 입성을 하신 것은 명백히 정치적인 행동이다. 그분께서는 왕으로 인정받기 위해서 오셨다. 그분께서는 다윗의 아들이요, 오랫동안 외국의 지배에서 예루살렘을 자유케 하실 것으로 기대되었던 분이다. 하지만 이 왕께서는 폭력적인 반란을 통해서가 아니라, 하나님을 경배하는 것이 곧 자유라는 것을 이스라엘에게 보여주실 수 있는 단 한 분이 되심으로써 승리하신다. 그분께서는, 선지자들이 오실 것이라고 말해 온 바, 오랫동안 기대되어 온 이스라엘의 제사장적인 왕이시다. 그러므로 당연히 그분께서 예루살렘으로 입성하시는 것은 권력이 없는 사람들에 의해 축하를 받는다.

예수님께서는 예루살렘으로 들어가시자 즉시 성전으로 가신다. 우리들, 곧 정치와 종교를 구분하도록 배운 사람들은 그분께서 예루살렘으로 입성하신 것은 정치적인 것으로, 성전으로 들어가신 것은 종교적인 것으로 묘사하도록 유혹을 받는다. 그러나 예수님께서 성전으로 들어가신 것이 어쩌면 승리의 입성보다 정치적으로 훨씬 더 중요한 것일 수 있다. 성전은 이스라엘을 정의한다. 하나님을 경배하는 것과 정치적으로 순종하는 것은 분리할 수 없다. 성전을 둘러싼 오용abuse과 이스라엘의 정치적인 종속은 똑같은 정치적인 실재의 측면들일 뿐이다.

예수님의 예루살렘으로의 입성과 그분의 성전 정치의 정화라고 부르는 것은 근대 정치의 지배적인 이해에 도전한다. 우리는 일반적으로 진리와 경배의 문제를 정치와 결부시키지 않는다. 그러나 나는 예수님께서 이스라엘에 대한 하나님의 약속을 이끌어내는 것은 로마가 정치적으로 중요한 것과 중요하지 않는 것을 결정하는 것을 거부하는 것이라고 제안한다. 예수님께 정치는 권세에 관한 것이다. 그러나 예수님께서 행사하시는 권세는 생명을 주는 것이며, 생명의 원천 그 자체에서 발휘되는 것이다.

예수님께서는 사역 초기에 안식일을 지키도록 책임을 맡은 자들이 그렇게 하지 않음을 시사하셨다. 이제 예수님, 곧 이스라엘의 선지자시자 왕이신 분께서 이스라엘의 대제사장의 역할을 맡으신다. 왜냐하면 오직 그분께서만 희생을 성전 생활의 핵심인 거룩함을 회복하는 데 필수적인 것으로 만드실 수 있기 때문이다(마 12:5-6). 이제 예수님의 사역은 성전을 중심에 둘 것이다. 이는 성전이야말로 이스라엘의 삶의 중심이기 때문이며, 또한 우리로 하여금 참된 하나님을 진실로 예배할 수 있게 하기 위해서 예수님께서 오셨기 때문이다. 하나님을 진실로 예배하는 것 없이 어떤 것이 참된 정치인지 알 수 있는 방법은 없다.

예수님께서는 성전에 들어가셔서 매매하고 있던 자들을 내쫓으신다. 그분께서는 성전까지 또 다른 상업의 장소로 만듦으로써 성전을 모독하는 자들의 판매대들과 의자들을 뒤엎으신다. 예수님께서는 매매하는 자들을 정죄하심으로써 이사야와 예레미야 선지자의 역할을 떠맡으시면서, 그들에게 성전은 (심지어 이방인들까지) 기도하는 집이어야만 한다고 말씀하신다(사 56:6-8). 그러나 그들은, 예레미야 7장 11절에 따르면, 그 집을 '강도의 소굴'로 바꾸어 놓았다. 예수님께서는 선지자들이 종종 행동했던 것처럼 행하심으로써 하나님의 말씀을 나타내신다. 그분께서 성전을 청결케 하심으로써 성전은 이스라엘을 위해 청결하게 된다.

어떤 사람들은 폭력의 사용을 정당화하기 위해 예수님께서 성전을 청결하게 하신 것을 이용한다. 그들은 예수님께서 돈을 바꾸어 주는 자들에게 너무 화가 나셔서 폭력을 행사하실 수밖에 없었다고 추측한다. 그러나 예수님께서 돈을 바꾸어 주는 자들의 판매대들과 의자들을 뒤엎으신 것을 '폭력'이라고 부르는 것은 다른 종류들의 폭력을 구분할 수 없게 만드는 방식으로 우리의 언어를 확장시키는 것이다. 적어도 돈을 바꾸어 주는 자들에게 행한 예수님의 행동을 전쟁을 정당화하기 위해 이용하려는 사람들은 예수님께서 그들을 죽이지 않으셨음을 인식해야만 한다. 더군다나 그분께서 돈을 바꾸어 주는 자들과 매매하는 자들을 성전에서 쫓아내시자마자, 눈이 먼 자들과 다리를 저는 자들이 성전에 계신 그분께로 왔고 그분께서 그들을 치료하셨다는 것은 매우 의미심장하다. 다윗은 눈이 먼 자들과 다리를 저는 자들이 그의 집에 들어오는 것을 금지했으며(삼하 5:8), 레위기 21장 17절에도 눈이 먼 자들과 다리를 저는 자들이 하나님께 희생 제물을 바치는 것을 금지시켰다. 예수님께서는 참으로 성전을 청결케 하셨다. 곧 배제되었던 사람들을 성전에 초청하심으로써 기존의 질서를 뒤집으셨다. 눈이 먼 자들과 다리를 저는 자들이 성전에서 예수님께 나오고, 그분께서는 그들을 고쳐주신다. 그분께서는 성전에 평화를 가져오신다.

예수님께서 희년을 제정하신 것은 이제 이스라엘의 삶의 중심, 곧 성전에서 하나님을 예배하도록 한다. 예수님께서는 눈이 먼 자들과 다리를 저는 자들뿐 아니라 가난한 자들을 위해서도 성전을 회복시키셨다. 비둘기를 팔던 자들은 그렇게 했던 것은, 레위기 5장 7절에서 만일 가난한 자들이 양을 살 형편이 안 되면 집비둘기나 산비둘기로 대체할 수 있다고 했기 때문이다. 그러나 이 조항은 어떤 자들로 하여금 가난한 자들을 착취하는 또 다른 방법이 되도록 만들었을 뿐이다. 예수님께서 성전을 청결케 하시자, 심지어 어린 아이들, 성전에서 항상 배제되었던 자들까지 성전에서 예수님을 찬양하며 "호산나 다윗의 자손이여"를 외치는 소리가 들린다. 예수님께서는 성전을 청결케 하셨을 뿐만 아니라 혁명적인 축하 행사를 시작하셨다. 예수님께서 행하신 일은 폭력의 정당화가 아니다. 오히려 그분께서는 어떻게 예배, 곧 하나님의 선하심을 축하하는 것이 그 자체로 폭력에 대한 대안이 되는지를 보여주신 것이다.

예수님께서 화가 나셔서 행동하셨다는 표시가 전혀 없지만, 그분께서 행하신 일은 대제사장들과 서기관들을 분노하게 했다. 그들은 그분께서 행하신 놀라운 일들을 보고, 곧 어린 아이들이 노래하는 것을 듣고는 분노한다. 그들은 성전의 거룩함을 지키는 수호자들이다. 예수님께서는 찬양을 촉발시키셨다. 그들은 예수님께서 성전에서 그분과 함께한 사람들이 행하는 것을 기꺼이 받아주고 있는 광경을 믿을 수 없다. 그들은 예수님께 어린 아이들이 하는 말을 듣지 않느냐고 묻는다. 어린 아이들은 실제로 그분을 '다윗의 자손'이라고 부르고 있다. 예수님께서는 어린 아이들이 노래하는 것을 잘 알고 있다고 대답하신다. 어린 아이들이 노래를 부르는 것은 이스라엘의 또 다른 승리의 찬송시에서 어린 아이들이 이스라엘의 기름 부음 받은 자 앞에서 노래할 것이라고 말했기 때문이다.

> 여호와 우리 주여
> 주의 이름이 온 땅에 어찌 그리 아름다운지요
> 주의 영광이 하늘을 덮었나이다
> 주의 대적으로 말미암아
> 어린 아이들과 젖먹이들의 입으로 권능을 세우심이여
> 이는 원수들과 보복자들을 잠잠하게 하려 하심이니이다
> (시 8:1-2)

예수님께서는 이스라엘로 하여금 그들의 하나님께 바른 예배를 회복하도록 하시기 위해서 오신 위대한 대제사장이시다. 대제사장들과 서기관들은 이것이 권력에 관한 것임을 이해한다. 그들은 곧 예수님께 그가 행한 것을 할 수 있는 권위를 어디로부터 얻느냐고 물어볼 것이다. 그들

은 다윗의 자손이 그가 행한 것—눈이 먼 자, 다리를 저는 자, 가난한 자, 그리고 어린 아이들이 하나님을 찬양할 수 있는 곳으로 만듦으로써 성전을 청결케 하신 것—을 행할 수 있음을 이해하지 못한다. 설령 그가 메시아가 아닐지라도 그는 지금 분명하게 마치 자신이 메시아인 것처럼 행동하고 있는 것이다.

예수님께서 예루살렘과 성전에 들어가셨다. 행해진 것은 돌이켜지지 않을 것이다. 성전에서 어린 아이들의 외침은 당국에 예수님께서 그들의 지위에 위협이 되신다는 점을 알렸다. 권력을 가진 자들은 예수님과 같은 사람으로부터 자신들을 보호하기 위해서는 무엇을 해야 하는지 잘 알고 있다. 그들은 싸우지 않고는 도전 받지 않을 것이다. 예수님께서는 갈등이 일어날 것을 아시며 그런 대결을 뒤로 미루려고 하지 않으신다. 그분께서는 성을 떠나 베다니로 향하시며, 다음날에 돌아오리라 계획하신다.

다음날 아침 예수님께서 성으로 돌아오신다. 마침 배가 고프시다. 그때 길가에 무화과 나무를 보시지만 잎사귀만 있음을 발견하신다—나무에 열매가 없다. 예레미야 8장 13절에서 주님께서는 예레미야에게 그분께서 열방을 모으고 싶었지만 '무화과나무에 무화과'가 없고 심지어 잎사귀조차 시들었음을 발견했다고 하셨다. 예수님께서는—대제사장들 및 서기관들과 이제 막 대결하신—무화과나무를 저주하시며 거기서 열매가 다시는 없을 것이라고 선언하신다. 그 나무는 말라 버렸다. 마치 서기관들과 대제사장들이 성전을 말라 버리게 했던 것처럼 말이다.

제자들은 놀라서 무화과나무가 어떻게 금방 말라 버렸는지 궁금해한다. 제자들은 예수님께서 바람과 파도를 잠잠하게 하셨을 때 놀랐던 것과 마찬가지로(마 8:23-27), 지금도 여전히 예수님께서 하실 수 있는 일이 어떻게 가능할 수 있는지 이해하지 못한다. 이는 그들이 아직 예수님께서 누구신지 파악하지 못했기 때문이다. 그러나 다시금 예수님께서는 제자들에게, 대제사장들과 서기관들과는 달리, 만일 그들에게 신앙이 있다면, 무화과나무에게 행해진 일은 단지 시작에 불과하다는 것을 상기시키신다. 만일 제자들이 신앙으로 기도하면서 그렇게 구한다면, 그들은 산을 바다 속으로 던질 수도 있을 것이다. 제자들에게는 아직 그런 신앙이 없지만, 그들은 예수님에 의해서 그들이 신앙을 갖게 될지 아니면 파멸하게 될지를 의미하는 어떤 대결로 인도되고 있다.

예수님께서는 다시 성전에 들어가시고, 이번에는 가르치시기 시작한다. 대제사장들과 백성의 장로들은 예수님께 도전하면서, 그가 무슨 권한으로 가르치는지는 물론이고, 누가 그에게 성전을 청결케 하고, 성전에서 눈이 먼 자와 다리를 저는 자들을 고치고, 가난한 자들을 도우며, 어린 아이들로 하여금 합창케 하는 권한을 주었는지 묻는다. 또 다시 이것은 속임수가 있는 질문이다. 왜냐하면 만일 예수님께서 자기 자신 이외의 다른 권위에 호소하신다면, 자신의 정체를 저버리는 것이 될 것이기 때문이다. 그래서 예수님께서는 역으로 질문하시면서, 만일 그들이 자신의 질문에 대답하면 자신도 대제사장들과 장로들에게 답할 것이라고 약속하신다.

예수님께서는 요한의 세례가 하늘에서 왔는지 아니면 사람으로부터 기원했는지 물으신다. 대제사장들과 장로들은 자기들끼리 논쟁하면서, 만일 요한의 세례가 사람에게서 기원했다고 하면, 요한을 선지자로 여기는 무리들이 그들의 대답을 승인하지 않을 것이라고 두려워한다. 그렇다고 요한의 권위가 하늘에서 왔다고 말하면, 요한이 하늘 나라가 가까이 왔다고 말했을 때 왜 그를 믿지 않았느냐고 예수님께서 물으실 것이다. 이렇게 진퇴양난에 빠진 그들은 요한의 권한이 어디에서 왔는지 모르겠다고 고백한다. 그러므로 예수님께서도 어떤 권한으로 자신이 성전을 청결케 했고, 성전에서 가르쳤고, 성전에서 치료했는지 그들에게 말하기를 거부하신다.

대제사장들과 장로들의 질문은 기독교의 역사에서 수 세기 동안 반복되어 왔다. 그런 질문에 대답하려는 시도들은 필연적으로 다양한 형태의 기독교 이단들을 초래했다. 왜냐하면 예수님을 믿어야 하는 이유에 대해서 그분의 삶과 죽음, 부활보다 더 결정적인 근거들을 세우려고 하는 시도들은 우상숭배를 초래하기 때문이다. 만일 누군가 예수님께서 메시아심을 보증하는 진리의 표준을 필요로 하다면, 그는 예수님이 아닌 그 진리의 표준을 숭배할 것이다. 예수님께서 스스로 말씀하신 그런 분임을 확실하게 알 수 있는 다른 곳은 없다. 예수님께서 하나님의 아들이시라는 것을 아는 것은 우리로 하여금 그분의 십자가를 지고 그분을 따를 것을 요구한다. 십자가를 짊어진 기독교인들은 그 진리가 어디에서 왔든지 상관없이, 진리를 두려워하지 않게 됨을 발견한다.

그러나 예수님께서는 대제사장들과 장로들과의 관계를 아직 끝내지 않으신다. 실제로 그분께서는 이제 막 시작하신 것이다. 우리는 예수님께서 비유를 사용하시어 제자들에게 하늘 나라의 특성을 이해하도록 가르치신 것을 보아왔다. 대제사장들과 서기관들에 직면해서도, 예수님께서는 그들의 규칙에 제기되는 도전을 그들로 하여금 이해할 수 있도록 돕기 위해서 비유를 사용하신다. 그분께서는 두 명의 아들이 있는 포도원을 가진 사람을 생각해 보라고("너희 생각에는 어떠하냐") 요구하신다. 그는 첫째 아들에게 포도원에서 일하라고 말했다. 첫째 아들은 싫다고 말했다가, 나중에 마음을 바꾸어 포도원으로 갔다. 아버지께서는 둘째 아들에게 가서 똑같이 말했다. 둘째 아들은 쉽게 동의했지만, 포도원에 가지 않았다. 예수님께서는 대제사장들과 장로들에게 둘 중 누가 아버지의 뜻대로

행했느냐고 물으셨다. 물론 그들은 첫째라고 대답할 수밖에 없었다.[1]

예수님께서는 그들이 바로 아버지의 뜻을 행하지 못한 둘째 아들이라고 명백하게 결론 내리신다. 그러므로 세리와 창녀들이 그들에 앞서 하나님 나라에 들어갈 것이다. 왜냐하면 세리와 창녀들은 하늘 나라가 가까이 왔다는 요한의 선포를 믿었고, 자신들이 회개해야만 한다고 인식했기 때문이다. 세리와 창녀들은 자신들의 삶을 변화시켰고, 그래서 그들은—대제사장들이나 장로들이 아니라—요한을 믿었다.

예수님께서는 포도원과 관련해 또 다른 비유를 제공하신다. 어떤 주인이 포도원을 일구고 담장을 두르고 그 안에 포도즙을 짤 구덩이를 파고 망대를 세웠다. 그는 포도원을 빌려 주고 다른 나라로 여행을 갔다. 추수할 때가 되어 그는 자기의 종들을 보내어 수확량에서 자기 몫에 해당하는 것을 받아오게 했다. 그러나 소작인들은 어떤 종은 때리고 어떤 종은 돌로 치고 또 어떤 종은 죽였다. 주인이 다른 종들을 보냈으나 소작인들은 그들도 똑같이 취급했다. 마침내 주인은 소작인들이 자기 아들은 존중할 수밖에 없으리라 믿고 그의 아들을 보냈다. 하지만 소작인들은, 만일 그들이 아들을 죽이면 그의 유산을 자신들이 받을 것이라고 생각하며, 아들을 죽였다.

예수님께서는 대제사장들과 장로들에게 주인이 돌아와서 이 소작인들을 어떻게 하겠느냐고 물으신다. 그들은, 나단에게 대답한 다윗처럼, 그 주인이 사악한 소작인들을 비참하게 죽일 것이라고 대답한다. 나아가 주인은 수확기에 포도원의 열매를 자신에게 줄 다른 소작인들에게 포

---

1. 마태복음 본문에는 첫째 아들과 둘째 아들의 경우가 하우어워스의 기술과는 정반대로 나온다—역주.

도원을 빌려줄 것이라고 대답한다. 예수님께서는 그들에게 시편 118편 22-23절에서 말하는 것, 곧 이스라엘의 위대한 승리의 노래를 성경에서 읽어 보지 않았느냐고 물어보심으로써 그들에게 비유의 의미를 설명하신다.

건축자가 버린 돌이
집 모퉁이의 머릿돌이 되었나니
이는 여호와께서 행하신 것이요
우리 눈에 기이한 바로다

예수님께서는 예루살렘으로 입성하시면서부터 시편 118편을 선포하신 바 있는데, 이 선포는 이제 내버린 돌이 머릿돌cornerstone이 되었다는 주장에 의해서 절정에 달한다. 십자가 처형과 부활 후에 베드로는 사도행전 4장 11절과 베드로전서 2장 1-8절에서 예수님을 머릿돌로 규정할 때 이 시편에서 같은 본문을 사용한다. 예수님께서는 하나님께서 받으실 만한 희생 제물이 되시는 집을 위한 머릿돌이시다.

사악한 소작인에 관한 비유는 이스라엘의 삶에 관한 마태의 개략적인 이해를 보여주는 것일 수 있다. 하나님께서는 이스라엘을 율법으로 울타리가 쳐지고, 땅에 기초가 세워지고, 성전에서 하나님을 예배함으로써 보호받는 하나님의 포도원이라고 부르셨다. 하나님께서는 선지자들을 보내시어 백성들로 하여금 신실할 것을 촉구하셨으나, 백성들은 그들을 때리고, 돌로 치며, 죽였다. 마침내 하나님께서는 다름 아닌 자신의 아들을 보내셨지만, 그분조차 거절당하셨다. 예수님께서는 포도원의 주인이 행한 모든 일이 주님께서 행하신 것이었다고 분명히 말씀하신다(마 21:42). 그러므로 하나님 나라를 그들에게서 빼앗아 그 나라의 열매를 맺는 한 백성에게 주실 것이다. 더군다나 이 돌 위에 떨어지는 자는 누구든 부서질 것이고, 이 돌에 맞은 사람은 누구든 으깨질 것이다.

예수님께서는 이 비유가 어떻게 이해되어야 하는지 조금도 모호하게 하시지 않았다. 대제사장들과 바리새인들은 자신들이 '거절된' 자들임을 깨닫는다. 하지만 그들은 어떠한 방식으로든 전혀 회개할 준비가 되어 있지 않다. 오히려 그들은 예수님을 체포하기를 원한다. 하지만 무리가 예수님을 예언자로 여기고 있음을 알고 있고, 그래서—그들이 세례 요한에 관한 예수님의 질문에 답하기를 거부했듯이—그들은 무리를 무서워하여 자신들이 하고 싶은 일을 하지 않는다. 헤롯이 자신의 위신이 깎이는 것을 두려워했기 때문에 세례 요한을 죽였던 것처럼, 대제사장들과 바리새인들 역시 그들의 권력이 거짓에 달려 있음을 알기 때문에 무리를 두려워한다.

예수님께서 무화과나무를 저주하신 것과 더불어 이 비유에서 포도원을 사용하신 것에서 어떤 사람들은 예수님께서 자신의 약속된 백성으로서 이스라엘을 거부하시는 것으로 생각한다. 그런 읽기가 의미가 있는 것은, 마태복음 도처에서 암시되듯이, 이방인들이 종종 그분의 백성보다 예수님을 훨씬 더 잘 이해함을 볼 수 있기 때문이다. 더욱이 복음서 말미에서 예수님께서는 제자들에게 모든 열방에게로 가라고 임무를 부여하신다(마 28:19). 그러나 또한 열방에게로 가라는 사명이 주어졌다고 해서 이스라엘에 대한 하나님의 약속이 대체된다는 의미는 아님이 분명하다. 이 비유들이 '누가 안에 있고 누가 밖에 있는가'를 결정하는 근거를 제공한다고 가정하기보다, 오히려 이 비유들이 '밖에' 있는 자들로 하여금 자신들의 정체를 확인하도록 돕기 위해서 작동하는 방법에 주의해야 한다.

대제사장들과 바리새인들은 예수님께서 그들에 관해 말하고 있음을 깨달았다.

이스라엘 백성의 지도자들에 대한 예수님의 맹렬한 비난은 더욱 날카로워질 것이다. 그러나 그러한 비난이 이스라엘 백성에 대한 거부를 야기하지는 않는다. 예수님과 제자들은 이스라엘 사람들이다. 부활 후에 제자들은 계속해서 성전에서 예배드릴 것이다(행 3:1). 예수님께서 성전을 청결케 하신 것은 성전의 의미를 거부하신 것이 아니라, 오히려 성전의 중요성을 드러내는 표시다. 이스라엘의 하나님이시요 성전에서 예배를 받으시는 하나님께서는 아들이신 예수님의 아버지와 동일하신 분이다. 이스라엘 백성들 또는 유대인들은 결코 '뒷편으로 제쳐둘left behind' 수 없다. 왜냐하면 만일 그들이 뒷편으로 제쳐진다면, 기독교인들은 예수님을 전혀 이해할 수 없게 되기 때문이다.

기독교인의 과제는 우리와 같이 유대인들도 예수님을 경배할 수 있는 (또는 할 수 없는) 이유를 결정하려고 하는 것이 아니다. 우리의 과제는 예수님께 신실하게 되는 것이다. 우리가 예수님께 신실할 때에만 유대인들은 우리에게 그들이 우리와 같이 예수님을 따를 수 없는 이유를 말할 수 있을 것이다. 유감스럽게도, 유대인들은 너무나 자주 예수님을 거부해야만 했는데, 이는 우리가 예수님을 충실히 따르지 않았기 때문이다. 그러므로 어떤 시간, 어떤 장소에서 기독교인과 유대인의 차이가 이해될 수 있다 하더라도, 이 차이가 모든 시대와 모든 장소에서 똑같은 차이가 되는 것은 아니라는 것이 중요하다. 기독교인과 유대인의 차이는, 만일 우리가 우리에게 권리를 주장하시는 하나님께 신실하고자 한다면, 지속적인 협상의 문제가 되어야만 한다. 하나님께서는 아직도 우리를 놀라게 하실 것이다.

기독교인으로서 우리의 과제는 대제사장들과 바리새인들의 과제와 비슷하다. 곧 그 비유 안에서 우리 자신을 깨달을 수 있는 것이다. 스스로를 기독교인이라고 규정하는 것은, 우리를 대제사장들과 바리새인들과 같은, 곧 전통에 대해 책임이 있다고 가정하여 자신들을 교만한 생각으로 가득 채우는 사람들과 같은 인식을 가지는 것으로부터 보호해주는 한 가지 형태가 될 수 있다. 기독교인들은 진리를, 곧 고난 없이 획득할 수 있는 보편적인 진리를 소유하고 있다고 믿는 폭군들처럼 통치하고자 하는 유혹을 받는다. 그러나 마태는 우리가 예수님의 제자가 되기 위한 훈련을 거치지 않고서는 진리—그리스도께서 곧 그 진리이시다—를 알 수 없음을 분명히 한다. 그런 훈련을 받고 있는 사람들은 누가 안에 있고 누가 밖에 있는지에 관한 사변적인 게임을 할 시간이 거의 없다.

예수님께서는 조금도 위축되지 않으신다. 그분께서는 그들에게 비유를 말씀하시면서 계속해서 대제사장들과 장로들, 바리새인들과 맞서신다. 예수님께서는 "천국은 마치 ~와 같다"라는 익숙한 표현으로 비유를 시작하신다. 예수님께서 자신의 사역과 관련해 대제사장들과 장로들, 바리새인들이 그들 스스로를 자리매김하도록 이끄신 첫 번째 비유와는 달리, 이번 비유에서는 그들과 예수님을 따르려는 사람들을 구별하는 자기 인식을 강요하는 공식을 사용하신다. 예수님께서는 그들에게 성전을 청결케 하심으로써 시작된 잔치와 관련해 그들이 어디에 서 있는지를 볼 수 있도록 도와주는 비유를 말씀하신다.

왕은 자신의 아들을 위해 혼인잔치를 베풀고, 초청받은 자들을 부르기 위해 종들을 보내지만 그들은 오지 않았다. 그는 큰 잔치가 준비되었다고 그들에게 이야기하라며 다른 종들을 보냈다. 그러나 초청받은 자들은 초청장을 경시했고, 자신들의 일상적인 업무로 바쁘게 움직였다. 심지어 어떤 자들은 왕의 종들을 붙잡아, 모욕하고, 죽이기까지 했다. 왕은 격노해서 군대를 보내 살인자들을 죽이고 그들의 도성을 불태웠다. 다시금 그는 종들을 거리로 보내, 거기서 만난 모든 자들을 선하든 악하든 불러 모았고, 그래서 결혼식장이 채워졌다. 왕이 손님들을 보러 왔을 때, 한 사람이 결혼잔치의 예복을 입지 않았다. 포도원 주인이 먼저 고용된 일꾼들에게 그랬던 것처럼, 왕은 그를 '친구'라고 부르면서 어떻게 결혼잔치의 예복을 입지 않고 들어왔느냐고 물었다. 그는 말문이 막혔다. 왕은 시종들에게 그를 묶어 슬피 울며 이를 가는 바깥 어두움 속으로 던지게 했다. 예수님께서는 "청함을 받은 자는 많되 택함을 입은 자는 적으니라"라고 결론 내리신다.

이 비유는 마태복음의 내용을 반복한다. 예수님께서는 우리를 먹여 주시기 위해 오셨다. 그분께서는 오천 명과 사천 명에게 먹을 것을 주셨다. 그 나라는 음식, 특히 가난한 자들을 위한 음식에 관한 것이다. 그러나 예수님에 의해 주어진 음식은 배고픈 사람을 먹이는 것만이 아니라 또한 잔치를 여는 것이기도 하다. 이것은 하나님의 풍성함의 축제다. 그러나 많은 사람들이 자신들이 필요로 하는 모든 것을 가지고 있다고 생각하는 것처럼 보인다. 그래서 왕의 잔치에 참석하기 위해 시간을 내는 것을 거절한다. 그들은 자신들에게 왕이 필요 없는 것처럼 행동하고, 그들의 일상적인 생활 그대로 먹고 마신다. 어떤 자들은 왕의 초청을 끈질기게 모욕하고, 심지어 그의 종들을 죽인다. 사악한 소작인들의 비유에서 그러셨던 것처럼, 여기서도 예수님께서는 왕의 종들이 취급받은 방식은 이스라엘이 하나님의 선지자들을 취급한 방식이라고 말씀하신다.

이는 무조건적으로 수용하는 공동체를 창조한다는 명목 아래 엘리트들에 대한 일반적인 비판을 예수님께서 동의해 주시기를 바라는 사람들에게는 불편한 읽기를 제공하는 비범한 비유다. 확실히, 이전의 비유들이 그랬던 것처럼, 이 비유 또한 권력을 가진 자들과 잘 사는 자들을 불편하게 만든다. 우리들 대부분은 (특히 근대의 상업 공화국에서 살아가는 우리는) 우리가 폭군에 의해서 지배 받고 있음을 인정하기를 거부하거나, 더 나쁘게는 우리가 우리 자신의 삶의 폭군이 되었음을 인정하기를 거부한다. 우리는 우리가 우리 자신의 주인이고, 그래서 우리가 원하는 대로 행한다고 생각한다. 그러나 우리의 욕망은 우리로 하여금 우리를 지배하는 것들을 인식할 수 없게끔 한다. 우리에게는 예수님께서 교회를 자신의 신부로 삼으신 것을 축하하기 위해 아버지께서 준비하신 잔치에 참여할 시간이 없다. 우리에게는 그 안에서 왕의 '아들이요 우리 구주 예수 그리스도'의 '살아있는 구성원들'이 되는 위대한 감사 축제를 축하할 시간이 없다(『공동기도서Book of Common Prayer』, 1979, 365). 그런 백성은 거리에서 살아야 하는 사람들에게까지 베풀어지는 하나님의 환대에 의해 도전받는 것이 당연하다.

하지만 이 비유는 또한 거리에서 잔치로 나아오는 사람들은 세례를 통해 그들에게 부여된 미덕의 옷을 입어야만 한다고 분명히 밝힌다. 만일 교회가 환대할 수 있는 백성이 될 수 있으려면, 그것은 또한 거룩한 공동체가 되어야만 한다. 예수님께서는 그분의 나라에 부름 받은 사람들이 열매를 맺기를 기대하신다(마 21:43). 그분께서는 그분의 나라에 부름 받은 사람들이 어떤 모습으로 나타날지에 대해 팔복에서 분명하게 말씀하셨다. 가난하고 따돌림 당하는 자들이 그 나라에 관한 예수님의 선언에 반응하는 데 좋은 위치에 있게 될지 모르지만, 예수님께서는 가난하고 따돌림 당하는 자들이 죽임 당할 어린양에게 합당한 삶을 살기를 기대하신다. 오직 그런 식으로 형성된 백성만이 황제들, 곧 항상 우리의 후원자로 우리를 지배한다고 주장하는 자들에게 저항할 수 있을 것이다.

바리새인들은 예수님이 단지 평범한 위협이 아님을 이해하기 시작하고는 그분을 붙잡으려는 계책을 짠다. 그들은 그들의 제자들을 몇 명의 헤롯 당원들과 함께 예수님께 보낸다. 후자가 중요한 것은 헤롯에 대한 그들의 충성심에서 그들이 로마 당국에도 기꺼이 협조하리라는 점을 짐작할 수 있게 하기 때문이다. 다른 한편으로 바리새인들은 로마와의 사이에 일정한 거리를 두려고 노력한다. 그들은 "선생님이여 우리가 아노니 당신은 참되시고 진리로 하나님의 도를 가르치시며 아무도 꺼리는 일이 없으시니 이는 사람을 외모로 보지 아니하심이니이다"라며 누구나 듣고 싶어할 수 있는 참된 표현으로 아첨하면서 예수님께 다가온다. 거짓말쟁이라도 진리를 말할 수는 있다. 그러나 그들이 그렇게 말할 때, 진리에 따라 살기로 결심한 사람들은 경계를 늦추지 말아야 한다.

그들은 예수님께서 황제에게 세금을 바치는 것이 옳다고 생각하는지 묻는다. 그것은 예수님을 곤란한 위치에 처하게 하려는 영리한 질문이다. 만일 예수님께서 세금을 내서는 안 된다고 하신다면, 로마에 대해 반역하시는 것이 될 것이다. 반대로 만일 세금을 내야 한다고 하신다면, 로마의 협력자인 헤롯 당원의 편에 서 계신 것처럼 보일 것이고, 그럼으로써 그분께서는 신뢰할 만한 예언자로 여겨지지 않으실 것이다. 예수님께서는 그들의 아첨에 넘어가지 않으시며, 오히려 그들을 위선자로 인식하실 뿐만 아니라 실제로 그들을 그렇게 부르신다. 그분께서는 그들의 질문에 즉각적으로 답하시기를 거절하신다. 그러나 대신 그들에게 세금에 사용되는 동전을 보여달라고 요구하신다.

로마는 세금을 요구했을 뿐만 아니라 로마의 주화로 세금을 납부하기를 원했던 것 같다. 마귀처럼 예수님을 트집 잡으려고 한 자들이 예수님께서 요구하신 동전을 가져왔다. 예수님께서는 그들에게 "이 형상과 이 글이 누구의 것이냐"라고 물으셨다. 그들은 그것이 황제의 이미지라고 대답했다. 그러자 예수님께서는 그들에게 하나님의 것은 하나님께, 황제의 것은 황제에게 바쳐야 한다고 말씀하셨다. 그들은 이 대답을 듣고 탄복하며 예수님을 떠났다.

불행하게도 대부분의 기독교 역사에서 기독교인들은 이 대답에 별로 탄복하지 않았다. 오히려 그들은, 예수님께서 우리에게 황제의 것을 황제에게 하나님의 것을 하나님께 드리라고 말씀하셨을 때, 예수님께서 무엇을 의미하시는지 알고 있다고 가정해왔다. 즉 기독교인들은 하나님과 국가에 대해 이중으로 충성하는 백성이라는 것이다. 기독교인들은 국가에 대한 충성을 결코 하나님께 대한 충성으로 삼지 말라는 말을 듣지만, 그러한 갈등이 실제로 발생할 경우에는 결코 명백한 입장을 보이지 않는다. 기독교인들은 항상 헤롯 당원이지만, 그들 스스로를 그렇게 인식하게 하는 수단들은 없다.

예수님께서는 세금을 내기 위해 주조된 동전을 자신에게 보여달라고 요구하신다. 그분께는 그런 동전이 없다. 그분께서는 동전을 들고 다니지 않으셨을 가능성이 크다. 왜냐하면 그 동전에는 가이사의 이미지가 있기 때문이다. 예수님의 질문은 동전을 지니고 있는 자들에게 십계명의 두 번째 계명을 상기시키기 위한 것이다. "너를 위하여 새긴 우상을 만들지 말고 또 위로 하늘에 있는 것이나 아래로 땅에 있는 것이나 땅 아래 물 속에 있는 것의 어떤 형상도 만들지 말며 그것들에게 절하지 말며 그것들을 섬기지 말라"(출 20:4-5). 하나님의 것은 황제가 아닌 하나님께 드려야 한다는 예수님의 대답은 동전을 생산한 자들에게 동전을 소유하는 것이 그들을 우상숭배자로 만든다는 점을 상기시키는 것이다.

바리새인들에 대한 대답에서 예수님께서는 우리가 나뉘어진 충성심을 가지고 사는 것을 배워야 한다고 권고하시는 것이 아니다. 오히려 그분께서는 우상을 숭배하는 동전들을 모두 그것들이 속해 있는 가이사에게 돌려 보내라고 말씀하시는 것이다.[2] 예수님께서는, 정치와 종교 사이의 구별을 알지 못하신 것처럼, 정치, 경제, 그리고 하나님에 대한 예배 사이의 어떤 구별도 알지 못하신다. 황제에게 세금을 내야 하는지의 여부를 묻는 자들은 그들이 소유하고 있는 돈으로 황제의 충직한 종임을 드러냈다. "한 사람이 두 주인을 섬기지 못할 것이니 혹 이를 미워하고 저를 사랑하거나 혹 이를 중히 여기고 저를 경히 여김이라 너희가 하나님과 재물을 겸하여 섬기지 못하느니라"(마 6:24)—또는 너희는 하나님과 황제를 겸하여 섬길 수 없다.

하나님과 황제를 함께 섬길 수 없다는 것은 황제를 '민족people'으로 바꿀 경우 더더욱 풀리지 않는다. 민족은 보통 황제들보다 우리의 충성심을 갈망하는 데 훨씬 더 집착하는 것으로 판명된다. 또한 하나님과 가이사에 관한 충성의 문제는 교회와 국가를 분리한다고 해서 해결되는 것도 아니다. 그런 분리는 너무나 자주 교회를 신화적인 사적 영역으로 격리시키고, 그 대신 국가는 그것이 원하는 것을 할 수 있도록 합법화하는 결과를 야기한다. 더욱이 가이사의 동전에 의해서 좌우되는 게임을 하도록 만든 기독교의 협상으로 인해 기독교인들은 국가와 교회의 분리라는 명분 아래 이른바 교회에 자유를 부여한다고 말하는 국가에 충성된 종들이 되고 만다.

---

2. 바리새인들과 헤롯 당원들에 대한 예수님의 대답을 이런 식으로 읽는 것에 관해서는 더글라스 존슨Douglas Johnson에게 빚지고 있다.

많은 사람들에게, 황제에게 황제의 것을 하나님께 하나님의 것을 바쳐야 한다는 예수님의 주장에 대한 이러한 설명은 풀리지 않는 문제를 야기한다. 왜냐하면 그들은 우리가 알고 있는 것만큼 예수님을 따르는 사람들이 세상에서 어떻게 살아가는지 알지 못하기 때문이다. 그러나 우리가 풀리지 않는 문제를 갖고 있다고 인식하는 것이 예수님을 따르는 시작이다. 바리새인들과 헤롯 당원들에 대한 예수님의 반응은 풀리지 않는 문제를 야기하지만, 이것이야말로 원래 의도된 것이다. 적어도 당신이 예수님의 제자라면, 당신에게 문제가 없을 때 오히려 당신에게 문제가 있음을 알아야 한다.

이 모든 일이 예수님께서 가르치시기 위해 성전에 다시 오셨기 때문에 시작되었다. 성전에서 예수님께서는 이스라엘의 삶의 주요한 당파들과의 싸움에 몰두하신다. 다음은 사두개인들의 차례다. 마태는 사두개인들은 부활이 없다고 말한다고 전한다. 사두개인들은 예수님으로 하여금 부활이 있을 것이라는 입장을 선택하도록 한 뒤, 예수님께 부활에 대한 믿음이 모순임을 드러낸다고 그들이 확신하는 경우를 제시한다. 사두개인들은 모세는 어떤 남자가 자식 없이 죽으면 그의 형제가 그 과부와 결혼하여 그의 형제를 위해 자녀를 양육하여 "그 이름이 이스라엘 중에서 끊어지지 않게 할 것이니라"(신 25:5-10)라고 말했다고 거론한다. 사두개인들은 모세의 명령을 지키기 위해서 한 여인과 결혼한 일곱 형제 가운데 누가 하늘에서 그 여인의 남편이 되겠냐고 묻는다. 사두개인들은 확실히 자신들이 부활에 대한 사상이 터무니없음을 보여주는 훌륭한 예를 가지고 있다고 생각한다.

예수님께서는 사두개인들의 주장이 힘을 받지 못하게 하는 것, 다시 말해 본문이 말하는 것을 넘어서지 못하게 하는 것에 주목하심으로써 대답하신다. 그분께서는 그들이 성경이나 하나님의 능력을 알지 못한다고 통명스럽게 말씀하신다. 출애굽기 3장 6절에서 하나님께서는 그분을 아브라함의 하나님, 이삭의 하나님, 야곱의 하나님이라고 규정하신다. 사두개인들은, 이스라엘의 이야기야말로 믿기 힘든 방법으로 아이들을 양육하시는 하나님의 능력으로 가능하게 되었음을 잊어버린 채, 하나님께서는 아이가 없음childlessness에 대해 아무것도 하실 수 없다고 추정하는 질문을 하고 있는 것이다. 더욱이 하나님께서는 죽은 자가 아니라 산 자의 하나님이시다—이것은 아브라함과 이삭, 야곱이 하나님과 함께 삶을 즐기고 있음을 의미한다. 부활은 죽음에서조차 하나님께서 우리를 포기하시기를 거절하심을 말한다.

예수님께서는, 우리가 하나님과 함께 하는 삶이 무엇을 포함하고 있는지를 이해하려고 할 때, 우리의 상상력이 통제를 벗어나도록 해서는 안 됨을 시사하신다. 예를 들어, 사두개인들이 제시한 예는 어처구니가 없는 것이다. 왜냐하면 부활 때에 우리는 결혼하지도 않고, 결혼 안에 주어지지도 않을 것이기 때문이며, 또한 우리는 천사들과 함께 하나님과 그리고 서로서로와 더불어 모든 외로움이 극복되어 완전히 사라진 곳에서 살아갈 것이기 때문이다. 예수님께서는 우리가 부활 때에 결혼 생활에 대한 어떤 기억이 있을지 없을지를 말씀하시지 않는다. 그러나 의심할 여지없이 우리의 역사는 급진적으로 변할 것이다. 하지만 우리는 우리가 살았던 방식이 우리의 부활한 삶과 아무런 상관이 없지는 않을 것임을 안다. 왜냐하면 아브라함과 이삭, 야곱의 이름이 하나님께 중요하기 때문이다.

많은 사람들이 종교의 중심적인 질문은 사후 세계가 있는지 또는 우리가 영원히 존재하는 영혼을 갖고 있는지에 관한 것이라고 생각한다. 사람들이 영원한 영혼을 믿지 않는다면, 기독교는 이해할 수 없게 될 것이라고 생각하는 사람들이 많은데, 이는 오직 하나님께서만 영원하시다는 것을 기억하지 못하는 것이다. 모든 피조물은 선하다. 여기에는 죽음 이후 하나님과의 계속되는 삶도 포함된다. 더욱이 이 삶에 대해 우리는, 바울이 "이제 그리스도께서 죽은 자 가운데서 다시 살아나사 잠자는 자들의 첫 열매가 되셨도다 사망이 한 사람으로 말미암았으니 죽은 자의 부활도 한 사람으로 말미암는도다 아담 안에서 모든 사람이 죽은 것 같이 그리스도 안에서 모든 사람이 삶을 얻으리라"(고전 15:20-22)라고 말하기 때문에 확실히 믿는다.

기독교인의 소망은 하나님께서 우리로 하여금 삼위일체라고 불리는 사랑의 삶을 공유하게 하실 것이라는 데 있다. 우리의 시간 또는 우리의 삶의 시간은 의심의 여지 없이 하나님의 시간에 의해 변화될 것이다. 이 변화의 이름이 '부활'이다. 부활에 관해 우리가 아는 모든 것은 우리가 죽음을 이기신 예수님의 승리 안에서 증거하는 특권을 누리고 있다는 것이다. 거기서 아버지께서는 아들을 통해 죽음으로부터 권세를 얻는 모든 것들을 아들께 복종케 하시고, 우리로 하여금 성령님의 선물을 통해 그 복종을 나눌 수 있게 하신다. 우리는 그리스도의 몸과 피를 나눔으로써 우리에게 주어진 것보다 부활에 대해 더 많은 것을 알 필요가 없다.

무리가 사두개인들에 대한 예수님의 응답을 듣고서 놀랐다. 예수님께서는 여전히 성전에 계신다. 지도자들은 무리에게 예수님께서 아무런 권위도 없는 교사임을 보여주기로 결정했다. 사두개인들이 개입하기에 앞서, 바리새인들과 헤롯 당원들이 예수님께 아첨하면서 그가 가이사의 편에 서든지 그 반대편에 서든지 결정하도록 강요했다. 바리새인들 가운데 한 사람인 율법교사는 예수님께서 사두개인들을 침묵시키셨음을 보고, 이제 어떤 계명이 가장 위대한지 질문함으로써 예수님을 시험하려고 한다.

예수님께서는 신명기 6장 5절, 곧 이스라엘의 쉐마를 인용하여 답하신다. 마음과 목숨, 뜻을 다해 주님을 사랑하라는 그 계명은 “이스라엘아 들으라 우리 하나님 여호와는 오직 유일한 여호와이시니”로 시작한다. 하나님을 사랑하라는 계명은 이스라엘에 대한 하나님의 사랑을 전제하는 계명이다. 그런 사랑에는 어떤 모호한 일반성도 없다. 오히려 그 사랑은 하나님의 백성을 위한 그분의 구체적이고 일상적인 보살핌을 통해 명백해진다. 오직 율법과 선지자를 통한 하나님의 사랑 때문에 우리는 하나님을 사랑하는 것이 무엇을 의미하는지 안다. 이 사랑은 가혹하고 무서울 수 있다. 왜냐하면 하나님께 사랑받는 것은 자기 자신을 진실되게 알 수 밖에 없도록 하는 것이기 때문이다.

예수님께서는 계속해서 레위기 19장 18절을 인용하시면서 우리가 이웃을 우리 자신처럼 사랑해야 한다고 말씀하신다. 예수님께서는 율법교사에게 이 두 계명에 모든 율법과 선지자가 달려있다고 말씀하신다. 종종 예수님께서 이 두 계명이 율법과 선지자를 대체하는 것으로 제시한 것처럼 해석되는데, 실제로 그분께서는 율법과 선지자가 이 계명에 ‘달려있다hang’고 말씀하신다. 분명하게 항상 ‘달려있다’에 의해서 야기되는 것이 논쟁의 관건이지만, 우리는 이분께서 산상수훈에서 자신은 율법과 선지자를 폐하러 오지 않았다고, 그리고 모든 것이 성취될 때까지 율법의 한 글자도 사라지지 않을 것이라고 우리에게 말씀하신 그 예수님이심을 잊을 수 없다.

예수님께서 인용하신 것보다 앞선 구절인 레위기 19장 17절은 우리에게 이웃을 타이르도록 명령한다. 그러나 우리는 또한 친척에게 복수하거나 원한을 품지 말라고도 듣는다. 레위기의 똑같은 장에서 우리는 도둑질하거나, 속이거나, 거짓말 하거나, 하나님의 이름으로 거짓 맹세하거나,

사기 치거나, 귀 먹은 자들을 욕하거나, 눈먼 자들 앞에 걸림돌을 놓거나, 부당한 판단을 내리지 말라고 명령을 받는다. 이웃을 자신처럼 사랑하는 것은 그런 사랑이 무슨 의미인지를 결정하기 시작하는 것을 뜻하지 않는다. 그보다 제대로 사랑하는 것은 마태복음 18장 15-20절—여기서는 불신과 복수에 대한 대안을 제시한다—에 그 윤곽이 나타난 대로 사랑을 실천함으로써만 가능한 것이다.

더욱이 이웃을 자신처럼 사랑하기를 배우려면 하나님께서 우리를 사랑하신 것처럼 우리가 자신을 사랑해야만 한다(요일 4:11). 진실되게 자신을 사랑하기를 배우는 것은 쉬운 일이 아니다. 왜냐하면 우리들 대부분은 종종 자기 자신의 방식으로 자신을 사랑하기를 바라기 때문이다. 예수님께서 이 계명들을 결합시켜서 제시하시는 도전은 하나님께 사랑 받음을 배우고, 그래서 하나님과 다른 사람들을 사랑할 수 있기를 배우라는 것이다. 그런 사랑은 우리에게 평생의 훈련을 요구하는데, 그 훈련을 통해 우리는 우리의 자기 중심성을 발견하고 압도하는 기회를 얻게 된다.

『니코마코스 윤리학Nicomachean Ethics』에서, 아리스토텔레스는 우리가 다른 사람들과 친구가 되려면 먼저 우리 자신과 가장 친한 친구가 되어야만 한다고 제안한다. 아리스토텔레스에 따르면, 친구들은 서로서로 잘 지내기를 바라고, 서로 함께 시간 보내기를 좋아하고, 서로의 고민과 즐거움을 나눈다. 하지만 이것은 정확히 그들 자신과 친구인 사람들이 행하는 일이다. 그들이 행한 일을 후회하지 않는 방식으로 행동하기 때문에, 그들이 행한 일에 대한 기억이 유쾌한 것이다(1999, §1166a1-30). 그러므로 우리는 다른 사람들과 친구가 될 수 있기 위해서는 먼저 우리 자신과 친구가 되어야만 한다.

기독교인들은 종종 우리가 우리 자신의 가장 좋은 친구가 되어야만 한다는 아리스토텔레스의 제안이, 우리 이웃을 자기 자신처럼 사랑해야 한다고 말씀하실 때 예수님께서 의미하신 것과 정반대의 것이라고 생각한다. 물론 기독교인들은 오히려(또는 특별히) 우리가 최선을 다하고 있다고 생각할 때, 죄가 우리를 사로 잡고 있음을 발견하고, 우리가 행한 일을 후회해야만 한다고 생각한다. 하지만 예수님께서는 우리가 자기 자신을 사랑하는 법을 배웠을 때에만 이웃을 사랑하는 법을 배우게 될 것이라고 말씀하시지 않는다. 그분께서는 하나님께서 우리와 이웃을 사랑하신 것처럼, 우리가 자신을 사랑하는 법을 배울 때에 비로소 자신을 사랑할 수 있을 것이라고 말씀하신다. 아리스토텔레스나 예수님께서는 이기주의와 이타주의를 가르는 현대적인 구별을 알지 못하셨다. 이 구별은 많은 사람들이 예수님께서 추천하시는 사랑은 완전히 자기를 내어주는 이타주의라고 가정하도록 독려했다. 그러나 예수님께서 두 가지 계명을 결합하신 것은 우리가 이타주의를 행하는 것이 가능할 만큼 충분히 우리 자신을 잘 알고 있다는 가정에 도전한다. 오히려 우리의 이웃을 자신처럼 사랑하기를 배우는 것은 우리가 사랑하기에 충분한 자아를 가지도록 하나님과 친구가 되는 것을 배울 것을 요구한다.

하나님께서는 사랑이시다. 교회와 모든 기독교인의 삶의 핵심은 사랑이다. 그러나 사랑은 쉬운 것이 아니다. 어렵고 힘든 것이다. 유감스럽게도 기독교인의 삶을 정의하는 그 특성으로서 사랑에 대한 강조는 선에 관한 세상의 표준에 기독교적인 협상을 야기했을 뿐만 아니라, 기독교인으로 하여금 사랑의 어려운 요구에 직면하는 것이 무엇을 의미하는지 이해하기 힘들도록 만들었다. 특히, 우리를 제자로 삼으셔서 하나님께 사랑을 받는 것이 무엇을 의미하는지 가르치시기 위해 오신 분에게서 분리해 낸 사랑은 기독교인들로 하여금 사랑을 감상적으로 설명하도록 만든다. 결과적으로, 기독교의 도덕에 관한 설명은 종종 공리주의와 구별하기가 어렵게 된다. 일단 기독교인들이 사랑을 상대적으로 분명하지 않은 이상ideal으로 만들 경우, 그들은, 비록 기꺼이 그렇게 하지는 않을지라도, 선을 이루기 위해서 큰 악을 행하도록 유혹을 받게 된다. 왜냐하면 그들은 선과 악을 분별하는 데 필수적인 기술들skills을 잃어버렸기 때문이다.[3]

어떤 계명이 가장 큰지에 관해 예수님께서 율법교사에게 대답하신 것과 율법과 선지자가 어떻게 어울리는지에 많은 것들이 달려있다. 불행하게도 예수님의 응답은 기독교인들과 유대인들의 차이를 특징짓는 데 사용되어왔다. 기독교인들은 율법의 종교를 대표하는 유대인들과는 대조적으로 사랑의 종교를 대표한다고 주장된다. 하지만 유대인들과 기독교인들은 무엇보다 먼저 예수님에 의해 '주 우리 하나님'을 사랑하라고 명령을 받았다. 이것은 우리의 차이점들이 이해될 수 있음에도 불구하고, 우리 각자는 율법과 선지자들을 통해 우리 각자를 사랑하신 하나님을 사랑하고 순종하기를 배워야 한다는 것을 의미한다. 기독교인이 되는 것은 사랑의 삶으로 부름을 받는 것이다. 그러나 그 부르심은 사랑으로 판명되는 것에 기꺼이 놀랄 준비가 되어 있을 것을 요구하는 평생의 과제다.

예수님께서는 성전으로 돌아오신 이후 계속해서 질문을 받으셨다. 이제는 예수님께서 함께 모여 있던 바리새인들에게 질문을 던지신다. 그분께서는 그들에게 메시아가 누구라고 생각하는지 물으신다. "(그는) 누구의 자손이냐". 그들은 메시아가 다윗의 자손이라고 대답한다. 우리는 복음서를 통해 예수님께서 치료받기를 구하는 자들과 그들의 치료를 증거

3. 문제는 사랑에 대한 강조가 아니라, 기독교인으로 만드는 것은 핀치스Pinches가 그의 2002년의 저작 34-58쪽에서 도덕에 대한 일원론적 설명의 지속이라고 규정한 것에 의해 결정될 수 있다는 가정이다.

하는 자들에 의해 다윗의 자손으로 규정되신 것을 안다(마 9:27; 12:23). 바리새인들은 메시아가 다윗의 자손이라는 데 합의하는 것처럼 보인다.

하지만 예수님께서는 시편 110편 1절에서 위대한 시편 기자인 다윗이 성령으로 말미암아 메시아를 주님께서라고 제시했다는 것에 바리새인들의 주의를 돌리신다. 예수님께서는, 만일 다윗이 메시아를 주님께서라고 부른다면, 어떻게 그가 다윗의 자손이 될 수 있느냐고 묻는다. 메시아는 다윗의 자손보다 위대하고, 다윗이 주님께서라고 부른 사람이다. 예수님께서는 다시금 그분께서 성경에 관해 능숙한 독자임을 입증하시는데, 이는 바리새인들의 대답이 지닌 한계를 드러내시기 위해 바리새인들이 종종 사용하는 읽기 기술들을 사용하심을 통해서다.

바리새인들 중에서 어느 누구도 예수님의 질문에 대답하지 못한다. 이때부터 어느 누구도 감히 예수님께 더 이상 질문하지 않았다. 예수님을 함정에 빠뜨리거나 적법성이 결여됨을 보여주는 질문을 함으로써 교사로서 예수님의 권위를 훼손하려는 시도는 실패했다. 예수님을 두려워하던 사람들은 이제 그분을 파괴하려는 음모를 더욱 강화하게 될 것이다. 그러나 예수님께서는 보내심을 받은 목적을 행하셔야만 한다. 이는 예수님을 대적하여 모의하는 자들이 그분을 죽이기 위해서 사용하게 될 말과 행위를 피하실 수 없음을 의미한다.

마태복음 23장

공박하시는 예수님

예수님께서 가르치시기 위해 성전에 다시 돌아오신 이후 그분께서는 자신에게 질문하는 자들로 하여금 의제를 설정하게 하셨다. 그러나 이제 예수님께서는 토론만 하시기 위해서 성전에 오신 것이 아님을 분명히 하기 시작하신다. 거룩에 대한 그분의 끊임없는 관심은 타협하시지 않고 서기관들과 바리새인들을 엄중하게 공격하시는 데서 분명하게 드러난다. 처음부터 예수님께서는 그분을 따르는 사람들에게 그들이 가르치는 것과 그들이 누구냐 하는 것은 분리될 수 없다고 말씀하셨다. 그분께서는 위선과는 불구대천의 원수시다. 우리는 보이는 그대로의 사람이어야만 한다. 그러므로 예수님께서 바리새인들에게 선언하신 일련의 '화woes'는 주로 그들의 위선을 가리키는 것이다.

어떤 주석가들은 서기관들과 바리새인들에 대한 예수님의 공격의 격렬함에 너무 놀라서 예수님께서 실제로 서기관들과 바리새인들을 반대하는 이러한 판단들을 선언하셨을까 궁금해한다. 종종 예수님의 판단하시는 어조와 용서하시지 않는 판단들이 예수님께서 주신 위대한 계명과 양립할 수 없는 것이라고, 더욱이 우리의 원수를 사랑해야만 한다는 그분의 경고와는 상충되는 것이라고 생각된다(마 5:38-48). 하지만 내가 이미 시사했듯이, 예수님께서 말씀하신 사랑은 판단, 특히 위선에 대한 판단과 양립할 수 없는 것이 아니다. 신실한 사랑은, 만일 그것이 신실하다면, 판단한다.

예수님께서는 제자들뿐만 아니라 무리들에게 말씀하시기 시작한다. '무리들'이 복수형인 것은 성전에 여러 파벌이 존재했음을 시사하는 것으로 보인다. 그분께서는 서기관들과 바리새인들을 반대하는 기소 목록으로 시작하신다. 그들은 율법에 대한 판결을 내리는 "모세의 자리에 앉아" 있다. 예수님께서는 서기관들과 바리새인들이 가르친 대로 실천해야 한다고 제자들뿐만 아니라 무리에게 가르치신다. 이는 예수님과 바리새인들이 많은 공통점을 공유하고 있음을 시사한다. 문제는 바리새인들과 서기관들이 가르치는 것에 있지 않고, 오히려 자신들이 말하는 것을 실천하지 않는 것에 있다.

곧이어 예수님께서는 그들의 위선으로 인해 서기관들과 바리새인들을 완전히 거부하시는 것처럼 보이는 일련의 화 선언을 전개하실 것이다. 그러나 우리는 위선이 도덕적으로 모호하다는 것을 기억해야만 한다. 적어도 위선자는 그들과 우리가 어떤 사람이 되어야 하는지 만큼은 유지되게 한다. 실제로 위선은 도덕적인 업적으로 간주될 수도 있다. 왜냐하면 위선자들은 그들 자신을 규탄하는 자원을 가지기에 충분할 정도로 진실되기 때문이다. 서기관들과 바리새인들에 대한 예수님의 판단의 엄격함은 그분께서 판단하시는 자들을 높이는 것이다. 왜냐하면 그들은 그 나라에 가깝기 때문이다. 그러나 그들이 그 나라에 가까운 만큼 그들의 실패는 이스라엘에게 훨씬 더 큰 재난이 된다.[1]

---

1. 나는 위선에 관한 이러한 설명에 대해 사무엘 웰스Samuel Wells에게 빚지고 있다.

예수님께서는 서기관들과 바리새인들에 대해 세 가지 불만을 갖고 계신다. 첫째, 그들은 다른 사람들의 어깨에 무거운 짐을 지우고, 자신들은 그렇게 짐을 진 사람들을 기꺼이 도우려고 하지 않는다. 이는 자신의 멍에는 쉽고 자신의 짐은 가볍기 때문에 수고하며 무거운 짐을 진 모든 사람들을 초대하신 예수님과 현저한 대조를 이룬다(마 11:28-30). 둘째, 그들은 다른 사람들이 볼 수 있는 방식으로 행하는 것을 좋아한다. 그들은 다른 사람들 앞에서 우리의 경건을 실천하는 데 조심해야 한다는 예수님의 경고(마 6:1)의 중요성을 알지 못한다. 그들은 그들이 행하는 일이 옳더라도, 만일 그것이 보여지기 위해서 행해진다면, 그것은 쉽게 왜곡된다는 것을 알지 못한다. 마지막으로, 예수님께서는 서기관들과 바리새인들이 신분과 위신을 추구한다고 비난하신다. 그들은 잔치에서 윗자리와 회당에서 높은 자리를 원한다. 그들은 시장에서 존경 어린 대우를 받고 '랍비'라는 호칭을 듣고 싶어한다. 요컨대, 그들은 만일 네가 중요한 것처럼 취급 받으면, 너 자신을 포함해 많은 사람들이 너를 중요하게 생각할 것이라고 배웠던 사람들이다. 물론 그렇기 때문에 예수님에 의해 묘사된 서기관들과 바리새인들의 삶이 자기 파괴적인 것이다—그런 삶은 자기기만으로 이끌기 때문이다.

바리새인들과 서기관들에 대한 예수님의 초기의 맹렬한 비난은 예수님께서 제자들을 권면하시는 것의 부정적인 이미지뿐이다. 그분께서는 제자들에게 서로를 '랍비'라고 부르지 말라고 말씀하신다. 왜냐하면 그들에게는 오직 한 분의 선생님만 있기 때문이다. 따라서 그들은 학생으로 남아 있다. 또한 그들은 아무나 '아버지'라고 부르지도 않는다. 왜냐하면 그들에게는 하늘에 계신 오직 한 분의 아버지만 있기 때문이다. 예수님께서 '아버지'라는 칭호의 사용을 금지하신 것에 담긴 정치적인 함의를 놓

쳐서는 안 된다. 그분께서는 그 칭호가 다른 사람들 위에 군림하는 그들의 권력을 정당화하기 위해 사용하는 사람들에 의해 사용될 때, '아버지'라는 명칭의 모든 사용을 부인하시는 것이다. 마지막으로 예수님께서는 제자들에게 그들이 지도자라고 불려서는 안 된다고 말씀하신다. 왜냐하면 그들에게는 오직 한 분의 지도자이신 메시아만 계시기 때문이다.

서기관들과 바리새인들에 대한 예수님의 비난뿐만 아니라 제자들에게 주신 그분의 권면은, 그분께서 정확히 인식하신 대로, 그분께서 메시아심을 가정한다. 서기관들과 바리새인들에 대한 예수님의 비난은 율법과 선지자를 통해 이스라엘에게 주어진 하나님의 선물에서 비롯된다. 예수님께서는 바리새인들과 서기관들이 그분을 메시아라고 인정하지 않기 때문에 그들을 비난하시는 것이 아니다. 오히려 예수님께서는 그들이 그분을 메시아라고 인정할 수 없다고 분명히 말씀하신다. 왜냐하면 그들은 자신들이 옹호하는 그 율법에 따라 살지 않기 때문이다. 예를 들어, 예수님께서는 성구함phylacteries과 옷 술fringes을 착용한 것에 대해 비난하시지 않는다. 외적인 것들이 문제는 아니다. 다만 그것들이 더 이상 기도 생활을 형성하는 데 봉사하지 않을 때에 문제가 되는 것이다.

제자들이 서기관들과 바리새인들보다 나은 유일한 이점은 그들의 신분에서 비롯되는, 예수님께 대한 저항의 형태가 결핍되어 있다는 것이다. 예수님께서는 다시금 제자들에게 서로에게 종이 되어야 함을 상기시키시는데, 왜냐하면 하나님의 거꾸로 된upside-down 나라에서는 자신을 높이는 자들은 모두 낮아지고, 낮아진 자들은 높아질 것이기 때문이다. 이것은 우리와 같은 피조물이, 즉 어떤 위치에서든 심지어 종과 노예의 위치에서 권력과 명망을 지닌 위치로 변화될 수 있는 교활한 피조물이 배우기엔 어려운 수업이다. 우리는 우리가 다른 사람들을 존중할 필요 없이 다만 그들이 우리를 존중하기를 바란다. 그것은, 그렇지 않으면 우주에서 길을 잃을 것이라는 우리의 두려움이다. 예수님께서는 비난하시기 위해 서기관들과 바리새인들의 책략을 선별하시지만, 서기관들과 바리새인들이 하는 게임은 우리 모두가 하는 게임의 변형일 뿐이다.

예수님께서 서기관들과 바리새인들을 겨냥하신 일련의 화는, 유대인들에게 가한 기독교인들의 비난과 박해의 견지에서 볼 때, 읽기가 난해해진다. 서기관들과 바리새인들의 특징에 관한 이러한 묘사가 유대주의뿐만 아니라 모든 유대인들을 비난하는 데 불공정하게 사용된 것은 기독교의 실패며 죄의 표시다. 그런데 그 죄는, 기독교인들이 예수님께서 비난하시는 그러한 삶의 형태에 의해 판단하는 것이 필요하다고 생각했다는 데 있는 것이 아니라, 우리가 그러한 판단을 우리 자신들에게 적용하지 못했다는 데 있다. 우리는 예수님께서 약자의 위치에서 서기관들과 바리새인들을 비난하셨다는 것을 잊어서는 안 된다. 예수님께서는 그분께서 비난하는 사람들에 대항해 행동하실 권력이 없으시다. 기독교인들은, 예수님께서 서기관들과 바리새인들에 대항하여 판단하신 것과 같은 판단을, 우리 자신과 우리의 형제 자매들을 더 나은 삶으로 초청하기 위해서 시도하기보다, 그런 판단을 폭력적이고 살인적인 행동으로 변형시키는 권력의 위치에서 행하게 될 때, 예수님을 배반하는 것이 된다.

예수님께서 선언하신 화들이 이스라엘 역사에서 유일무이한 것은 아니다. 오히려 그것들은 이스라엘이 선물을 오용하는 것에 대한 선지자적인 비난의 연속선상에 있다. 이사야 5장은 주님에 의해 주어진 포도원을 오용한 사람들에 대한 하나의 긴 장광설이다. 부당한 법령을 만들고, 억압하는 법규를 작성하고, 가난한 자들을 정의에서 배제하는 사람들은 이사야 10장에서 비난받는다. 예레미야 13장 27절은 예루살렘의 가증스러움과 간음을 비난하고, 유명한 아모스 5장 18-24절에서는 여호와의 날을 기원하는 자들을 조롱한다. 예수님께서는 이스라엘에게 주신 하나님의 선물인 율법의 이름으로 이스라엘을 배반한 사람들에게 심판을 선포하는 하나님의 선지자들의 긴 반열에 서 계신다. 예수님께서는 바리새인들과 서기관들을 향해 화를 선포하실 때 이스라엘 밖에 서 계신 것이 아니다. 오히려 예수님의 판단은 이스라엘에 대한 그들 자신의 판단이다.

예수님께서는 그들의 위선이 다른 사람들에게 미치는 영향 때문에 서기관들과 바리새인들에 관한 판단을 건너뛰시고 시작하신다. 하늘 나라는 매력적이고 초청하지만, 서기관들과 바리새인들은 그렇게 마음이 끌린 사람들이 그 나라에 들어가지 못하도록 가로막는다. 왜냐하면 그들은 마치 그 나라에 들어간 것처럼 살지 않기 때문이다. 심지어 예수님께서는 바리새인들은 선교사들이지만, 그들이 개종시킨 사람들을 바리새인들 자신들보다 훨씬 더 부패하게 만든다고 시사하신다.

그 다음에 예수님께서 말씀하시는 일련의 화는 보다 중요한 문제보다 율법의 사소한 것에 집중하는 서기관들과 바리새인들을 비난하는 것이다. 예를 들어, 그들은 성전의 금을 두고 한 맹세를 제단을 두고 한 맹세보다 더 중요한 것으로 확정하려고 한다. 제자들에게 맹세하는 것을 금지시키신 예수님께서는(마 5:33-37), 어떤 맹세를 정당화하기 위해 제단이나 성전의 어떤 부분이 사용되었든지 간에, 그 맹세는 반드시 지켜져야 한다고 말씀하신다. 더욱이 서기관들과 바리새인들은, 레위기 27장 30-33절에 나타난 대로, 성전을 지원하기 위해 향미료들이 십일조로 드려지는지를 걱정하지만, 정작 그들은 율법의 보다 중요한 문제들은 회피한다. 미가 6장 8절에 의거하여 예수님께서는 주님께서 요구하시는 것은 정의를 행하고 친절을 베풀고 겸손히 주님과 동행하는 것임을 그들에게 상기시키신다. 예수님께서는 그들이 성전을 지원하는 것을 무시해야 한다고 말씀하시는 것이 아니라, 그러한 지원이 정의와 자선을 행하는 것을 대신하거나 대용하는 것이 되어서는 안 된다고 말씀하시는 것이다.

예수님께서는 예레미야처럼 성전에 서서 하나님의 말씀을 선포하신다. 하나님께서는 성전에서 예배 받기를 원하신다. 예레미야에서 하나님께서는, 만일 이스라엘이 길을 돌이켜, 서로 정의롭게 행하며, 이방인이나 과부나 고아를 억압하지 않고, 무죄한 피를 흘리지 않으며, 다른 신들을 따라 가지 않으면, 성전에 머무실 것이라고 약속하신다. 만일 성전을 소유하고 있기 때문에 이스라엘이 안전하다고 생각한다면, 하나님께서는 그들을 내쫓으실 것이다(렘 7:1-15). 서기관들과 바리새인들에 대한 예수님의 비난은, 하나님을 예배하는 것은 정의와 자비로부터 분리될 수 없다고 이스라엘을 향해 말한 예레미야의 선지자적인 외침을 공명하는 것이다.

예배와 정의 사이의 필수적인 연결은 바리새인들과 서기관들이 겉으로는 깨끗한 척 하지만 실제로는 탐욕과 자기 방종에 사로잡힌 삶을 사는 것에 대해 예수님께서 비난하시는 무대를 마련해준다. 누구나 겉으로 보이는 것과 같은 사람이어야만 한다. 겉으로 보이는 것과 같은 사람이 되려면, 우리의 삶과 욕망, 습관이 변화되어야만 한다. 그런 변화는 단지 의로움의 외적인 형태만 따라 한다고 성취될 수 있는 것이 아니라, 하나님을 진실하게 예배함으로써 형성된 삶에서 비롯되어야만 한다. 그렇지 않은 삶을 사는 것은 자기 모순적인 삶을 사는 것이다.

실제로, 예수님께서는 서기관들과 바리새인들이 바깥은 아름답지만 안에는 뼈와 더러운 오물로 가득 찬 회칠한 무덤과 같다고 말씀하신다. 이것은 부도덕한 삶을 사는 것은 마치 우리가 죽은 것처럼 사는 것이 아니라, 정말로 글자 그대로 죽음에 이르게 하는 삶을 사는 것임을 상기시킨다. 예수님께서는 우리를 죽음이 아니라 생명으로 부르신다. 숨겨진 부도덕은 죽음과 죽음에 대한 우리의 두려움에서 그것의 권력과 결과들을 끌어낸다. 그 결과는 죽음에 대한 우리의 두려움을 다른 사람에게 부과하고, 그럼으로써 그들로 하여금 우리의 부도덕을 의로움으로 인식하도록 요구한다. 죽음에 이르게 하는 상호교환은 겉모습을 유지하는 데 필수적이다.

마침내 예수님께서는 서기관들과 바리새인들이, 만일 그들이 그 때 있었더라면 그들은 선지자의 피를 흘리지 않았을 것이라고 믿으면서, 선지자들의 무덤을 기리고 의인들의 무덤을 장식하는 것에 대해 비난하신다. 예수님께서는 그들이 단지 죽은 자이기 때문에 선지자들을 기리는 것임을 분명히 하신다. 자신의 고향에서 영광을 받지 못한 선지자이신(마 13:57-58) 예수님께서는 그들이 선지자의 이름으로 선지자를 죽이는 부류의 사람들이라고 인식하신다. 예수님께서는, 세례 요한과 마찬가지로(마 3:7), 그 '꿈의 살인자들killers of the dream'[2]을 지옥으로 가는 판결에서 벗어날 수 없는 뱀과 독사로 규정하신다.

예언적으로, 예수님께서는 그들에게 자신이 선지자들과 서기관들을 보내실 것인데, 그들 중 일부를 이러한 바리새인들과 서기관들이 채찍질하고 죽일 것이라고 말씀하신다. 그들은 예수님께서 보내실 사람들의 피를 흘리기 위해서, 그리하여 의로운 모든 사람들—아벨에서 시작해 사가랴까지 계속되는—을 살해한 자들의 역사에 서기 위해서 그들을 이 마을에서 저 마을로 쫓아다닐 것이다. 예수님께서는 바리새인들과 서기관들에게 이 세대가 바로 이러한 일들을 행할 것이라고 말씀하신다. 이 세대

2. 릴리안 스미스Lillian E. Smith의 인종차별을 주제로 한 같은 제목의 소설이 있다—역주.

는 예수님, 곧 우리에게 그분께서 죽임을 당하실 것이라고 말씀하신 그 예수님의 오심으로 결정되는 세대다. 예수님께서는 자신들이 이스라엘의 의로움을 대표한다는 환상을 고수하려는 사람들의 손에 죽는 첫 번째가 되시지는 않을 것이다. 그러나 그분께서는 또한 자신이 마지막이 되시지도 않을 것임을 아신다.

이것은 정신이 번쩍 들게 하는 실패와 판단의 목록으로서, 우리로 하여금 스스로를 볼 수밖에 없게 하는 위선과 실패에 관해 묘사해준다. 예를 들어, 우리들 가운데 많은 사람들이 기독교인으로서 살아가는 삶에 의해서 그 나라에 들어가지 못한다는 것은 분명하다. 우리의 문제는 아주 간단하다. 그것은 단지 우리가 예수님께서 부활하신 주님께서시라고 믿는 백성으로서 어떻게 살아야 하는지를 모른다는 것이다. 마귀로부터 해방된 자들의 삶이 누려야 하는 기쁨과 자유는, 우리의 차이가 중요하지 않은 문제들에 달려 있도록 만드는 시도들 속에서 상실되고 만다. 우리는 과거의 선지자들을 칭송하는 데 능숙하게 되어, 정작 우리 가운데 있는 선지자를 분별할 수 있는 능력을 상실하고 만다.

예수님께서는 서기관들과 바리새인들을 '눈 먼 인도자들blind guides'이라고 묘사하신다. 그들이 눈이 멀었다는 것은 인도자가 되려는 그들의 욕망과 무관하지 않다. 남을 인도하려는 자들은 종종 그들이 인도하는 자들을 두려워한다. 특히 그들이 인도하는 자들을 다치게 할까 봐 두려워한다. 그들은 그들의 과제가 그들이 인도하는 사람들의 삶을 안전하게 하는 것이라고 생각한다. 그러나 선지자들에게 의존하는 백성은 결코 안전한 삶을 영위할 수 없다. 그들의 선조들이 의인을 살해한, 그 백성은 결코 안전한 삶을 살아갈 수 없다. 인도하려는 사람들은 너무나 자주 그들이 진실이라고 알고 있는 것을 스스로에게 비밀로 해야만 한다. 왜냐하면 그들은 그들이 인도하는 사람들이 진실을 견딜 수 없을 거라고 생각하기 때문이다. 바리새인들과 서기관들이 눈이 먼 것은 어떤 백성 못지않게 교회를 위협하는 눈 멂이다. 바리새인들과 예수님의 백성을 인도하려는 사람들 사이에 있는 유일한 차이는 후자가 진실을 두려워할 필요가 없는 백성을 인도한다는 것이다.

예수님께서 서기관들과 바리새인들을 비난하신 것은 정신이 번쩍 들게 하는 것이지만, 동시에 우리는 서기관들과 바리새인들을 향해 제기하신 예수님의 비판은, 예수님께서 그분의 교회가 되도록 부르시는 사람들에게 바리새인들 및 서기관들과 같은 사람들이 필요함을 가정한다는 것을 간과해서는 안 된다. 심지어 예수님께서는 그분께서 선지자들과 서기관들을 이스라엘의 회당과 여러 마을에 보내실 것이라고 말씀하시기까지 하신다. 교회는 그 나라의 비전을 교회 앞에서 지키도록 지시하는 대리인들agents을 통해 교회로 하여금 위선을 피할 수 있도록 돕는 직위들positions로 부름 받은 사람들을 필요로 할 것이다. 교회는 그것의 성경과 전통을 읽을 수 있도록 돕는 기억의 대리인들을 필요로 할 것이다. 교회는 정신적인 게으름으로부터 교회를 보호하는 언어적인 자의식linguistic self-consciousness의 대리인들을 필요로 할 것이다. 교회는 일치를 보증하고 교회의 결정에 참여하도록 격려하는 질서와 적법 절차의 대리인들을 필요로 할 것이다(요더, 1984, 28-34).

이 대리인들 각자는 위선에 유혹 받을 것이다. 우리가 온전한 삶을 살 것이라고 확신케 해주는 보장은 없다. 위선은 교회가 진실된 말을 할 수 있는 공동체가 될 경우에만 피해질 수 있다. 만일 그런 공동체가 사라진다면, 인도하려는 자들의 운명 또한 암울해질 것이다. 바리새인들과 서기관들에 대한 예수님의 비난은 혹독하지만, 그분의 비애woes 또한 슬픔에

찬 비애다. 이스라엘로 하여금 신실하게 살도록 돕기 위해 부름을 받은 자들이 어떻게 거짓된 삶을 살게 되었는지에 관한 예수님의 설명은 연민으로 가득 차 있다. 그분의 비난은 가혹하지만, 우리들과 마찬가지로, 바리새인들과 서기관들이 그들이 원했다고 생각하는 삶을 얻는 것보다 더 나쁜 것이 있을 수 있을까?

서기관들과 바리새인들을 위하면서도 한편으로 반대하는 예수님의 애도는 예루살렘을 향한 그분의 슬픔의 외침에 의해 절정에 이른다. "예루살렘아, 예루살렘아"—자신의 예언자들을 죽인 도성. "예루살렘아, 예루살렘아"—지금 황폐해진 성전이 있는 도성. "예루살렘아, 예루살렘아"—암탉이 병아리를 날개 아래 모으듯이, 예수님께서 보호하시기를 바라는 도성. 하지만 예수님의 슬픔에 아무런 희망이 없는 것은 아니다. 예수님께서는 시편 118편을 실행하시면서 예루살렘에 입성하셨다. 그분께서는 이제 시편 118편 26절을 인용하시면서 성전을 떠나신다. "여호와의 이름으로 오는 자가 복이 있음이여".

그 시편의 그 다음 줄에는 "우리가 여호와의 집에서 너희를 축복하였도다"라고 기록되어 있다. 예수님께서는 주님의 이름으로 오신 분이다. 그분께서는 주님의 집이 되실 것이다. 예수님께서 성전을 떠나실 때, 제자들은 성전을 구성하는 건물들을 가리킨다. 예수님께서 그 성전에서 그리고 그 성전에 관해 말씀하신 모든 것에도 불구하고, 제자들은 모든 것을 고려해 볼 때 성전이 인상적인 건축물이라는 점을 예수님께 보여 드리고자 하는 것처럼 보인다. 그러나 예수님께서는 성전이 무너지고 그래서 돌 하나도 다른 돌 위에 남지 않게 될 것이라고 예언하신다. 이스라엘의 삶의 중심이 파괴될 것이다. 상상할 수도 없는 생각이지만, 그것이 이스라엘의 미래가 될 것이다.

그 성전은 AD 70년 로마인들에 의해 파괴되었다. 어떤 사람들은 예수님의 예언을 확증하는 것으로서 성전의 파괴를 중요하게 생각한다. 실제로 예수님의 사역과 삶에 대한 마태의 이해는 성전의 파괴에 의존한다고 제안되기도 한다. 그러나 성전의 운명은 로마인들의 손에 달린 것이 아니라, 오히려 예수님의 죽음과 부활에 의해 결정되는 것이었다. 그분께서는 삼일 만에 성전을 재건하시기 위해 성전을 파괴하시겠다고 위협한 것으로 고소를 당하실 것이다(마 26:61). 이런 고소는 아이러니하게도 그분의 십자가 처형과 부활에 비추어 볼 때 사실이다. 예수님의 십자가 처형은 성전의 파괴다. 그분의 죽음과 부활을 통해 우리는 이제 그분을 경배한다.

마태복음 24, 25장

인내

예수님께서는 성전을 떠나 감람산으로 돌아가셨다. 제자들은 그분께 '조용히' 와서 성전이 언제 파괴될 것이고, 앞으로 다가올 시대의 표적이 무엇인지 질문한다. 그들이 감람산에서 시간에 관해 이러한 질문들을 한 것은 적절한 것이다. 왜냐하면 감람산은, 스가랴 14장 1-5절에서, 주님께서 자기 백성을 포위한 열방으로부터 그들을 구원하시기 위해 서시는 산으로 규정되기 때문이다. 스가랴는 이스라엘의 존재에서 묵시적인 시간을 묘사한다. 제자들은 그들이 아직 이해하지 못하는 시간에 참여하고 있지만, 예수님의 말씀에 따르면 성전이 파괴될 것—제자들로 하여금 당연히 어떤 표적이 '주의 임하심'과 그에 상응하는 '세상 끝'을 알리는 것인지 궁금하게 만드는 묵시적인 사건—이라는 것은 분명하다. 그들은 여전히 예수님께서 그 표적이 의미하는 대상이실 뿐만 아니라 바로 그 표적이심을 배워야만 한다.

예수님께서는 제자들의 질문에 직접적으로 대답하시는 대신 메시아라고 주장하면서 그분의 이름으로 올 사람들에 대해 경고하신다. 예수님께서는 그들에게 스스로를 메시아라고 주장하는 자들로 인해 많은 사람들이 길을 잃을 것이라고 말씀하신다. 그 시대는 전쟁과 전쟁의 소문으로 지배될 만큼 극적일 것이다. 나라가 나라에 대항하여 일어날 것이고, 세상은 곳곳에서 기근과 지진으로 위협받을 것이다. 그 시대의 극적인 본질은 제자들로 하여금 종말의 시간을 확정하도록 유혹할 것이지만, 예수님께서는 제자들에게 그렇게 해서는 안 된다고 말씀하신다. 거짓 메시아들은 종말에 대한 기대를 이용할 것이지만, 그런 이유로 오히려 제자들은 "아직 끝이 아니니다."라고 인식해야만 한다.

예수님께서는 앞서 바리새인들과 사두개인들이 징조를 요구한 것에 대해 비난하셨지만(마 16:1-4), 지금은 제자들의 질문을 이용하셔서 시대의 표적을 읽을 수 있다고 가정하는 그런 세상에서 제자들로 하여금 기다리는 방법을 배우도록 훈련시키신다. 예수님께서는 제자들에게 이것시대의 표적을 읽을 수 있다고 가정하는 것—역주이야말로 정확히 그들이 해서는 안 되는 것이라고 말씀하신다. 그들의 과제는 종말을 예상하는 것이 아니라, 오히려 박해 아래에서조차 견디는 것을 배우는 것이다(마 24:13). 제자들이 알 필요가 있는 모든 것, 또는 우리가 알 필요가 있는 모든 것은 그리스도 안에서 새로운 시대가 시작되었다는 것이다.

예수님께서는 제자들에게 그들이 자신의 이름 때문에 핍박 받고, 죽음에 넘겨지며, 열방에게 미움을 받을 것이라고 말씀하신다. 예수님께 원수가 생겨날 수밖에 없었듯이, 제자들에게도 그들을 미워할 원수들이 생길 것이다. 제자들이 미움을 받을 것이라는 것, 또는 기독교인들이 미움을 받았고 앞으로도 계속 미움을 받게 될 것이라는 것이, 반드시 신실함의 표적이 되는 것은 아니다. 그러나 만일 기독교인들이 신실하다면, 그들은 미움을 받을 것이다. 그것은 예수님의 이름으로 열방으로 나아간 사람들은, 예수님을 향한 제자도 외에는 그 어느 것에도 충성할 수 없다는 예수님의 백성의 도전을 인정하지 않는 원수들을 생산할 수밖에 없기 때문이다.

그러므로 예수님께서는 열방으로부터 오는 미움에 직면해서 많은 사람들이 예수님을 따르는 것을 포기하게 될 것을 예상하도록 제자들을 준비시키신다. 그들은 단순히 포기하는 것만이 아니다. 제자들 가운데 일부는 서로를 미워하고 배신할 것이다. 예수님의 이름이 없다면 그들에게는 죽이거나 죽는 것 외에 다른 대안이 없다. 불법이 통치하고, 사랑은 식을 것이다. 이것은, 토마스 홉스Thomas Hobbes가 묘사한 것과 같이, 우리의 운명을 묘사한 것이다. 홉스는 군주가 없는 인간의 삶을 '끔찍하고nasty, 야만적이고brutish, 그리고 부족한short' 것으로 묘사했다. 그러나 홉스의 군주는 두려움과 폭력으로 다스린다. 예수님께서도 다스리시지만, 그분의 통치는 우리의 복종을 확보하기 위해 서로에 대한 두려움을 사용하는 것을 거부하는 통치다.

예수님께서는 많은 시간과 노력을 들여 제자들을 준비시키신다. 끝은 이미 왔다. 그러나 그 끝은 제자들에게 기다리는 것을 배우도록 요구한다. 인내는 예수님의 시간과 온 세상에 그 나라의 복음이 선포되는 것 사이에 존재하는 제자의 길이다. 오직 이 소식이 온 세상에, 모든 민족에게 선포될 때에만 끝이 올 것이다. 그러나 그런 선포가 모든 민족과 나라가 예수님의 이름을 들었을 때 그 나라가 올 것이라는 뜻은 아닌데, 왜냐하면 예수님의 이름을 '듣는' 것은 그 이름이 교회를 구성하는 것, 신실하게 살아가는 삶으로 구현되는 것을 요구하기 때문이다. 그런 신실함을 위한 예수님의 이름이 '인내'다.

『깨어진 빛과 바뀐 삶Broken Lights and Mended Lives』에서 그리어Rowan Greer는 예수님께서 추천하시는 인내의 한 형태가 수도원이라고 제안한다. 중세 시대에 수도원은 사회를 재정리하기 위한 피난처와 토대라는 이

중의 기능을 제공했다.

> 교회는 서구에서 로마 제국의 통치의 붕괴에서 비롯된 재난들로부터 구원하는 역할을 하면서 시작되었지만, 새로운 사회 질서를 위한 기초가 되면서 끝이 났다는 견해에는 어느 정도 타당한 이유가 있다. 기독교 제국의 새로운 질서를 이끄는 것으로서 교회가 존재하기 시작한 첫 세기들에서 식별될 수 있는 어떤 패턴이, 우리가 고대 후기의 종말과 중세 시대의 새로운 질서의 탄생을 검토할 때에도 그 자체로 다시 반복되는 것처럼 보인다. 이것은 우리 자신의 시대를 바라보는 하나의 방식일까? 그리고 우리는 그리스도께서 우리에게 하나의 사회 질서라기보다는 그것으로부터 구원을 가져오시는, 옛 문화의 죽음 한가운데에 살고 있는가? (그리어, 1997, 206.)

기독교인으로서 우리가 어떻게 살아야 하는지를 묵상하는 그리어의 책은 이 마지막 질문에 긍정적으로 답할 것을 가정한다. 그리어는 우리가 분리된 세상에서 살아가는 법을 어떻게 배워야만 하는지에 관한 한 가지 예증으로, 로마의 하급 관리였던 펠라의 폴리누스Paulinus of Pella의 삶에 주목하게 한다. 왜냐하면 폴리누스의 이야기, 즉 매우 세속적인 한 젊은이가 변화하는 제국에서 재산과 권력을 어떻게 잃어 가는지에 관한 이야기는 곧 인내의 이야기이기 때문이다. 폴리누스는 자신의 삶을 하나님의 선물로 여기는데, 이는, 그가 말하기를, 하나님께서는 이해할 수 있도록 그의 잘못을 깨닫게 하셨는데, "계속적인 불행으로, 그분[하나님]께서는 내가 잃을 수도 있음을 알고 있는 현재의 번영을 너무 열렬히 사랑하지 않아야 한다거나, 그분의 자비가 나를 도울 수도 있음을 발견했던 역경에 너무 실망하지 않아야 한다고 분명하게 가르쳐 주셨기 때문이다." 그리어는 "폴리누스의 기독교 신앙은 그로 하여금 자신의 시간에 일어나는 사건들에 적극적이고 건설적으로 참여하도록 권한을 주지 않았으며, 또한 사회에서 물러나 안전한 수도원에 머물도록 하지도 않았다. 그러나 그것은 그로 하여금 인내할 수 있게 했고, 그 인내 안에서 그리스도의 승리에 관한 증거가 있게 한다."라고 말한다(1997, 196).[1]

그리어에게 폴리누스는 『신의 도성The City of God』에서 이야기하는 로마의 몰락에 관한 아우구스티누스의 설명에 대한 예증이 된다. 그리어에 따르면, 아우구스티누스는 로마의 몰락을 재앙으로 해석하기를 당연히 거부했는데, 이는 그가 기독교 제국이 신성하다는 견해를 받아들이지 않았기 때문이다. 아우구스티누스는 로마의 측면에서 교회의 미래를 이야기하는 것이 아니다. 오히려 로마는 교회를 향한 하나님의 돌보심이라는 더 큰 이야기에서 하나의 역할을 맡고 있을 뿐이다. 이것은 그리어에 따르면 다음과 같은 의미다.

> 기독교인의 삶의 역설은 지상에서의 순례에서 우리가 겪는 악은 절대적으로 심각하게 받아들여져야 하지만, 하나님의 도성에서 우리를 기다리는 운명 역시 그러해야 한다는 것이다. 현세에서 정말로 문제가 되는 승리나 패배는 없다. 중요한 것은 오는 시대에서 성도들에게 주어지는 최종적인 승리다. 아우구스티누스의 견해에 담긴 실제적인 의미는 중요한 것은 인내라는 것이다. 기독교인은 사회에 온전히 참여할 수도, 그것에서 온전히 물러날 수도 없다.……우리는 견딜 수 있고

1. 이 자료는 Hauerwas, 2000, 170-71쪽을 수정한 것이다.

그래서 승리할 수 있을 뿐이다. (그리어, 1997, 205-6.)

어떤 사람들은 폴리누스 같은 인물에게 주목하는 것은 앞서 내가 콘스탄틴주의에 대해 공격한 것을 약화시키는 것이라고 의아해 할 수도 있다. 그러나 콘스탄틴주의에 대한 비판이 폴리누스와 같은 삶, 곧 매일 세상과의 타협을 시도하며 사는 삶의 중요성이 부인되어야만 한다는 것을 의미하지는 않는다. 오히려 문제는 폴리누스와 같은 삶을 가능하게 해줄 수 있는 제자들로 구성된 교회가 존재하는지의 여부다. 폴리누스는 수도사들이 존재했다는 것을 알았기 때문에 폴리누스로 살 수 있었다.

예수님께서는 성전이 언제 파괴될 것이냐는 제자들의 질문에 대답하시지 않을 뿐만 아니라 그분의 오심과 시대의 종말을 알리는 표적에 관한 질문에도 대답해 주시지 않았다. 오히려 예수님께서는 그들에게 시대들 사이에 놓여 있는 지금 이 시대에서 기다리는 것을 어떻게 배워야 하는지를 말씀해 주신다. 기독교인들은 그분께서 돌아오실 날과 시각을 계산하지 말라는 경고에 세심하게 주의를 기울이지 못했다. 예수님께서는 오직 아버지께서만 그런 지식을 지니신다고 분명하게 말씀하신다. 그러나 하나님께서 되려는 유혹은, 특히 그들 스스로를 기독교인들이라고 간주하는 사람들에 의해, 저항하기 어렵다. 역사를 손에 쥐고 다스리기 위해 필사적인 기독교인들은 예수님께서 시대의 종말을 결정하려는 시도들을 막으시기 위해서 사용하신 그 묵시적인 이미지를, 예수님께서 할 수도 없으며 해서도 안 된다고 말씀하신 것, 즉 오직 아버지께서만 아시는 것(마 24:36)을 알기 위해서 사용해왔다.

어떤 기독교인들은 이런 저런 전쟁이나 전쟁의 소문을 마지막을 낳는 산고의 시작으로 규정하기 위해서 예수님의 묵시적인 언어를 문자적으로 이해해왔다. 불행히도 그들은 때때로 이런 저런 전쟁을 기독교인들이 그 시대에 종말을 가져오기 위해서 싸워야만 하는 전쟁으로 규정하기까지 했다. 그들은 예수님께서 그 나라가 왔고 지금 존재한다는 것을 알리기 위해서 묵시적인 언어를, 곧 그 나라가 지정하는 급진적인 변화를 이해하는 데 필수적인 극적인 언어를 사용하시고 있음을 이해하지 못한다. 그들은 전쟁과 전쟁에 관한 소문을 들을 것이다. 그러나 예수님께서 가져오신 그 나라는 전쟁이 종식되었음을 의미한다. 예수님께서 묵시적인 언어를, 특히 다니엘 선지자의 언어를 사용하신 것은 제자들에게 미래를 예언하도록 요청하시는 것이 아니라, 제자들이 오신 분의 임재 안에서 사는 것을 배우도록 도우심으로써 그들로 하여금 전쟁의 세상에서 평화를 이루는 삶을 살도록 요청하시는 것이다. 묵시는 피조물을 위한 하나님의 목적에 비추어 우리 자신과 우리가 살고 있는 세상을 볼 수 있게 해주는 예언의 수단이다(바캄, 2005, 6-7).

그럼에도 불구하고 예수님의 묵시적인 이미지를 현대의 사건들을 해석하는 데 사용하지 않는 기독교인들조차 기독교인들은 역사의 의미와 방향을 결정하기 위해 노력해야만 한다고 생각한다. 이는 종종 콘스탄틴주의의 습관을 계속 유지하려는 자유주의 기독교인들의 기획이다. 예를 들어, 요더Yoder가 말하기를, 우리 시대는 "사물을 올바른 방향으로 움직이게 하려는 깊은 욕망"에 사로 잡혀 있다. "주어진 행동이 옳은가 아닌가의 여부는 그것이 어떤 영향을 미칠 것인가 하는 질문과 분리될 수 없는 것처럼 보인다. 그래서 전부는 아니더라도 일부 사회적인 관심사는 역사의 과정을 '꽉 붙잡고' 그것을 올바른 방향으로 움직이게 할 수 있는 올

바른 '핸들'을 찾는 것과 관련이 있다."(1994b, 228).[2]

이러한 두 가지의 전혀 다른 방식으로 '시대의 표적'을 읽으려는 사람들은 서로를 싫어한다. 그러나 아이러니하게도 그들은 예수님께서 제자들의 질문에 답하셨다는 믿음을 공유한다. 하지만 예수님께서는 제자들로 하여금 그러한 질문들이 제기되지 않았어야만 하는 때, 또 그런 질문들이 대답될 수 없는 때를 어떻게 살아야만 하는지 이해하도록 도우시고자 한다. 또는 다르게 표현하자면, 예수님께서는 제자들로 하여금 그분의 삶이 어떤 질문이든 제기되도록 형성해야만 하는 때를 어떻게 살아야만 하는지 이해하도록 도우시고자 한다. 제자들은 예수님을 따름으로써, 종종 위대한 표적들과 전조들—십자가의 표적과는 전혀 다른 표적들과 전조들—을 생산하는 거짓 메시아들과 선지자들에게 어떻게 말해야 하는지를 배워야만 한다.

두 가지의 유혹들—종말의 때를 예언하거나 역사의 움직임을 분별하기 위해 예수님의 묵시적인 이미지를 사용하는 것—은 제자들에게 주시는 예수님의 훈련의 특성을 배반한다. 예수님께서는 그분의 오심에 비추어 그들이 어떻게 살아야만 하는지 그들에게 가르치시고자 한다. 묵시적인 언어의 극적인 특징은 제자들로 하여금 예수님께서 그들에게 제시하시는 도전을 이해할 수 있도록 도와야 한다. 그러나 제자들과 마찬가지로 만일 우리 모두가 우리의 상상력을 그런 이미지들이 우리의 관심을 집중하게 만드는 분, 즉 예수님보다 묵시의 이미지들에 사로잡히도록 허용할 경우, 우리는 재앙에 가까운 실수를 하는 것이다.

---

2. 나는 히브너Huebner가 2002년의 저서에서 '역사를 다루는' 것에 관한 요더의 이해를 발전시킨 것에 빚지고 있다.

예를 들어, 예수님께서는 제자들에게 그들이 "멸망의황폐게 하는 가증한 것이 거룩한 곳에 선 것"을 보거든, 유대에 있는 사람들은 산으로 도망하라고 말씀하신다(단 9:27; 11:31; 12:11; 마카베오상 4:54). 그 때는, 곧 "멸망의황폐케 하는 가증한 것"의 때는, 예수님께서 분명히 말씀하시길, 우리가 하고 있는 일을 뒤로 하고 떠날 준비를 요구하는 위기의 때다. 지붕 위에 있는 사람들은 무엇을 가지러 집안으로 내려가지 말아야 한다. 밭에 있던 사람들은 겉옷을 가지러 되돌아가면 안 된다. 그리고 임산부와 유아를 젖먹이는 사람들은 고통을 당할 것이다. 그런 가증한 것이 만들어 내는 위기를 생각하면, 그들은 겨울(겨울에 겪게 될 어려움 때문에)이나 안식일(이동이 금지되어 있기 때문에)에 도망가는 일이 일어나지 않도록 힘써 기도해야만 한다.

예수님께서 "멸망의황폐케 하는 가증한 것"으로 의미하신 것이 무엇이었을지를 둘러싸고 끝없는 추측들이 있다. 많은 사람들이 안티오쿠스 에피파네스 4세Antiochus IV Epiphanes—다니엘의 예언적인 심판의 대상—에 의해 자행된 것과 같이 언젠가 성전이 훼손될 것에 관해 예수님께서 언급하신 것임에 틀림없다고 생각한다. 하지만 예수님께서는 제자들에게 단지 성전의 돌들이 무너질 것이라고 말씀하셨을 뿐이다. 폐허가 된 성전이 어떻게 황폐하게 될 수 있을까? 예수님께서는 제자들로 하여금 훼손될 것은 성전이 아니라—물론 그 일도 일어나겠지만—, 그분께서 훼손되실 것이라는 점을 이해하도록 도우시고자 한다.

예수님께서는 대제사장이시며, 성전이시다(히 8-9장). 그분의 십자가 처형은 멸망의황폐케 하는 가증한 것이다. 확실히 우주를 황폐하게 하는 가증한 것은 하나님의 아들의 죽음이다. 그 황폐함이 예수님께서 묘사하시는 위기가 된다. 그 위기는 예수님께서 태어나실 때부터 그리고 그분의 전 사역을 통하여 나타났다. 예수님의 십자가 처형은 그 위기를 심화시킬 것이다. 더욱이 그 황폐함은 예수님께서 반응하시는 극적인 언어가 시사하는 준비되어 있음readiness을 요구한다. 묵시적인 언어는 제자들로 하여금 곧 다가올 위기를 준비시키는 데 필수적이다. 곧 보게 되겠지만, 그런 교훈들은 제자들에게 어떻게 기다리고 지켜봐야 하는지를 훈련시키는 비유들뿐만 아니라 직접적인 훈계들로 이루어진다.

예수님께서는 제자들에게 그 때에 세상이 시작된 이래로 알려지지 않았고 이후로도 다시는 알려지지 않을 고난이 있을 것이라고 말씀하신다. 그것이 그분의 고통이다. 그것은 사람의 손에 하나님의 아들께서 당하시는 고통이다. 세상의 날들은 '감해cut short'졌고, 그럼으로써 선택 받은 사람들의 구원이 가능하게 되었다. 그러나 위기의 날들 또한 옛 시대의 시체를 뜯어 먹는 데 능숙한 독수리를 불러온다. 거짓 메시아들은 예수님께서 행하시지 않은 것으로 생각되는 것들을 행하라고, 즉 큰 표적들과 징조들을 제공하라고 주장할 것이다. 그러나 그런 표적들과 징조들은 선택 받은 사람들을 잘못된 길로 인도할 뿐이다.

실제로 이 독수리들은 예수님의 사역을 흉내 내는데, 곧 광야나 골방으로 들어가며, 그들이 오직 선택 받은 사람들에게만 공유되는 비밀한 지식을 가졌다고 제시할 것이다. 예수님께서는 제자들에게 미리 경고하셔서 그들로 하여금 이렇게 거짓 주장하는 사람들로 인해 잘못 인도되지 않게 하신다. 왜냐하면 우주의 요소들만으로도 인자의 오심이 예언될 것이기 때문이다(사 13:10; 겔 32:7 참조).

해가 어두워지며
달이 빛을 내지 아니하며,

별들이 하늘에서 떨어지며

하늘의 권능들이 흔들리리라 (마 24:29)

그날에 다니엘의 비전이 성취될 것이다. 한 표적이 하늘에 나타날 것이고, 인자께서 하늘의 구름을 타고 오실 것이다. 그리고 그분께 모든 민족들과 나라들, 언어들을 다스리는 권한이 주어져서 그것들로 하여금 그분을 섬기게 할 것이다(단 7:13-14). 선택 받은 사람들이 모든 나라들에서 모여들어 전에는 상상할 수 없었던 새로운 백성이 될 것이다. 예수님께서는 열방에서 부른 사람들을 영접하기 위해 두 팔을 벌린 채 십자가 위에 높이 들린 모습으로 하늘에서 나타나실 것이다.

예수님께서 다니엘을 사용하신 것은 제자들에게 '앞서 생각하라'고 요청하시는 것이 아니라 현재를 분별하라고 요청하시는 것이다. 따라서 예수님께서는 그들의 주의를 잎을 보고 여름이 가까운 줄 알게 해주는 무화과나무의 교훈으로 돌리신다. 제자들은 "이 모든 일"을 보고 메시아께서 가까이 계신 것을 인정해야만 한다. 예수님께서는 이 모든 일이 일어나지 않고는 이 세대가 사라지지 않을 것이라고 분명히 말씀하시는데, 그 이유는 그분 안에서 '영원eternity'이 우리의 시간을 깨뜨렸기 때문이다. 하늘과 땅은 사라질 것이다. 그것들은 결국 피조물들이다. 그러나 예수님과 그분의 말씀은 사라지지 않을 것이다. 어떻게 그럴 수 있는가? 그분께서는 하나님의 말씀이시다.

제자들의 과제는 깨어 있고, 준비되어 있는 것이다. 왜냐하면 그들은 인자의 승리의 날과 시각을 모르고 알 수도 없기 때문이다. 제자들은 예측하는 게임을 하는 것이 아니다. 오히려 그들은 준비하고 또 준비되도록 부름을 받았다. 제자들은, 노아가 그러했듯이, 비가 오지 않아도 방주를 만들어야만 한다. 이 방주에 주어진 이름이 교회다. 교회의 건축자들은, 노아가 방주를 만들었어도 아무것도 변하지 않은 것처럼 먹고, 마시고, 결혼하고, 살아갔던 것처럼, 계속해서 그들의 삶을 살아가는 많은 사람들로 둘러 쌓일 것이다. 그러나 홍수가 날 것이고, 모든 것을 익사시킬 것이다. 유일한 차이는 인자께서 오실 때는 모든 사람이 휩쓸려 가지는 않을 것이라는 점인데, 이는 그분의 오심이 전혀 다른 홍수기 때문이다. 그것은 잃어 버린 자들을 구원하시려는 그분의 피의 홍수다. 어떤 사람들은 이 의로우신 재판관에 의해 재판 받게 될 것이다. 예수님께서는 협박하시는 것이 아니라, 그보다 사실을 진술하고 계시는 것이다.

제자들은 그들이 해야만 하는 것이 무엇인지 배우고 있었다. 예수님께서는 집주인이 도둑이 언제 올 지를 알고 있었다면, 그는 깨어 있었을 것이고 그의 집이 털리지 않게 했을 것이라고 말씀하신다. 물론 우리들 대부분의 문제는 누군가가 우리의 집에 침입하기를 원하는 일은 일어나지 않을 것이라고 생각한다는 것이다. 그러나 제자들은 도둑이 오고 있고 예상치 못한 시간에 올 것이라는 것을 깨달은 사람들처럼 살아가는 것을 배워야만 한다.

묵시적이란 기다림을 요구하는 시간을 말한다. 그것은 단지 어떤 종류의 기다림이 아니다. 오히려 그것은 현실화된 소망에 의해서 가능해진 기다림이다. 예수님께서 그 소망이시며, 그분께서는 그분을 따르려는 사람들에게 같은 소망이 스며들게 하신다. 그것은 이상들이 도달할 수 없는 것처럼 보임으로써 지치게 되는 이상주의의 소망이 아니다. 오히려 그것은 아들을 통해 세상을 구속하시려는 아버지의 인내로 훈련 받는 소망이다. 인내 없이 소망으로만 가득 찬 사람들은 자기들이 소망하는 것을 위해서 인내를 파괴하라고 위협한다. 소망 없이 인내하는 사람들은 세상을 그들이 발견한 대로 그대로 두라고 위협한다. 예수님의 제자들은 소망이든 인내이든 그것을 위한 시간이 없다고 생각하는 세상에서 어떻게 인내하면서 소망하는 시간을 보낼 수 있을지를 배워야만 한다.

예수님께서는 전에 제자들로 하여금 하늘 나라가 무엇과 같은지를 배우게 하시기 위해 비유들을 사용하셨던 것처럼(마 13장), 지금은 그들로 하여금 기다리는 법을 배우게 하시기 위해서 비유들을 사용하신다. 그분께서는 "(그 때에) 충성되고 지혜 있는 종이……누구냐"라는 질문으로 시작하신다. 예수님께서는 주인이 떠나 있는 동안 다른 종들을 관리하도록 위임된 두 명의 종들을 묘사하신다. 한 종은, 그가 행할 것이라고 기대된 대로, 주인이 없는 동안 다른 종들에게 제 때에 양식을 내주는 것을 계속한다. 그 종은 주인이 돌아올 때 그가 해야 할 일을 다 했기 때문에 복이 있다. 따라서 주인은 자신의 모든 소유를 그 종에게 맡길 것이다.

그러나 악한 종은 혼잣말로 주인이 지체하게 되리라고 하고는 그의 동료 종들을 때리기 시작한다. 그는 술꾼들과 함께 먹고 마시며, 더 이상 주인의 일에 매달리지 않는다. 그러나 그의 주인은 그가 생각지도 못할 때 돌아올 것이다. 그러면 그 주인은 그를 "엄히 때리고 외식하는 자가 받는 벌에 처하"게 할 것이고, 그는 "거기서 슬피 울며 이를 갈"게 될 것이다(마 24:51). 그 종이 엄하게 매질을 당하는 데도 여전히 위선자들의 편에 참여할 수 있다는 것은, 예수님께서 실제의 상황을 묘사하시기 위해서 이런 언어를 사용하시는 것이 아님을 모든 사람들에게 충분히 알려야만 한다. 그러나 엄하게 매질을 당하는 것과 위선자들과 남은 여생을 함께 보내야만 하는 것 중에서 어떤 것이 더 나쁜 것인지 생각해 보는 것은 흥미로운 일이다.

예수님께서는 이 비유를 설명하시지 않는다. 그보다 그분께서는 서로에게 종으로 섬기도록 부름 받은 사람들은 주인이 돌아오는데 아무리 오랜 시간이 걸리더라도 계속해서 섬기려고 할 것이라고 가정하신다. 예수님께서는 제자들에게 그들이 해야 할 선한 일을 주셨다. '시대의 종말'에 대한 어떠한 추측도 예수님을 따르는 자들에게 더 이상 서로를 섬길 필요가 없다고 제안할 수도 없고 제안해서도 안 된다. 실제로 마지막이 왔다는 것은 그런 일을 훨씬 더 이해하기 쉽게 할 뿐만 아니라 긴박하게 만든다. 왜냐하면 선한 일은 영광 중에 오신, 인자이신 예수님에 의해 가능하게 된 희망과 인내의 일이기 때문이다.

예수님께서는 두 종, 즉 주인이 없는 동안 일하는 한 종과 주인이 없을 때 동료 종들을 때리는 다른 종의 비유를 설명하시지 않고, 오히려 다른 두 가지의 비유를 말씀하신다. 그분께서는 또한 세 가지 비유 모두를 조명하게 해주는 선한 일에 대한 이야기도 언급하신다. 뒤따르는 비유들인 열 명의 신부 들러리의 비유와 달란트의 비유는 둘 다 경계해야 할 필요성과 경계하는 사람들을 지탱시켜 주는 데 필요한 일을 강조한다. 더욱이 그 일이 구체적으로 명시된다. 그것은 주린 자들에게 먹을 것을 주고, 목 마른 자들에게 마실 것을 주고, 나그네들을 영접하고, 헐벗은 자들에게 입을 것을 주고, 병든 자들을 돌보아 주고, 감옥에 갇힌 자들을 방문하는 일이다(마 25:35-36).

열 명의 신부 들러리의 비유를 소개하기 위해서 예수님께서는 익숙한 공식인 "천국하늘 나라은 이와 같으리니"를 사용하신다. 그런데 이번에만 예수님께서는 "**그 때에** 천국하늘 나라은 이와 같으리니"라고 말씀하신다. "그 때에"는 예수님께서 제자들에게 자신의 죽음과 부활에 비추어 그들이 어떻게 살아야 하는지를 말씀하시고 있음을 암시한다. 열 명의 신부 들러리는 신랑을 맞으러 등을 가져갔다. 다섯 명은 지혜로웠고, 그래서 그들의 등을 위해 여분의 기름까지 가져갔다. 다섯 명은 어리석었고, 그래서 앞서 준비하지 못했다. 신랑이 늦어지자 신부 들러리들은 당연히 졸리게 되었고 결국 잠이 들었다. 그런데 밤늦게 큰소리가 들렸다. "보라 신랑이로다". 신부 들러리들은 깨어나 등을 손질했지만, 어리석은 신부 들러리들의 등에는 기름이 떨어졌다. 그들은 여분의 기름을 가져온 다섯 명에게 기름을 나누어 달라고 부탁했지만 거절당했다. 왜냐하면 만일 그들이 기름을 나누어줄 경우, 정작 신랑이 도착할 때 아무도 불을 밝힐 수 없을 것이기 때문이었다. 어리석은 신부 들러리들은 여분의 기름을 사러 갔지만, 그들이 돌아 오는 동안 신랑은 도착했고, 결혼 잔치는 시작되었고, 문은 닫혔다. 신부 들러리들이 문을 열어 달라고 요청했지만, 신랑은 그들을 알지 못한다고 말하면서 거절했다. 예수님께서는 제자들에게 "그런즉 깨어 있으라 너희는 그 날과 그 때를 알지 못하느니라"라고 권고하신다.

이사야 54장 1-8절에서 하나님께서는 이스라엘이 출산할 수 있게 하시기 위해서 이스라엘의 남편이 되기를 원한다고 선언하신다. 이스라엘은, 우리가 예레미야 31장 32절과 호세아 2장 1-20절에서 알 수 있듯이, 종종 하나님과의 결혼서약에 충실하지 못했다. 하지만 하나님께서는 그분의 신부를 버리지 않으실 것이다. 더욱이 이 신부를—바울은 교회(고후 11:2; 엡 5:21-33)로 규정한다—요한계시록 19장 7절에서는 이렇게도 말한다.

> 우리가 즐거워하고 크게 기뻐하며
> 그에게 영광을 돌리세
> 어린 양의 혼인 기약이 이르렀고
> 그의 아내가 자신을 준비하였으므로

그에게 빛나고 깨끗한

세마포 옷을 입도록 허락하셨으니

그러므로 우리는 예수님께서 그 나라에 관한 이러한 비유를 위해 결혼 잔치를 중심 모티프로 사용하시는 것에 놀라서는 안 된다. 물론 결혼은 축하 행사다. 그러나 그것은 또한 심판이기도 하다. 이에 대해서는 예수님께서 아들의 결혼식을 축하하기 위해 모든 사람을 잔치에 초대한 왕의 비유를 통해 분명히 말씀해 주셨다(마 22:11-14). 그러므로 신부 들러리의 비유는 축하 행사에 초대하는 것이면서 동시에 준비되지 않은 사람들을 심판하는 것이기도 하다. 지혜로운 신부 들러리들은 당연히 늦게 온 신랑과 더불어 축하 행사에 참여하게 된다. 그들은 기다림의 긴 밤을 준비했기 때문이다. 신랑은 예상치 못한 시간에 도착했다. 어리석은 신부 들러리들은 자신이 머물고 있는 시간이 언제인지를 확신할 수 없을 때에는 자신이 배운 대로 행하는 것이 무엇보다 중요하다는 것을 이해하지 못했다. 비록 그들은 어두움을 극복할 수 없을지라도 우리는 어둠 속에서 등을 준비하고 있어야만 한다.

어떤 사람들은 예수님의 비유가 미리 준비하지 못한 신부 들러리들에게 매우 불공평하다고 생각할 수 있다. 연민compassion을 기독교인으로 하여금 기독교인이 되게 하는 특징으로 강조하는 사람들은 기름이 있었던 신부 들러리들이 기름이 없었던 자들과 공유했어야만 했다고 생각할 수밖에 없다. 그러나 만일 그들이 자신들의 기름을 나누었더라면, 신랑이 왔을 때, 정작 아무런 불빛도 없었을 것이다. 예수님을 따르는 자들은 배고픈 자들을 먹이고 이방인들을 환영하는 삶을 영위할 것으로 기대되지만, 사실 자선 활동은 그리스도를 신랑으로 환영할 준비가 되어 있는 공동체를 필요로 한다. 왜냐하면 오직 예수님께서만, 환대를 필요로 하는 또 다른 이방인이 항상 존재하게 될 세상에서, 그 이방인을 환대하는 것이 가능할 수 있게 하시기 때문이다.

지혜로운 신부 들러리들이 모범을 보여주는 종류의 준비는 예수님께서 주시는 달란트의 비유를 통해 다시금 환기된다. 예수님께서는 달란트 비유를 신부 들러리의 비유와 연결하신다. 곧 "또 (마치) 어떤 사람이 타국에 갈 때" 그의 종 세 명에게 "자기 소유를 맡김과 같으니"라고 말씀하신다. 예수님께서 "또 마치 ~과 같다"라고 하신 것은 다섯 명의 신부 들러리들이 준비한 것과 세 명의 종들에게 맡겨진 돈을 결부시킨다. (타국으로) 여행을 떠나는 사람은 그의 종 세 명을 불러서 각각 다섯 달란트, 두 달란트, 한 달란트를 주었다. 처음 두 명의 종들은 그들의 달란트를 활용하여 장사를 해서 그들이 받은 것을 배로 늘렸다. 한 달란트를 받은 종은 땅을 파고 거기에 그가 받은 것을 숨겼다.

그 사람이 돌아왔을 때, 자신들이 받은 것을 배로 늘린 종들은 '착하고 충성된 종'이라고 칭찬받음으로써 보상을 받았다. 그들의 주인은 그들에게 많은 일들을 맡겼을 뿐만 아니라 "네 주인의 즐거움에 참여"하도록 초대했다. 그러나 한 달란트를 받은 종은 그 주인에게 와서 자신은 주인이 씨를 심지도 않고 뿌리지도 않은 곳에서 거두는 냉혹한harsh 사람이라는 것을 알았기 때문에, 자신의 한 달란트를 땅에 숨겼고 그래서 다시 돌려드릴 수 있게 되었다고 고백했다. 그러나 주인은 감동은 고사하고 그를 악하고 게으른 종이라고 불렀다. 그 주인은 그 종이 자신을 뿌리지 않은 것을 거두고 수집하는 사람으로 알았다면, 적어도 이자라도 붙일 수 있도록 돈놀이하는 곳에 넣어 두었어야 했다고 말한다. 그래서 그는 종에게서 돈을 빼앗아 열 달란트 가진 종에게 주었다. 왜냐하면 더 많이 가진 사람은 더 많이 받을 것이기 때문이다. 하지만 무가치한 종은 바깥 어둠 속으로 던져질 것이다.

예수님께서 주신 달란트의 비유는 다른 어떤 비유보다 더 오용되어 왔다. 일단 어떤 비유든지 하늘 나라에 관한 예수님의 선포로부터 떨어져 나온다면, 일단 어떤 비유든지 그것의 묵시적 맥락으로부터 분리된다면, 오독은 불가피한 것이 되고 만다. 예를 들어, 한 달란트의 가치가 얼마나 되는지, 또는 돈을 은행에 맡길 수도 있었을 것이라는 주인의 말은 예수님께서 이자를 취하는 것을 허용하신다는 뜻으로 볼 수 있는지에 관해 추측하기 시작한다. 비유에 관한 이같은 사변적인 추측은 심지어 우리가 하나님과 맘몬을 동시에 섬길 수 없다고 분명하게 말씀하신 예수님의 판단과 반대되는 경제적인 활동들을 정당화하기 위해 사용되어 왔다. 예수님께서는 이 비유를 우리가 할 수 있는 모든 것을 드리기 위해서, 우리는 열심히 일해야만 하고 우리가 할 수 있는 모든 것을 만들어야만 한다고 권고하시기 위해서 사용하시지 않는다. 그보다 이 비유는 그들에게 주어진 선물이 얼마나 소중한지를 모르는 사람들뿐만 아니라 그들이 수고해서 번 것을 받을 자격이 그들에게 있다고 생각하는 사람들을 꾸짖는 확실한 판단이다.

종들은 다섯 달란트, 두 달란트, 한 달란트를 번 것이 아니었다. 그들은 단지 그 달란트들을 받았을 뿐이다. 씨 뿌리는 자의 비유에서(마 13:1-9), 예수님께서는 그 나라에 부름을 받은 자들이 각각 다른 수확량을 생산할 것이라고 말씀하셨다. 그런 차이들이 시기envy와 질시jealousy의 근거가 되어서는 안 된다. 왜냐하면 우리의 차이는 서로를 섬기기 위해서 주어진 선물이기 때문이다. 멀리 여행을 떠나는 그 사람의 종들에게 주어진 달란트도 마찬가지다. 종들에게 다른 금액이 주어진다고 해서 불공평한 것은 아니다. 오히려 중요한 것은 그들이 받은 것을 어떻게 생각하는가 하는 점이다. 예수님께서는 이 비유를 통해 우리는 오직 우리가 받은 것만을 할 수 있음을 분명히 하신다.

한 달란트를 받은 사람은 주는 사람을 두려워했다. 왜냐하면 그는 그 주는 사람이 잃어버리거나 소모될 수 있을 뿐인 선물을 주었다고 가정했기 때문이다. 다시 말해서, 한 달란트를 가진 사람은 자신이 제로썸zero-sum 게임에 참여해 있다고 생각했다. 인생을 제로썸 게임이라고 생각하는 사람들은 만일 어떤 사람이 영예를 받으면 그 외 다른 사람은 더 가난하게 될 것이라고 생각한다. 그래서 한 달란트를 가진 종은 그가 받은 것을 잃을까봐 두려워했고, 그 결과로 그는 그 선물을 소유물로 바꾸려고 했다. 이와 대조적으로, 처음 두 명의 종들은 자신들이 받은 선물을 안전하게 두려고 노력하는 것이야말로 오히려 선물을 잃게 되는 것임을 깨달았다. 결혼 잔치의 기쁨과 그들이 받은 것을 보호하려고 하지 않았던 종들에게 참여하도록 주인이 초대한 기쁨은 후회 없이 선물을 받는 것을 배우는 데서 비롯되는 기쁨이다.

달란트의 비유와 열 명의 신부 들러리의 비유는 계속해서 일하는 종, 즉 주인이 돌아올 때까지 동료 종들에게 먹을 것을 공급하는 종에 관한 해설이다. 이 비유들 각각은 우리에게 선물을 받은 자, 곧 예수님의 제자가 되도록 부름을 받은 자들로서 어떻게 인내하며 기다려야 하는지를 가르쳐 준다. 예수님의 제자들은, 비록 위대한 일들이 일어날 수 있다 해도, 위대한 일들을 하라고 부름을 받은 것이 아니다. 오히려 예수님의 제자들은 예수님께서 우리에게 행하라고 주신 일—진리를 말하는 것과 원수를 사랑하는 것을 배우는 것과 같은 간단하고도 힘든 일—을 행하는 것이다. 그런 일은 우리의 주인께서 우리에게 나누라고 요구하신 기쁨이다.

어떤 표적이 시대의 종말이 오는 것을 알려주냐는 제자들의 질문에서 비롯된 그분의 위대한 설교의 절정에서, 예수님께서는 다니엘 7장 13-14절의 본문으로 돌아오신다. 인자께서 영광 중에 오시고, 모든 천사들이 그분과 함께 할 것이다. 그분께서는 왕이시기 때문에 열국이 그분 앞에 모일 것이다. 그러나 그분께서는 염소들로부터 양들을 구별해내실 목자-왕이시다. 그분께서는 양들을 자신의 오른편에, 염소들을 자신의 왼편에 두실 것이다. 그분께서는 오른편에 있는 자들에게 그들이 그분의 아버지께 복을 받았으며, 세상에 기초가 놓일 때부터 그들을 위해 준비된 그 나라를 물려받을 것이라고 말씀하실 것인데, 이는 그분께서 주리셨을 때에 그들이 그분께 먹을 것을 주었고, 그분께서 목마르셨을 때에 그들이 그분께 마실 것을 주었고, 나그네 되셨을 때에 그들이 그분을 영접했고, 헐벗으셨을 때에 그들이 그분께 입을 것을 주었고, 병 들으셨을 때에 그들이 그분을 돌보아 주었고, 감옥에 갇히셨을 때에 그들이 그분을 찾아와 주었기 때문이다. 그러나 의인들은 그 왕께 그분께서 말씀하신 모든 것을 자신들이 언제 그분을 위해 행했는지 되묻는다. 왕께서는 자신의 가족들인 이 사람들 중에 가장 작은 사람을 위해서 그들이 행한 일이 곧 그분께 행한 것이라고 대답하셨다.

그런 다음 그 왕께서는 자신의 왼편에 있는 사람들에게, 그들은 기소를 당하고, 마귀와 마귀의 천사들을 위해 준비된 영원한 불에 보내질 것이라고 말씀하시는데, 그 이유는 왕께서 주리셨을 때에 그들은 그분께 먹을 것을 주지 않았고, 목마르셨을 때에 그들은 그분께 마실 것을 주지 않았고, 나그네 되셨을 때에 그분께서는 영접받으시지 못했고, 헐벗으셨을 때에 입을 것을 전혀 받으시지 못했고, 병 들으셨을 때나 감옥에 갇히셨을 때에 그들은 그분을 찾아와 주지 않았기 때문이다. 그들은 왕의 오른편에 있는 사람들처럼, 그들이 언제 그분을 위해 이런 것들 중 어느 것도 행하지 못했느냐고 묻는다. 다시 왕께서 이렇게 대답하셨다. "내가 진실로 너희에게 이르노니 이 지극히 작은 자 하나에게 하지 아니한 것이 곧 내게 하지 아니한 것이니라". 나아가 그들은 영원한 형벌을 받게 될 것이고, 의로운 사람들은 영원한 생명에 들어갈 것이다.

의로운 사람들은 그들이 보살피고, 환대하고, 방문할 때, 이 모든 일들이 예수님께 행한 것임을 알지 못했다는 점이 중요하다. 그들은 하나님께서 행하라고 하신 일을 행했을 뿐인데, 그렇게 행하는 것이 곧 그리스도 그분을 보살피는 것이었다. 모든 사람들은, 그들이 기독교인이든 아니든, '이 지극히 작은 자'를 돌보기 위해서 그들이 알아야만 하는 모든 것을 알고 있다. 예수님의 제자들과 예수님을 모르는 자들의 차이는 예수님을 만난 자들에게는 더 이상 '이 지극히 작은 자'를 모른 체할 어떤 구실도 없다는 것이다.

제자들은 이제 그들의 질문에 대한 답을 얻는다. 예수님께서는 시대의 종말의 표적이 되시는데, 이는 제자들로 하여금, 예수님께서 하신 것처럼, 시간을 내어 굶주린 자를 먹이고(마 14:13-21; 15:32-39), 병자를 고치고, 평화 없는 자를 위로하고(마 15:21-28), 이방인을 환영하고(마 8:5-13), 투옥되고, 두 명의 죄수들 사이에서 십자가에 못 박히는 것을 가능하게 하시는 것이다. 이것은 그들이 이스라엘의 마을들을 돌고 마지막으로 예루살렘으로 향하시는 예수님의 여행에 동행할 때 그들이 목격하고 받은 일이다. 이것은 그들이 그 나라의 파수꾼이 되기 위해서 배우게 될 방법이다. 왜냐하면 그 나라의 일을 수행함으로써 그들은 분별의 은사를 받게 될 것이고, 그럼으로써 마귀의 유혹에 저항할 수 있을 것이기 때문이다.

도로시 데이Dorothy Day는 자신의 멋진 에세이 "자비의 일들에 관한 스캔들The Scandal of the Works of Mercy"에서 자비의 일들—마태복음 25장에 근거하여 아퀴나스Thomas Aquinas가 성문화한 것—을 다음과 같이 열거한다.

> 자비의 영적 사역은 죄인을 권고하고, 무지한 사람을 가르치고, 의심스러워 하는 사람을 달래고, 슬픈 사람을 위로하고, 참을성 있게 그릇된 것을 참고, 모든 상처를 용서하고, 산 자와 죽은 자를 위해 기도하는 것입니다. 육신의 일은 배고픈 자들을 먹이고, 목 마른 자들에게 마실 것을 주고, 벗은 몸을 입히고, 포로로 잡힌 자들의 몸값을 대주고, 피난처가 없는 자들에게 피난처를 제공하고, 병자들을 방문하고, 죽은 자들을 묻어 주는 것입니다. (데이, 2002, 103.)

데이에 따르면, 그녀의 동료인 피터 모린Peter Maurin—데이는 그를 〈카톨릭노동신문The Catholic Worker〉의 창립자라고 확인해 준다—은 가난한 자들에게 그랬듯이 세상에 대해서도 사도였다. 그는 자비의 일들이, 또 다른 보다 낫고 보다 효과적인 사회 정책이 발견될 때까지 가난한 자들을 돌보기 위한 하나의 전략일 뿐이라고 믿지 않았다. 그보다 그는 자비의 일들을 예수님께서 세상의 갱신을 위해 그분의 백성들에게 주신 사회 정책이라고 믿었다. 데이에 따르면, 모린은 사람들을 설득하기 위해서 다음과 같이 생각했다.

> 자발적인 빈곤을 받아들이고 스스로를 벗겨내는 것이 필수적이었는데, 이는 당신에게 자비의 일들을 실천하도록 하는 **수단**을 제공했을 것입니다. 거리에 있는 사람에게 가려면 거리로 가야만 합니다. 근로자에게 다가가려면, 노동에 관한 철학을 공부하고, 화이트칼라의 일대

신 육체적인 노동, 유용한 노동을 받아들여야 합니다. 가장 작은 자가 되고, 노동자가 되고, 가난하고, 가장 낮은 자리를 차지하고, 그리하여 서로를 향한 그리고 하나님을 향한 사람의 사랑에 불을 붙이는 불꽃이 되어야 합니다(그리고 우리는 동료들을 사랑함으로써 하나님을 향한 우리의 사랑을 보여줄 수 있습니다). 이 모든 것이 피터의 생각이었고, 그것들은 자비의 일들을 수행하는 데 없어서는 안될 것들입니다. (데이, 2002, 104.)

데이는 자비의 일들에 대한 이러한 이해를 스캔들이라고 부르는데, 왜냐하면 기독교인들은 자본주의나 사회주의에 대한 대안을 만들려고 노력함으로써 가난한 사람들을 위해 무엇인가를 해야만 한다는 가정에 도전하기 때문이다. 그런 대안을 만들려고 노력할 때의 문제는, 우리가 누가 주린 자이고, 벗은 자, 목마른 자, 이방인, 병든 자, 감옥에 있는 자인 줄 모른 채로, 주린 자들을 먹이고, 벗은 자들을 입히고, 목마른 자들에게 마실 것을 주고, 이방인들을 영접하고, 병든 자들과 감옥에 있는 자들을 돌보는 일들을 하고 있다고 믿게끔 스스로를 유혹한다는 것이다. 데이와 모린은, 자비의 일들을 할 수 있는 사람들이 되지 않은 채 '더 나은 세상'을 만들려는 시도들은 예수님의 오심과 시대의 종말을 알리는 표적이 무엇인지 묻는 제자들의 질문에 예수님께서 대답하신 것들을 저버릴 수 밖에 없음을 알았다. 그 표적은 그들이 시간을 내서 배고픈 자들을 먹이고, 벗은 자들을 입히고, 목마른 자들을 마시게 하고, 이방인들을 환영하고, 병든 자들과 감옥에 있는 자들을 돌보는 것이다.

나아가 그런 일들은 가난하고 배고픈 자들을 후원하는 자로서 통치한다고 주장하는 권력자들을 불쾌하게 할 것이다. 자비의 일들을 실천함으로써 형성된 백성은, 선을 행하기 위해 권력이 필요하다고 주장하는 자들—그러나 사실 권력만을 필요로 할 뿐이다—을 간파할 수 있는 백성이 될 것이다. 큰 부정의가 정의의 이름으로 자행된다. 큰 악이 행해지는 것은, 시간은 부족한데 이런저런 위기에 반응할 필요가 있다고 말하기 때문이다. 기독교인은 유일하게 중요한 위기에 반응하며 사는데, 이는 예수님께서 이 세상의 감옥들에 있는 자신을 방문하도록 하시기 위해서 세상의 모든 시간을 우리에게 주셨음을 의미한다.

마태복음 26장

배반과 체포

마태는 "예수님께서 이 말씀을 마치셨을 때"라는 친숙한 표현으로 예수님께서 제자들에게 가르치시기를 마치셨음을 알린다. 그런데 이번에는 "예수님께서 이 말씀을 다all 마치셨을 때"라고 기록한다. 마태는 "**다**all"를 더함으로써 예수님께서는 그분의 가르치시는 사역을 끝내셨고, 우리는 그분의 제자가 되기 위해 알아야 할 모든 것을 배웠음을 나타낸다. 예수님의 생애는 급격한 전환을 맞지만, 마태는 우리로 하여금 예수님을 십자가에까지 따라가는 인내심을 얻도록 도움으로써 우리를 준비시켜 왔다.

신명기에서 모세는 "이 율법의 말씀을 다 책에 써서 마친 후에"(신 31:24), 이스라엘의 불충에도 불구하고 그들을 돌보셨던 하나님을 찬양하는 송가를 불렀다. 그것은 다음과 같다.

> 모세와 눈의 아들 호세아가 와서 이 노래의 **모든** 말씀을 백성에게 말하여 들리니라 모세가 이 모든 말씀을 온 이스라엘에게 말하기를 마치고 그들에게 이르되 내가 오늘 너희에게 증언한 모든 말을 너희의 마음에 두고 너희의 자녀에게 명령하여 이 율법의 모든 말씀을 지켜 행하게 하라 이는 너희에게 헛된 일이 아니라 너희의 생명이니 이 일

로 말미암아 너희가 요단을 건너가 차지할 그 땅에서 너희의 날이 장구하리라 (신 32:44-47)

모세의 "모든all"과 마태의 "다all"는 같은 기능을 한다. 모세가 우리로 하여금 그의 교훈 **모두**를 마음에 새기도록 명령했듯이, 우리는 예수님께서 가르치시고 행하신 **모든** 것을 마음에 새겨야만 한다. 우리와 제자들은 이제 십자가까지 예수님을 따르기 위해 알아야 할 모든 것을 알고 있다. 마태는 우리가 십자가에서 그분을 버리지 않도록 하기 위해서 참을성 있게 우리에게 예수님을 따르는 것의 의미를 가르치려고 노력했다. 이스라엘이 종종 율법의 선물을 저버렸던 것처럼, 우리와 제자들은 예수님을 저버릴 것이다. 그러나 그분께서는 우리를 버리시지 않으실 것이다.

예수님께서는 제자들에게 그들이 이틀이 지나면 유월절이 오고 인자가 십자가 처형을 당하도록 넘겨지리라는 것을 알고 있다고 말씀하신다. 갑자기, 적어도 갑작스러운 것처럼 보이는데, 예수님께서는 배반당하시고, 체포되시고, 그리고 십자가 처형을 당하실 것이다. 사건들이 신속하게 진행되어 우리로 하여금 그 시간이 통제 불가능함을 느끼도록 만든다. 하지만 예수님께서는 "인자가……팔리리라"라고 말씀하신다. 예수님을 죽이려는 자들은 자기들이 통제하고 있다고 환상을 가지겠지만, 예수님께서 넘겨지시는 것은 아버지의 뜻이다. 예수님께서는 그분의 운명을 적의 손에 맡기시지만, 그것은 아버지의 뜻을 완수하시기 위한 것이다.

사사기에서는, 가나안 정복 당시, 이스라엘이 주님의 눈앞에서 악한 짓을 행하며 바알과 아세라를 경배했다고 말한다. 그들은 다른 신들을 따라 가서 절했다. 하나님의 진노가 이스라엘에 불같이 임하여 그들을 "노략하는 자의 손에 넘겨 주사 그들이 노략을 당하게 하시며 또 주위에 있는 모든 대적의 손에 팔아 넘기시매 그들이 다시는 대적을 당하지 못하였"다(삿 2:11-15). 로마서 1장에서 바울은 하나님께서는 모든 인류를 "마음의 정욕"에 그대로 내버려 두셔서 "그들의 몸을 서로 욕되게 하게 하셨으니 이는 그들이 하나님의 진리를 거짓 것으로 바꾸"었기 때문이라고(롬 1:24-25) 말한다. 그러나 이번에 아버지께서는 아들을 "많은 사람의 대속물"로 넘겨주신다(마 20:28).

이스라엘은 주님께서 도살당한 어린양의 피를 이집트에서 살던 그들의 집 문틀과 문설주에 바르게 하심으로써 이스라엘 백성의 장자들을 죽음에서 구원하셨다는 것을 결코 잊지 않도록 유월절을 기억하라고 요구받았다. 주님께서 그렇게 표시된 문들을 넘어가심으로써 이스라엘의 장자들을 구원하셨으나 이집트의 장자들은 구원하시지 않았다(출 12장). 예수님께서는 이제 세상을 위한 유월절의 어린양이 되시고, 우리의 이마에 그분의 피를 표시하심으로써 우리로 하여금 세상의 공포의 통치에서 벗어날 수 있게 하신다.

하지만 이스라엘 권력자들에게 예수님과 같은 사람들은 충분히 많았다. 그분께서는 며칠 동안 성전에서 가르치시고 그들과 논쟁하셨으며, 그럼으로써 이스라엘이 신실하다는 것이 무슨 의미인지에 대한 그들의 이해에 도전하셨다. 그래서 대제사장들과 백성의 장로들은 그분을 대항해 음모를 꾸미기 위해서 대제사장 가야바의 관저에 모여들었다. 그들은 은밀히 예수님을 체포하기로 음모를 꾸미고 심지어 죽이려고까지 계획한다. 그러나 헤롯처럼, 그들 역시 그들의 권력을 지탱하기 위해 필요한 사람들을 두려워한다. 그러므로 그들은 예수님을 체포하려고 할 때 폭동이 일어날지도 모른다고 두려워하여, 유월절 기간에는 체포하지 않기로 했다. 그러나 예수님을 해칠 방도를 찾는 자들은 지략이 뛰어났다. 그들은 돌아올 것이다.

예수님께서 베다니에 있는 나병환자 시몬의 집에 계실 때, 한 여인이 매우 값진 향유가 담긴 설화석고alabaster 한 병을 가지고 식탁에 앉아 계신 예수님께 다가와서 그 머리에 부었다. 예수님께서는 다시 부정하다고 간주되는 자들 앞에 계신다. 하지만 이 비범한 여성, 익명의 여인은 예수님께 와서 귀한 기름을 그분께 붓기 위해 모든 경계들을 거부한다. 사무엘은 다윗에게 기름을 부어 왕이 되게 했고(삼상 16:12-13), 사독 제사장은 솔로몬에게 기름을 부어 왕이 되게 했는데(왕상 1:39), 이 여인은 죽을 운명의 왕인 예수님께 기름을 붓는다.

제자들은 화가 나서 여인의 행동에 항의한다. 곧 그 향유가 가치가 있으니 팔아서 그 돈을 가난한 자들에게 줄 수 있었을 것이라고 지적하는 것이다. 어쨌든 그들은 이제 막 예수님께서 배고픈 자들, 목마른 자들, 헐벗은 자들을 돌보는 자들을 칭찬하시는 것을 들었다. 그러나 예수님께서는 그들에게 이 여인을 괴롭히지 말라고 명령하신다. 왜냐하면 그들은 가난한 자들과는 항상 함께 있겠지만, 육신을 가지신 예수님과는 항상 함께 있지는 않을 것이기 때문이다. 이 여인은 예수님의 죽음과 장례를 대비해서 그분의 몸에 기름을 부은 것이었다.

제자들에게 보인 예수님의 반응은 때때로 기독교의 부wealth를 정당화하는 데 사용되어 왔다. 가난한 자들은 우리와 항상 함께 있을 것이라는 예수님의 견해는 가난을 없애기 위해 우리가 할 수 있는 일은 없다고 가정하는 삶의 방식을 정당화해주는 조언처럼 보인다. 하지만 기독교는 가난한 자들의 신앙이다. 이 여인은 한 가난한 자에게 소중한 향유를 부었다. 우리와 항상 함께할 가난한 자는 예수님이시다. 모든 낭비extravagance가 주어져야만 하는 자들은 가난한 자들이다. 교회의 부는 가난한 자들의 부다. 대성당의 아름다움은 사실 가난한 자들을 배제하는 아름다움이 아니라 그들을 끌어들이고 포함시키는 아름다움이다. 교회의 예전, 음악, 찬송의 아름다움은 가난한 자들의, 가난한 자들을 위한 아름다움이다. 교회의 문학, 신학, 철학은, 만일 그것들이 하나님을 예배하는 것에 의해서 결정되는 우리의 일상 생활, 곧 가난한 자들이 그 중심에 있는 생활에 기여하지 못할 경우, 왜곡될 수밖에 없다. 교회의 부, 곧 이 여인에 의해 예수님께 부어진 귀중한 향유는 가난한 자들에게 결코 소용없는 것이 아니다.

의심할 여지 없이 교회의 부에 관한 그와 같은 설명은 자기 기만과 부정의의 정당화로 유혹하는 것일 수 있다. 하지만 "가난한 자들은 항상 너희와 함께 있"다는 것은 가난한 자들에 대한 관심부족을 정당화하는 표현이 아니라, 오히려 신실한 교회에 관한 표현이다. 이 여인, 이름도 없는 이 여인은 교회가 항상 세상을 위해 있어야만 하는 일—귀중한 향유를 가난한 자들을 위해 헤프게 쏟아 부은 일—을 예수님을 위해서 행했다.

기독교인 시인으로 암브로스Ambrose와 동시대를 산 프루덴셔스Prudentius는 세인트 로렌스Saint Lawrence의 삶을 기념했다. 로렌스는 3세기 중반 로마 교회의 집사였다. 샌 로렌조San Lorenzo 교회의 집사장이었던 로렌스는 '거룩한 것들', 즉 성배나 촛대와 같은 예전 기명들을 담당했을 뿐만 아니라 재정도 맡고 있었다. 그 도시의 장관은 기독교 사제들이 금 그릇과 은 잔에 희생예물을 바친다는 말을 듣고 로렌스에게 교회의 부를 자기 앞에 갖다 놓으라고 명령했다. 이에, 프루덴셔스에 따르면, 로렌스는 다음과 같이 대답했다.

우리 교회는 부유합니다.
나는 그것을 부정하지 않습니다.

> 많은 재산과 금이 있습니다.
>
> 세상의 어느 누구도 이보다 많지 않았습니다.

따라서 로렌스는 만일 장관이 자신에게 교회의 부를 모으기 위해 삼 일의 시간을 주면 모든 '귀중한 그리스도의 소유물들'을 가져오겠다고 약속했다. 장관은 삼 일의 시간을 로렌스에게 주었고, 로렌스는 늘 그랬듯이 병든 자들과 가난한 자들을 모았다.

> 그가 모은 사람들에는 두 눈이 빠지고 없는 자, 무릎이 부러진 자, 한쪽 다리만 있는 자, 한쪽 다리가 짧은 자, 그리고 곧 죽을 중환자들이 포함되었다. 그는 그들의 이름을 적고 교회 입구에 줄 세워 놓았다. 그런 다음에야 그는 장관에게로 가서 그를 교회로 데려 왔다. 장관이 교회의 문을 열었을 때, 로렌스는 누더기 무리를 가리키며 말했다. "교회의 부요함이 여기 있으니, 가져 가십시오." 장관은 조롱당했다고 분노하면서 로렌스를 처형하라고 명령한 뒤 이렇게 덧붙였다. "네 놈이 빨리 죽지 못하게 할 것이다." (윌킨, 2003, 225-26.)[1]

로렌스는 교회가 가난한 자들과 항상 함께 있는다는 것이 무엇을 의미하는지를 보여주는 전형이 된다. 가난한 자들을 부자가 되게 하는 것이 교회의 임무는 아니다. 물론 부유하든 가난하든 기독교인들은 똑같이 서로에게 봉사하도록 부름 받았다. 이것은 배고픈 자들은 먹여 주어야만 하고 벗은 자들은 입혀 주어야만 한다는 의미다. 그러나 교회는 가난한 자

1. 프루덴셔스는 로렌스가 석쇠에 구워져 죽임을 당했다고 전한다.

들의 교회이고, 따라서 그것은 서로를 돌보는 법을 배워야만 하는 사람들에 의해 발견되는 부유함에서 도출된다. 왜냐하면 그런 돌봄은 예수님을 따름으로써 생산되는 부요함이기 때문이다.

그러므로 예수님께서는 우리에게 세상에 복음이 선포되는 곳마다 그녀를 기념하기 위해 이 여인이 그분을 위해 행한 일이 전해질 것이라고 말씀하신다. 그녀의 익명성은 가난한 자들의 익명성이다. 그녀의 익명성은 우리 모두가 공유하는 익명성이다. 우리의 이름은 역사의 안개 속으로 사라질 것이다. 우리는 사라지는 것을 두려워하지만, 그런 두려움은 불성실의 한 형태다. 그녀는 우리의 선조다. 우리는 그녀의 이름이나 예수님을 신실하게 섬겼던 수많은 가난한 자들의 이름을 알 필요가 없다. 왜냐하면 그녀와 그들이 행한 일은, 그분을 기억함으로써 우리가 기억될 수 있도록 하시기 위해서 우리에게 그분의 몸과 피를 주신, 오직 한 분에 의해서만 기억되기 때문이다. "이것은 너희를 위하는 내 몸이다. 이것을 행하여 나를 기억하라. 이것은 너희와 많은 사람들의 죄용서를 위해 내 피로 세운 새 언약이다. 너희가 마실 때마다 이것을 행하여 나를 기억하라".

예수님의 낭비에 제자들은 분노한다. 열두 명 중 하나인 가룟 유다는 대제사장들에게 가서 예수님을 배반하면 무엇을 주겠냐고 묻기까지 한다. 마태는 유다가 왜 예수님을 배반하는지 말해주지 않는다. 그가 은 삼십 개를 받았다는 것은 돈이 관련 없지 않았음을 시사한다. 실제로 요한복음에서는 유다를 도둑이라고 말한다(요 12:6). 우리는 예수님께서 돈과 같이 사소한 것 때문에 배반당하실 수 있다는 생각에 움찔한다. 그러나 예수님께서는 우리가 하나님과 돈을 함께 섬길 수 없다고 말씀하셨다. 유다는 그 중에서 선택한 것처럼 보인다. 악—가장 어두운 악—은 너무나 자주 하찮은 것으로 위장한 채 다가온다.

우리는 대제사장들이 왜 유다가 필요하다고 생각했는지도 알 수 없다. 유다는 예수님을 붙잡을 수 있는 시간을 알려주기 위해서, 그리고 누가 예수님인지 확인해주기 위해서 이용될 것이다. 하지만 그는 예수님의 십자가 처형의 드라마에서 중요하지 않은 역할을 맡은 것으로 보인다. 그는 은 30세겔—스가랴 11장 7-17절에 나오는 대로, 이스라엘과 유다의 양들이 하나가 될 수 있기를 소망하면서 지명된 목자에게 주어지는 품삯과 똑같은 금액—을 받는다. 그 목자는 하나님에 의해 그 목자의 부적당함을 나타내기 위해서 주님의 집에 있는 금고에 은을 던지라고 명령을 받았다.

하나님께서 목자에게 명령하신 일은 예언적인 판단이었지만, 유다는 아무런 선한 이유도 없이 자신의 일을 행한다. 그는 의인화된 악으로서, 악 자체를 사랑하여 자신의 일을 행한다. 이 한심한 사람 유다는 완전히 마귀의 권세 아래 놓였다. 그가 행하는 악은 맹목적으로 행해진다. 그러나 악은 그 자체가 본질적으로 눈이 멀었다. 악은 그것이 행하는 것이 무엇인지 알 수 없다. 왜냐하면 만일 악이 스스로를 이해할 수 있다면 그것은 악이 될 수 없을 것이기 때문이다.

이제 배신은 예수님께서 죽으시기 전에 그분께 남은 시간을 표시한다. 제자들은 예수님께 유월절 식사를 어디에 준비하기를 원하시는지 여쭌다. 그들에겐 집이 없다. 그리고 무교절의 첫날이 된다. 무교절은 예수님께서 단번에 나누시고 재구성하실 시간을 표시한다. 그분께서는 제자들에게 도성 안의 "아무"—또 다시 무명의 사람—에게로 가서 "선생님 말씀이 내 때가 가까이 왔으니 내 제자들과 함께 유월절을 네 집에서 지키겠다 하시더라"라고 전하라고 하신다. 예루살렘에 들어가시기 위해 제자들을 마을로 보내어 나귀와 새끼를 데려오게 하신 것처럼, 예수님께서는 이제 제자들을 성으로 보내어 그들이 유월절 식사를 준비할 수 있는 방을 마련하게 하신다.

예수님께서는 제자들에게 그분의 때가 가까웠다고 말씀하신다. 그러나 아직 제자들이 끌려 들어가는 시간, 즉 예수님의 죽음과 부활의 시간은 아니다. 그러나 예수님께서는 식사, 배신까지 도사리고 있는 식사를 통해 자신의 시간 속으로 그들을 끌어들이기 시작하신다. 죽음의 천사로부터 이스라엘을 구원하신 하나님을 기억하는 식사를 하는 동안, 예수님께서는 제자들 가운데 하나가 자신을 배반할 것이라고 말씀하신다. 그들은 지금 여기까지 그분을 따랐다. 그들은 그분과 함께 지금 이 식사를 나누고 있다. 그들은 자기들 중 하나가 예수님을 배반하리라는 것을 믿을 수 없다. 그들은 괴로워하며 서로 "주여 나는 아니지요"라고 말한다. 그들 모두가 그분을 배반할 것이다. 죄는 자기 성찰을 통해서는 좀처럼 인식되지 않는다.

예수님께서는 자신과 함께 그릇에 손을 담그는 사람, 곧 자신과 함께 손을 씻는 사람이 자신을 배반할 사람이라고 말씀하신다. 바로 그 청결함의 몸짓이 배신의 표시가 된다. 예수님께서는 인자를 배반하는 사람에게 화를 선언하신다. 배반자는 태어나지 않았다면 더 좋았을 것이다. 유다가 어떻게 배신할 수 있을까. 그는 예수님의 제자가 되도록 부름을 받았다. 예수님과 함께 있었고, 그분의 가르침을 들었고, 눈먼 자들, 다리 저는 자들, 듣지 못하는 자들, 말하지 못하는 자들이 고침을 받는 것을 목격했고, 바리새인들, 사두개인들, 장로들과 논쟁하시는 것을 들었다. 하지만 그래도 그는 배반할 것이다. 마귀 또는 모든 악은 선에 기생하지만, 마귀의 자식인 유다는 선하신 **그분께 기생한다**.

유다는 다른 제자들과 함께 반응한다. "랍비여 나는 아니지요". 그러나 다른 제자들은 그 질문을 '주님'께 했지만, 유다는 그분을 '랍비'라고 부른다. 물론 유다가 그분을 랍비라고 부르는 것이 잘못은 아니다. 유월절을 기념할 수 있는 집을 가진 사람에게 제자들을 보내시면서, 예수님께서는 그들에게 "선생님의" 때가 가까이 왔다고 하라고 하셨다. 유다는 그분을 랍비라고 올바르게 부르지만, 그분께서 교사 그 이상이심을 깨닫지는 못한다. 유다를 향한 예수님의 유일한 반응은, 우리를 향한 그분의 반응이 그렇듯이, 유다 자신의 말이 스스로를 유죄인 것처럼 보이게 한다고 지적하시는 것이다.

그러나 유다의 배신은 그분의 사명을 저지할 수 없다. 그들이 먹고 있는 동안 예수님께서는 빵 한 덩어리를 취하셨고, 그것을 축복하셨고, 그것을 쪼개셨고, 그리고 그것을 제자들에게 주시면서 그것을 받아 먹으라고 명하셨다. 왜냐하면 "이것은 내 몸이"기 때문이다. 예수님께서는 먼저 감사를 드리시는데, 이로써 이것을 성찬이 되게 하신다. 그분께서는 빵으로 우리를 먹이시는 것에 대해 아버지께 감사드리는 것이 아니라, 자신으로 하여금 생명을 주게 될 빵이 되게 하신 것에 대해 아버지께 감사드린다. 그분께서는 자신의 몸이 십자가에서 부서질 것을 예상하시면서 그 빵을 쪼개시고, 그것을 제자들에게 주신다. 그분께서는 제사들에게 받아 먹으라고 말씀하시는데, 이는 그것이 그분의 몸이기 때문이다. 그들에게 주어지고 있는 것 때문에 제자들은 그들이 받을 수 있는 것, 그들이 행할 수 있는 것을 배우기 시작한다. 오천 명과 사천 명을 먹이시면서 하나님의 풍성하심을 증거했던 빵 덩어리의 증식 대신에, 이 식사에서 제자들은 하나님의 풍성하심을 직접적으로 나눈다.

그런 다음 예수님께서는 잔을 드셨다. 그분께서는 다시 감사드리고 그들과 컵을 나누시면서 그들에게 명령하셨다. "너희가 다 이것을 마시라 이것은 죄 사함을 얻게 하려고 많은 사람을 위하여 흘리는 바 나의 피 곧 언약의 피니라". 모세는 백성들이 주님께 받은 모든 법령에 복종하기로 했을 때, 그들에게 피를 뿌리며 말했다. "이는 여호와께서 이 모든 말씀에 대하여 너희와 세우신 언약의 피니라"(출 24:3-8). 하나님의 언약이신 예수님께서는 이제 우리를 위해서 우리가 세상을 향한 하나님의 구속에 참여할 수 있게 하는 용서가 되신다.

세례를 통한 우리의 용서는 우리가 예수님의 생애와 죽음, 부활로 말미암아 창조된 시간으로 이동되었음을 의미한다. 용서 받는다는 것은 제자들의 배반, 곧 우리의 배반이 그분의 창조를 위한 보다 결정적인 하나님의 구속의 목적에 포함되는 것을 의미한다. 그렇게 구속되는 것은 우리의 배반에 대한 인식을 가능하게 한다. 왜냐하면 죄는 하나님의 보다 결정적인 목적에 매이기 때문이다. 그러므로 용서는 하나님과 우리 사이의 단순한 교환이 아니라, 오히려 하나님을 부인하는 역사—더 많은 죽음으로 인도하기만 하는 죽음의 역사—에 대해 대안이 되는 한 역사에 참여하게 된 한 백성을 일컫는다.

예수님께서는 "너희가 다" 잔을 마실 것을 고집하시는데, 이로써 유다도 잔을 함께 나눌 것임을 분명히 하신다. 그러나 유다는 생명의 나라에 참여할 수 없는 그의 죽음을 마신다. 고린도 교회에 보낸 첫 번째 편지에서, 바울은 배고픈 자들을 무시하고 방종에 빠져 술에 취함으로써 주의 만찬을 남용한 것에 대해 고린도 교인들을 질책한다. 바울은 그들에게 주어진 것을 남용할 때, 그들은 그들 스스로에 대한 판단을 먹고 마시는 것이라고 말한다. "그러므로 너희 중에 약한 자와 병든 자가 많고 잠자는 자도 적지 아니하니"(고전 11:30). 유다는 배반한 자신의 죄를 감당할 수 없어 자살할 것이다.

예수님에 의해 초래된 구원은 천상의 것ethereal이 아니다. 그분께서 가져오신 구원은 우리가 생존하는 데 필수적인 먹는 음식만큼이나 육적인 것이다. 예수님께서는 우리의 선생님이시다. 그러나 그분께서 가르치셨던 것은 그분께서 누구시고 무엇을 행하셨는지와 분리될 수 없다. 이스라엘 백성은 분명한 역사를 가지고 땅 위에 자리했던 백성이다. 예수님 역시 이 땅 위에 오셨고 분명한 역사를 제공하신다. 그분의 몸과 피를 나누라는 초대, 곧 우리에게 그분의 몸을 먹고 그분의 피를 마시라는 명령은, 그분께서 세상에 계셨던 것처럼 세상에 있어야만 하는 한 백성을 창조하는 것이다.

제자들에게 자신의 몸을 먹고 피를 마시라고 하신 예수님의 명령은 복음의 진리를 성찬의 살과 피에서 분리시키려는 모든 기독교적인 설명에 대해 도전이 된다. 복음은 세례와 성찬으로 구성된 구체적인 사람들 안에서 일어나는 그것의 구현과 별개로 알려질 수 있는 어떤 철학적인 진리가 아니다. 신앙에 대한 개신교의 강조는 너무나 자주 복음을 자신의 삶에 의미를 제공할 수 있는 인간의 조건에 관한 도발적인 설명으로 만드는 데 유감스러운 영향을 끼쳤다. 복음은 많은 사람들에게 의미를 제공할 수는 있지만, 그것은 우선적으로 그렇지 않으면 획득할 수 없는 것, 곧 세상 속으로 우리의 몸들이 아로새겨지는 한 생명과 한 백성들을 제공한다.

이 빵과 포도주가 언제 그리고 어떻게 예수님의 몸과 피가 되느냐는 질문에 우리가 주의를 기울이는 것은, 교회가 이 문제보다 더 중요한 것, 즉 성찬이 제정되었음을 잊고 있다는 표시다. 언제 그리고 어떻게 그 요소들이 살과 피가 되느냐에 관한 설명은 대부분 기계론적인 설명을 제공하려는 시도들로서, 그럼으로써 창조는 '저기 뒤쪽에back there' 있는 것이므로 하나님께서는 그분의 창조에 도달하실 수 없다고 가정하게 된다. 그러나 우리는 "구원은 이 땅의 한 가운데서 창조된다!"(파블 쉬캐니코프

Pavel Tschcanikopf)라는 것을 기억해야만 한다. 우리를 창조하신 하나님께서는 계속해서 창조하시고 구속하신다. 마태복음의 첫 문장이 이를 명시했다. 우리는 예수님의 몸과 피를 함께 나누는 사람들이 됨으로써 새로운 창조에 참여한다.

그리스도 안에 계신 하나님, 참 하나님이시며 참 사람이신 분께서는 또한 우리를 위하여 빵과 포도주를 그리스도의 몸과 피를 만드시는 데 전혀 어려움이 없으신 하나님이시다. 교회는 그분께서 우리에게 명하신 것을 행할 때 예수님을 기억하는 것만이 아니라, 실제로는 세상이 화해될 수 있도록 하기 위해서 우리가 세상을 위한 예수님의 기억이 되는 것이다. 우리는, 비록 그분께서는 죽으셨지만 우리의 기억이 그분을 살아계시게 하는 것처럼, 예수님의 세상을 상기하는 것이 아니다. 사실은 그 정반대다. 예수님께서 살아계시기 때문에 우리가 그분의 시간에 참여할 수 있는 것이다. 성찬은 그리스도의 시간을 그분의 백성이 사는 시간으로 만드는 축제다. 그래서 우리는 이렇게 말한다. "그리스도께서 죽으셨고, 그리스도께서 부활하셨고, 그리스도께서 다시 오실 것이다."

그러므로 예수님께서는 제자들에게 그분께서 아버지의 나라에서 그들과 함께 새로운 것을 마실 그날까지 포도나무의 열매로 빚은 것을 다시는 마시지 않으실 것이라고 말씀하신다. 유월절에 그분께서 제자들과 함께 나누신 식사는 그분의 부활, 승천, 그리고 성령님의 보내심을 통해 그분께서 교회와 계속해서 나누시는 식사가 된다. 그래서 이 식사는 시간과 공간을 넘어 기독교인을 세상을 위한 한 몸, 한 분 그리스도로 묶는 일치의 식사가 된다. 그러므로 우리가 하나가 된 것은 기독교인들로 하여금 함께 이 식사를 나누는 다른 기독교인들을 죽이려는 생각을 불가능하게 만든다. 그런 죽임은 살인이 아니라 (때로는 그런 형태를 취할 수 있더라도) 자살이다.

예수님께서는 제자들에게 인자께서 많은 사람들을 위한 대속물로 자신의 목숨을 내줄 것이라고 말씀하셨다(마 20:28). 따라서 희생의 언어는 종종 성찬의 기독교식 축하를 형성한다. 실제로 히브리서는 예수님의 죽음—그분께서 우리에게 나누라고 초대하신 식사를 통해 우리가 참여하게 되는 죽음—에 의해서 "한 번의 제사single offering"가 드려졌고, 그럼으로써 "거룩하게 된 자들을 영원히" 온전하게 하셨다고 말한다(히 10:13-14). 하나의 희생, 곧 예수님의 죽음의 희생이 드려졌고, 그것이 그 동안 우리의 죄를 제거할 수 있으리라는 소망으로 드려졌던 모든 희생들을 끝내게 했다.

희생은 모든 것을 하나님께로 돌려 드리려는 우리의 열망을 구현하는 탁월한 인간의 행동이다. 하나님께서는 우리를 희생하는 동물로 창조하셨다. 하나님께서는 율법을 통해 이스라엘로 하여금 그분께 희생을 드리라고 지시하셨지만, 이스라엘은, 우리 모두가 그렇듯이, 희생이라는 하나님의 좋은 선물을 우리가 우리의 창조주라는 가정을 섬기기 위한 장치로 바꿀 수 있음을 증명했다. 하나님께서는 예수님 안에서 우리의 생명에 그분의 생명을 연결시키셨고, 그럼으로써 우리 가운데 하나가 되시고, 우리 방식대로 그분과의 관계를 결정하려는 시도로부터 우리를 벗어나게 하신다. 아버지께서는 아들을 보내셨고, 사람의 모양으로 겸손케 하셨고, 죽음의 지점, 심지어 십자가의 죽음에까지 복종케 하셨고, 예수님의 십자가에 의거하지 않는 모든 희생을 영원히 끝내버리셨다. 우리의 아버지께서는 아브라함을 막으시고, 이삭을 대신해 숫양을 제공하셨지만, 그분의 유일하신 아들께서는 우리의 방식대로 우리의 죄를 대속하기 위한 끊임없는 시도들에서 우리를 벗어나게 하는 데 필수적인 희생을 회피할 수 있게 하시지 않았다. 이것이 예수님과 함께 먹고 마실 때 우리가 받는 죄의 용서다.

마태는 식사 후 제자들이 모세처럼 '찬송'을 부르며 감람산으로 갔다고 우리에게 말한다. 그는 제자들이 어떤 찬송을 불렀는지 말해주지 않지만, 아마도 그것은 시편 114-118편의 전부 또는 일부였을 것이다. 왜냐하면 이 시편들은 종종 유월절 끝에 이스라엘에 대한 하나님의 돌보심과, 특히 애굽으로부터의 구출하심을 축하하기 위해서 불려졌기 때문이다.

야곱의 집안이 언어가 다른 민족에게서 나올 때에
유다는 여호와의 성소가 되고
이스라엘은 그의 영토가 되었도다
바다가 보고 도망하며
요단은 물러갔으니
산들은 숫양들 같이 뛰놀며
작은 산들은 어린 양들 같이 뛰었도다
바다야 네가 도망함은 어찌함이며
요단아 네가 물러감은 어찌함인가
너희 산들아 숫양들 같이 뛰놀며,
작은 산들아 어린 양들 같이 뛰놂은 어찌함인가
땅이여 너는 주 앞
곧 야곱의 하나님 앞에서 떨지어다
그가 반석을 쳐서 못물이 되게 하시며
차돌로 샘물이 되게 하셨도다 (시 114편)

제자들은 그렇게 이스라엘이 승리했던 시대에 하나님의 보살피심을 축하하는 노래를 불렀을 것이다. 그들이 찬송 또는 그와 같은 것을 불렀던 것은 의미심장한 정치적인 행위다. 노래하는 것은 저항의 한 형태가 될 수 있다. 왜냐하면 노래하는 것은 증거하는 것일 뿐만 아니라 공동체를 창조하는 것이기 때문이다. 식사한 다음에 노래하는 것은 가장 육체적이면서 가장 공동체적인 행동이다. 우리의 목소리는 우리의 몸에서 나온다. 우리가 노래할 때 우리의 몸들은 연결되고, 그럼으로써 한 백성이 억압이나 박해 아래 있을 때조차 파괴될 수 없는, 아니면 반대로 그들 자신의 운명을 통제하는 것처럼 보이지 않는, 공동선을 가능하게 한다. 시편은 한 백성으로서 생존하는 방법—바로 그 생존의 형태가 노래다—에 관해 이스라엘이 이해한 것을 증언한 것이다. 그러므로 예수님의 몸과 피를 통해 일치된 공동체는 또한 노래할 뿐만 아니라 노래해야만 하는 공동체라는 것은 놀라운 일이 아니다.

예수님과 제자들은 감람산으로 되돌아간다. 예수님께서는 제자들에게 이 밤에 그들 모두가 자신을 버릴 것이라는 불행한 소식을 전하신다. 에스겔 34장에서 하나님께서는 흩어진 이스라엘의 양들을 찾으시겠다고 약속하셨지만, 예수님께서는, 우리가 스가랴 13장 7절에서 보듯이, 목자가 쓰러지고 양떼가 흩어질 것이라고 말씀하신다. 예수님께서는 홀로 남겨지시고 홀로 죽으실 것이다. 그러나 그분께서는 제자들을 버리시지 않을 것이라고 말씀하신다. 오히려 그분께서는 갈릴리에서 그들을 만나기 위해 그들 앞서 가실 것이다.

베드로는 다시 다른 제자들과 자신을 구별하려고 하고, 그래서 자신이 예수님을 버릴 것이라는 사실을 부인한다. 예수님께서는 더 잘 아신다. 그래서 베드로에게 닭이 울기 전에 그가 세 번 자신을 부인할 것이라고 말씀하신다. 베드로는 예수님을 부인하느니 차라리 예수님과 함께 죽기를 원한다고 주장하면서 항변한다. 베드로, 예루살렘에 가서 죽어야 한다고 말씀하신 예수님을 책망했던 그 베드로가 이제는 예수님께서 죽음에 처하실 것임을 이해하는 것처럼 보인다. 모든 제자들이 차례대로 예수님을 배반하느니 기꺼이 죽겠다는 베드로의 맹세에 동조한다.

분명히 우리들 대부분도 예수님을 따라 죽을 준비가 되어 있다는 베드로나 다른 제자들의 주장에 동의하지만, 예수님을 버리느니 기꺼이 죽겠다고 맹세할 때 그것이 무슨 의미인지 모른다는 것도 분명한 사실이다. 적어도 미국에서는 기독교가 우리를 안전하게 만들었고, 그래서 미국의 기독교인들은 예수님을 부인하는 것을 거부함으로 인해 우리의 삶에 위험이 초래될 수 있다는 것이 무슨 의미인지 알 수 없게 되었다. 그것은 예수님의 제자가 되는 것이 무엇을 의미하는지에 대해 어느 정도 감각을 회복할 수 있기를 바라면서 예수님의 이름으로 위험에 처하려고 노력하는 것이 아니다. 그렇게 하면 기독교인 되기 '놀이'의 유혹만 더할 뿐이다. 위험에 처하려고 시도하는 것은 제자보다는 영웅을 만들려는 시도가 될 뿐이다. 예수님을 따라 죽는 것이 무엇을 의미하는지 알지 못하지만, 적어도 우리는 우리가 순교자들의 피 위에 지어졌음을 기억하는 교회일 수는 있다. 순교자들의 피는 여전히 교회의 씨앗이며, 우리는 우리 시대에 서조차 로메로Oscar Romero와 같은 순교자들이 있음에 하나님께 감사해야만 한다.

얼마 되지 않아 제자들은, 적어도 그들 중 일부는, 예수님을 버리지 않겠다는 그들의 결심을 시험 받게 된다. 예수님께서는 제자들과 함께 겟세마네라는 곳으로 가신다. 그분께서는 제자들에게 자신이 "저기over there" 가서 기도하는 동안 앉아 있으라고 하셨다. 그분께서는 자신이 변형되실 때 데려가셨던 제자들인 베드로, 야고보, 요한을 데려가신다. 그분께서는 슬퍼하고 흔들리기 시작하셨다. 즉 그분께서는 시편에서 종종 표현되는 고통을 드러내신다.

> 내 영혼아 네가 어찌하 낙심하며
> 어찌하여 내 속에서 불안해 하는가
> 너는 하나님께 소망을 두라 나는 그가 나타나 도우심으로 말미암아
> 내 하나님을 여전히 찬송하리로다 (시 42:11)

예수님께서는 제자들에게 자신이 마음이 괴로워 죽을 지경이니, 자신과 함께 머물러 자신이 기도할 동안 깨어 있어 달라고 하셨다. 그분께서는 기도하신다. “내 아버지여 만일 할 만하시거든 이 잔을 내게서 지나가게 하옵소서 그러나 나의 원대로 마시옵고 아버지의 원대로 하옵소서”. 그분께서는 제자들에게 자신이 십자가에서 처형당하기 위해 예루살렘에 가야 한다는 말씀을 여러 번 하셨다. 예수님께서는 이제 죽음만이 아니라 그분의 아버지로부터 분리됨에 직면하신다. 그분께서는 십자가에서 외치실 것이다. “나의 하나님 나의 하나님 어찌하여 나를 버리셨나이까". 하나님의 아들이신 예수님께서는 제자들에게 버림 받으실 뿐만 아니라 아버지께도 버림 받으심으로써 혼자되는 공포를 겪으셔야만 한다.

이는 오직 예수님께서만 아실 수 있는 공포다. 왜냐하면 예수님께서만 아들됨의 친밀함을 아시기 때문이다. 하나님의 사랑하는 백성인 이스라엘은 시편에서 예수님께서 겪으실 고뇌를 넌지시 시사했다. 십자가에서 예수님의 부르짖음으로 시작되는 시편 22편은 “여호와여 멀리 하지 마옵소서 나의 힘이시여 속히 나를 도우소서”라고 주님께 간구하는 시편

이다(시 22:19). 그런 청원은 이스라엘을 향한 하나님의 사랑의 깊이에서 비롯된다. 이사야에서는 이스라엘의 구속자가 너무나 손상되어 그의 모습이 다음과 같을 것이라고 말한다.

그의 모양이 타인보다 상하였고
그의 모습이 사람들보다 상하였으므로……
(이제는) 그가 나라들을 놀라게 할 것이며 (사 52:14-15)

이것이 예수님께서 겟세마네에서 만나시는 공포다. 그분께서는 아무도 직면해 본 적이 없는 외로움에 직면하신다. 그분께서는 제자들에게 돌아가 그들이 자고 있는 것을 발견하신다. 그분께서는 베드로에게 "너희가 나와 함께 한 시간도 이렇게 깨어 있을 수 없더냐"라고 말씀하셨다. 그분께서는 베드로에게—그가 산상수훈에서 가르침 받았듯이—"시험에 들지 않게" 깨어서 기도하라고 말씀하신다. 베드로의 인성을 공유하시는 예수님께서는 베드로의 정신은 기꺼이 그러기를 원하지만 그의 육신은 약하다고 말씀하신다. 그럼에도 베드로의 실패는 그가 깨어 있을 수 없었던 것이 아니라, 그와 제자들이 예수님과 함께 기도하지 않은 데 있다. 예수님께서는 다시 나아가셔서 기도하신다. "내 아버지여 만일 내가 마시지 않고는 이 잔이 내게서 지나갈 수 없거든 아버지의 원대로 되기를 원하나이다". 그분께서는 제자들과 자신의 피의 잔을 나누셨지만, 이제 그분께서는 우리에게 구하라고 가르치셨던 것처럼 아버지의 뜻이 이루어지기를 구하신다. 그분께서는 홀로 하나님의 아들께서만 하실 수 있는 일을 겪으셔야만 한다.

예수님께서는 제자들에게 다시 오시고, 그들이 자고 있는 것을 발견하신다. 배 안에서 예수님께서는 폭풍우의 혼돈으로 배가 위협을 당해도 주무셨다. 육체가 약하고 믿음이 거의 없는 제자들은 예수님께 그들을 구해 달라고 요청했었다. 동산에서, 세상의 혼돈이 그 나라를 위협할 때, 제자들은 자고 있다. 이로써 그들은 아직도 참된 위험이 무엇인지 배우지 못했음을 드러낸다. 열 명의 신부 들러리의 비유에 나오는 처녀들처럼, 제자들은 준비되어야 할 필요성을 이해하지 못했다. 잠을 잠으로써 그들은 예수님의 고뇌의 실재에서 도피하는 방식으로 항상 우리를 유혹하는 꿈과 환상의 세계로 물러난다.

이번에는 예수님께서 제자들을 깨우려 하시지 않고 그분의 고뇌의 기도를 계속하신다. 기도는 자는 것에 대한 대안처럼 보인다. 왜냐하면 기도는 우리의 삶을 하나님께 취약하게 만드는 것이기 때문이다. 더욱이 기도를 통해 예수님께서는 자신의 때가 왔다는 것을 아신다. 제자들에게 기대하라고 가르치셨던 모든 것이 지금 가까이에 있다. 인자께서는 죄인들의 손에 넘겨지신다. 예수님께서는 제자들에게 일어나라고 하신다. 왜냐하면 배반자가 가까이 있기 때문이다. 예수님께서는 "(우리가) 함께 가자"라고 말씀하신다. 예수님께서는 두드러지게 제자들을 계속해서 '우리'라고 말씀하시는데, 심지어 우리가 그분을 버려도 그분께서는 그들과 우리를 버리지 않겠노라고 약속하셨다.

그러나 예수님께서 말씀하시는 동안, 유다가 대제사장들과 장로들로부터 예수님을 체포하기 위해 온 큰 무리와 함께 도착했다. 무리는 몽둥이와 칼을 들고 왔다. 보복에 맞서는 설교를 하시고 우리에게 원수를 사랑하라고 명령하신 예수님께서(마 5:38-48) 무장한 무리에게 포위되신다. 우리는 이 무리에 있는 사람들 중에 어떤 사람들이 예수님께서 가르치신 것 또는 그분께서 치유하신 것을 보고 놀라거나 경탄한 사람들 중에 있었는지, 아니면 예수님께서 예루살렘에 입성하시는 것을 환영한 사람들 중에 있었는지 알 수는 없다. 그렇더라도 무리가 예수님을 체포하기 위해 왔다는 것은 그들이 예수님을 충분히 존경하지 않았음을 시사한다. 존경은 너무 쉽게 배반으로 바뀐다.

그러나 유다는 제자였다. 예수님께 부름 받은 특권을 가진 사람들 중에 있다고 해서 우리가 예수님을 배반하는 데서 안전한 것은 아니다. 실제로 유다가 그리스도와 가깝게 있다는 것 때문에 그 배반이 더욱 가슴을 저민다. 유다는 예수님께 입맞춤—사랑을 배신하는 데 사용된 사랑의 몸짓—으로 배반한다. 최후의 만찬에서 그랬듯이, 유다는 예수님을 '랍비'라고 불러 누가 예수님인지 확인해줌으로써 그 무리가 누구를 잡아야 하는지를 알 수 있도록 해준다. 예수님께서는 유다를 '친구'라고 부르시며, 그가 하려고 여기에 온 일, 다시 말해 스승을 배반하는 일을 하라고 명령하신다. 포도원의 비유에서, 주인은 이른 아침에 고용된 사람들을 '친구'라고 부르며, 자신이 그들에게 아무런 잘못도 하지 않았다고 지적했다(마 20:13). 지금 예수님께서는 똑같이 유다를 부르심으로써, 그분께서 그에게 아무런 잘못도 하지 않았음을 분명히 하신다. 그러나 유다는 우정의 나라에 참여하지 못할 것이다.

갑자기 예수님과 함께 있는 자들 중 하나가 손에 칼을 잡고, 그것을 빼서 대제사장의 종의 귀를 자른다. 마태는 이 사람이 제자들 중 하나였는지 말해주지 않는다. 예수님과 함께 한 자든, 예수님의 설교를 들은 자든, 그들이 칼을 사용하는 것은 물론 가지고 다니는 것조차 이상하게 보일 수 있다. 하지만 제자들이 그분을 버릴 것임을 아는 것은 우리에게 육체의 약함에 대해 경각심을 불러 일으켜야 한다. 예수님께서는 칼을 "도로 칼집에 꽂으라 칼을 가지는 자는 다 칼로 망하느니라"라고 명하신다. 예수님께서는, 만일 그분께서 구하시면, 아버지께서 열두 군단 이상의 천사들을 보내셔서 자신을 보호하도록 하실 것이지만, 그렇게 하는 것은 성경이 성취되지 않을 것임을 의미할 것이라고 넌지시 말씀하신다.

이 본문은 칼은 하나님께서 세상을 돌보시는 데 적절한 도구라고 주장하는 사람들뿐만 아니라 기독교인은 비폭력적이어야 한다고 주장하는 사람들에 의해서도 많이 인용된다. 전자는 칼을 "도로 칼집에 꽂으라"라는 예수님의 명령은, 로마서 13장에서 말하듯이, 칼이 정부 안에서 적절한 역할을 함을 시사한다고 주장한다. 그런 식의 읽기는 예수님의 가르침과 사역의 전반적인 배치를 공정하게 다루었는지에 의해서만 검사될 수 있다. 최소한 그런 식의 읽기는 증명해야 할 부담을 떠안는 것처럼 보인다. 칼을 사용하는 사람들은 칼에 의해 멸망한다는 예수님의 일반적인 견해는 정부의 권위를 대신해 칼을 사용하려는 사람들에게도 똑같이 적용되는 것처럼 보인다. 요한계시록에서 말하는 점도 이와 관련된다.

> 누구든지 귀가 있거든 들을지어다
> 사로잡힐 자는
> 사로잡혀 갈 것이요,
> 칼에 죽을 자는
> 마땅히 칼에 죽을 것이니 (계 13:9-10)

그러나 칼을 치우라는 예수님의 명령은 그분을 따르는 자들에게 일부 버전의 평화주의에 헌신하도록 하는 결정적인 텍스트가 아니다. 기독교 비폭력에 관한 주장들은, 폭력에 관한 기독교적 정당화의 논증과 마찬가지로, 그 이야기가 어떻게 말해지는지, 그리고 그 이야기를 말하기 위해 존재하는 공동체가 어떤 부류인지에 달려있다. 칼을 치우라는 예수님의 명령은 우리로 하여금 그분의 탄생과 죽음, 부활로 시작된 새로운 시대에 참여하게 하시기 위해 예수님께서 기꺼이 죄인들에게 넘겨지시고 십자가에 달리셨음을 증거하는 하나의 표현에 불과하다. 그러므로 기독교 비폭력은 제자가 된다는 것이 의미하는 것에서 분리될 수 있는 위치에 있을 리가 없다. 오히려 기독교 비폭력은, 요더의 말에 따르면, 메시아 공동체의 평화주의다. 그런 평화주의는 "만일 예수님께서 그리스도께서 아니셨다면 그 실체substance를 잃어 버렸을 것이고, 예수 그리스도께서 주님이 아니셨다면 그 기초foundation를 잃었을 것이다."(1992, 134). 요더는 다음과 같이 말한다.

> 예수님께서는 그분의 충만한 인성에서 사회적인 특성의 요구와 유혹에 반응하시는 것으로 보였기 때문에, 그분에 대한 우리의 순종의 문제는 본문의 해석에서의 문제가 아니다. 또한 그분에 대한 우리의 성실함의 문제도 하나의 도덕주의, 즉 결코 실수하지 않으려는 격식적인 집착이 아니다. 우리가 예수님을 따를 때 주어지는 질문은 우리가 어떤 규칙을 지키는 데 성공했는지의 여부가 아니다. 그보다 우리는 우리가 인간의 경험에, 또는 세상에서 하나님을 위한for 삶의 독특한 방식과 세상에서 하나님의of 삶의 도구로서 사용되는 독특한 방식, 곧 성경이 **아가페** 또는 십자가라고 부르는 것에 참여했는지에 관해 질문을 받는다.
>
> 우리가 메시아적 공동체의 평화주의에 관해 말할 때, 우리는 윤리적 관심의 초점을 개인에게서 인간 공동체—나누는 삶에서 하나님의 나라를 미리 맛보는—로 이동시킨다. 사람들은 그들 자신의 온전함에

> 관심을 갖고서 옳고 그름에 관해 스스로에게 각각 독자적으로 질문할 수 있다. 이것은 어느 정도까지는 괜찮다. 그러나 메시아적 공동체의 경험은 그것이 영웅적인 인격들을 위한 삶만이 아니라는 점에서 다르다. 오히려 그것은 하나의 사회를 위한 삶이다. 그것은 서로 가르치고, 서로 용서하고, 서로의 짐을 지고, 서로의 증거를 강화해 주는 남성과 여성들로 이루어진 언약의 무리들에 의해 살아간다는 점에서 공동체적이다. (요더, 1992, 134-35.)

그러므로 칼을 치우라는 예수님의 명령을 어떻게 이해해야 하는지를 결정하는 가장 중요한 사건은 십자가다. 예수님께서는 천사의 군대를 보내달라고 아버지께 간구하실 수 있으셨다. 그러나 그것은 성경을 성취하는 것이 아니었다. 십자가는 성경의 성취다. 예수님께서는, 이사야 53장 7-9절에서 말하듯이, 도살당하는 어린양이 되셔서, 입을 벌리지 않으실 것이고 침묵을 지키실 것이고, 정의를 왜곡하며 살아가는 땅에서 끊어지실 것이고, 그분의 백성의 허물 때문에 곤욕을 치르실 것이다. 그런 것이 예수님을 기다리는 운명이다.

그래서 예수님께서는 왜 그들이 마치 자신이 강도인 것처럼 칼과 몽둥이를 들고 겟세마네까지 와서 자신을 체포하는지 물으심으로써 무리에게 도전하신다. 강도는 낮에는 숨어 있다가 밤의 엄호 속에서 그들의 일을 일한다. 반면 예수님께서는 날마다 성전에서 가르치셨지만, 그들은 그곳에서 그분을 체포하려고 하지 않았다. 예수님께서는 그들에게 그들이 더 큰 드라마의 일부라고 말씀하신다. 성경과 선지자들이 성취되기 위해서 '이 모든 것'이 일어났다. 마태의 모든 복음은 예수님께서 그분을 체포하러 온 무리에게 말씀하신 것을 우리가 이해할 수 있게 하려는 계속된 가르침이었다. 예수님의 삶과 죽음은 하나님과 동행하는 이스라엘의 삶의 핵심에 있는 궤적을 성취한다. 예수님께서는 하나님께서 율법과 선지자들을 통해 이스라엘에게 항상 바라셨던 사역이시다.

예수님의 제자들은 그분을 버리고 도망간다. 비록 우리는 이 일이 일어나리란 것을 알았지만, 순간적으로, 지금 일어난 일은 놀라우면서도 너무나 계시적인 것처럼 보인다. 예수님께서 체포되시는 것, 예수님께서 적들에게 넘겨 지시는 것, 예수님께서 재판을 받게 되실 것 등은 제자들을 매우 두렵게 할 수 있다. 그러나 예수님께서는 또한 세상이 싸움이나 저항을 이해하는 방식으로 싸우거나 방어하기를 거절하셨다. 예수님께서는 왕이시지만 왕들이 승리하는 것처럼 승리하시지 않을 것이다. 예수님께는 천사의 군대 외에는 아무런 군대도 없다. 그분께서는 비무장한 채로 죽음에 직면하실 것이다. 제자들이 그분을 버리는 이유는 그들에게 그분을 방어할 어떤 방법도 없기 때문이다. 그들은 세상의 조건으로 대응하기를 거부함으로써 세상의 폭력에 도전하는 그 나라의 급진적인 성격을 아직 이해하지 못했다.

매우 이상하게도, 예수님을 체포하기 위해 온 무리는 예수님께서 정치적으로 위협이 되신다고 이해했다. 그분께서는 그들에게 강도와 같이—특히 그 강도가 정치적인 반역자였다면—보였을 수 있다. 그들이 이해하지 못한 것은 예수님께서 무장세력을 동원해 로마나 다른 제국들에 맞서 반란을 일으키는 사람들보다 훨씬 더 급진적이라는 것이다. 로마는 자신의 방식대로 자신에게 반대하는 사람들을 어떻게 다루어야 하는지 잘 안다. 로마와 모든 제국이 두려워하는 것은 자신의 방식을 거부하는 사람들이다. 예수님께서는 하나님의 선하심을 믿고 살아가는 것을 배우는 한 백성을 창조하시는 일에 관여하시기 위해서 로마보다 더 많은 시간을 투

자하신다.

예수님께서는, 자신이 그럴 것이라고 아셨듯이, 이제 혼자서 세상에 맞서야만 하신다. 세상은 대제사장인 가야바의 형식, 곧 예수님을 대적하는 증거를 조작하기 위해서 서기관들과 장로들을 자기 관저로 모으는 형식을 취한다. 마태는 베드로가 멀찍이 따라가, 뜰 가까이 들어가서, 경비병들 틈에 앉아 "그 결말을 보려고" 한다고 보고한다. "멀찍이 따라가"는 우리들 대부분이 예수님을 따르는 방식을 훌륭하게 묘사한 것이다. 우리는, 베드로가 그랬듯이, 우리가 끼어들기 전에 이 모든 일이 어떻게 끝날 것인지를 보고 싶어한다. 불행히도, 그런 전략은 우리가 기존의 질서를 지키려는 자들과 함께 앉아 있게 될 수밖에 없음을 의미한다.

제사장들과 온 의회는 예수님을 사형에 처하기 위해서 예수님에 대해 거짓 증언을 할 사람들을 찾고 있었다. 그러나 누군가를 사형에 처하기 위해서는 최소한 두 명의 증인들이 그들의 증언에서 일치해야만 한다(신 17:6). 많은 거짓 증인들이 나왔지만, 그들의 증언은 일치될 수가 없었다. 그러다가 마침내 두 명의 증인이 나와 예수님이 "내가 하나님의 성전을 헐고 사흘 동안에 지을 수 있다"라고 말했다고 주장했다. 예수님께서는 확실히 성전을 청결케 하셨고(마 21:12-17), 성전이 파괴될 것이라고 예언하셨지만(마 24:1-2), 그분께서 하나님의 성전을 파괴하고 사흘 만에 그것을 재건하겠다고 말씀하시지는 않았다.[2]

하지만 이 고발에 어느 정도의 진실은 있다. 예수님께서는 그분의 인격 안에서 성전이 되실 분으로 행동하셨다. 그분의 십자가 처형은 다니엘

---

2. 요한복음 2장 19절에서 예수님께서는 자신이 삼일 안에 성전을 다시 짓겠다고 말씀하시지만, 이것은 그분의 부활에 대해 말씀하시는 것이다.

선지자가 말한 '멸망의 가증한 것'이다. 그분께서는 성전의 희생제사의 끝이시다. 그분께서는 삼일 후에 부활하여 홀로 예배에 합당한 분이 되실 것이다. 그렇게 거짓 증인들의 입에서 진실이 나오지만, 그들이나 그들에게서 듣는 사람들이나 그것을 이해할 수 없는 것도 진실이다. 왜냐하면 이 진실을 이해하기 위해서는 그들이 예수님의 생애를 통해서 성경을 읽는 것을 배우는 것이 필요했기 때문이다.

대제사장은 마침내 자기가 듣고 싶어했던 것을 들었다. 선지자 나단은 다윗에게 하나님에 의해 지명된 한 사람만이 성전을 지을 수 있다고 말했다(삼하 7:12-13). 따라서 누구든 성전을 파괴할 권리가 있다고 주장하는 사람은 자기가 하나님이라고 주장하는 것과 동일한 것이다. 그러므로 자기가 성전을 파괴할 수 있다고 주장하는 것은 신성모독이다. 그래서 대제사장은 예수님으로 하여금 그를 고발하는 자들에게 반응하도록 다그치지만, 그분께서는, 이사야 53장 7절에서 말하듯이, 조용히 침묵하신다. 예수님께서는 빌라도 앞에서도 침묵을 지키실 것이지만, 그 침묵은 상황을 이해하지 못하는 정치 권력에 항거하는 데 필수적인 침묵이다. 예수님께서 대제사장의 재촉에 응답하시기를 거절하신 것은 그분께서 진실되게 답변하더라도 그것이 진실되게 들릴 수 없기 때문이다.

그런데도 대제사장은 예수님께 말한다. "내가 너로 살아 계신 하나님께 맹세하게 하노니 네가 하나님의 아들 그리스도인지 우리에게 말하라". 대제사장은 제자들에게 맹세하지 말라고 금지시키신 분에게 맹세한다(마 5:33-37). 대제사장은 마귀가 예수님을 시험했을 때와 마찬가지로(마 4:3), 예수님께 자신이 메시아인지, 하나님의 아들인지 말하라고 도전한다. 예수님께서는 최후의 만찬에서 유다에게 하셨듯이 대꾸하신다. "네가 말하였느니라". 그러나 예수님께서는 이어서 더 말씀하신다. "내가 너희에게 이르노니 이 후에 인자가 / 권능의 우편에 앉아 있는 것과 / 하늘 구름을 타고 오는 것을 너희가 보리라"(단 7:13 인용). 예수님께서는 하나님의 아들과 인자가 같은 분임을 분명히 하시면서 대답하신다. 예수님께서 십자가 처형에 가까워지실수록 그분의 정체를 식별하기 위해 사용되었던 다양한 칭호들이 하나가 된다.

대제사장은 자신의 옷을 찢고 예수님께서 신성모독을 범했다고 비난한다. 예수님, 곧 신성모독을 제외한 모든 죄가 용서받을 수 있다고 말씀하신(마 12:31-32) 분께서, 이제 신성모독으로 비난 받으신다. 예수님, 곧 신성모독을 결코 하실 수 없는 유일하신 분께서, 대제사장에 의해 신성모독을 저지르는 자로 규정되신다. 대제사장은 증인이 더 이상 필요치 않다고 선언한다. 왜냐하면 거기 있는 모든 자가 자신이 하나님의 아들이라고 예수님께서 인정하신 것에 대해 증인이 되기 때문이다. 대제사장은 "그는 사형에 해당하니라"라는 답이 나올 줄 알면서 의회의 평결을 요구한다. 그런 다음 그들은 그분의 얼굴에 침을 뱉으며(사 50:6), 주먹으로 때리고, 손으로 때리고, 조롱하며 말한다. "그리스도야 우리에게 선지자 노릇을 하라 너를 친 자가 누구냐".

곧이어 무리는 빌라도가 예수님의 무죄를 천명한 것에 대한 응답으로서 예수님의 "피를 우리와 우리 자손에게 돌릴지어다"라고 말함으로써 스스로에 대한 판결을 선언할 것이다(마 27:25). 끔찍하고 무섭도록 역설적인 그 판결에서, 비슷한 방식으로 침 뱉고, 주먹으로 때리고, 손으로 때리고, 그분께 예언해 보라고 요구하는 고문자들은 예언의 성취가 된다. 그들은, 예수님께서 대제사장과 서기관들, 장로들 앞에서 견디신 가짜 재판에서와 마찬가지로, 그분께서 실제로 메시아시자 하나님의 아들이심을 확인한다.

우리가 거기에 있었다면, 우리는 예수님께서 어떤 분이셨고 또한 어떤 분이신지 인식했을 텐데 하는 생각을 하도록 유혹을 받는다. 하지만 베드로가 거기 있었고, 그는 예수님께서 예언의 성취이심을 이해하지 못했다. 더군다나 베드로는 "그 결말을 보려고" 했지만, 조롱당하고 고문당하는 예수님을 보는 것은 그로 하여금 메시아가 어떤 사람일 것이라는 그의 기대에 확신을 갖지 못하게 했다. 예수님을 "그리스도시요 살아 계신 하나님의 아들"(마 16:16)라고 규정했던 베드로는, 그가 저 갈릴리 사람 예수님과 함께 다녔던 사람들 중 하나가 아니냐는 하녀의 질문에 대답할 때, 그녀가 무슨 소리를 하는지 모르겠다고 부인한다. 베드로의 반응에는 진실한 측면이 있다. 그는 젊은 하녀가 무엇을 묻는지 알지 못한다. 왜냐하면 그는 예수님께서 왜 죽어야 하는지 이해하지 못했기 때문이다.

베드로는 다른 하녀에 의해서 그가 나사렛 예수와 함께 있었던 자라고 주변에 있던 자들에게 발각되었다. 그는 다시금 자신이 예수님을 따라다녔음을 부인할 뿐만 아니라 심지어 "나는 그 사람을 알지 못하노라"라며 맹세까지 한다. 예수님께서 제자들에게 맹세하지 말라고 명령하신 것을 들은 베드로가(마 5:33-37), 지금 자신이 예수님과 결부되어 있다는 것을 부정하기 위해 맹세를 하는 것이다. 예수님을 따르는 것은 새로운 삶의 방식을 요구하는 것이 분명했던 것처럼, 그분을 부인하는 것은 산상설교에서 예수님께서 설명하신 삶과 완전히 다른 삶을 사는 것을 의미한다는 것도 마찬가지로 진실이다.

그러나 베드로는 자신의 억양 때문에 주변에 있던 사람들에게 발각된다. 그는, 하녀들이 지적한 대로, 갈릴리 사람이다. 그의 억양이 그의 정체를 알려줬다. 우리는 예수님과 제자들이 갈릴리 출신이라는 것이 그들로 하여금 예루살렘에서 눈에 잘 띄게 했을 것이라고 우선적으로 생각한다.

그러나 베드로는 예수님과 자신을 분리하기로 결심한다. 그는 예수님을 알지 못한다고 맹세했을 뿐만 아니라 저주까지 한다. 마태는 베드로가 어떤 종류의 저주를 했는지 말해주지 않지만, 그것은 그가 예수님을 따랐던 사람들과는 아주 다른 사람임을 보여주려고 했던 것으로 보인다.

그 순간에 닭이 울고 베드로는 닭이 울기 전에 자신이 예수님을 세 번 부인할 것이라고 예수님께서 말씀하신 것을 기억했다. 베드로는 예수님을 결코 저버리지 않겠다고 선언했음에도 불구하고, 자신이 예수님을 세 번 부인할 수밖에 없는 지경에 몰린 것을 인정할 수밖에 없음에 망연자실했다. 그는 대제사장의 뜰의 근방에서 나와 쓰라린 눈물을 흘린다. 이것이 우리가 마태복음에서 베드로에 관해 또는 베드로에게서 듣는 마지막 순간이다. 베드로는, 우리가 너무나 자주 그러한 것처럼, 눈물을 흘리며 예수님께 신실하지 못했음을 애통해 하면서 그 자리에 머문다.

예수님께서 베드로를 그분의 교회를 세울 바위로 지명하신 것은 잘하신 일이다. 베드로의 쓴 눈물은 항상 교회의 눈물이어야만 한다. 왜냐하면 교회는, 베드로처럼, 예수님을 안다는 것을 부인하는 위치에 있는 자신을 발견하기 때문이다. 설상가상으로, 우리가 안다고 주장하는 예수님은 대제사장과 서기관들, 장로들에게 넘겨지신 그 예수님과는 거의 관계가 없다. 예수님께서는 교회가 세워질 바위인 베드로에게로 우리를 정확히 인도하셨다. 왜냐하면 그는 죄인들 중에 으뜸이기 때문이다.

마태복음 27장

십자가 처형

예수님께서는 어둠을 틈 타 대제사장들과 서기관들, 장로들에게 심문 받고 규탄 당하셨다. 그들은 이제 자기들의 부당한 판단을 확증하기 위해 어둠에서 행해졌던 일을 밝은 데로 끌고 나온다. 그들은 오랫동안 잘 설립된 게임을 계획한다. 예수님께서는 유죄셔야만 한다. 왜냐하면 그분께서는 지금 체포되신 상태이기 때문이다. 그분께서 빌라도에게 넘겨져야만 한다는 바로 그 사실이 그분을 대항하는 그들의 판단을 확증한다. 감옥에 있는 사람들은 그들이 감옥에 있기 때문에 감옥에 있을 만해야만 한다.

더욱이 대제사장들과 장로들은 예수님을 죽이고 싶어 안달이다. 그가 구타 당하고 조소 당한 것만으로는 충분하지 않다. 그는 반드시 죽어야만 한다. 하지만 죽일 권리는 로마에게 있다. 그래서 대제사장들과 장로들은 예수님을 총독 빌라도에게 넘겨 주었다. 예수님의 운명은 이방인인 로마의 지방 관리에 의해 결정될 것인데, 그는 로마인들이 성가신 백성으로 간주하던 자들 사이에서 질서를 유지할 책임이 있는 사람이다.

빌라도의 이름은 기독교 신학에서 중대한 역할을 한다. 사도신경에서 우리는 예수님께서 "본디오 빌라도에게 고난을 당하시고"라고 단언한다. 칼 바르트는 빌라도의 이름이 다음과 같은 역할을 분명히 한다고 말한다.

예수 그리스도의 이러한 수난, 사람의 반란과 하나님의 진노의 이러한 공개unveiling, 하지만 또한 그분의 자비는 천국이나 외딴 행성, 심지어 어떤 이데아의 세계에서 일어나지 않았고, 그것은 우리 시대, 우리의 인간적인 삶이 펼쳐지는 세계사의 중심에서 일어났다. 그래서 우리는 이생에서 벗어나지 말아야 한다. 우리는 더 좋은 땅으로, 또는 어떤 더 높은 곳이나 다른 알려지지 않은 곳으로, 어떤 영적 몽상의 세계Cloud-Cuckooland나 기독교식 동화의 나라로 비행해서는 안 된다. 하나님께서는 정말이지 무례하고 무서울 정도로 우리의 삶 속으로 들어오셨다. 말씀이 육신이 되었다는 것은 또한 그것이 현세적이고 역사적이라는 의미다. 그것은 인간에 속한 형식을 가정하는데, 거기에는 바로 이런 본디오 빌라도와 같은 사람—우리가 속해 있고, 또한 약간 더 큰 규모로 언제든지 우리 자신이 되는 그런 사람—들이 있다. 우리는 이에 대해 눈을 감을 필요는 없다. 왜냐하면 하나님 역시 그분의 눈을 감지 않으셨기 때문이다. 그분께서는 그것들 모두의 속으로 들어오셨다. 말씀의 성육신은 인간의 이름을 알 수 있는 매우 구체적인 사건이다. 하나님의 말씀은 지금 여기서*hic et nunc*의 특징이 있다. 하나님의 말씀은 '우연한 역사의 진리'가 아니라 '영원한 이성의 진리'라는 레싱Lessing의 의견은 사실이 아니다. 실제로 하나님의 역사는 이 옹졸한 사령관처럼 우연한 역사의 진리다. 하나님께서는 이런 우연한 상태에 존재하시는 것을 부끄러워하지 않으셨다. 본디오 빌라도의 이름 덕분에, 예수님의 삶과 수난 역시 인간의 시간과 인간의 역사를 결정짓는 요인들에 속하게 된다. 우리는 이 무서운 세상에 홀로 남겨져 있지 않다. 하나님께서는 이런 이방의 땅에 있는 우리에게 오셨다. (바르트, 1959, 109.)

이스라엘의 삶은 항상 다른 민족, 다른 나라들과 얽혀 있었다. 이스라엘은 세상에서 탈출할 수 없었다. 바벨 사건 이후로 이스라엘은, 아브라함을 통해, 하나님의 거룩하심을 증거하기 위해서 세상의 백성들 사이에 존재하는 한 백성이 되도록 부름을 받았다. 그러나 이스라엘은 좀처럼 자신의 운명을 통제하지 못하고, 너무나 자주 보다 강력한 나라들을 의지했다. 그 모든 과정을 통해 이스라엘은 살아남는 법을 배웠지만, 생존은 종종 단지 그들이 신실하지 못했음을 말하는 것일 뿐이다. 예수님께서는 이스라엘에게 생존 이상의 것을 주시기 위해서 오셨다. 그분께서는 이스라엘에게 구원을 주시기 위해서 오셨지만, 오히려 그분께서는 그 백성의 대제사장들과 장로들에 의해 빌라도에게 넘겨지시게 되었다. 다시 한 번 이스라엘의 대표자들은 자신들의 목적을 위해 세상의 권력을 이용하려 하지만, 그 대신 그들 역시 이용당하는 것을 피할 수 없다.

유다는, 베드로처럼, 예수님께서 규탄 당하시는 것을 목격했고, 마태가 밝히지 않는 어떤 이유로 인해 자기가 한 일에 대해 마음을 바꿨다. 그는 대제사장들과 장로들에게 은 삼십 개를 갖다 주면서 고백한다. “내가 무죄한 피를 팔고 죄를 범하였도다”. 유다는 신명기 27장 25절의 표현을 사용함으로써 율법에 충실하려고 노력한다. “무죄한 자를 죽이려고 뇌물을 받는 자는 저주를 받을 것이라”. 그러나 유다는 취소할 수 없는 것을 취소하려고 시도한다. 그가 행한 일은 취소할 수 없다. 왜냐하면 그가 거래한 자들은 예수님께서 제정하신 용서를 이해하지 못하기 때문이다.

“그것이 우리에게 무슨 상관이냐 네가 당하라”. 유다는 자신이 큰 경기장에 있는 하찮은 선수라는 것을 발견한다. 역설적이게도 대제사장과 장로들이 유다에게 한 바로 그 말은 빌라도가 ‘온 백성’에게 예수님의 죽음에 대한 책임을 전가할 때도 사용된다(마 27:24-25). 그러나 유다는 너무 어두운 결과를 초래하는 결정에만 사로잡힌 사람이 되어 자신의 삶을 어떻게 지속할 수 있는지 이해할 수 없게 된다. 결국 그는 자신을 매단다.

기독교 전통에서 어떤 사람들은 이른바 유다의 회개가 그로 하여금 저주를 피하게 했을지 궁금해 한다. 그러나 그런 추측은 유다가 배신한 그분보다 유다에게 집중케 하는 위험을 초래한다. 유다가 한 일은 예수님의 십자가 처형을 통해 제정된 용서 바깥에 있는 것이 아니다. 사실 유다의 배반이 기억될 수 있는 것은 그것이 유다의 삶이나 우리의 삶에 관한 최종적인 결정the last word이 아니며 그럴 수도 없기 때문이다. 유다나 우리에 관한 최종적인 결정은 우리가 결정할 바가 아니다. 왜냐하면 그 최종적인 결정은 십자가 처형에서 말해지는 것이기 때문이다. 도전이 되는 것은 예수님의 용서가 유익한지의 여부가 아니라, (유다를 포함해) 우리에게 그런 기회가 주어질 때 누구든 예수님을 은 삼십 개에 기꺼이 배반하려고 할 것이라는 것을 인정할 수 있을 뿐만 아니라 직접 그것에 직면할 수 있는지의 여부다.

유다는 은 삼십 개를 성전에 던졌지만, 대제사장들은 그 돈을 금고에 넣는 것이 옳지 않다고 생각한다. 왜냐하면 그것은 '핏값'이기 때문이다. 아무런 어려움 없이 무고한 사람을 죽음에 몰아 넣은 대제사장들은 그들이 오염되었다고 생각하는 돈으로 무엇을 해야 하는지에 꽤나 관심을 기울인다. 여기서 또 다시 율법은 대제사장들의 삶을 변화시키지 않고 체면만 유지하는 데 사용된다. 그들의 주요 관심사가 율법의 껍데기와 관련되는 '눈먼 인도자'에 관한 예수님의 묘사는 대제사장들과 장로들이 핏값을 다루는 방법을 통해 확증된다(마 23:16-22).

대제사장들과 장로들은 함께 상의한 후, 그 돈으로 나그네들과 외국인을 묻기 위한 장소로 토기장이의 밭을 사기로 하는 데 동의한다. 마태는 예루살렘이 포위당했을 때 예레미야가 밭을 산 예언적인 행동이 성취되도록 하기 위해서 이런 일이 이뤄졌다고 말한다(렘 32:6-15). 그러나 마태는 예레미야의 예언이 어떻게 성취되는지를 나타내기 위해서 목자가 은 삼십 개를 버리는 것과 관련한 스가랴 11장 13절을 사용한다.

예수님께서는 부활하신 후, 제자들을 열방으로 보내셔서 성부와 성자와 성령님의 이름으로 세례를 베풀도록 하실 것이다. 그런데 예수님께 대항해 음모를 꾸몄던 자들은 자신들이 무엇을 하고 있는지도 모른 채 이스라엘에 온 외국인들이 묻힐 밭을 삼으로써 예수님께서 열방을 이스라엘로 모으시는 것을 재현하기 시작한다. 이스라엘은 예수님의 실재를 회피할 수 없다. 그분을 죽이려는 과정조차 그분께서 행하시기 위해 오신 일을 성취하는 결과를 낳는다. 지속적인 이스라엘 백성의 현존 없이는 교회가 있을 수 없듯이, 교회가 없이는 이스라엘도 있을 수 없다.

한편 예수님께서는 대제사장들과 장로들뿐만 아니라 빌라도라는 인간에 의해 로마의 심문대상이 되신다. 예수님께서는 이제 총독 빌라도 앞에 서신다. 이에 빌라도는 예수님께 "네가 유대인의 왕이냐"라고 묻는다. 빌라도는 국가의 관리다. 그는 국가의 관리로서 관심 있는 것을 질문한다. 예수님께서는 다윗의 자손으로 불리셨다. 그분께서는 성전을 청결케 하시고 성전에서 눈이 먼 자들과 다리 저는 자들을 고치신 후에 그 칭호를 받아들이시기까지 하셨다(마 21:14-17). 그러나 빌라도의 질문은 이방인이 하는 질문이다. 그는 예수님께 다윗의 자손이냐고 묻지 않는다. 그보다 유대인의 왕이냐고 묻는다. 그는 예수님께서 헤롯의 라이벌인지 알고 싶어한다. 누구도 빌라도가, 실제적으로 예수님을 가이사의 라이벌로 간주했으리라고는 생각하지 않을 것이다.

예수님께서는 빌라도에게 "네가 (그렇게) 말한다"라고 대답하시는데,

이는 예수님께서 유다가 수사적으로 "나는 아니지요"라며 자신의 배반을 숨기려고 시도했을 때, 그에게 응답하신 것과 같은 대답이다. 또한 예수님께서는 대제사장에게서 자신이 하나님의 아들인지 아닌지를 말하도록 요청받았을 때도 똑같이 응답하셨다. "네가 (그렇게) 말한다"는, 로마의 대표를 포함해서, 예수님으로 하여금 스스로 비난 받도록 하려는 자들을 혼란스럽게 하는 응답이다. 그분께서는 왕이시다. 그러나 그분의 왕권은 빌라도가 인식할 수 있는 것이 아니다. 빌라도가 예수님의 정치를 이해할 수 없다는 것은 예수님께서 로마에 별로 위협이 되시지 않는다는 뜻이 아니다. 오히려 그것은 예수님께서 대표하시는 정치가 로마가 인식할 수 있는 것 이상으로 로마에 대해 더욱 급진적인 위협이 된다는 것을 의미한다.

한편 대제사장들과 장로들은 빌라도를 지원하기 위해 와서는 예수님을 대항해 고소한다. 마태는 그들이 예수님을 고소하는 근거를 말해주지 않는다. 그러나 그들은 로마의 대표는 예수님께서 하나님 아버지와 특별한 관계가 있다고 주장한 것에 대해 거의 관심이 없을 것임을 알고 있는 영리한 자들이다. 뿐만 아니라 로마는 성전과 관련된 예수님의 예언에도 특별한 관심을 갖지 않을 것이다. 로마는, 우리가 보게 되겠지만, 질서를 원한다. 빌라도는 이스라엘 사람들 사이에서 논쟁을 해결하고 싶은 마음이 없다. 실제로 그는 대제사장들과 장로들이 예수님을 죽일 수 있도록 돕는 데 아무런 이유나 관심이 없는 것처럼 보인다.

하지만 예수님께서는, 이전에도 그러셨듯이, 대제사장들과 장로들이 제시하는 고소에 침묵하셨다. 빌라도는 예수님을 돕고 싶어한다. 빌라도는 예수님께 저들이 제시하는 많은 고소들을 듣지 못하냐고 묻는다. 하지만 예수님께서는 대제사장들과 장로들에게 응답하지 않으셨던 것처럼, 빌라도 앞에서도 침묵하셨다. 그분의 침묵은 이사야에 묘사된 침묵이다.

그가 곤욕을 당하여 괴로울 때에도
그의 입을 열지 아니하였음이여
마치 도수장으로 끌려 가는 어린 양과
털 깎는 자 앞에서 잠잠한 양 같이
그의 입을 열지 아니하였도다 (사 53:7)

대제사장들과 장로들에게 아무런 대답도 하지 않으신 것과 빌라도 앞에서 침묵하신 것은 전혀 별개의 것이다. 예수님께서는 이제 로마의 권력에 직면하신다. 그 권력에는 고난 받는 종의 형태로 오는 진리를 인식할 수 있는 능력이 전혀 없다. 더군다나 그 권력은 하나님의 아들이 오심으로써 폭로되고 소용없게 된 옛 시대의 권력이다. 그러므로 빌라도 앞에서 예수님께서 침묵하신 것은 세상의 빌라도들이 대표하는 권력의 종말을 표시하는 것이다. 빌라도의 권력은 예수님을 십자가에 못 박을 것이다. 그러나 "권력이 진리를 십자가에 못 박을 때, 그것은 그 권력이 실질적으로 끝장났음을 모든 세상에 알리는 것이다."(레이먼, 1975, 66).

예수님께서 침묵하신 것은 그분께서 평화의 공동체를 가능케 하는 진리의 새 질서이시기 때문이다. 평화의 공동체는 질서가 거짓말과 불의에 기초하지 않을 때에만 가능하다. 본회퍼는 거짓말과 불의에 기반한 질서의 공동체가 평화의 공동체에 직면할 때 싸움이 일어난다고 말한다. 꼭 알아야만 하는 것은 평화의 공동체를 위한 유일하면서도 그럴듯한 기초tolerable ground는 죄의 용서라는 것이다. 본회퍼에 따르면, 기독교인을 위한 평화의 공동체가 존재하는 것은 사람들은 그들의 죄를 위해 다른 사람을 용서할 것이기 때문이다. 용서에 의해 가능해진 평화는 하나님의 평화이고, 따라서 이것은 하나님을 부정하는 것에 기초한 평화를 제공하라고 주장하는 모든 질서에 도전할 수밖에 없다(1956, 168-69).

그러므로 빌라도 앞에서 보이신 예수님의 침묵은, 거짓과 불의에 기초한 질서에 직면할 때 요구되는, 진리의 침묵이다. 빌라도 앞에서 보이신 예수님의 침묵은 우리로 하여금 질서와 평화를 혼동하도록 유혹하려는 자들 앞에서 예수님의 증거에 신실하고자 할 때마다 교회가 보여주는 침묵이다. 빌라도 앞에서 보이신 예수님의 침묵은 그들이 정의라고 부르는 폭력이 혼란에 대해 우리가 지닌 유일한 대안이라고 믿게끔 하려는 자들의 가식을 벗겨내는 데 필수적인 침묵이다. 예수님께서는 빌라도에게 굴복하신다. 그러나 그분의 굴복은 빌라도의 권위를 전복시킬 수밖에 없다. 그런 것이 진실한 침묵의 힘이다.[1]

총독은 "크게 놀라워"했다. 빌라도는 예수님의 가르침을 듣고 그분의 치유를 목격한 무리처럼 놀란다. 그는 전에 이런 사람을 만나본 적이 없다. 그는 자신들의 지위를 유지하기 위해 그에게 협조하려는 대제사장들과 장로들을 다루는 데는 익숙하다. 그러나 그에게는 예수님께서 원하시는 것이 아무것도 없다. 심지어 예수님께서는 빌라도에게 자신의 목숨조차 구걸하시지 않는다. 빌라도는 죽으실 분 앞에서 무력하게 서서, 자신이 포로된 자임을 확인한다.

---

1. 빌라도 앞에서 예수님께서 침묵하신 것은 기독교인들이 통치 권력에 항상 반대하는 입장을 지닌다는 것을 의미하지는 않는다. 기독교인들은 경건하고 정직하게 살 수 있도록 해주는 권력자들에게 적절하게 감사한다(딤전 2:2). 주권자들은 지상의 도시들의 평화를 보존하며 겸허하게 통치할 수 있다. 하지만 우리는 또한, 예수님의 십자가 처형을 고려해 볼 때, 그런 통치는 드물고 금방 부서질 수도 있다는 것을 알게 된다. 예수님을 따르는 자들로서 우리의 과제는, 통치하는 자들을 위해 진리를 결정하는 침묵을 보임으로써 그들로 하여금 하나님께서 그들에게 의도하신 것 이상을 넘지 않도록 하는 것이다. 그러므로 통치하는 자들이 악으로 악을 갚지 않고 통치할 수 있다는 것은 생각하지 못할 바가 아니다(롬 12:17). 그러나 우리는 아주 최소한 그들에게 정직하라고 요구할 수 있다.

그러나 빌라도는 유월절에 총독이 무리를 위해 죄수 한 명을 석방하는 관례를 통해, 예수님을 죽임으로써 대제사장들과 장로들을 기쁘게 하는 것에서부터 빠져나올 수 있을 것처럼 보인다. 그리하여 빌라도는 악명 높은 죄수인 예수님 바라바를 꺼내와, 무리로 하여금 예수님과 바라바 중에서 누구를 석방하고 누구를 십자가에 처형할지 선택하도록 한다. 무리가 모였고 빌라도는 그들에게 누구를 석방하기를 원하냐고 묻는다. 빌라도는 대제사장들과 장로들이 당혹해 하기를 바라는 마음으로 바라바를 대항해 예수님을 세운다. 왜냐하면 그는 그들이 예수님을 시기해서 자신에게 그를 넘긴 줄 알았기 때문이다. 빌라도는 무리가 바라바 대신 예수님을 풀어 달라고 그에게 요구할 것이라고 생각한 것처럼 보인다.

더군다나 빌라도에게는 예수님을 석방코자 하는 추가적인 동기가 있다. 빌라도의 아내가 예수님에 관한 꿈을 꾸고 괴로웠다고 그에게 전했던 것이다. 마리아에 대한 요셉의 꿈과 헤롯에 대한 박사들의 꿈처럼, 빌라도의 아내는 예수님께서 "옳은죄 없는 사람"이라는 꿈을 꾸었다. 그녀는 빌라도에게 예수님과는 엮이지 말아야 한다는 말을 전한다. 빌라도의 아내는, 헤로디아와 달리, 예수님의 죽음을 원하지 않는다. 하지만 그들이 죽음의 정치에 빠져 있는 한, 결과는 마찬가지다.

빌라도는 아내의 조언에 귀를 기울일 수가 없다. 대제사장들과 장로들은 빌라도 앞에 모인 무리들 사이에서 작업하고 있었다. 그들은 무리를 설득하여 빌라도에게 바라바를 풀어주고 예수님을 십자가에 처형하라고 요청하도록 독려했다. 그래서 빌라도가 무리에게 자신이 누구를 풀어주어야 할지를 묻자, 그들은 바라바를 요구한다. 빌라도는 이 문제를 그렇게 끝낼 수는 없다고 생각한다. 그래서 "메시아그리스도라 하는 예수"를 자신이 어떻게 하면 좋을지 묻는다. 이번에 빌라도는 예수님을 유대인의 왕으로 규정하지 않고, 대신 이스라엘 백성이 인식하는 방식대로 예수님을 칭한다. 즉 그는 예수님을 메시아라고 부른다. 그러나 그는 예수님을 메시아라고 말하지 않으려고 조심한다. 그보다 빌라도는 그가 메시아라고 "불렸다"라고만 말할 뿐이다.

무리는 수그러들지 않는다. 그들은 예수님을 "십자가에 못 박혀야 하겠나이다"라고 외친다. 빌라도는 의아해 한다. 그는 무리에게 예수님을 왜 죽이려고 하는지 물어본다. 왜냐하면 예수님이 악한 일을 한 것처럼 보이지 않기 때문이다. 그러나 그들은 "더욱 큰소리로 외쳐 말하기를 "(그는) 십자가에 못박혀야 하겠나이다"라고 외친다. 우리는 예수님을 십자가에 처형하라고 외친 자들 중에 예수님께서 산상설교를 전하신 것, 다리를 저는 자들, 듣지 못하는 자들, 눈 먼 자들을 치유하신 것, 바리새인들과 사두개인들, 서기관들과 논쟁하시는 것을 들은 자들이 있었는지 궁금할 수밖에 없다.

무리는 의견에 따라 움직이기 때문에 변덕스럽고 신뢰할 수가 없다. 예수님께서는 사역 하시면서 무리를 동정하시긴 했지만, 그들을 결코 신뢰하시지는 않았다. 대신, 예수님께서는 누구든지 자기를 따르려면 십자가를 지고 자기를 따라야 한다고 가르치셨다(마 10:37-39). 무리에 대한 대안은 스스로 생각하는 방법을 아는 것이 아니라, 오히려 예수님을 따르는 자가 되는 것이다. 실제로 자율적이 되도록 배움으로써 무리로부터 벗어나야 한다는 제안보다 순응주의적인 메시지는 없다. 제자도로 예수님께서 부르신 것이야말로 무리에 대한 대안이자 우리 스스로 무리로부터 벗어나려는 시도들에 대한 대안이다.

로마가 총독으로 임명한 빌라도는 무리를 회피할 수 없다. 그는 무리가 바라는 일, 즉 예수님을 십자가에 처형하는 것을 피할 수 없다고 생각한다. 폭동이 시작되려 한다. 빌라도는 무죄한 사람을 죽이는 불의를 두려워하기보다 폭동을 더 두려워한다. 그는 예수님을 규탄하는 절차에서 그 중심에 있었지만, 이제는 모든 책임에서 자유롭게 되기를 바란다. 그는 약간의 물을 요구한 뒤 무리들 앞에서, (살해되었든지 짐승에게 죽임을 당했든지) 성 밖에서 시신을 발견한 자가 죄책을 면하기 위해 행해야 하는 절차를 개략적으로 설명한 신명기 21장 1-9절을 따르기 위해서 그의 손을 씻으며 말한다. "이 사람의 피에 대하여 나는 무죄하니 너희가 당하라". 이제 무리들과 대제사장들과 장로들은 유다가 예수님께 행한 일을 취소하려고 할 때와 같은 위치에 있다. "너희가 당하라".

우리는 예수님께서 죽으실 것을 안다. 결코 의심의 여지가 없다. 그러나 밀뱅크John Milbank는 다음과 같이 정확하게 묻는다.

> 그러면 실제로 누가 왜 예수님을 죽였는가? 그리고 예수님께서는 왜 이것에 굴복하셨는가? 이 이야기에서 유일하게 일관된 실마리는 그리스도께서 끊임없이 또 다른 당사자들에게 넘겨지거나 버림받았다는 것이다. 유다는 그분의 현존을 배반했다. 제자들은 그분을 버렸다. 산헤드린은 그분을 빌라도에게 넘겨 주었다. 빌라도는 예수님을 마침내 로마의 처형에 처하도록 넘긴 폭도들에게 다시 넘겼지만, 어쨌든 그들은 부적절하게 서로 협력했다. 심지어 죽임을 당하시는 순간에도 그분께서는 여전히, 마치 실제로는 아무도 그분을 죽이지 않는 것처럼, 이리저리로 넘겨지셨다. 그러나 그분께서는 그분의 삶의 공간living space의 방치와 부족으로 인해 죽으셨다. (밀뱅크, 2003, 82.)

밀뱅크의 질문과 관찰은, 예수님의 죽음에 대한 책임에서 면제되기 위해 빌라도가 행한 몸짓에 백성들이 반응한 것에서 비추어 볼 때, 특별히 긴급한 양상을 띤다. “그 피를 우리와 우리 자손에게 돌릴지어다”. 이 선언은 기독교인들이 수세기 동안 예수님의 죽음을 유대인들에게 돌리기 위해 사용했던 것이다. 많은 기독교인들은 유대인들을 ‘그리스도를 살해한 자들’이라고 거명하면서 살인자 취급을 했다. 더군다나 마태가 ‘백성 전체’로 규정한 것은 단순히 무리들이나 엘리트들만이 아니라 이스라엘 전체가 유죄라는 것을 부인하기 어렵게 만들었다.

그럼에도 누가 예수님을 죽였는지에 대해서는 어느 한 본문에 의해 결정될 수 없다. 복음서들에서, 특히 마태복음에서 누가 예수님을 죽였는지가 불분명하다는 것은 우연이 아니다. 마태는, 우리가 처음부터 본 것처럼, 우리로 하여금 예수님의 제자 가운데 하나가 되는 것, 엘리트들 가운데 하나가 되는 것, 그리고 무리 가운데 하나가 되는 것을 피할 수 없게 하는 복음서를 기록했다. 그러므로 누가 예수님을 죽였느냐는 질문에 대한 대답은 우리 모두가 예수님을 죽였다는 것이다. 제자들은 그분을 버림으로써 예수님을 죽였다. 무리가 예수님을 죽인 것은 그들이 무리에 속했기 때문이다. 이스라엘의 엘리트들이 예수님을 죽인 것은 거룩으로 부르시는 그분의 부르심을 두려워했기 때문이다. 빌라도가 예수님을 죽인 것은 그에게 질서를 유지할 책임이 있었기 때문이다. ‘백성 전체’가 예수님을 죽인 것은 그들이 달리 한 일이 없었기 때문이다. 우리 모두가 예수님을 죽였고 또 계속해서 죽이고 있다. 그러니 우리 모두가 “그 피를 우리와 우리 자손에게 돌릴지어다”라고 말하도록 하자.

예수님께서 반드시 죽으셔야만 하는 것은 그분께서 하나님의 아들이시기 때문이다. 예수님께서 반드시 죽으셔야만 하는 것은 그분께서 거짓말과 속임수에 기초한 세상의 질서에 도전하는 새로운 백성을 창조하셨기 때문이다. 예수님께서 반드시 죽으셔야만 하는 것은 그분께서 안전safety과 안락comfort이란 이름으로 통치하는 모든 자들에게 위협이 되시기 때문이다. 예수님께서 반드시 죽으셔야만 하는 것은 우리가 우리의 가장 깊은 욕망을 드러내고 싶지 않기 때문이다. 예수님께서 반드시 죽으셔야만 하는 것은 우리가 우리의 사랑이 그분의 사랑으로 통치되기를 원하지 않기 때문이다. 예수님께서 반드시 죽으셔야만 하는 것은 우리가 우리의 원수를 용서하기를 거부하기 때문이다. 예수님께서 반드시 죽으셔야만 하는 것은 우리가 우리를 창조하시고 우리의 모양대로 우리 가운데 오시려고 하신 하나님을 믿지 않기 때문이다. 우리는 마태에게서 이와 같이 배웠다.

빌라도는 바라바를 풀어주고, 예수님을 채찍질한 후 십자가에 처형하도록 넘겨준다. 빌라도는 왜 예수님을 채찍질 했을까? 빌라도는 왜, 가야바와 서기관들이 예수님을 추정적으로 심문한 후에 그랬던 것처럼, 그분을 모멸하도록 군인들에게 그분을 넘겨 주었을까? 마태는 우리에게 빌라도가 왜 예수님을 채찍질 했고 군인들에게 그분을 넘겨 주었는지 말해주지는 않는다. 하지만 그 이유들 가운데 확실한 것 한 가지는 예수님을 죽이게 될 사람들의 인간성을 지켜주는 것이다. 그들은 무죄한 사람을 죽일 것이다. 그러므로 그분께서 모멸을 받고 그래서 사람처럼 보이지 않는 모습으로 십자가에 달리는 것이 그만큼 훨씬 더 중요해진다. 죽임을 당하기 전에 글자 그대로 모든 인간성을 빼앗긴 사람들을 죽이는 것이 더 쉽다. 그러므로 죽이는 자들은 자신들이 단지 불가피하게 행하는 것이라고 생각함으로써 스스로를 위로하고 속일 수 있다.

하지만 빌라도의 군인들은 대제사장들과 장로들보다 더 창조적이다. 그들이 그렇게 할 수 있는 것은 그들이 이스라엘의 전통과 희망에 무심하기 때문이다. 그들은 예수님을 벗기고, 주홍색 옷을 입히고, 가시 면류관을 머리에 씌우고, 그분의 오른손에 갈대를 들게 하고, 그분 앞에 무릎을 꿇고, "유대인의 왕 만세"하면서 조롱한다. 그들은 글자 그대로 자기들이 행하는 일이 무엇인지 모르지만, 그들이 행한 일은 이분께서 섬김을 받기보다는 섬기기 위해서 오신 왕임을 인정하는 것이다. 그들의 잔인함은 믿을 수 없을 정도다. 그들은 친절의 화신이신 바로 그분을 모멸하는 순간에조차 그들의 잔인함을 인식할 수 없었다. 오늘날 문명화 되었다고 생각하는 우리들이 더 잘 행동했을지는 전혀 확실하지 않다.

그들은 예수님을 조롱하고, 침을 뱉고, 그분의 머리를 때린다. 그러나 그들은 곧 이 게임에 지루해졌고, 그래서 주홍색 옷을 벗기고 그분의 옷을 다시 입히고 십자가에 처형하기 위해서 끌고 간다. 예수님께서는 버려지신다. 예수님께서는 홀로 계신다. 예수님께서는 아무 말씀도 하시지 않는다. 예수님께서는 견디신다. 이것은 그분께서 원하시는 것이 아니라, 아버지의 뜻이다. 아들께서는 우리로 하여금 예수님께서 가능하게 하신 삶을 알 뿐만 아니라 그 삶에 참여하도록 하시기 위해서 고난 받으셔야만 한다. 이것은 아담과 이브가 그들의 창조주를 배반한 이후로 아버지께서 바라셨던 것이다.

예수님의 고난에 직면하여 우리가 느껴야만 하는 슬픔이 게르할트Paul Gerhardt의 위대한 찬송에 훌륭하게 포착되어 있다.

> 오 지금 상처받은 성스러운 머리,
> 슬픔과 수치심으로 짓눌리네,
> 지금 경멸적으로 둘러 쌓여 있네
> 가시로 된 당신의 유일한 왕관으로,

당신은 고뇌로,
아픈 학대와 경멸감으로 얼마나 창백한가!
한때 아침처럼 밝았던
시력이 얼마나 쇠약해 있는가?

나의 주여, 당신이 당하신 고초는
모두 죄인의 이익을 위한 것이었네.
나의 것, 나의 것은 범죄였지만,
당신의 것은 치명적인 고통이었네.
여기 나의 구주께 내가 엎드립니다!
나는 당신의 처소로 합당하오니,
당신의 호의로 나를 바라 보시고,
당신의 은혜를 내게 보증하소서.

내가 어떤 언어를 차용해야 할까?
가장 사랑하는 친구인 당신께 감사하기 위해,
이렇게 당신이 죽는 슬픔을 위해,
끝없는 당신의 연민을 위해.
오 나를 영원히 당신의 것으로 만드소서!
그러면 나는 기절하리,
주님, 나로 하여금 절대로, 절대로,
당신을 향한 나의 사랑보다 더 오래 살게 하지 마소서!

예수님을 십자가에 못 박으러 가는 길에 군인들은 시몬이라는 구레네 사람을 만나 그로 하여금 예수님의 십자가 형틀을 강제로 지고 가라고 한다. 시몬이 자원한 것이 아니다. 그는 예수님을 십자가에 처형할 군인들에 의해서 강제로 형틀을 지고 간다. 예수님의 십자가 형틀을 강제로 지고 가는 것은 예수님의 십자가가 성취하기로 된 결과가 아니다. 예수님께서는 십자가를 지도록 우리를 초대하신 것이지, 강제로 십자가를 지도록 하신 것이 아니다. 하지만 그렇게 강제된다고 해서, 강압적인 조건 아래에서 복음을 받는다고 해서 복음이 받아들여지지 않았음을 의미하는 것은 아니다. 우리들 중에서 기독교의 가장 신실한 형태는 노예였던 사람들에게서 나왔다는 것은 미국 개신교의 주류 교단에 대한 확실한 판단이다.

그들은 골고다라고 불리는 곳으로 왔는데, 그곳은, 마태가 말해주는 것처럼, '해골의 곳'을 의미한다. 우리는 그곳이 그렇게 불리는 이유를 모르지만, 그 이름은 그곳에서 행해질 악한 일에 적합한 이름이다. 군인들은 예수님께 쓸개를 섞은 포도주를 가져와 마시라고 한다. 그러나 예수님께서는 맛을 보시고는 마시기를 거절하신다. 그분께서 마시기를 거절하신 것은 시편 69편 21절을 반향하는데, 거기서는 핍박 받는 사람들에게 마실 것으로 식초가 주어질 것이라고 말한다. 예수님의 십자가 처형에 대한 마태의 설명은 시편, 특히 시편 22편을 반향하는 것으로 가득 차 있다. 어떤 사람들은 마태가 십자가 처형을 이 시편들과 억지로 일치시키는 것은 아닌지 의심한다. 그러나 그런 의심은 예수님께서 이 세상을 위한 하나님의 시편이라는 점을 깨닫지 못하는 것이다. 시편이 교회의 찬송가가 된 것은 우연이 아니다. 우리가 그것들로 기도드릴 때, 우리는 예수님께 기도 드리는 것이다.

"(그리고) 그들이 예수님을 십자가에 못 박은 후에"—무엇을 더 말할 수 있을까? 마태는 정교하게 기술하지 않는다. 우리가 알아야 할 모든 것은 예수님께서 십자가 처형을 당하셨다는 것이다. 그분께서는 십자가에 못 박히셨다. 더욱이 이 십자가는 하나님의 아이콘이다. 기독교인들이 아무리 열심히 우리의 신앙은 고난 없이 예수님을 따를 수 있다는 우리의 전제를 확증하려고 애쓴다 할지라도, 우리는 그분의 십자가 처형이란 엄연한 사실에 직면한다. 우리는 그분의 십자가 처형이 어떤 끔찍한 실수거나 의사 소통에서의 실패라고 생각하고 싶어한다. 그러나 그 실재만큼은 피할 수 없다. 그분께서는 십자가에 못 박히셨다.

그분께서는 왜 죽으셔야만 했는가? 그분께서는 왜 십자가에서 죽으셔야만 했는가? 앞의 질문보다는 뒤의 질문에 답하는 것이 나을 것 같다. 그분께서 십자가에서 죽으셔야만 했던 것은 그것이 바로 로마인들이 자기들의 이익에 위협이 되는 자들을 처형하는 방식이었기 때문이다. 누군가 로마에 도전할 때 어떤 일이 일어나는지를 모든 사람이 볼 수 있도록 그들을 높이 매달았다. 그러나 이런 대답은 그분께서 십자가에서 죽으셔야만 했던 이유를 이해하기 위해서는 충분하지 않다. 그분께서는 하나님의 마음을 계시하시기 위해서 십자가에서 죽으셨다. 십자가는, 그 외에는 달리 상상할 수 없는, 한 생명을 창조하기 위해서 하나님의 생명이 우리의 생명에 교차되는 곳이다. 래드클리프Timothy Radcliffe는 십자가의 용서라고 해서 하나님께서 성 금요일을 잊으신 것은 아니라고 말한다. 왜냐하면,

> 만일 용서가 망각이라면 하나님께서는 가장 극심한 기억상실증에 시달리셔야만 하실 것이다. 그러나 그것은 우리가 행한 것을 취하여 결실을 맺게 하시는, 상상을 초월하는 하나님의 창조력이다. 하나님의 용서에 관해 중세가 지닌 이미지는 십자가에 꽃이 피는 것이었다. 십자가는 추악한 고문의 표식이다. 그것은 인류가 사랑을 거부하고 철

> 저하게 무익한 것을 행할 수 있다는 표식이다. 그러나 중세시대의 예술가들은 부활주일에 십자가에 꽃이 피는 것을 보여주었다. 죽은 나무에서 덩굴손tendirls과 꽃이 나온다. 용서는 죽은 자들을 살리고 추한 자들을 아름답게 만든다. (래드클리프, 2004, 11-12.)

십자가, 예수님의 십자가는 이제 우주의 특성을 결정한다. 십자가는 불가해한 고난을 설명하는 상징이 아니다. 누구든 세상의 비극에 직면했을 때 우리의 분노를 설명하거나 담아내기 위해서 예수님을 필요로 하지 않는다. 그보다 예수님의 십자가는 그분만의 것으로서, 불가해한 고난을 설명할 필요가 없는 한 백성을 가능하게 하는 것이다. 인생의 비극에 직면했을 때 요구되는 것은 설명이 아니라 사랑이다. 십자가에 의해서 요구될 뿐만 아니라 가능하게 되는 우리의 과제는, 글자 그대로 우리 자신을 구원하기 위해서 할 수 있는 일이 아무것도 없을 때, 서로에게 등 돌리는 것이 아니라 함께 있어 주는 것이다.

그런데 예수님께서는 왜 죽으셔야만 했는가? 기독교인들은 예수님께서 왜 죽으셔야만 했는지에 대해 설명하기 위해 소위 대속이론을 발전시켰다. 예를 들어, 어떤 사람들은 예수님께서 우리의 죄에 대해 만족스런 대가를 치르시기 위해서, 또는 우리를 위해 도덕적인 모범이 되시기 위해서, 또는 그들의 창조주를 대적해 반역한 마귀와 권세들을 물리치시기 위해서 죽으셔야만 했다고 제안한다. 예수님의 죽음에 관한 이런 설명들 각각에 나름대로 성경적인 근거가 있지만, 이런 이론들에는 예수님의 십자가 처형을 그분의 삶으로부터 분리시키는 위험이 내재한다. 마태복음, 곧 이스라엘에 대한 예수님의 사명에 대한 마태의 이야기이자 제자도에 대한 마태의 이해, 그리고 교회의 시작에 대한 마태의 묘사 등은 모두 예수님의 죽음에서 절정에 이른다.

그분의 죽음은 그분의 삶으로부터 분리될 수 없다. 왜냐하면 그분의 죽음은 그분의 삶의 결과이기 때문이다. 그분께서 죽으신 것은 그분께서 하나님의 요구로부터 자신들을 보호하기 위해 율법을 이용했던 이스라엘의 엘리트 그룹에 도전하셨기 때문이다. 그분께서 죽으신 것은 그분께서 허세를 부리는 로마의 권력에 도전하셨기 때문이다. 그분께서는 폭도들의 민주적인 의지의 손에 의해 죽으셨다.[2] 그분께서 죽으신 것은 그분께서 하나님을 부인함으로써 불가피하게 되는 폭력에 토대를 둔 모든 형태의 인간의 정치에 즉각적으로 도전하시고 그에 대한 대안을 제시하셨기 때문이다. 그러므로 젠슨Robert Jenson은 복음서들에 대해서 다음과 같이 옳게 말한다.

> (복음서들은) 십자가 처형에 관해 강력하면서도 성경적으로 통합된 이야기를 말한다. 이 이야기는 정확하게 그분 자신이 대가를 치러 우리를 그분께로 다시 돌아오게 하시는 하나님의 행동에 관한 이야기**이며**, 다시 돌아가게 된 우리의 존재에 관한 이야기**이다**. 우리와 화해하시기 위해서 하나님께서 행하신 것에 관한 실제 이야기 외에 그 이면에 다른 어떤 이야기도 없으며, 신화적인 어떤 전투에 관한 이야기나 하나님과 그분의 아들 사이에 어떤 거래에 관한 이야기나 화해된 삶을 살도록 옮겨진 우리의 존재에 관한 이야기도 전혀 없다. 복음의 수난 이야기는, 그분의 삶과 우리의 삶에 일어난 사건으로서, 하나님의 화해케 하시는 행동과 우리의 화해에 관한 정확하고도 전체적인 설명

2. 이 문장의 일부는 밀뱅크가 2003년에 쓴 책 96쪽에 의존하고 있음을 밝혀 둔다.

이다. 그러므로 십자가 처형에 대한 올바른 해석으로서 가장 먼저 그리고 기본적으로 요구되는 것은 우리가 이 이야기를 서로에게 그리고 하나님께, 그분에 관한 그리고 우리 자신에 관한 이야기로 말하는 것이다. (젠슨, 1997, 189.)

히브리서는 예수님께서 천사들보다 조금 못하게 되셨으며 모든 것이 그분께 복종하게 될 것이라고 말한다. 따라서 그분께서는 우리 모두를 위해 죽음—우리의 죄 때문에 넘치도록 받아야 하는 죽음—을 맛보셨다(히 2:7-18). 이것은 그분께서만 하실 수 있는 것으로서, 우리를 위해 겪으신 하나님의 아들의 죽음이다. 그러므로 그분께서는 "(우리의) 구원의 선장" (히 2:10, 킹제임스 버전)으로서, 우리를 살게 하시기 위해서 우리를 위해 죽으셨다.

군인들이 예수님을 지켜본다. 그들은 기다리는 동안, 제비를 뽑아 그분의 옷을 나눔으로써 시편 22편 17-18절에서 말해진 것을 성취한다.

그들이 나를 주목하여 보고
내 겉옷을 나누며
속옷을 제비 뽑나이다

그들은 그분께서 십자가 처형을 당하시는 이유에 대해 그들이 이해한 대로 그분의 머리 위에 붙였다. "이는 유대인의 왕 예수라". 그들은 빌라도의 사람들이다. 빌라도처럼 그들은 예수님께서 죽으신 것은 자신을 왕이라고 주장했기 때문이라고 생각한다. 빌라도처럼 그들은 그분을 왕으로 바르게 선포하지만, 빌라도처럼 그들은 그분께서 어떤 왕이신지 이해하지 못한다. 그들은, 우리가 계속해서 그러하듯이, 왕이 되기 위해 태어난 사람이 어떻게 그런 굴욕적인 죽음을 당할 수 있는지 이해하지 못한다.

예수님의 십자가를 둘러싸고 있는 모든 사람들이 그분께서 어떤 분이신지 알지 못하는 것처럼 보인다. 지나가는 자들은 그분을 비웃고 머리를 흔들면서(시 22:7), 다음과 같이 말한다. "성전을 헐고 사흘에 짓는 자여 네가 만일 하나님의 아들이어든 자기를 구원하고 십자가에서 내려오라". 빌라도의 군인들은 그분을 유대인의 왕으로 규정한다. 그분께서는 이제 성전과 관련해서 이스라엘 백성의 이야기를 끌고 오는 방식으로 조롱을 받으신다. 그분께서는 광야에서 마귀가 그분을 성전 꼭대기에 두고 말했던 때에 직면했던 것과 똑같은 유혹에 다시 처하신다. "네가 만일 하나님의 아들이어든 뛰어내리라"(마 4:6). 이번에—마귀와 마주하셨을 때보다 더 많은 고난을 겪으시는데—예수님께서는 그분을 괴롭히는 자들이 추정하는 이스라엘의 제사장-왕이 어떤 분인지에 관한 생각을 확증해주는 표적을 주시기를 거부하신다. 그분의 십자가 처형이 그들이 구하는 표적이지만, 그들은 자기들 눈앞에 있는 것을 볼 수가 없다.

그분께서는 또한 대제사장들, 서기관들 그리고 장로들에게 조롱을 받으신다. 그들은 그분께서 다른 사람들은 구했음을 인정한다. 그분께서는 눈이 먼 자들, 듣지 못하는 자들, 말하지 못하는 자들을 고쳐주셨다. 그분께서는 가난한 자들과 배고픈 자들에게 구원을 베푸셨다. 그러나 그들은 그렇게 강력한 힘이 있으신 분이 확실하다면 자기 자신도 구하실 수 있을 것이라고 말한다. 그들은, 만일 그분께서 이스라엘의 왕이시라면, 그들이 그분을 믿을 수 있도록 자신을 십자가에서 내려오게 하라고 말한다. 그들은 그들이 생각하기에 그분을 믿을 수 있게 해주는 세상의 합리적인 표적을 원한다. 그러나 예수님께서는 십자가에 그대로 계신다.

이스라엘의 엘리트들은 그들이 활용할 수 있는 한 가지 도발을 더하는데, 그것은 예수님의 마음에 주어지는 도발이다. "그가 하나님을 신뢰하니 하나님께서 원하시면 이제 그를 구원하실지라 그의 말이 나는 하나님의 아들이라 하였도다". 이 조롱은 예수님뿐만 아니라 아버지께도 향한다. 이것은 예수님께서 그분과 그분의 아버지께서 참으실 것임을 아셨던 고뇌다. 아버지께서는, 예수님께서 아버지를 신뢰하시는 것처럼 우리가 신뢰하기를 배우도록 하시기 위해서, 그분의 아들께서 우리의 두려움에 속박되시기를 바라셨다. 아버지께서는 아들을 구하실 것이지만, 죽음을 통과하시기 전에는 구하시지 않을 것이다. 성전은 회복될 것이지만, 그 회복은 한 몸, 곧 예수님의 몸의 형태로 이뤄질 것이다.

야고보와 요한은 예수님의 오른편과 왼편에 있게 해달라고 요청했는데, 우리는 이제, 예수님께서 말씀하신 대로, 그들은 그들이 요구하는 것이 무엇인지 알지 못했음을 분명하게 알 수 있다. 그들은 지금, 모든 제자들처럼, 그분을 버렸다. 그 대신 예수님의 오른편과 왼편에는 그분과 함께 십자가에서 처형된 두 명의 강도들이 있다. 이 강도들조차 지나가는 자들과 엘리트들이 그분을 조롱한 것과 같은 방식으로 예수님을 조롱한다. 이런 경우에 공동의 고난이 동정이나 공통점을 유발하지는 않는다. 유일한 참 사람이신 예수님께서는 모든 인간 관계가 전혀 없으시다. 심지어 여자들도 그분을 '멀리서' 바라보았다(마 27:55). 그분과 함께 십자가 처형을 당한 자, 지나가는 자, 엘리트들, 군인들이 모두 증인들이다. 우리 역시 이 '멸망의 가증한 것'에 대한 증인들이다.

정오에서 오후 세 시까지 어둠이 온 땅을 뒤덮는다. 마태복음이 시작하는 그 순간부터 우리는 우주적인 힘이 예수님의 탄생과 관련하여 활동하고 있음을 알았다(마 2:2). 그러므로 우리는 그분의 죽음이 가까워짐에 따라 모든 창조물이 반응할 것이라는 사실에 놀라서는 안 된다. 아모스에서 주님께서는 '그 날에' 다음과 같은 일이 일어날 것이라고 약속하신다.

> 내가 해를 대낮에 지게 하여
> 백주에 땅을 캄캄하게 하며 (암 8:9)

그날이 이르렀다. 심판의 날. 구속의 날. 약 세 시에 예수님께서 큰소리로 외치셨다. "나의 하나님 나의 하나님 어찌하여 나를 버리셨나이까". 우리는 다음과 같은 생각을 금할 수 없다. "만일 당신이 하나님의 아들이시라면, 이렇게 말하셔야만 했습니까? 만일 당신이 하나님이시라면, 만일 당신이 삼위일체의 제2위시라면, 어떻게 버려지실 수 있습니까?" 우리를 유혹하는 것은 이 절망적인 버림받음으로부터 예수님을 보호하기 위해 설명하려고 애쓰는 것이다. 하지만 예수님의 절규, 곧 시편 22편에서 배운 절규는 오직 이스라엘의 메시아께서만 하실 수 있는 외침이다. 그분의 절규는 그분께서 삼위일체의 제2위가 아니심을 나타내는 것이 아니라, 오히려 삼위일체의 삶인 밝고 선명한 사랑의 실증이심을 나타내는 것이다. 예수님께서는 사랑이시다.

> 그는 근본 하나님의 본체시나
> 하나님과 동등됨을
> 취할 것으로 여기지 아니하시고
> 오히려 자기를 비워
> 종의 형체를 가지사
> 사람들과 같이 되셨고

사람의 모양으로 나타나사
자기를 낮추시고
죽기까지 복종하셨으니
곧 십자가에 죽으심이라 (빌 2:6-8)

십자가에서 예수님께서 하신 절규에서 우리는, 윌리엄스Rowan Williams가 말한 대로, "하나님의 순전하고 상상할 수 없는 **다름**"(2000, 37)을 본다. 십자가에서 예수님께서 하신 말씀은, 또한 십자가 그 자체는, 모든 권력—최소한 빌라도와 이스라엘의 엘리트들이 이해한 것으로서의 권력—의 흔적이 부재할 때 비로소 아버지께서 발견되실 수 있다는 것을, 모든 형태의 인간의 권위가 상실될 때 성령님의 권위 있는 증거가 가장 분명하게 드러난다는 것을, 그리고 하나님의 능력은 이렇게 죽음의 선고 아래 포로된 가운데서 실증될 수 있다는 것을 뜻한다.

진실로 우리는 이 세상의 빌라도들에게 찬성한다. 우리는 하나님께서 군대와 함께 하시는 왕이 되시기를 바란다. 우리는 신을 모든 것을 우리의 생각대로 바로잡으시는 분으로 이해하던 것을 포기하고 싶어하지 않는다. 우리는 예수님께서 버려지시는 것을 원치 않는다. 왜냐하면 우리는 버리신 분과 버려지신 분께서 하나님이시라는 것을 인정하고 싶지 않기 때문이다. 우리는 하나님을 바보로 만드는 것에서부터 하나님을 구해내거나 보호하기 위해서 이러한 유기의 언어를 설명하려고 한다. 그러나 하나님을 보호하려는 우리의 시도는 예수 그리스도의 하나님께서 얼마나 무서운 분이신지를 드러낼 뿐이다. 그런 하나님께서는 정확히 우리를 무섭게 하신다. 그러나 하나님께서는 우리에게 가장 잘 숨어계시는 것처럼 보일 때 우리에게 가장 잘 계시되신다. "그리스도의 가장 절대적인 특별한 순간—절대적인 십자가에서의 유기—은 하나님의 영광, 곧 그분께서 계시는 공간과 시간으로서 그분의 힘이 세상의 눈 앞에 전시되는 순간이다."(하트, 2003, 327).

그리스도의 십자가에서 하나님께서는 우리의 죄, 그분을 괴롭힌 자들의 죄가 그분과 우리의 관계를 결정하게 하시지 않는다. 우리를 위한 하나님의 사랑은 우리를 창조하실 때 분명하게 나타나는 그 사랑으로부터 그분의 창조물을 소외시키는 것만을 미워하실 수 있음을 뜻한다. 예루살렘의 시릴Cyril은 그리스도께서 우리를 위해서 그리고 우리를 대신해서 그분의 아버지를 '나의 하나님'이라고 부르셨다고 말한다. 이런 말을 들어보자, "나의 하나님 나의 하나님 어찌하여 나를 버리셨나이까". 그리고 우리로 하여금 세상이 이 십자가에서 구속되었다는 확신을 가지고 살 수 있게 하시기 위해서 하나님의 아들께서 우리가 있어야 할 자리를 대신하셨다는 것, 곧 우리를 위해 우리의 죄가 낳은 버림받음이 되셨다는 것을 알자.

그렇게 구속되었다는 점에서 볼 때, 하나님께서 우리를 대신해서 아들을 희생시킴으로써 추상적인 정의의 이론을 만족시키셔야만 했다고 제안하는 십자가에 관한 설명은 분명히 잘못되었다. 실제로 그런 설명은 위험할 정도로 잘못되었다. 아버지께서 아들을 희생시키시는 것과 아들께서 기꺼이 희생되는 것이 하나님의 정의다. 성부와 성자와 성령님이 아니신 하나님께서 존재하시지 않는 것처럼, 우리가 해를 입지 않게 하시기 위해서 만족하셔야만 하는 하나님께서도 존재하시지 않는다. 우리가 해를 입지 않은 것은 하나님께서 우리를 잃어버리시지 않으려고 하시기 때문이다.[3] 그런 것이 하나님의 정의다.

3. 십자가에서 하신 예수님의 말씀에 대한 성찰 내용의 일부는 하우어워스가 2004년에 쓴 『십

구경꾼들 중 일부는 예수님의 절규를 듣고 그분께서 엘리야를 부르는 것임에 틀림없다고 추측한다. 그들은 그분께서 무슨 말을 하셨는지 더 잘 이해하고 싶은 마음에서 스폰지에 신 포도주를 적신 후 그분의 입술을 축인다. 다른 사람들은 그들의 행동에 항의하면서, 엘리야가 와서 그를 구하는지 보기 위해서 기다려야 한다고 제안한다. 잔인함에는 경계가 없다. 그러나 엘리야는 오지 않을 것이다. 왜냐하면 엘리야는 이미 왔기 때문이다(마 11:14; 17:12-13). 죽지 않고 하늘로 받아들여진 자는 죽음 자체를 물리치실 분을 증거하기 위해서 이미 왔다.

"그 때" 예수님께서 큰 소리로 외치시고 죽으셨다. 인자께서 죽으셨다. 예수님께서는 정말로 죽으신다. 그분께서는 정말로 완전한 사람이시기 때문이다. 아버지께서는 죽지 않으셨지만, 아들께서는 아버지의 뜻을 따라 행하시고 죽음으로 들어가셨다. 하나님께서는 죽음의 가장 큰 적이시지만, 죽음은 아들께서 죽음의 어둠에 기꺼이 굴복하심에 의해서만 극복될 수 있다. 아들께서 당하신 죽음은 '존재하지 않는'것이 아니라, 그보다 훨씬 더 공포스러운 아버지께로부터 분리되는 죽음이다. 발타사르Hans Urs von Balthasar는 다음과 같이 말한다. "이 날이, 곧 아들께서 죽으시는 순간, 그 결과 아버지께서 접근하실 수 없는 순간이 존재한다.……수난의 절정에서, 하나님의 말씀이 죽는 순간, 교회는 할 말을 모두 잃는다." (1990, 49)

이전에 성전이 모독되던 때와 같이, 성전의 휘장이 위에서 아래로 찢어진다. 땅이 흔들리고 바위가 둘로 갈라진다. 성전, 곧 예수님의 몸이 부서졌다. 다니엘 12장 2절의 예언대로, 무덤이 열리고 잠들어 있던 성도들

자가에서 부서지신 그리스도』, 59-70쪽에서 취해진 것이다.

의 몸이 살아나고, 그분의 부활 후, 거룩한 성으로 들어간다. 종말에 대한 예수님의 묘사(마 24:7), 곧 이스라엘의 삶에서 끌어온 묘사(삼하 22:8; 시 68:8; 욜 2장)가 그분의 십자가 처형과 죽음을 둘러싼다. 하나님께서는 에스겔에게 뼈들의 골짜기에게 그것들이 살아나도록 예언하라고 명령하셨다(겔 37:1-14). 지금 예수님의 죽음은 모든 만물에게 생명을 주는 하나님의 숨결이다. 예수님의 죽음에 동반되는 극적인 사건들은 옛 시대의 끝과 새 시대의 시작을 표시한다.

군인들과 함께 지키고 있던 백부장은, 지진과 예수님의 죽음의 순간에 일어난 모든 일들을 보고 겁에 질렸다. 그는 "이는 진실로 하나님의 아들이었도다"라고 고백—그가 예수님을 괴롭힌 자들에게서 배웠을 것으로 보이는 고백—한다. 하지만 그의 고백은 과거시제다. 그는 아직 이 십자가에 처형된 분이 죽고, 묻히고, 그리고 일으켜질 것이고, 그래서 자신과 그의 부하들에게 희망을 제공하신다는 것을 배워야만 한다. 그는 죽음의 권세에 대한 하나님의 승리를 목격했기 때문에 그와 모든 병사들은 다시는 죽이지 않도록 자유로울 수 있었을 것이다.

마태는 그 곳에 많은 여자들도 있어서 예수님의 십자가 처형과 죽음을 목격했다고 말한다. 제자들은 그분을 버렸지만, 이 여자들은 갈릴리에서부터 예수님을 따르며 그분에게 여러가지를 제공해 주었다. 마태는 그들이 무엇을 제공했는지 말해주지 않는다. 그러나 열두 명 외에도 예수님과 함께하는 다른 사람들이 있었음을 아는 것이 좋다. 더군다나 마태는 그들의 이름을 알려준다. 곧 막달라 마리아, 야고보와 요셉의 어머니 마리아, 세배대의 아내—야고보와 요한의 어머니—이다. 세베대의 아들들의 어머니는 이제야 그녀가 아들들을 위해 무엇을 요구했는지 알게 되지만, 그녀는 여전히 예수님과 함께 있다.

우리가 예수님의 죽음 후에 여자들이 갈릴리에서부터 그분을 따라온 것을 알게 된 것처럼, 마태는 우리에게 이전에 만난 적이 없는 다른 예수님의 제자에 관해 말해준다. 예수님의 제자였던 아리마대 요셉은 빌라도에게 가서 예수님의 시신을 달라고 했다. 마태는 요셉을 새로운 무덤을 소유한 부유한 남자라고 확인해 준다. 그런데 그는 그 무덤을 자기가 사용하기보다 그곳에 예수님을 모시고자 한다. 부에 대한 예수님의 혹평을 고려할 때(마 6:24; 19:23-26), 예수님께 부자 제자가 있었다는 점이 이상하다고 생각하는 사람들이 있다. 하지만 우리는 요셉이—그는 예수님을 저버리지 않았다—자신의 부를 보호의 한 형태로 사용하려고 하지 않는다는 것을 안다. 빌라도에게 예수님의 시신을 달라고 하는 것, 로마에 의해 죽임을 당한 사람의 시신을 달라고 하는 것은 그 사람을 곤경에 빠뜨릴 수 있다. 그러나 요셉은 빌라도에게 예수님의 시신을 달라고 요청하기를 망설이지 않는다. 빌라도는 쉽게 동의한다.

요셉은 예수님의 시신을 가져다 깨끗한 삼베로 싸서 바위를 뚫은 무덤에 두었다. 예수님께서는 죽으셨다. 그분의 시신은 죽은 시신과 같이 다루어졌다. 요셉은 무덤 문 앞에 커다란 돌을 굴려 놓고 돌아갔다. 마리아의 태중의 아기를 돌보았던 요셉처럼, 이 요셉은 예수님의 죽은 시신을 돌본다. 그러나 요셉은 돌아갔다. 하지만 막달라 마리아와 다른 마리아는 무덤 맞은 편에 앉았다. 이 여자들은 예수님께서 그들에게 말씀하신 것을 신뢰했기 때문에 기다린다. 그분께서는 부활하실 것이다. 이 여자들은 그 부활을 기대하는 신실한 증인들로서 무덤의 맞은 편에 앉아 있다.

그러나 그들만이 예수님께서 삼 일 후에 일어나실 것이라고 말씀하신 것을 기억하는 유일한 사람들은 아니다(마 16:21; 17:23; 20:19). 대제사장들과 바리새인들 또한 사흘 만에 자신이 부활할 것이라고 예수님께서 말씀하셨다는 것을 기억하고 있다. 그러므로 예수님의 십자가 처형이 있은 다음 날, 대제사장들과 바리새인들은 빌라도 앞에 모여 "저 속이던 자가 살아있을 때에" 삼 일 후에 자신이 다시 살아날 것이라고 말했음을 그에게 상기시킨다. 바리새인들이 갑자기 대제사장들과 결탁하여 다시 등장한다. 그들은 예수님을 죽이려고 음모를 꾸민 자들 중에 있지 않았다. 하지만 지금 그들은 백성들에게 퍼질 수도 있는 예수님에 대한 더 많은 소식들을 통제하고자 대제사장들과 연합한다.

대제사장들과 바리새인들은 빌라도에게 사흘째 되는 날까지 무덤을 안전하게 지켜 줄 것을 요구한다. 그들은 제자들이 백성들에게 예수님이 죽은 자들 가운데서 살아났다고 말하려고 시체를 훔쳐갈지도 모른다고 제안한다. 대제사장들과 바리새인들은 부활을 단지 예수님의 시체가 없어지는 것에 불과하다고 생각한다. 그들은 백성들이 제자들의 말을 믿을 경우, 그 속임이 시체를 훔쳐간 것보다 더 나쁜 결과를 가져올 것이라고 빌라도에게 말한다. 대제사장들과 바리새인들은 분명히 백성들을 신뢰하지 않지만, 역설적이게도 예수님의 삶, 죽음, 그리고 부활에 대한 증인들로서 제자들의 역할에 대해서는 정확하게 걱정하고 있다.

따라서 그들은 빌라도에게 무덤을 지켜 달라고 요구한다. 빌라도는 그렇게 하기로 동의하고 군인들을 배치하여 무덤이 안전하게 지켜질 수 있도록 한다. 무덤을 지키는 자들은 무덤을 단단히 지킬 뿐만 아니라 무덤 앞의 돌을 봉인해 버렸다. 대제사장들, 바리새인들 그리고 빌라도는 돌로 하나님의 아들이신 예수님을 그곳에 붙들어 둘 수 있다고 생각한다. 그들은 예수님께서 죽으실 때 일어난 지진과 갈라진 바위로부터 배운 것이 아무것도 없다. 그들은 둔감하지만, 그렇게 함으로써 그들은 자기도 모르게 스스로를 예수님의 부활의 증인들이 되게 한다.

마태복음 28장

부활

막달라 마리아와 다른 마리아는 예수님께서 약속하신 것, 즉 사흘 만에 그분께서 다시 살아나시리라는 것을 믿는다. 안식일 후, 곧 그 주간의 첫날에 막달라 마리아와 마리아는 무덤으로 간다. 마태가 그 시간을 나타낸 것은 시간이 이제 새롭게 계산되기 때문이다. 두 명의 마리아는 부활하심으로써 우리가 살고 있는 시간을 변경하실 분을 증거하는 첫 번째 사람들이 될 것이다. 실제로 새로운 안식일이 창조될 것인데, 왜냐하면 그분께서 새로운 창조시기 때문이다. 마태복음은 '태초에'로 시작했고, 이제 우리는 모든 것을 그 새로운 시작에로 열어주는 마지막에 도달했다.

"갑자기" 지진이 일어나고, 주님의 천사가 하늘로부터 내려와 무덤 앞의 돌을 굴리고 그 위에 앉는다. 그의 모습은 번개 같고 그의 옷은 눈처럼 희다. 주님의 천사가 꿈에 요셉에게 나타나 마리아를 아내로 취해야 한다고 말했었다. 왜냐하면 그녀가 임신한 아기는 성령님으로 잉태되었기 때문이다(마 1:20). 또한 한 천사가 꿈에 요셉에게 나타나 그의 가족을 애굽으로 데려 가라고 말했었다(마 2:13). 천사들은 예수님께서 광야에서 시험을 받으신 후 그분을 시중들었다(마 4:11). 그러나 여기서의 천사는 예수님께서 살아나셨음을 알리기 위해서 왔다.

이 천사의 격렬하고 눈부신 빛에 직면하여, 예수님의 시신에 아무런 일도 일어나지 않도록 지키려고 배치되어 있던 사람들은 너무 두려워서 떨었고 마치 죽은 사람처럼 되었다. 그들이 죽은 사람처럼 되었다는 것은 예수님의 부활이 영향을 미친 변화를 나타낸다. 스스로 살아 있다고 생각했던 자들은 이제 그들이 일평생 잡고 있었던 것이 죽음이었다는 것을 발견하게 된다. 예수님의 부활은 우리의 일상 생활을 붙잡고 있는 죽음으로부터 해방된 삶을 창조한다. 이것은 다시 태어난 생명으로서, 우리에게 우리의 삶이 어떻게 죽음에 의해 결정되어 왔는지를 드러내준다. 그러나 지키던 자들의 행위가 분명하게 보여주는 것처럼, 죽은 채로 남아 있는 것, 또는 죽은 사람처럼 사는 것도 가능하다.

지키는 자들은 죽을 정도로 무서워했지만, 천사는 막달라 마리아와 마리아에게 두려워할 필요가 없다고 말한다. "십자가에 못 박히신 예수님을 너희가 찾는 줄을 내가 아노라 그가 여기 계시지 않고 그가 말씀 하시던 대로 살아나셨느니라 와서 그가 누우셨던 곳을 보라 또 빨리 가서 그의 제자들에게 이르되 그가 죽은 자 가운데서 살아나셨고 너희보다 먼저 갈릴리로 가시나니 거기서 너희가 뵈오리라 하라 보라 내가 너희에게 일렀느니라". 이 비범한 전언은 온전한 복음을 담고 있다. "무서워하지 말라". 예수님께서는 무서워하는 것 없이 사는 것을 가능하게 하셨다. 제자들은 종종 엘리트들과 무리를 무서워하지만, 예수님께서는 제자들에게 그들이 무서워하지 않기 위해 필요로 하는 모든 것을 주셨다. 그분께서는 제자들을 (그리고 우리를) 너무나도 강력한 하나의 삶의 길로 이끄시어 무서워할 시간이 없도록 하심으로써 그렇게 하셨다.

하지만 마태는 막달라 마리아와 마리아는 "무서움과 큰 기쁨"으로 신속하게 무덤에서 떠났다고 말한다. 그러나 이제 그들의 무서움은 기쁨과 어울려 있다. 그들은 경외심을 가지고 무덤을 떠나면서, 이제 자신들이 하나님 나라에 참여한 사람들인 것을 안다. 그들이 무덤을 떠날 때 지닌 무서움은 우리로 하여금 부활을 부인하게 만드는 무서움으로부터 그들을 보호하는 무서움이다. 그들의 삶을 사로잡은 무서움과 기쁨은 죽음에 직면해서 안전한 삶을 창출하려는 시도에서 비롯되는 무서움으로부터 그들을 구해준다.

그들이 지금 경험하는 무서움과 기쁨은 부활로 인해서 가능하게 된 것이다. 그러나 그들은 부활을 보지 못했다. 천사는 무덤 앞의 돌을 굴려냄으로써 그들로 하여금 빈 무덤을 볼 수 있게 했다. 그들은 무덤을 보러 왔다. 마태는 그의 복음서의 시작에서부터 우리로 하여금 '보도록' 훈련시켜 왔다. 누구든 그분의 십자가 처형까지 예수님을 따르는 것을 배우지 않는다면, 무덤을 보러 오지도 않을 것이다. 막달라 마리아와 마리아는 십자가 처형을 보았고, 또 무덤을 보았다. 그러므로 그들은, 천사가 말하는 대로, 십자가 처형을 당하신 분께서 다시 살아나셨다는 기쁜 소식을 전하는 첫 번째 증거자들이다.

아버지께서는 십자가에서조차 완전히 순종하신 아들을 축하하며 그분을 죽음에서 살리셨다. 예수님께서는 넘겨지셨고, 죄인들과 죽음 그 자체에 복종케 되셨지만, 그분께서는 승리하셨다. 아버지께서는 그분의 아들을 살리셨으나, 아들께서는 아버지와 함께 계시고자 아버지의 뜻을 행하신다. 우리는 이제 십자가 처형이 부활과 분리될 수 없음을 본다. 젠슨 Robert Jenson은 이렇게 말한다.

> 십자가 처형은 다음의 질문을 아버지께 떠넘겼다. 그분께서는 **이** 혐의를 받는 아들을 지지하셨을까? 자기 자신을 스스로 증명하는 말씀

> 이신 **이** 후보자를? 예를 들어, 그분께서는 로마의 세리들과 죄인들을 영접하시며, 경건하지 않은 사람들을 의롭다고 하시는 하나님이셨을까? 부활은 아버지께서 이 질문들에 '예'하는 것이었다. 우리는 다음과 같이 말할 수 있다. 부활은 십자가에 달리신 하나님께서 참으로 한 분 하나님이심을 결정하는 것이었고, 십자가 처형은 부활에 의해 그분의 신성을 정립하시는 하나님께서 어떤 분이신지를 결정하는 것이었다. 또는 십자가 처형은 하나님께서 **누구시며 또 어떤 분이신지**를 결정했고, 부활은 이 하나님께서 **그런** 분이심을 결정했다. 그리고 그렇게 함으로써 십자가 처형은 또한, 만일 우리가 무엇이든 결정되어야 한다면, 우리가 누구이며 또 어떤 사람들인지를 결정했다. (젠슨, 1997, 189.)

그러나 예수님의 부활은 볼 수 없다. 우리는 창조를 볼 수 없듯이, 부활도 볼 수 없다. 우리는 오직 빈 무덤과 부활하신 예수님만 볼 수 있을 뿐이다. 부활은 살았다가 죽고 그리고 다시 산 사람의 부활이 아니다. 예수님께서는 나사로를 죽은 자 가운데서 살리셨지만, 나사로는 여전히 죽어야만 했다. 부활은 시체의 소생이 아니다. 예수님께서는 죽음 그 자체에서 해방되시기 위해 죽은 자들 가운데서 살아나셨다. 그분께서는 결코 다시 죽지 않으실 것이다. 우리가 예수님의 부활을 볼 수 없는 것은 하나님께서 보이시지 않기 때문이다. 예수님께서는 죽은 자들 가운데서 다시 살아나시어, 죽음 그 자체를 무너뜨리셨다. 그러므로 부활은 성령님에 의해 마리아가 잉태하는 것에서 시작된 그 역사의 절정이다.

막달라 마리아와 마리아는 제자들에게 말해주려고 무덤에서 서둘러 나오는데, 갑자기 예수님께서 그들을 만나신다. 그분께서는 부활하신 예수님이시다. 부활하신 분께서는 십자가에서 죽으신 분이다. 예수님께서 친숙한 방식으로 그들에게 인사하시자, 그들이 그분께 다가간다. 그들은 그분을 보았고 그분이신 줄 알았다. 그들은 그분의 발을 붙잡았고 그분께 경배했다. 부활하신 예수님께서는 만져지실 수 있다. 예수님의 부활은 관념이 아니다. 그분의 몸이 살아나셨다. 마리아에게서 태어나신 분, 요한에게서 세례를 받으신 분, 제자들을 부르신 분, 산상설교를 말씀하신 분, 다리 저는 자들, 보지 못하는 자들, 듣지 못하는 자들과 말하지 못하는 자들을 치유하신 분, 바리새인들과 사두개인들과 논쟁하신 분, 재판을 받으시고 십자가의 굴욕을 견디신 분, 그분께서 살아나셨다.

우리가 예수님께서 몸으로 살아나셨음을 아는 것은, 그분께서 최후의 만찬에서 제자들과 약속하시기를, 자신의 몸을 계속해서 우리와 나눌 것이라고 하셨기 때문이다(마 26:26-29). 그분께서는 성령님의 중개를 통해 그분의 몸을 우리와 함께 나누신다. 이 나눔이 가능해지는 것은 그분께서 죽은 자들 가운데서 살아나셨기 때문이다. 예수님께서는 아버지 오른편에 그분의 자리를 취하심으로써 그분의 신체적인 현존을 가능하게 하신다. 우리는 그분의 몸과 피의 영적인 음식을 먹게 된다. 그러나 '영적인 음식'이라고 해서 우리가 이것을 단지 예수님의 몸과 피인 척 가장한다는 뜻은 아니다. 오히려 그것은 부활하신 예수님께서 십자가 처형을 당하신 예수님시라는 뜻이다.

예수님의 신체적인 현존은 막달라 마리아와 마리아가 그분께 경배하는 것을 막지 않는다. 누구든 오직 하나님께만 경배한다. 하지만 그들은 그분께 경배한다. 그들은 예수님의 부활을 알린 천사에게는 경배하지 않았다. 그러나 지금 예수님께는 경배한다. 이 이스라엘의 여자들은, 오직 하나님 한 분만을 경배하라는 이스라엘의 계명에 의해 형성된 자들인데,

지금 예수님께 경배하는 것이다. 만일 이분께서 하나님의 아들이 아니시라면, 그들은 분명히 우상을 숭배하는 자들이 된다. 그러나 이분께서는 십자가에서 처형당하신 예수님, 홀로 경배 받으시기에 합당하신 하나님의 아들이시다.

그들이 예수님께 경배한 것은 교회라는 이제 막 태동하는 새로운 실재의 중심적인 활동이 무엇인지를 표시한다. 교회를 교회되게 하는 것은 예수님을 경배하는 것이다. 예수님을 경배하는 것은 시공을 가로 질러 다양한 형태를 취할 것이다. 그러나 우리는 어디든 말씀이 전파되고 성례가 거행되는 곳에는 예수님께서 우리 가운데 계신다는 것을 안다. 세례와 성찬에 의해서 우리는 예수님의 삶, 죽음, 그리고 부활에 참여하고, 이것은 우리로 하여금 세상에 대한 대안이 되게 한다. 그러나 대안이 되는 것은 자기의 의로움으로 초대하는 것이 아니다. 그보다 그것은 우리로 하여금, 막달라 마리아와 마리아와 같이, 예수님을 경배할 시간이 없다고 생각하는 세상에서 우리에게 그 시간이 주어졌음을 증거할 수 있게 하는 것이다.

예수님께서는 그들에게 무서워하지 말라고 말씀하시면서, 형제들에게 가서 그들이 그분을 보게 될 갈릴리로 가라고 말하라고 하신다. 제자들에 의해 버려진 예수님께서는 막달라 마리아와 마리아에게 제자들이 그분을 '볼' 수 있게 될 것이라고 말하라고 하시는 것이다. 그들은 예수님을 버렸지만, 그로 인해 그들이 예수님을 보지 못하게 될 것을 뜻하지는 않는다. 더욱이 예수님께서는 그들을 그분의 형제들이라고 부르신다. 예수님께서는 새로운 백성을 부르시기 위해서 세상에 오셨다. 그분께서는 제자들을 '그분의 형제들'이라고 부르심으로써, 그들이 자신의 삶, 죽음, 그리고 부활로 가능하게 된 새로운 가족의 모판seedbed임을 나타내신다. 예수님의 형제들—인류—은 생명을 낳을 것이다. 다시금 우리는 교회의 시작을 본다.

예수님께서는 그분의 사역을 갈릴리에서 시작하셨는데(마 4:12), 그분께서 돌아오신 곳도 갈릴리다. 제자들은 갈릴리에서 부름을 받았었는데, 지금 그 갈릴리로 재소집되는 것이다. 나중에 그들이 보내심을 받을 곳도 이 갈릴리로부터일 것이다. 예수님께서는 제자들에게 권력의 중심지인 예루살렘이 아니라, 갈릴리에서 세상으로 들어가도록 보내신다. 갈릴리는 제자들이 예수님 안에서 시작된 새로운 시대를 알리기 위해 열방으로 가기 위한 숙영지가 된다.

막달라 마리아와 마리아가 제자들에게 말해주기 위해서 가는 동안, 무덤을 지키던 자들 가운데 일부가 도성으로 들어가서 일어났던 모든 일을 대제사장들에게 알렸다. 대제사장들은 장로들과 다시 음모를 꾸몄고, 결국 최선의 행동방침은 이 병사들에게 많은 뇌물을 주어 그들이 잠들어 있는 동안 제자들이 밤에 와서 예수님의 시신을 훔쳤다고 말하게 하는 것이라고 결론내렸다. 그들은 틀림없이 절망적일 것이다. 왜냐하면 그것은 설득력 있는 표지기사coverstory가 아니기 때문이다. 지키던 자들이 잠들어 있었다면, 시체가 도난 당했는지 혹은 시체가 예수님의 제자들에 의해 도난 당했는지 어떻게 알 수 있겠는가? 어떤 사람들은 부활에 대한 믿음이 우리에게 무엇이 진실인지 알 수 있는 방법에 대한 정상적인 이해를 중단하도록 요구한다고 우려한다. 거기에 약간의 진실이 있긴 하지만, 그것은 부활이 비합리적이기 때문은 아니다. 물론 우리는 부활을 볼 수는 없다. 이는 하나님께서 보이실 수 없기 때문이다. 그러나 우리는 부활하신 예수님을 본다. 따라서 부활은 이제 우리가 하나님의 선한 창조에 속한 모든 것을 진실되게 볼 수 있게 하는 조건이 된다. 이것이 예수님을 따르는 자들은 끈질기게 진리를 말하고 추구하는 사람들이 되어야 하는 이유다.

물론 부활이 예수님께서 하나님의 아들이심을 밝히는 '결정적인 표적knockdown sign'이 되는 것은 아니다. 군인들은 천사들을 보고 죽을 만큼 겁에 질렸지만, 이것이 그들로 하여금 예수님이나 부활을 믿도록 하지는 않았다. 그들은 대제사장들과 장로들의 권력 아래 계속해서 머문 채 그들의 음모를 기꺼이 돕는 것 이상으로 행동한 것처럼 보인다. 예수님이신 진리는 제자도를 요구하는 진리다. 왜냐하면 우리가 세상이 존재하는 방식을 알 수 있는 것은 그분께서 가르쳐 주신 것, 그분께서 행하신 것에 의해 변화됨으로써만 가능하기 때문이다. 세상은 겉으로 보이는 것이 아니다. 왜냐하면 죄가 세상의 겉모습에 상처를 입혔기 때문이다. 세상은 구속받았다—그러나 세상의 구속을 보기 위해서는, 예수님을 보기 위해서는, 우리가 그분을 섬김에서 오는 기쁨에 사로잡혀야만 한다. 이것이 종말론적으로 산다는 것이 의미하는 바다.

한편 대제사장들과 장로들은 자신들이 빈 무덤에 관한 설득력 있는 이야기를 개발하지 못했음을 깨달은 것처럼 보인다. 하나의 거짓말은 다른 거짓말로 이어지는데, 그것은 원래 거짓말보다 더 믿기 힘든 것이다. 그래서 그들은 뇌물을 준 병사들에게 만일 예수님의 시신이 사라졌다는 소식이 총독의 귀에 들어가면, 자신들이 그를 납득시켜서 그들로 하여금 곤경에 처하지 않게 하겠다고 안심시킨다. 그것은 그들이 총독에게도 돈을 주겠다는 암시처럼 보인다. 그래서 지키던 자들은 돈을 받고 그들이 지시 받은 대로 했다.

마태는 지키던 자들이 대제사장들과 장로들에 의해 만들어진 이야기를 퍼뜨렸다고 보고하는데, 이는 왜 제자들이 예수님의 시체를 훔쳤다는 "이 말이 오늘날까지 유대인 가운데 두루 퍼지니라"를 설명해준다(마 28:15). 그런 이야기가 필요했던 것은 유대인들이 예수님의 십자가와 부활을 납득할 수 있게 해주는 이야기들과 실천들을 계승했음을 증거해준다. 하나님께서 이스라엘을 이집트에서 살리셨다고 믿는 백성은 예수님께서도 죽은 자들 가운에서 살아나셨음을 믿을 수 있다.[1] 실제로 우리가 보아왔듯이, 마태복음은 이스라엘에 대한 하나님의 돌보심에 관한 계속적인 주석이며, 또한 예수님께서 이스라엘이 오래도록 기대해 온 메시아심을 증거하는 것이다.

불행하게도 부활을 거부하기 위해 매수해야만 하는 사람은 더 이상 없다. 우리에게, 즉 근대 교육을 받은 사람들에게 부활은 전혀 믿을 수 없는 것이다. 부활은 기적들 중의 기적인데, 기적들이란 믿을 수 없는 것이다. 물론 부활은 기적들 중의 기적이다. 그러나 그것이 믿음을 거부하기 때문은 아니다. 부활이 기적들 중의 기적인 것은 그것이 이스라엘의 메시아신 예수님의 부활이기 때문이다. 그러나 누군가에게 부활이 일어났**을 수도** 있다고 확신시키려고 노력하는 데서는 얻는 것이 거의 없을 것이다. 그렇게 하는 것은 마태가 우리를 훈련시켜 왔던 증거를 왜곡시키는 방식으로 예수님의 삶과 십자가 처형으로부터 부활을 분리시키도록 위협하는 것이다. 결국 문제는 부활에 대한 믿음이 아니라, 실제로 예수님께서 죽은 자들 가운데서 살아나시지 않았다면, 우리는 지금 아무런 의미가 없는 삶을 살고 있다는 것이다

열한 명의 제자는 갈릴리, 곧 예수님께서 그들에게 지시하신 산으로 가서, 예수님을 보고 그분께 경배한다. 그들은 이전에 그분께서 물 위를 걸으신 후에 그분께 경배했다(마 14:33). 그러나 이제 그들은 다시 살아나

---

1. 나는 "하나님께서는 죽은 자들로부터 예수님을 살리신 분이시고, 전에 이스라엘을 이집트로부터 살리신 분이다."라는 젠슨Jenson의 1997년 저작 63쪽의 주장을 바꿔 말했다.

신 분으로서 그분께 경배한다. 그런데 몇몇 사람은 의심한다. 여기서 마태의 절대적인 정직함을 볼 수 있다. 숨길 것이 하나도 없다. 심지어 부활하신 후에도 예수님의 제자 중 일부는 의심했다. 마태는 그들의 의심이 무엇에서 비롯되었는지 말해주지 않는다. 그러나 그들이 예수님께서 살아나셨음을 의심했다는 것을 의심하는 사람들이 있다. 하지만 그들의 의심은 예수님께 순종하고 따르는 자신들의 능력에 대한 것이었다. 그들은 자신들이 그분을 버렸음을 잊지 않았다.

한편 예수님께서는 그분께서 누구신지 상기시키신다. 그분께서는 그들에게 "하늘과 땅의 모든 권세를 내게 주셨으니"라고 말씀하신다. 마지막으로 예수님께서는 우리로 하여금 자신이 그분이심을 알 수 있도록 해주기 위해서 다니엘서의 말을 사용하신다.

> 내가 또 밤 환상 중에 보니 인자 같은 이가
> 하늘 구름을 타고 와서
> 옛적부터 항상 계신 이에게 나아가
> 그 앞으로 인도되매
> 그에게 권세와
> 영광과 나라를 주고
> 모든 백성과 나라들과 다른 언어를 말하는 모든 자들이
> 그를 섬기게 하였으니
> 그의 권세는 소멸되지 아니하는
> 영원한 권세요
> 그의 나라는
> 멸망하지 아니할 것이니라 (단 7:13-14)

마귀가 졌다. 마귀는 예수님께 만일 자신에게 경배하면 세상의 모든 나라에 대한 권세를 주겠다고 했다(마 4:8-11). 그러나 예수님의 전 생애는 그 제안에 대한 거부였다. 예수님으로 하여금 버림받으심과 십자가 처형을 견디도록 요구한 것이 그 거부였지만, 그 인내로 말미암아 그분께서는 승리하셨다. 그분께서만 이제 제자들을 세상에 보내셔서 모든 민족들을 제자로 삼으실 수 있는 권세를 가지신다. 그분께서는 먼저 제자들을 이스라엘에게만 보내셨다(마 10:5-6). 하지만 이제는 제자들을 온 세상에 보내시어 성부와 성자와 성령님의 이름으로 세례를 주게 하신다.

세상의 기초부터 숨겨졌던 것, 지혜로운 자들에게 숨겨졌던 것이 이제 아들에 의해 계시되었다. 이스라엘의 하나님께서는 열방의 하나님이시다. 제자들은 이제 그 나라들로 파송될 준비가 된다. 그들은 그 나라들을 그분의 죽음을 무릅쓰는 나라의 시민들로 세우기 위해서 그들에게 세례를 주어 예수님의 죽음과 부활 안으로 들어오게 한다. 이스라엘은 뒤에 남겨져 잊혀지는 것이 아니다. 오히려 그들의 사명은 이제 교회라 불리는 새로운 실재로 계속된다. 교회를 통해 열방은 이스라엘을 축복받은 자라고 부르는 법을 배우게 된다.

나아가 교회는 다만 성부와 성자와 성령께 경배하기 위해서 형성된 백성의 이름이다. 그 하나님께 예배 드리는 것은 산상설교에서 예수님께서 묘사하신 삶을 사는 것이다. 그러므로 예수님께서는 제자들에게 그들이 세례를 주는 자들을 가르치고 그분께서 명하신 모든 것에 순종하게 하라고 명하신다. 예수님의 죽음과 부활은 그분께서 우리에게 가르치신 삶의 방식과 분리될 수 없다. 산상설교, 우리가 형제 자매로 서로를 섬길 수 있는 방법, 교회의 죄를 기꺼이 드러내는 데 요구되는 용서가 구원이다. 가르침과 가르치시는 분은 하나다. 예수님께서 제자들에게 맡기신 구원이 마태의 복음이다.

제자들은 예수님께서 그들에게 주시는 사명은 그들에게 혼자 가라는 것이 아님을 기억해야만 한다. 그분께서는 그분과 그분의 사역을 증거하도록 위임된 자들과 항상 함께 하시는 부활하신 주님께서시다. 그분께서는 태초에 계셨고, 이것은 그분께서 시대의 끝날까지 계실 것이라고 약속하실 수 있음을 의미한다. 그러나 그분께서 끝날까지 계실 시대는 그분의 나심, 사역, 죽음, 그리고 부활로 시작된 시대다. 그 근거 위에서, 오직 그 근거 위에서만 기독교인은 그 메시지를 들고 세상으로 파송된다. "회개하라 천국이 가까이 왔느니라".

참고 문헌

Allison, Dale. 2005. *Studies in Matthew: Interpretations Past and Present*. Grand Rapids: Baker.

Aristotle. 1999. *Nicomachean Ethics*. Translated by Terence Irwin. Indianapolis: Hackett.

Augustine. 1995a. *Confessions and Enchiridion*. Translated and edited by Albert Outler. Philadelphia: Westminster.

_______. 1995b. "On the Morals of the Catholic Church." In *Christian Ethics: Sources of the Living Tradition*. Edited by Wlado Beach and H. Richard Niebuhr. New York: Ronald.

_______. 1961. *Confessions*. Translated by R. S. Pine-Coffin. Baltimore: Penguin.

_______. 1977. *Concerning the City of God against the Pagans*. Translated by Henry Bettenson. Harmondsworth: Penguin.

Ayres, Lewis. 2004. *Nicaea and Its Legacy: An Approach to Fourth-Century Trinitarian Theology*. Oxford: Oxford University Press.

Bader-Saye, Scott. 1999. *Church and Israel after Christendom: The Politics of Election*. Boulder, CO: Westview.

Balthasar, Hans Urs von. 1990. *Mysterium Paschale*. Translated by Adian Nichols. Grand Rapids: Eerdmans.

Barth, Karl. 1936-77. *Church Dogmatics*. Translated by G. W. Bromiley. Edinburgh: Clark.

_______. 1959. *Dogmatics in Outline*. Translated by G. T. Thompson. New York: Harper.

_______. 1960. *The Humanity of God*. Translated by John Newton Thomas and Thomas Wieser. Richmond: John Knox.

_______. 1990. *The Göttingen Dogmatics: Instructions in the Christian Religion*. Translated by Geoffrey Bromiley. Grand Rapids: Eerdmans.

Bauckham, Richard. 2005. *The Theology of the Book of Revelation*. Cambridge: Cambridge University Press.

Berry, Wendell. 2000. *Life is a Miracle: An Essay against Modern Superstition*. Washington, DC: Counterpoint.

Bonhoeffer, Dietrich. 1956. *No Rusty Swords*. Translated by John Bowden. New York: Harper & Row.

_______. 1962. *Creation and Fall: A Theological Interpretation of Genesis 1-3*. Translated by Joh Fletcher. London: SCM.

_______. 2001. *Discipleship*. Translated by Barbara Green and Reinhard Krauss. Minneapolis: Fortress.

_______. 2005. *Ethics*. Translated by Reinhard Krauss. Charles C. West, and Douglas W. Stott. Minneapolis: Fortress.

Book of Common Prayer. 1979. New York: Church Publishing.

Bruner, Frederick Dale. 2004. *The Christbook: Matthew 1-12*. Revised edition. Grand Rapids: Eerdmans.

Burrell, David. 2000. *Friendship and Ways to Truth*. Notre Dame: University of Notre Dame Press.

Cantalamessa, Raniero. 1992. *Mary: Mirror of the Church*. Collegeville, MN: Liturgical Press.

Carter, Warren. 2003. *Matthew and the Margins: A Sociopolitical and Religious Reading*. Maryknoll, NY: Orbis.

Cartwright, Michael. 1988. "Practices, Politics, and Performance: Toward a Communal Hermeneutic for Christian Ethics." PhD diss., Duke University.

Cochrane, Arthur C. 1962. *The Chuch's Confession under Hitler*. Philadelphia: Westminster.

Davenport, Gene. 1988. *Into the Darkness: Discipleship in the Sermon on the Mount*. Nashville: Abingdon.

Davies, W. D. 1969. *The Sermon on the Mount*. Cambridge: Cambridge University Press.

Davis, Ellen. 2003. *Who Are You My Daughter? Reading Ruth through Image and Text*. Louisville: Westminster John Knox.

Day, Dorothy. 2002. *Writings from Commonweal*. Edited by Patrick Jordan. Collegeville, MN: Liturgical Press.

Dostoevsky, Fyodor. 2001. "The Grand Inquisitor." In *Remembering the End: Dostoevsky as Prophet to Modernity* by P. Travis Kroeken and Bruce K Ward. Boulder, CO: Westview.

Greer, Rowan. 1997. *Broken Lights and Mended Lives: Theology and Common Life in the Early Church*. University Park: Pennsylvania State University Press.

Griffiths, Paul. 2004. *Lying: An Augustinian Theology of Duplicity*. Grand Rapids: Brazos.

Hart, David Bentley. 2003. *The Beauty of the Infinite: The Aesthetics of Christian Truth*. Grand Rapids: Eerdmans.

_______. 2005. *The Doors of the Sea: Where Was God in the Tsunami?* Grand Rapids: Eerdmans.

Hauerwas, Stanley. 1993. *Unleashing the Scripture: Freeing the Bible from Captivity to America*. Nashville: Abingdon.

_______. 2000. *A Better Hope: Resourcs for a Church Confronting Capitalism, Democracy, and Postmodernity*. Grand Rapids: Brazos.

_______. 2001. *Christian Existence Today: Essays on Church, World, and Living in Between*. Grand Rapids: Brazos.

_______. 2004a. *Cross-Shattered Christ: Meditation on the Seven Last Words*. Grand Rapids: Brazos.

_______. 2004b. *Performing the Faith: Bonhoeffer and the Practice of Nonviolence*. Grand Rapids: Brazos.

_______. 2006. "Seeing Darkness, Hearing Silence: Augustine's Account of Evil." In *Speak No Evil: Moral Judgment in the Modern Age*. Edited by Ruth Grant. Chicago: University of Chicago Press.

Hays, Richard. 2005. "The Gospel of Matthew: Reconfigured Torah." *Harvard*

Theological Studies 1.2.

Heschel, Abraham Joshua. 1951. *The Sabbath*. New York: Farrar, Straus & Giroux.

Huebner, Chris. 2002. "Unhandling History: Anti-Theory, Ethics, and the Practice of Witness." PhD diss., Duke University.

Jenson, Robert. 1997. *Systematic Theology: The Triune God*. New York: Oxford University Press.

John Paul Ⅱ. 1994. "Veritatis splendor." In *Considering Veritatis splendor*. Edited by John Wilkins. Cleveland: Pilgrim.

Jones, L. Gregory. 1995. *Embodying Forgiveness: A Theological Analysis*. Grand Rapids: Eerdmans.

Kant, Immanuel. 1959. *Foundations of the Metaphysics of Morals*. Translated by Lewis White Beck. New York: Liberal Arts Press.

_______. 1960. *Religious within the Limits of Reason Alone*. Translated by Theodore Greene and Hoyt Hudson. New York: Harper.

Lash, Nicholas. 1993. *Believing Three Ways in One God: A Reading of the Apostles' Creed*. Notre Dame: University of Notre Dame Press.

Lehmann, Paul. 1975. *The Transfiguration of Politics: The Presence and Power of Jesus of Nazareth in and over Human Affairs*. New York: Harper & Row.

Leverting, Matthew. 2002. *Christ's Fulfillment of Torah and Temple: Salvation according to Thomas Aquinas*. Notre Dame: University of Notre Dame Press.

Lischer, Richard. 1987. "The Sermon on the Mount as Radical Pastoral Care." *Interpretation* 41.

Luz, Ulrich. 1993. *The Theology of the Gospel of Matthew*. Translated by J. Bradford Robinson. Cambridge: Cambridge University Press.

MacIntyre, Alasdair. 1995. *Marxism and Christianity*. 2nd edition. London: Duckworth.

MacKinnon, Donald. 1979. "Ethics and Tragedy." Pp. 182-95 in *Explorations in Theology*, vol. 5. London: SCM.

Manilo, Simonetti. 2001. *Matthew 1-13*. Ancient Christian Commentary on Scripture. Downers Grove, IL: InterVarsity.

_______. 2002. *Matthew 14-28*. Ancient Christian Commentary on Scripture. Downers Grove, IL: InterVarsity.

Marvin, Carolyn, and David Ingle. 1999. *Blood Sacrifice and the Nation: Totem Rituals and the American Flag*. Cambridge: Cambridge University Press.

McCabe, Herbert. 1987. *God Matters*. London: Chapman.

McClendon, James. 1990. *Biography as Theology: How Life Stories Can Remake Today's Theology*. Philadelphia: Trinity.

Milbank, John. 2003. *Being Reconciled: Ontology and Pardon*. London: Routledge.

Minear, Paul. 2000. *The Good News according to Matthew: A Training Manual for Prophets*. St. Louis: Chalice.

Niebuhr, Reinhold. 1953. *Christian Realism and Political Problems*. New York: Scribner.

_______. 1986. "The Wheat and the Tares." In *The Essential Reinhold Niebuhr*. Edited by Robert McAfee Brown. New York: Yale University Press.

O'Donovan, Oliver. 2004. "The Political Thought of City of God 19." In *Bonds of Imperfection: Christian Politics, Past and Present* by Oliver O'Donovan and John Lockwood O'Donovan. Grand Rapids: Eerdmans.

Origen. 1926. *Commentary on Matthew*. Ante-Nicene Fathers. New York: Scribner.

Pinches, Charles. 2002. *Theology and Action: After Theory in Christian Ethics*. Grand Rapids: Eerdmans.

Radcliffe, Timothy. 2004. *Seven Last Words*. London: Burns & Oates.

Radner, Ephraim. 2004. *Hope among the Fragments: The Broken Church and Its Engagement of Scripture*. Grand Rapids: Brazos.

Rogers, Eugene. 2005. *After the Spirit: A Construction Pneumatology from Resources outside the Modern West*. Grand Rapids: Eerdmans.

Rosenzweig, Franz. 1999. *Understanding the Sick and the Healthy: A View of World, Man, and God*. Translated by Nahum Glatzer. Cambridge: Harvard University Press.

Senior, Donald. 1998. *Matthew*. Nashville: Abingdon.

Thomas Aquinas. 1981. *Summa theologica*. Translated by Fathers of the English Dominican Province. Westminster, MD: Christian Classics.

Turner, Denys. 2004. *Faith, Reason, and the Existence of God.* Cambridge: Cambridge University Press.

Vanier, Jean. 1979. *Community and Growth*. Translated by Ann Shearer. London:

Darton, Longman & Todd.

Wells, Samuel. 2004. *Improvisation: The Drama of Christian Ethics.* Grand Rapids: Brazos.

_______. 2006. *God's Companions: Christian Ethics and the Abundance of God.* Oxford: Blackwell.

Wilken, Robert. 2003. *The Spirit of Early Christian Thought: Seeing the Face of God.* New Haven: Yale University Press.

Williams, Rowan. 1994. *Open to Judgement: Sermons and Addresses*. London: Darton, Longman & Todd.

_______. 2000. *Christ on Trial: How the Gospel Unsettles Our Judgement.* London: Fount.

_______. 2002. *Ponder These Things: Praying with Icons of the Virgin*. Norwich: Canterbury.

Yoder, John Howard. 1964. *The Christian Witness to the State.* Newton, KS: Faith & Life.

_______. 1971. *The Original Revolution: Essays on Christian Pacifism*. Scottdale, PA: Herald.

_______. 1984. *The Priestly Kingdom: Social Ethics as Gospel*. Notre Dame: University of Notre Dame Press.

_______. 1992. *Nevertheless: Varieties of Religious Pacifism*. Scottdale, PA: Herald.

_______. 1994a. "The Disavowal of Constantine: An Alternative Perspective on Interfaith Dialogue." In *The Royal Priesthood: Essays Ecclesiological and Ecumenical*. Edited by Michael Cartwright. Grand Rapids: Eerdmans.

_______. 1994b. *The Politics of Jews: Vicit Agnus Noster*. Grand Rapids: Eerdmans.

_______. 2003. *The Jewish-Christian Schism Revisited*. Edited by Michael Cartwright and Peter Ochs. Grand Rapids: Eerdmans.